殺盜淫妄的禁令：
四根本戒

比丘戒研究
・第二冊・

淨業編委會 著

主編：賢威

副主編：賢幫、法教

編委：賢處、法馳、賢極、賢徹、賢虛、賢爽、賢唐、法額、法愚

推薦序

道偉法師

　　去年底，中國智者佛教文化研究中心在天台宗祖庭玉泉寺成立了。該中心的研究範圍主要以玉泉寺祖庭文化為依託，同時涵蓋整體佛教文化、中國傳統文化以及湖北宜昌地區文化的研究。中心計劃定期舉辦佛教學術研討交流活動和文化藝術活動，開展佛學講座，培養佛學研究人才，並陸續出版一些學術研究著作。簡言之，我們成立智者佛教文化研究中心的目的，就是想為佛教教育及佛學研究做點微薄的貢獻。

　　深入推進新時代佛教中國化，是目前中國佛教的重要課題和發展主線。對於玉泉寺來說，它在歷史上的出現及延續本就受惠於佛教中國化，畢竟作為漢傳佛教八大宗派之一的天台宗正是佛教中國化的代表性產物。天台宗祖智者大師在這裏貢獻了智慧，玉泉寺則見證了這一大事因緣，並由此塑造出獨特的祖庭文化。如今，新時代佛教中國化成為了佛教在當代中國契理契機傳承的必由之路，在「傳統佛教如何轉型為適應現代中國社會的現代佛教」這一課題的深入研討上，玉泉寺

更有着義不容辭的責任和義務。因此，我們不僅僅想讓智者佛教文化研究中心成為玉泉寺學修體系的承載平台，同時也希望該中心以推進佛教中國化作為工作主線，為弘揚社會主義核心價值觀、踐行人間佛教思想，為實現中華民族偉大復興的中國夢貢獻應有的智慧和力量！

基於這樣的理想，智者佛教文化研究中心聚集了一些志同道合的專家學者，賢威、法教、法馳、法額、法愚等法師陸續加入進來，壯大了科研隊伍。

早在中心成立之前，賢威法師等人就已經着手編撰《比丘戒研究》，數年來聚螢積雪，如今功成，將要付梓，值得祝賀。中心的其他同仁也表示這是一部佳作，值得推廣，希望能幫助推進出版事宜。他們約我寫幾句話，實在不好推辭，然而我不曾深入研究戒律學，在此謹就本書的相關情況向讀者進行一下介紹。

戒律作為佛法修學的必備基礎，其重要性無須多言。但由於時空與文化的種種隔礙，能夠準確理解戒律之內涵並在新的境況下具體行持，實屬不易。其困難來自於，雖然歷史上祖師完成了戒律的中國化——南山律在古代中國指導了戒律行持，但新時代戒律中國化的研究卻寥寥無幾。因此，修行人面臨理論與實踐方面的重重困惑，尤其需要當代對戒律的深入研究，本書即是此方面的探索。

有價值的研究必須在之前的基礎上有更豐富的研究材料，以及採取更優良的研究方法。本書採用的研究材料，除了南山律採用的當時已經翻譯的四律五論，又增加了後續翻譯的《根有律》、《巴利律》。同時利用了梵巴藏律典文獻，並借鑒了古今中外重要的律學研究成果。得益於時代的發展，本書在研究材料方面比傳統的律學研究更具優勢。

本書採用的研究方法也頗具創意。賢威法師等在多年深入南山律的基礎上，整合了教界與學界的佛學研究方法，形成了方法論的「三觀」：用無常觀涵攝史學方法，用因緣觀涵攝各類社科方法，用圓融觀

指導修行實踐。應該說，本書所採用的傳統和現代結合、信仰和學術互補的綜合性研究方法，在教內外對比丘戒全體作系統性研究的著作中並不多見。教內的比丘戒研究一般遵循傳統解毗尼的方法，研究成果也就很難超越傳統結論的邊界，由於彼此立場和方法的對立，與學界的溝通也受一定限制。而學界的研究，限於對「客觀真實」的單線訴求，只求解構分析而無實踐的意識和動力，也往往造成結論的局限又無關於實際修證。本書在方法論方面的探索，能夠優化教界與學界的溝通渠道，使其更有利於理解戒律的深刻內涵，有可能成為佛學研究的優良範例。

可以說，本書所做的戒律研究是新時代佛教中國化的勇敢探索。衷心希望這本書的出版能對戒律學修有所幫助，乃至於起到實踐指導作用。

衷心感謝香港信眾黃振強、曾紅荔伉儷的大力支持，讓本書得以順利出版。

玉泉寺方丈、中國智者佛教文化研究中心發起人

釋道偉

癸卯年農曆二月廿一

編序

賢威

　　2009 年，我們一批戒子在香港西方寺完成了三壇大戒的受戒儀軌，從形似沙彌成為具戒比丘。想到自己成為和舍利弗、目犍連一樣的比丘，內心無比歡喜，發願要好好持守戒律。

　　但緊接着，關於持戒的困惑接踵而來，每天都會擔心自己犯了戒，更擔心自己因為無知犯戒而不自知，甚至因看到南山律的個別文句而擔心自己是否得戒。理工科出身的自己總是喜歡鑽牛角尖，層出不窮地產生新的戒律問題，縈繞於心不能自拔。那段時間經常因這些困惑不斷去問師父，師父也不厭其煩地回答，總算度過了最迷茫的時期。

　　2012 年開始，師父指導僧團研究南山律，並在研究過程中整理南山律典籍的校釋。2013 年至 2015 年，筆者帶領一個十人小組負責《四分律含注戒本》、《四分律含注戒本疏》、《拾毗尼義鈔》的研究，獲得了很多對戒律的進一步理解，得知之前的很多問題來自對律學的無知與執著，但仍然對一些持戒問題困惑不已，尤其是發現不少戒律的

要求很難在實際中落實。在研究過程中，我們一開始對南山律的觀點是完全接納，毋庸置疑。但通過溯源律典原文，我們發現南山律中的一些引文過於簡略會導致理解的偏差，甚至發現祖師也會對印度文化不熟悉而產生誤解，慢慢了解到南山律雖然達到了所在時代的律學頂峰，但也存在着時代的局限。而自己和同行的持戒經歷，使筆者發現所學的律學與時空因緣有不少脫節之處，造成許多持戒的困惑，甚至誘發焦慮與恐慌。很長時間後自己才反思到，死執南山律的文句，其實完全與祖師之意背道而馳。道宣律師在反覆學習律典並精進行持的基礎上，創造性地完成了適應當時因緣的南山律，是唐代佛教戒律研究的典範。而我們作為後來的學人，沒有效學祖師的研究精神，僅將其結論作為唯一標準，其實是思想與行為的懶惰，必然導致種種困惑與矛盾。蕅益大師的感歎「《隨機羯磨》出，而律學衰，如水添乳也」，更啟發自己產生了研究律典以解決疑問的願望。在這個時代，戒律相關的各種文獻資料比過去更容易得到，對戒律背後的層層緣起可以理解得更加深入，我們有機會站在祖師的肩膀上，更深刻地理解戒律的內涵，以達成順應當下因緣的戒律實踐。

在研究戒律期間，師父也多次組織弟子們去海內外的寺院參訪，讓我們了解到，不同僧團對戒律的不同理解和行持，帶給各個僧團不同的修行氣質。由此我們大大擴展了眼界，對很多問題不再執著要找到一個標準答案，而是思考不同做法背後的現實因緣。而諸位高僧大德的智慧開示，也啟發我們深入思考，萌發了解決戒律問題的決心和自信。而解決這些問題，僅依靠南山律是不夠的，必須研究更早期的律典，並採取優良的研究方法。

研究南山律的經歷讓我們理解了傳統義理研究方法的特點。而自出家始，師父就重視弟子佛教教理的學習，除了《法華經》、《大般涅槃經》等主要的幾部大乘經典，《俱舍論》、《大智度論》、《中論》、《瑜

伽師地論》也是必讀論著。同時，師父一直要求弟子掌握現代佛學研究方法，邀請了專家學者指導我們的研究，並多次邀請社會科學相關的老師授課，指導弟子學習了文獻學、語言學、思想史、哲學史、佛教史、印度史、藏經學、宗教學、法律學、印度教派義理等等各方面的知識。這些積累都成為之後研究律典的基礎。

2016 年在師父的指導下，常住組建了由筆者負責的律典研究小組。我們在研究南山律的基礎上，結合傳統和現代的研究方法，目的是指導實際的修持，解決持戒的困惑。半年時間的籌備，使我們了解古今中外對比丘戒的研究成果，結合之前修學戒律的經驗，確定了小組的研究方向。研究過程中，我們收集了各類部派律典以及戒律相關的文獻素材，為掌握研究方法學習了各類學科和相關語言，結合實際行持戒律的經驗，以及僧團中共住的經驗，通過多年的閉門專研，完成了這部《比丘戒研究》。

師父多年以來孜孜不倦的教誨和培養，大恩無言；龍泉寺常住法師們的關懷與慈悲，深恩難忘。謹以此書聊以報之！

由於是集體的研究工作，本書部分行文無法做到流暢自然。而梵語、藏語的學習是在我們研究過程中進行，不免會有失誤之處。相關結論限於知識不足，或許武斷。希望讀者能夠避開本書的不足之處，獲取所需。

除了編委會成員作為主要的研究人員，先後有多位法師參與此研究工作：賢崗、賢開、賢化、賢昌、賢擦、賢衛、賢漕、賢沖、賢海、賢山、賢蘇、賢崇、賢論、賢善、賢愧、賢承、賢潮、賢泛、賢屈、賢純、賢頒、賢懺、賢伴、賢奮、賢純、賢敏和賢恩等。法教和賢保兩位法師完成了本書文字的簡轉繁工作。

衷心感謝常住龍泉寺賢健法師的大力支持與指導，讓研究工作得以順利完成並出版。感謝禪興法師和賢然法師等諸位法師的大力支

持，以及上海信眾陳亮兵、陳福琴伉儷的虔心護持，讓研究工作得以順利完成。

　　特別感謝天台祖庭玉泉寺、智者佛教文化研究中心道偉法師的全力推動，以及香港信眾黃振強、曾紅荔伉儷的大力支持，讓本書得以順利出版。

賢威

癸卯年農曆二月初八

前言

　　有志於深入研究律藏的人，現在面臨着很好的時代機遇：先有上世紀南山典籍的回歸，後有現代資訊流通和技術發展所帶來的種種便利。當代的出家人，有責任利用這些外部條件，來對比丘戒進行透徹的研究。本書即是這方面的一次嘗試和努力。撰寫本書的主要目的有二：一是深入比較諸部律典的同異；二是力求闡明和解決現代比丘戒律行持中的實際問題。前者的重點在於力求學術層面的精確性；後者則要求從戒律精神出發，將律學和實踐結合。

　　有了目標，接下來即要考慮研究宗旨和方法。對漢地律學的發展歷史和特點作一全景式的回顧，可以為此提供線索和指導。

一、漢傳佛教律學歷史的回顧

（一）初春——律典翻譯

　　佛教傳入漢地，兩百年間並沒有專門的律典被翻譯和引入。人們對戒律的認識，一方面來自對梵僧言行舉止的觀察，另一方面則是基於安世高、支樓迦讖等所譯佛經中包含的一些戒律思想，即「隨經律」。天竺沙門曇柯迦羅於曹魏嘉平年間抵達洛陽，看到的是這樣的情形：「於時魏境雖有佛法，而道風訛替，亦有眾僧未稟歸戒，正以剪落殊俗耳。」[1] 由於缺少完整的律本，僧眾只能依照模糊的戒律內容來規範行持，更沒有條件稟受大戒，僅僅以剃除鬚髮而在外相上和俗人相區別。

　　因曇柯迦羅能誦「大小乘經及諸部毗尼」，僧眾遂祈請他翻譯律典。然而曇柯迦羅認為：「律部曲制，文言繁廣。佛教未昌，必不承用。」[2] 所以當時並沒有翻譯廣律，只是於嘉平二年（250）在洛陽白馬寺譯出《僧祇戒心》一卷。正元年間（254–256），擅精律學的安息國沙門曇帝來到漢地，譯出《曇無德羯磨》一卷。《僧祇戒心》與《曇無德羯磨》的譯出，標誌着中國佛教的戒律典籍實現了從無到有的蛻變。漢地僧眾的戒律行持有了最基本的依據，這為即將到來的律學春天播下了種子。不久，曇柯迦羅上書乞行受戒法，並在洛陽舉辦戒會。朱士行因此成為了漢地第一位受比丘戒的出家人，被後世譽為「受戒之

1　《高僧傳》卷 1，《大正藏》50 冊，324 頁下欄。
2　《高僧傳》卷 1，《大正藏》50 冊，325 頁上欄。

始」[1]。

　　隨着佛法的傳播，到東晉時期，出家人數日盛。此時戒法初具，但並不完備，遠遠不能滿足出家僧尼的實際需要。同時，外部的持戒環境與僧侶的持戒意識也不理想。當時以道安大師為代表的諸位佛教志士，都認識到律典的完備對於解決僧團管理與個人持戒等問題的必要性。道安大師對於廣律有着強烈的渴求，他曾嘆道：「云有《五百戒》，不知何以不至，此乃最急。四部不具，於大化有所闕。《般若經》乃以善男子、善女人為教首。而戒，立行之本，百行之始，猶樹之有根。常以為深恨。」[2] 大師曾派弟子到天竺求取律典，但當時的律典只在部分律師群體之間口耳相傳，外國沙門對律典的外傳也非常謹慎，因此求取律典殊為不易。後來，大師得知罽賓國律師耶舍可以背誦《鼻奈耶》，即令「佛提梵書，佛念為譯，曇景筆受」[3]，於前秦建元十九年譯出《鼻奈耶》。《鼻奈耶》雖算不上是一部完整的廣律，但解決了道安大師的許多疑惑，道安大師因此感歎：「於此秦邦，三藏具焉。」[4]

　　因緣匯聚，經由天竺、西域與漢地諸位高僧大德的持續努力，四部完整的廣律──《十誦律》、《四分律》、《僧祇律》和《五分律》終於在二十年之內（404–424）相繼傳入漢地，並被完整地翻譯出來。首先譯出的是說一切有部的《十誦律》，其翻譯過程可謂一波三折，歷經十年（404–413）才完全譯出。姚秦弘始十二年（410），佛陀耶舍於長安譯場誦出法藏部《四分律》的梵文，涼州沙門竺佛念譯為秦言，道含筆受，於弘始十四年（412）譯出。最初譯出的《四分律》為四十五卷，後開為六十卷。早在東晉隆安三年（399），因「慨律藏殘缺」，法顯

1　《佛祖統紀》卷 35，《大正藏》49 冊，332 頁上欄。

2　《出三藏記集》卷 9，《大正藏》55 冊，62 頁下欄。

3　《鼻奈耶》卷 1，《大正藏》24 冊，851 頁上欄。

4　《鼻奈耶》卷 1，《大正藏》24 冊，851 頁上欄。

大師就踏上了西行求律之旅，並抄得大眾部《僧祇律》與彌沙塞部《五分律》兩部廣律回國。後於義熙十二年至十四年（416–418），大師與天竺沙門佛馱跋陀羅在建業[1]道場寺翻譯出《僧祇律》。遺憾的是，大師未能等到《五分律》譯出便已遷化，然其「令戒律流通漢地」的夙願最終實現。宋景平元年（423），《五分律》由「專精律品兼達禪要」的罽賓國三藏佛陀什與于闐沙門智勝譯出，道生、慧嚴等筆受。另外，到南北朝時期，律學論著《毗尼母經》、《薩婆多論》、《摩得勒伽論》、《善見論》、《律明了論》也紛紛被翻譯引入。至此，作為漢地律學基本典籍的「四律五論」得以完備。

「四律」的譯就使得漢地僧眾有律可習，有法可依，神州大地上湧現出了一批批律學人才。從律學的發展歷史來看，當時「律本流行，隨方不同。關內《僧祇》，江左《十誦》，《四分》一律，由在藏中」[2]。作為第一部翻譯的廣律，《十誦律》經由卑摩羅叉在江陵的講解，再加上慧觀整理其講義傳行於建康[3]，在南方得到了廣泛的學習和弘揚。在北方，最初得到弘傳的是《僧祇律》。之後法聰律師考證自己的戒體是依法藏部羯磨而來，故以「受隨一致」為由，專弘《四分律》。法聰律師也因此被後世稱為「初開律師」。慧光律師（469–538）著《四分律疏》，開創了注解《四分律》的先河，並對當時流傳的《戒本》、《羯磨》作了修訂。慧光律師弘揚《四分律》的活動對僧眾有很大的影響力，有力地促進了《四分律》在北方的發展。

佛法初傳漢地的四百年內，律學發展面臨的最大困難便是典籍不足。律典是律學發展的基礎，沒有完備的律學典籍，僧人行持便缺乏

1　建業：今南京。

2　《四分律搜玄錄》卷2，《卍續藏》41冊，865頁上欄。

3　建康：今南京。

依據，律學研究也會受到限制。面對這一根本性困境，歷代高僧大德積極應對，或前往天竺求取律典，或組織譯經團隊翻譯典籍。從最初只能從「隨經律」中窺探戒律，到第一部廣律《鼻奈耶》譯出，再到南北朝時期「四律五論」得以完備，律學研究也逐步深入，為後世律學的繁榮和律宗的建立奠定了基礎。

另外，由於同時傳入了多部律典，諸部又存在固有的差異與部執，漢地僧眾對律典的實際行持需要進一步調適。諸部律典的會通、融合，將在隋唐時期進一步展開。

（二）盛夏——律宗建立

隋唐兩朝是中國佛教發展的繁盛時期，在律學研究方面也獲得了空前的進步，南山律宗的建立更是標誌着中國律學的發展達到了高峰。

當時「四律五論」雖已完備，但僧人在如何持戒方面仍有諸多困境：「傳度歸戒多迷體相。五部混而未分，二見紛其交雜。海內受戒，並誦法正之文。至於行護隨相，多委師資相襲。緩急任其去取，輕重互而裁斷。」[1] 僧眾對五部律的持犯理解多有混淆，並無明確標準。面對這一問題，智首律師（567–635）撰《五部區分鈔》辨析諸部同異，又著《四分律疏》二十卷會通諸律。智首律師以《四分律》為主同時融合他部律的戒律思想和研究方法，後來也為道宣律師所繼承。

法礪律師（569–635）由於常居相州[2]，因此其所創律學被稱為「相部宗」。法礪律師撰寫的《四分律疏》主要依《成實論》的思想解釋《四分律》。此疏因有十卷而被稱為「中疏」，並與慧光的「略疏」、智首

1　《續高僧傳》卷 22，《大正藏》50 冊，614 頁中欄。

2　相州：鄴都，今河南安陽。

的「廣疏」，統稱為「三要疏」。法礪律師的弟子定賓、曇一分別著有《四分律疏飾宗義記》與《發正義記》，用以發揚、捍衛本宗的宗義。之後，其門徒中不再有重要的著作問世。一直到北宋初期，相部律在吳越一帶仍然延續，之後逐漸消融於南山宗。

道宣律師（596–667）因曾長期隱居住長安附近的終南山，所創學派得名「南山宗」。他在律學方面主要受到智首律師的影響，於其門下學習了六年。因有感於當時的律學「準事行用，浩汗難分，學者但可望崖尋途，未通鑽仰」[1]，於 626 年初撰《行事鈔》，完成後到關外參學，也曾拜見過法礪律師，之後又對《行事鈔》作了修訂。《行事鈔》的完成標誌着南山律思想體系基本形成，並與《戒本疏》、《羯磨疏》合稱為「南山三大部」，加上《拾毗尼義鈔》和《比丘尼鈔》，合稱為「南山五大部」。除此之外，道宣律師還為規範僧眾的法服與儀禮作法創作《釋門章服儀》與《釋門歸敬儀》，為區分五眾物而著述《量處輕重儀》，為新學比丘撰寫《教誡新學比丘行護律儀》，為比丘如法受戒撰寫《關中創立戒壇圖經》等等。這些著作不僅使整個南山律學成為一個完備的思想理論體系，而且還將戒律理論與比丘的日常實踐相融合。道宣律師繼承了慧光律師《四分律》分通大乘的思想，並提出「五義分通」，從理論上進一步證明此觀點。他還借用古唯識的思想來詮釋戒體，令戒學大乘化的特色更為明顯。南山律思想因此更加契合漢地宗依大乘的價值取向，對於後世漢地僧人持好比丘戒產生了莫大的作用。

懷素律師（624–697），早年隨玄奘大師出家，思想上曾受玄奘大師新譯經典的影響，後隨法礪律師的弟子道成學律。懷素律師在研讀法礪律師《四分律疏》、道宣律師《行事鈔》之後，感「古人義章未能盡善」，所以撰寫《四分律開宗記》，並遵從說一切有部的宗義，廣

1　《量處輕重儀》卷 1，《大正藏》45 冊，839 頁下欄。

引《俱舍論》和《大毗婆沙論》。由於與法礪律師的「舊疏」有明顯的傳承關係，故《四分律開宗記》也被稱為「新疏」。因懷素律師曾居於長安崇福寺東塔，所以其所創律學被稱作「東塔宗」。作為唐代律學三家中最晚成立的一支，東塔宗雖然在當時有較大影響，但後來並不興盛，著作也不豐富。此宗至北宋初年尚有活動，其後不傳。

通過幾代律師的探索和積澱，再加上當時文化的兼容並包以及君王對佛教寬容乃至扶持的態度，佛教義學得以空前發展。隋唐四分律學的人才積累、研究能力均具備了深厚基礎，形成了以《四分律》為中心的律學宗派。四分律宗在內部又形成三足鼎立的態勢——「律有三宗，礪、素、宣是歟」[1]，即法礪律師開創的相部宗、懷素律師的東塔宗以及道宣律師的南山宗。

唐代除四分律學的主流學派之外，還有一迥異的支流值得留意，即義淨三藏（635–713）翻譯和倡導的根本說一切有部。義淨三藏不滿於當時「諸部互牽」、「章鈔繁雜」的律學現狀，西行天竺，留學求法，取回根本說一切有部的律典，組織譯場翻譯並加以弘揚。《根有律》是傳入漢地的幾部律典中內容比較豐富的一部，極大地擴充了中國佛教戒律典籍的內容。義淨三藏根據自己的觀察，提出了專宗有部戒律行持回歸印度傳統等主張，其律學思想獨具特色。但是當時四分為主、他部補充的律學主流已經形成，律學的本土化也是歷史發展的大勢所趨，故義淨三藏所翻譯的有部律及其戒律主張在後世律學的發展過程中並未得到發揚而趨於沉默。

隨着對外文化交流的日漸頻繁，漢地律學逐漸傳入朝鮮半島、日本等地。新羅的慈藏律師自唐回國後，創立戒壇，整頓律制，著述《四分律羯磨私記》、《十誦律木叉記》等書，講解《菩薩戒本》，被奉為

1　《宋高僧傳》卷 16，《大正藏》50 冊，811 頁上欄。

新羅戒律之祖。唐代鑑真大師（688-763）赴日本傳戒，開創日本律宗。他早年不僅師從南山宗的律師學習過道宣律師的著作，也跟隨相部宗律師學習了法礪律師的著述，赴日前已有「江淮之間，獨為化主」的盛名，並且法嗣廣布。大師從 743 年開始先後六次東渡，於 753 年以六十六歲的高齡抵達日本，受到天皇的禮遇，隨後建立戒壇，正式傳戒，講演律學。

要而言之，進入隋唐時期，律學發展有了完備的典籍作為基礎，僧人可以依照「四律五論」規範個人行持，僧團管理也有了更加明確的依據和參考。然而，擺在當時僧人和律學研究者面前的是如何將「四律五論」和漢地僧人的修行作更好的結合，如抉擇一部律還是多部律，多部律之間如何會通等問題。因此，進入這一時期，律學發展的困境已經從典籍不足轉變為理論不足。律學研究者所致力的工作不再是引入律典和組織翻譯，而是如何深化理論，解決實際問題。在此驅動力下，智首、法礪、道宣、懷素等諸多律師作出了很多努力。他們或提出諸部會通的思想與方法，或為《四分律》注疏開演。其中，最值得一提的是道宣律師。他開創了南山宗，使得以戒律為主體的宗派在漢地佔有一席之地。作為一個宗派，南山律宗有着獨特的修行法門和完整的教理行果修證次第，令漢地僧眾認識到，戒律不僅是定慧之基，更是成就法身佛的正因。

（三）深秋──中興和衰落

唐代會昌法難以及隨後的五代十國之亂，對北方佛教打擊甚重，致使典籍散失，僧侶逃遁，昔日佛教的鼎盛一去不返。南方由於戰亂較少，政治寬鬆安定，律學中心由北向南加速轉移，至北宋時形成定局。宋代的律宗已是南山律一門獨大：「天下言行事者，以南山為司南

矣。」[1] 這一時期，律師研習的重點已不再是《四分律》，而是直接注疏《行事鈔》。唐代以來，對《行事鈔》注疏者傳有六十二家之多，這樣的研習規模，漢地本土僧侶撰寫的其他律學典籍無出其右。一方面表明《行事鈔》內容完善，另一方面，意味着律學趨向因循，預示着衰落的必然。不過，經歷唐末五代的短暫低迷之後，北宋律宗學人依然能夠研習律學，並融會各宗，以元照律師（1048-1116）為代表的一批南山律學的中興力量逐漸湧現出來。

　　元照律師早年研習天台教觀，所以兼得天台的傳承。道宣律師借《法華經》將圓教思想引入南山律學，元照律師則依天台的教義，把圓教的思想融合得更為徹底，闡發得愈加通透。元照律師觀察到當時諸家對《行事鈔》的注疏解釋多有偏差：「理致淵奧，討論者鮮得其門；事類森羅，駕說者或容遺謬。」[2] 再加上「正法下衰，人情鄙薄」[3]，為改善律學研究和僧人道風，元照律師於是撰寫《資持記》以注釋《行事鈔》，又撰寫《行宗記》、《濟緣記》分別注釋《戒本疏》、《羯磨疏》。「南山五大部」從而擴增為「南山八大部」。除了著書之外，元照律師還不遺餘力地建造戒壇，傳戒宣講，使得南山律再次得以興盛，法脈一直延續至南宋。

　　伴隨着天台宗的流行，元照之後的律師也多研習天台教觀，以至於對律學的認識和理解都發生了變化。例如南宋守一律師在《終南家業》開卷便有「吾祖弘律，以妙觀為本」[4] 之言。又如留學南宋的日僧俊芿（1166-1227），在《律宗問答》的發問中，已不再涉及傳統律學戒相罪行分判的問題。從中可以看出，律宗內部關注的重點漸有脫離「戒

1　《宋高僧傳》卷16，《大正藏》50冊，812頁上欄。

2　《四分律行事鈔資持記校釋》，8頁。

3　《芝園集》卷2，《卍續藏》59冊，662頁下欄。

4　《終南家業》卷1，《卍續藏》59冊，717頁下欄。

學」本位的傾向。另外，宋代禪淨流行，崇尚實修之風濃厚。比如，元照律師在個人的修持上以淨土為歸，自稱「生弘律範，死歸安養，平生所得，唯二法門」[1]，是「淨律雙修」的典範。後代律師在修持上則由兼修淨土轉向以淨土為主。因此，在宋朝宗派融合的背景下，律宗在理論以及實踐上逐漸式微，宗派主體性面臨着難以為繼的窘境。

　　早期禪僧都是附居於律寺別院，「至曹溪已來，多居律寺」[2]。唐代百丈懷海禪師在獨居百丈山之後，「始立天下叢林規式，謂之清規」[3]。清規作為禪宗獨創的僧團管理制度，一方面沿襲大小乘戒律的思想和規範，另一方面結合漢地的倫理道德，並和當時的社會環境相適應。禪宗具有隱居山林、農禪並舉的作風，因此受到法難、戰亂衝擊的程度較輕，加之簡練深邃、講求實行的特點，之後逐漸成為漢地最為繁盛的一宗，受到上至王公將相，下至平民百姓的追捧。相形之下，律宗受到冷落，以至宋代逐漸出現了律寺改為禪院的情況。這些因素加劇了律宗在宋代的衰落。

　　元代朝廷雖對佛教持親和態度，但是經過多年戰亂，宋元年間南山典籍散佚，漢地律學傳承遭到破壞。元代僧人戒行鬆弛，文化水平整體較低，缺乏專研律學的律師，因此並無重要的律學著述出現。在禪淨興盛的背景下，律學重要性進一步低落，戒律主要由其他宗派的僧人延續，律宗宗派主體性趨於消失。與此對比，元代叢林清規興盛，逐漸取代南山律著對僧團行事的指導作用。其中《敕修百丈清規》因官方推行而天下叢林皆遵從，對後世有較大影響。而省悟律師的《律苑事規》結合了戒律行事和禪宗清規，是南山後人在當時環境下試圖

1　《佛祖統紀》卷 29，《大正藏》49 冊，297 頁下欄。
2　《（重雕補註）禪苑清規》卷 10，《卍續藏》63 冊，550 頁上欄。
3　《釋門正統》卷 4，《卍續藏》75 冊，312 頁中欄。

傳承南山律著的一種努力。

整體來看，宋元年間的律學發展面臨多方面的壓力。首先是理論困境。自道宣律師已降，雖有多達六十二家為《行事鈔》作疏釋義，然而後代律師的注解漸漸偏於理論詮釋，遠離了道宣律師「以行事為中心」的初衷，弱化了指導僧人實際行持的作用。元照律師觀察到此類問題，為重振南山宗風，回歸道宣律師本意，「仰承行事之旨」，撰述靈芝三記，中興律學。其次是僧人的行持方向。淨土宗、禪宗的興盛使得當時的僧人更加注重禪、淨的修持，戒律僅作為三學之基。律宗在此過程中逐漸隱沒於他宗之中，漢地本土的清規則愈漸興盛。再次是外部壓力。政府和禪師主導的「革律為禪」，也使律宗寺院減少，研律氛圍變淡。因此，宋元期間的律學，一方面有元照律師等人的中興之舉，另一方面在多方壓力作用下開始走向衰落。

（四）嚴冬——困境中的應對

明清時期，漢地律學在傳承不明、佛教整體衰落的緣起下迎難前進。明代律學遭遇三次戒壇封禁的低谷，後經諸多律師圓融應對，實現了短暫復興。清代廢除試經和度牒制度，降低了出家門檻，再加上經懺佛事的盛行，僧人行持難以保障，研律之風寡淡，律宗徹底進入寒冬。

明代期間革律為教，導致律學進一步衰落。明中後期靠牒度僧氾濫，試經制度廢棄，由此僧尼素質低下，戒律廢弛。至嘉靖時期，皇帝崇道抑佛、寺院亂傳戒律等種種內外因素交織，最終導致戒壇三次封禁。第一次（1526 年）和第二次（1546 年），封禁範圍限於北京。而第三次封禁（1566 年）的範圍擴展至全國寺院，封禁時間長達四十八年，造成佛教界數十年未開壇傳戒的局面，對戒律傳承造成重

大打擊。

面對戒壇封禁的無常，雲棲蓮池、古心如馨等諸位大德積極應對，為律宗的寒冬尋找溫暖，最終促成了律宗及「萬曆佛教」（1573–1620）的短暫復興。

蓮池大師一方面主動配合官方政策，遵守法令，內斂變通，隨緣創造出一套求戒、受戒新模式──「佛像前受戒」[1]。另一方面整頓戒律，將戒律的學修和持守融入清規，制定出《雲棲共住規約》。書中的求戒式、受戒式、學戒式、誦戒儀和律堂等規約[2]，體現了禪宗叢林的戒律實踐。在蓮池大師及其住持的雲棲寺影響下，一批律學研究者與律學著作湧現。蓮池大師所著《戒疏發隱》、《沙彌律儀要略》、《沙彌沙彌尼戒錄要》、《具戒便蒙》等成果乃是大師統籌考慮戒律、清規、時代緣起及出家人根器而作，契理契機，填補了當時教界的空缺。蓮池大師的努力彌補了當時律學傳承的缺失。

在蓮池大師等祖師的應對與帶動下，更多僧人深入律藏，使律學不斷向前發展。蕅益、法藏、元賢和弘贊等諸師對律學有進一步思考和研究，其律學成果主要包括：法藏禪師調和禪律而落實於受戒、傳戒儀軌的《弘戒法儀》，元賢禪師的《四分戒本約義》和以羯磨法為研究重點的《律學發軔》，以及弘贊禪師的《四分戒本如釋》、《四分律名義標釋》、《沙彌律儀要略增註》等多部律學著作。

律學義理上，蕅益大師提出五戒、十戒、比丘戒和菩薩戒都要同等重視，同等持守，「四級重樓，級級皆圓頓境，八萬細行，行行與法界周」。[3] 蕅益大師將戒律與禪淨會通，著有律學成果《重治毗尼事義集

1　《雲棲法彙》卷 22，《嘉興藏》33 冊，171 頁下欄。
2　《雲棲法彙》卷 22，《嘉興藏》33 冊，171 頁下欄。
3　《重治毗尼事義集要》卷 1，《卍續藏》40 冊，344 頁下欄。

要》和《閱藏知津》。

如馨一系的探索則系統而持續。如馨律師發心重振戒律，於五台山獲文殊菩薩授記而得戒。萬曆四十一年（1613），神宗皇帝詔請其赴五台山傳戒、講律，至此戒壇禁令終於解除。如馨律師將戒法傳於三昧寂光後，漢地戒律才真正回歸到傳統的南山法脈上。寂光律師將剛恢復的傳戒活動繼續發揚光大，大振律學，創建律宗道場寶華山千華派，並培養了大批律學人才。

見月讀體律師（1601–1679）繼承寂光律師衣鉢，大力推進規範傳戒，所著的《三壇傳戒正範》成為後世傳戒準則，影響深遠。福聚律師（1686–1765）推動了寶華山律學著作收入《乾隆大藏經》。這一輪律學發展到康熙年間達到頂峰，後又逐漸沒落。乾隆年間廢除試僧和度牒制度，僧人質素難以保證，戒律廢弛。

清末，持續十幾年之久的太平天國運動給佛教帶來了致命的摧殘，其所到之處「無廟不焚，無像不毀」，無數的寺院、佛塔、經書、典籍被毀。晚清、民國時期兩次大規模「廟產興學」運動，導致大量寺產被侵吞佔用，使佛教的命運遭遇重大危機。由於國勢衰微、內外交困，佛教積弊叢生，到了清末民國期間，漢地大部分僧團的戒律已經廢弛。

總之，明清期間，律學發展走入低谷，其原因主要來自外部。政府下令鬻牒度僧，廢除試經制度，使得出家眾良莠不齊，僧人行持難以保障，引發社會譏嫌；三次封禁戒壇，更是給律學的傳承、僧種的延續造成極大的打擊；太平天國運動、「廟產興學」運動等都為佛教的發展帶來了阻礙。面對這些困境，幸有蓮池大師、如馨律師兩系積極應對，努力變通，延續了律學的命脈，並為近現代律學的復興奠定了基礎。

（五）復興——近現代之努力

　　春夏秋冬又一春，律學的發展在經歷寒冬的考驗後，又迎來了春天。近代中國在恢復漢地律學方面進行了諸多探索與努力，主要有以下幾個方面：以弘一律師為代表的對南山律學的堅守與弘傳、以太虛大師為代表的佛教僧伽制度改革、虛雲大師在禪林對戒律精神的重振，以及印光大師對戒律精神與儒家倫理所作的融合。近代的漢地律學雖然面臨着很多挑戰，但也充滿了機遇，這些高僧大德的努力為現代律學發展奠定了基礎。

　　宋元年間，大部分南山典籍雖然在漢地散佚，但在日本一直流傳下來。近代徐蔚如居士將南山律典從日本請回，並創立刻經處付梓流通，使得深入律學研究有了文本典籍的基礎。

　　被後人尊為「律宗十一祖」的弘一律師（1880-1942），出家後接觸蕅益大師和見月律師的著作，發心學律。弘一律師早年重視有部律，曾引義淨三藏的說法來糾正南山律，後自悟有「輕謗古德」之過，又逐漸認識到「南山一派，尤深契此土機宜」，並經徐蔚如居士勸請，於 1931 年在佛前發願棄捨有部專學南山。弘一律師傾全力於南山典籍的整理、研究、教學、弘揚。他從多方收集古刻本精審點校，對律典進行表釋、科判、略釋、集釋等整理和簡化工作。經過整理後的南山律典版本精良、注釋完善、有條理、易學習，為人們學習南山律典提供了極大方便，對南山律學的復興起到了至關重要的作用。同時，弘一律師編纂《戒相表記》、《扶桑集釋》等律著，並廣開講筵，創建「南山律學苑」，講述南山律學著作，培育律學僧才。弘一律師還為在家信眾編成《南山律在家備覽》，闡揚南山宗義。弘一律師對律宗的復興、對近代中國佛教的提振，居功至偉。他以自己的言傳身教，實現了「誓捨身命，弘護南山四分律教久住神州」之夙願。

太虛大師（1889-1947）是中國近代著名的佛教改革者，他重視以南山律學規範佛教僧團，並對此提出了改革和重建計劃。大師在重視戒律持守的同時，強調對律學進行與時代相應的研習。大師在 1915 年撰寫完成的《整理僧伽制度論》中，提出了改良佛教律制建設的諸多構想，包括出家資格、出家流程、受戒流程和懺悔還淨等。大師在律典、祖師著作的基礎之上，結合近代中國的時代因緣，提出了很多改革辦法。雖然在當時這些舉措未能實現，但卻為今天的律制建設和律學研究提供了寶貴的參考。

虛雲大師（1840-1959）看到當時佛教衰敗的原因之一是傳戒不如法：「佛法之敗，敗於傳戒不如法。若傳戒如法，僧尼又嚴守戒律，則佛教不致如今日之衰敗。」他致力於規範傳戒，比如在鼓山湧泉寺將戒期由原來的八天改成三十天，加強戒期教育，廢止寄戒、不剃髮搭衣等不良風氣。虛雲大師還對僧制進行改良，並開辦戒律學院。

圓拙法師（1909-1997）曾經跟隨弘一大師學習南山律。圓拙法師介紹妙因法師，後者抄錄《四分律行事鈔資持記通釋》、《鈔記濟覽》二書，完成弘一律師遺作《四分律行事鈔資持記扶桑集釋》。在宗教政策恢復後，圓拙法師不遺餘力地推動傳戒工作，主張並推動按照律制三人一壇受戒以及二部僧傳戒。圓拙法師還在廣化寺組織五比丘專研南山律典，培養律學人才，其中的演蓮法師、界詮法師、濟群法師至今仍是弘揚南山律的中流砥柱。現在漢地律學研學較好的寺廟，很多和圓拙法師有一定淵源。

近幾年，龍泉寺在律學研究等方面進行了一些探索。弘一律師校勘南山律時，由於條件所限只利用了有限的敦煌寫本。龍泉寺在已出版的南山律典校釋系列中，最大限度地彌補了這一缺憾，採用了全面的敦煌寫本，以及日本、美國所藏的各種宋刊本、古刻本、寫本一切經等。在本書中，我們一方面力求對比丘戒作系統、全面的對比分析，另一方面也嘗試在新時代背景下重新審視比丘戒的行持問題。

二、漢傳佛教律學的特點

上文簡要回顧了比丘戒在漢地傳入、發展、興盛、衰落而又復興的歷史脈絡，從中可以看到漢地律學的一些特點。

（一）四分為主，博採他部

在三大語系佛教中，藏傳佛教和南傳佛教的戒律傳承都是專宗一部，而漢傳佛教大部分時間以四分為主，兼容他部。雖然也有義淨三藏主張專宗一部，但是主流的做法還是諸部會通。漢傳佛教這種多律型的特點是由歷史和現實需要等多重因素形成的。

首先，在短短二十年內，幾部廣律被相繼引入和翻譯，律師們都進行了研習，其中不乏博通多部之人。多部並習的情況，自然會產生會通的需求。四分律師中，法礪律師主張綜合諸部觀點，智首律師遍學五部而不局四分一宗之見，這些律師都具有融合諸部的思想。道宣律師曾經在《行事鈔》中列舉了之前四分律師們的六種做法：「一、唯執《四分》一部，不用外宗。二、當部缺文，取外引用。三、當宗有義，文非明了。四、此部文義具明，而是異宗所廢。五、兼取五藏，通會律宗。六、終窮所歸，大乘至極。」《行事鈔》主要採取第三、第六兩種觀點，即在大乘思想的基礎上，以《四分律》為宗，同時「餘亦參取，得失隨機」，必要的時候也會採用他部。[1]

會通諸部的思想基礎，也來自律師對於諸律同源的認識。漢地律師面對幾部廣律的態度與印度律師有所不同。漢地律師並無律典的宗

1　《四分律刪繁補闕行事鈔校釋》，宗教文化出版社，2015 年 9 月，35 頁至 36 頁。

派觀念，而是將幾部廣律視作一個整體來看待。如《行事鈔》：「統明律藏，本實一文，但為機悟不同，致令諸計岳立。所以隨其樂欲，成立己宗。競采大眾之文，用集一家之典。」[1] 既然同出一源，只是因為後世根機不同而產生差異，那麼自然可以通過綜合諸部來還原和把握律學原始統一的面貌。這是歷代律師對四律五論進行會通的原動力之一。

會通諸部的做法，還受到現實需要的驅動。諸律之間的差異，多是部派佛教為應對不同外部環境所作出的不同取捨，是律師們有意識的選擇，故可以說，部派律典是不同的律學實踐經驗的總集。中國漢地的地理、人文環境和印度差異很大，單靠一部廣律來指導所有的行持實踐是有困難的，因此會通諸部成了後世律學很自然的選擇。

總之，漢地律學「四分為主，博採他部」的抉擇，一方面可以弱化部派色彩，更好地把握佛陀的制戒精神，回歸佛陀本懷；另一方面可以靈活應對實踐中的各種情況，既增加了更多的參考點，又能夠在取捨過程中作出更加符合緣起的抉擇。

（二）比丘戒和菩薩戒並行

中國是大乘佛教流布的地區，菩薩戒和比丘戒約在同一時期傳入漢地。兩晉南北朝時期是菩薩戒經典集中翻譯的階段，鳩摩羅什譯出《梵網經盧舍那佛說菩薩心地戒品》，曇無讖譯出《菩薩地持經》、《菩薩戒本》、《優婆塞戒經》，竺佛念譯出《菩薩瓔珞本業經》。唐貞觀年間，玄奘大師譯《瑜伽師地論》，標誌着中國菩薩戒經典的翻譯趨於完整。

菩薩戒不僅出家僧尼受習，隨着佛教的昌盛也融入到整個社會生

1　《四分律刪繁補闕行事鈔校釋》，31 頁。

活之中，上至帝王、士大夫階層，下至尋常百姓都受持奉行。兩個主要的菩薩戒系統中，梵網菩薩戒的內容與漢地的孝道精神相契合，並經天台、華嚴兩宗高僧的弘揚，成為漢地菩薩戒的主流；瑜伽菩薩戒次第明晰，戒條內容和比丘戒互補性強，也利於漢藏佛教間的互通和交流，在近代得到太虛大師等的重視。

大乘佛法的開展，菩薩戒和比丘戒並行，一方面秉持大乘教理，另一方面按照聲聞戒律行持，這兩者如何結合一直是漢地佛教面臨的問題。在漢地，要推行比丘戒就必須融會大小乘，故歷代律師多致力於研究兩者的會通——在大乘思想的背景下來闡述和完善比丘戒的律學體系。在戒相判斷上，比丘戒重行而菩薩戒重心，故道宣律師以《四分律》傾向按心判罪等理由而判其分通大乘。道宣律師又依唯識思想建立南山律戒體理論，並提倡三聚淨戒而將比丘戒納於攝律儀戒。元照律師以天台圓教進一步發展南山律戒體理論，將菩薩戒納入南山律學體系。南山律以大乘思想融會比丘戒，這是其取得後世律學主流地位的重要原因。

實踐方面，大乘思想及菩薩戒對漢地比丘律學也產生了深刻的影響。後世三壇大戒的傳戒形式，是漢地比丘戒和菩薩戒並重和融合互補的集中體現。南山律的懺罪之法包含了大乘內涵的化懺，即在比丘戒原有懺罪方法的基礎上作了擴充。六祖慧能提出「無相戒」，深刻地影響了漢地出家眾的戒律觀。比丘戒律允許食用魚肉，而漢地僧眾素食的傳統則是受大乘思想和菩薩戒影響。

（三）戒律和僧制雙軌並行

佛教傳入漢地不久便出現了僧制。漢傳佛教的僧制起始於道安大師創立的「三例」，其內容包括講經、行香、六時共修、布薩、懺悔等

多方面的軌則。當時僧團日益擴大，而諸部廣律尚未被翻譯進來，僧團管理與僧人行持對戒律的需求無法被滿足，道安大師便制定僧制管理僧團，規範僧人行持，統領大眾修行。

此後，「僧制」在漢傳佛教的發展歷史中從未中斷，至唐朝百丈懷海禪師時演變為「清規」。「叢林清規」最早出現在唐朝的禪宗叢林，後逐漸擴展至各宗派。其最初的內容包括僧團管理架構、普請法等制度，後逐漸增加禪門規矩、執事職責、佛事活動等多個方面。清規最能反映漢地僧團的僧制特色，經不斷發展、完善，一直沿用至今。

僧制是戒律精神在漢地僧團本土化的體現。《五分律》記載：「雖是我所制，而於餘方不以為清淨者，皆不應用；雖非我所制，而於餘方必應行者，皆不得不行。」[1] 佛法的覺悟精神是一味的，但不同的弘化地區面臨着不同的環境與問題。漢地和古印度環境的不同，給佛法住世和僧人修行方式帶來了不同的影響。漢地僧團的僧制便是在「餘方」國土對戒律最好的補充與開演，與戒律雙軌並行。

首先，僧制非常注重對戒律精神的把握和持戒環境的營造。如宋代《禪苑清規》：「參禪問道，戒律為先……受戒之後常應守護，寧有法死，不無法生。」[2] 警策僧眾在參禪之前先打好持戒的基礎，應如守護生命般守護戒體。又如《教苑清規》：「香錢、油錢不得互用，亦任施主隨心喜捨，切勿苦覓，令生厭心。」[3] 這裏則要求僧眾嚴謹遵守「三寶物不得互用」的盜戒。

其次，僧制對戒律的落實起到補充與細化作用。如宋代《入眾日用》涉及睡眠、飲食、衣鉢等威儀方面的內容，是對律典中相關規定

1　《五分律》卷 22，《大正藏》22 冊，153 頁上欄。
2　《（重雕補註）禪苑清規》卷 1，《卍續藏》63 冊，523 頁上欄至中欄。
3　《增修教苑清規》卷 1，《卍續藏》57 冊，315 頁下欄。

的補充。以鉢為例，《四分律》中用鉢威儀的規定有如下幾條：「平鉢受食，應當學。平鉢受羹，應當學……不得挑鉢中而食，應當學……不得視比坐鉢中食，應當學。當繫鉢想食，應當學。」[1]《入眾日用》進一步細化為：「先展鉢單，仰左手，取鉢安單上。以兩手頭指拼取鑷子，從小次第展之，不得敲磕作聲，仍護第四指第五指為觸指，不得用鉢，拭摺令小，並匙箸袋，近身橫放。入則先匙，出則先箸……兩手捧鉢受食，想念偈云：『若受食時，當願眾生，禪悅為食，法喜充滿。』」[2]可見，《入眾日用》對於用鉢過堂的規定更加詳細，並且結合了漢地使用湯匙的特點，這些細緻的規定和條文可令僧眾在過堂用鉢時保持正念，努力用功。

再次，僧制體現了戒律在漢地的變通。以普請法為例，普請法是叢林的集體勞作制度。由於古印度盛行乞食制度，僧人無須從事勞作，而漢地的風俗則難以接受乞食行為。百丈山在當時又恰好處在交通不便的山區，於是懷海禪師便組織僧眾集體從事農業生產，自給自足。在務農過程中，僧人難免觸犯「掘地」等遮戒，懷海禪師解釋：「不得定言有罪，亦不得定言無罪。有罪無罪，事在當人。若貪染一切有無等法，有取捨心在，透三句不過，此人定言有罪；若透三句外，心如虛空，亦莫作虛空想，此人定言無罪。」[3]事實上，佛陀制定此戒主要是因為傷害土地的行為受到古印度人的譏嫌。律典記載，在有三寶事緣時，佛陀也開緣掘地。因此，懷海禪師創立的「普請法」也是對「掘地戒」的善巧變通，並不違背佛陀的制戒本意，且能夠保證僧團的住世與發展。

1　《四分律比丘戒本》，《大正藏》22 冊，1021 頁上欄至中欄。

2　《入眾日用》，《卍續藏》63 冊，557 頁上欄。

3　《古尊宿語錄》卷 1，《卍續藏》68 冊，8 頁上欄至中欄。

漢傳佛教的僧制是漢地律學發展歷史中深具特色的內容。它對戒律在漢地的落實起到了很好的輔助作用，提醒僧人重視戒律，持守戒律。在「隨方毗尼」的原則下，僧制結合漢地僧人的學修生活特點，對戒條的內容作出更加細緻的規定，並對漢地難以落實或影響僧團住世和僧人學修的遮戒作出變通。戒律與僧制雙軌並行的模式是漢地律學發展中的寶貴財富。

（四）律宗的形成

　　律宗是漢傳佛教八宗之一，南山律學成為獨立宗派，是漢地律學的又一特點。南山律宗宗派主體的形成，既有外部條件的驅動，也有自身律學體系內在因素的作用。

　　隋唐佛教義學發達，形成了諸多學派，對律宗理論的成熟起了很大的孕育作用。比如，道宣律師借用唯識理論建立了南山戒體觀。唐朝擁有穩定的律師群體，他們對諸部廣律都有深入研究，其律學思想也漸趨成熟。道宣律師構建的南山律是以前代律師的研究成果為基礎的。南山律會通諸部的思想理論，在道宣律師之前的法礪律師、智首律師等著作中已有相關表述。道宣律師師承智首律師研習《四分律》多年，《行事鈔》對智首律師的《四分律疏》也多有借鑑和繼承。元照律師在完善南山律學體系的時候，也吸收了時代的教理營養。要而言之，佛教義學包括律學整體研究的成熟和發達，是南山律宗得以成立的外部條件。

　　南山律宗自身完整、豐富的理論體系，是其能夠形成獨立宗派的關鍵內因。太虛大師曾說：「一切佛法，以教、理、行、果四字攝盡。」南山律以《四分律》為宗，融合大小乘，以大乘發心持守聲聞戒，三聚圓修，最終成就佛果，即蘊含了教、理、行、果四個要素而構成完

整的修學體系。擁有自己的判教體系是宗派成熟的標誌之一，道宣律師將佛法判為化制二教，又分為「神足輪」、「說法輪」、「憶念輪」，通過「二教」、「三輪」，建立了南山律宗判教體系。特別地，南山律宗戒體觀在教理層面成功地會通大小乘，一定程度上祛除了律學實踐中產生的重大輕小的流弊，解決了大乘比丘持守聲聞戒律的疑惑，對後世漢地律學作了重要的理論指引。

後代學人的傳承和發揚是律宗得以延續的必要條件。道宣律師創建南山律學之後，弟子門人如文綱律師、道岸律師等，憑藉自己淵博的學識以及對僧俗二眾的影響力，促進了南山律在北方的進一步發展，並將四分律學推進至南方地區。後又有鑒真大師等將南山律傳播至日本，為近代南山律典籍的回歸埋下了伏筆。道宣律師的弟子大慈律師著《行事抄記》，開啟了唐宋六十二家南山律疏的序幕。律師群體對南山典籍不斷深入研習和傳承實踐，使南山律宗在歷史的長河中逐漸確立了優勢地位。

律宗的成立是律學研究成熟和發達的標誌。反過來，南山律宗的出現，也使得漢地比丘戒研究的重心發生轉向。研究對象從廣律等律學原典轉向南山典籍，研究取向上也以理解和承襲祖師思想為主，律學研究的活力和開創性逐漸減弱，這種情況一直延續到了今天。

三、關於本書

關於佛教義理研究可循之路徑，太虛大師嘗言：「先以恢復初唐之故有，進之遍究全藏，旁探錫蘭、中國藏地，而溯巴利文、梵文原典，當非復宗派傳統之可拘蔽，而入世界佛學之新時代矣。」[1]

如前所述，律學於隋唐達到頂峰之後，律家的重點即轉向南山律的注疏。本書則繼承隋唐律師的研究成果和研究方法，回歸律藏原文，對諸部律典作系統性的對比研究。在具體取捨上，本書仍遵循「四分為宗，博採他部」的漢地律學傳統，並承襲傳統律學中多律型之開放態度。在此基礎上，本書積極吸收當今世界佛學研究的成果與方法，並參考和借鑒其他語系的律典，這一方面可算本書在祖師著作基礎上向外所做的拓展。

最終呈現給讀者的這十二冊書，是著者過去幾年對比丘戒進行系統梳理、研究的成果。希望以此為中國佛教律學的復興盡一份綿薄之力。囿於研究水平和時間所限，不足之處敬請教內外大德不吝指正。

1　《太虛大師全書》，宗教文化出版社，2005 年，1 冊，17 頁。

目錄

03　大殺戒 / 349

表目錄

凡例

一、對於古今用法存在差異的文字，本書採用區別對待原則：出現在引文中的文字，尊重原文；非引文中的文字，按照現代漢語的語法規則使用。如現代漢語常用的「皈依」、「三皈」等詞，在引文中保留「歸依」、「三歸」等古代用法；又如「蓄積」的「蓄」，引文中保留原來的「畜」。

二、所有引文都加了現代標點。正文及引文的標點主要參考了《古籍標點釋例》（中華書局）和《中華人民共和國國家標準·標點符號用法》(GB/T 15834-2011) 中的規則，並適當採取了一些靈活處理。

三、主要人名在各篇初次出現時，以括號加注其生卒年。若年份無法確定者，則用「？」表示。

四、文中出現的年號，在首次出現時，後面括號中加注公元年份。

五、引用中出現的佛典，被收錄入 CBETA2016 版者，標注相應藏經的冊、頁、欄；未收錄入 CBETA2016 版者，則用一般古籍通用引用方式處理。

六、對於《大正藏》中的部分錯誤，本書參考《高麗藏》再雕版作了校勘，並附校勘記。

七、線裝古籍或古籍影印本，如沒有頁碼則直接寫卷數，但注明相關版本。有一些古籍一頁包含正反兩面者，則分別將正反面用 a、b 表示。

八、現代校點整理的古籍，在引用時注明了點校者、出版社、版本和頁碼。如對原作者的標點和文字做了修改，在注釋中說明。

九、現代出版專著，在腳注中注明了作者、專著名、出版社、出版時間、頁碼。

十、期刊論文或叢書中某一單篇論文，標注了作者、題目、期刊名及該期時間、刊號、發表時間、頁碼。

十一、外文標點符號的使用遵循外文的習慣用法。中外文混排，在中文中夾用一些外文單詞、短語，使用中文標點；整句、整段引用外文，按所引文種的規定使用標點符號。

十二、外文專著標注順序為責任者與責任方式、專著名、出版地、出版者、出版時間、頁碼，書名用斜體，其他內容用正體；外文析出文獻標注順序為責任者與責任方式、析出文獻題名、所載書名或期刊名及卷冊、出版時間，頁碼，析出文獻題名用英文引號標示，期刊名或書名用斜體，其他內容用正體。

十三、當同一部書第二次引用時，使用簡引，只標明書名和頁碼。

十四、因正文中引用了大量律典的原文，為了簡化，在每一戒條緣起、戒本、辨相部分標注其所在律典的起始範圍，若後文中出現這一範圍內的引文，將不再標注。未在此範圍內或引自其他原典的引文，按正常格式標注。

十五、注釋的編碼緊跟被注字、詞的右上方，或者句子末尾點號右上方，內容呈現於當頁腳注。

十六、正文中,《巴利律》相對應的腳注為《經分別》、《犍度》、《附隨》。

十七、為了敘述簡潔,以下藏經和典籍用了簡稱:

1. 藏經:《大正藏》(《大正新修大藏經》),《卍續藏》(《卍新纂續藏經》),《高麗藏》(再雕版《高麗大藏經》)。

2. 典籍:以下書名使用簡稱,不用全稱,未列出的典籍均使用全稱。

原名稱	簡稱
《彌沙塞部和醯五分律》	《五分律》
《摩訶僧祇律》	《僧祇律》
《摩訶僧祇律大比丘戒本》	《僧祇比丘戒本》
《十誦比丘波羅提木叉戒本》	《十誦比丘戒本》
《善見律毗婆沙》	《善見論》
《薩婆多部毗尼摩得勒伽》	《摩得勒伽》
《薩婆多毗尼毗婆沙》	《薩婆多論》
《律二十二明了論》	《明了論》
《根本説一切有部毗奈耶》	《根有律》
《根本説一切有部毗奈耶……事》	《根有律……事》
《根本説一切有部戒經》	《根有戒經》
《根本薩婆多部律攝》	《根有律攝》
藏文《根本説一切有部毗奈耶》	藏文《根有律》
麗江版藏文大藏經《甘珠爾》第五函的《別解脱經》	藏文《根有戒經》
梵文、巴利文戒經使用的簡稱	梵文《説出世部戒經》 梵文《根有戒經》 梵文《有部戒經》 巴利《戒經》
《四分律刪繁補闕行事鈔》	《行事鈔》
《四分律含注戒本疏》	《戒本疏》
《四分律刪補隨機羯磨疏》	《羯磨疏》

〈續上表〉

原名稱	簡稱
《四分律比丘含注戒本》	《含注戒本》
《四分律刪補隨機羯磨》	《隨機羯磨》
《四分律比丘尼鈔》	《比丘尼鈔》
《四分律拾毗尼義鈔》	《義鈔》
《四分律刪繁補闕行事鈔資持記》	《資持記》
《四分律含注戒本疏行宗記》	《行宗記》
《四分律刪補隨機羯磨疏濟緣記》	《濟緣記》

波羅夷引言

　　比丘戒的波羅夷篇共有四條戒，在諸律中的排列順序相同，分別為「大淫戒」、「大盜戒」、「大殺戒」、「大妄語戒」。四條戒均為性戒，比丘正犯其中之一，則喪失比丘身分，而且會對僧團造成巨大的負面影響。因此這四條戒得到特別的重視，被稱為「四根本」；波羅夷篇也被列為諸篇之首。諸部律典對於四波羅夷的緣起、戒本、辨相等方面的記載，都非常詳盡。除了《鼻奈耶》在「大妄語戒」中沒有「增上慢」開緣之外，四波羅夷的戒條文本和辨相等內容在諸律中基本一致。

　　四波羅夷屬比丘戒首篇，而「大淫戒」作為第一條波羅夷戒，是否同時是佛制第一條戒？對此律典有兩種不同的記載，或稱「大淫戒」為第一條戒，或稱眾學法的「齊整著涅槃僧戒」為第一條戒。這兩種說法其實並不矛盾。「齊整著涅槃僧戒」是佛陀對五比丘說的第一條僧團行為規範，屬於教化性的法；「大淫戒」則是佛陀制定的第一條治罰性的學處。佛陀創立僧團，一開始比丘清淨無染，這個階段佛陀對僧團的管理是以法教化的方式，「齊整著涅槃僧戒」等威儀法就是這個階

段佛所講的教誡。第二個階段的開啟始於「大淫戒」，由於比丘犯不淨行，佛陀開始制定懲罰性學處，僧團管理從此進入了律治時代。因此，關於第一條戒的兩種不同說法，實質上分別代表了佛陀管理僧團的兩個不同階段。

四波羅夷之間有一個共同點，就是以發起心為判罪考量的基本點。如果比丘發起心不具足，則不犯根本罪。藏傳《苾芻學處》中更是強調比丘的發起心一直相續到究竟成犯，才會正犯波羅夷。

四波羅夷的辨相較為複雜，比丘戒的大部分判罰原理在這四條戒中都得到了體現。因此四波羅夷的一些判罰原則有一定的普遍性，也適用於其他相關戒條。本書在專題等相關部分雖然沒有明確說明，但應該加以留意。列舉如下：

（一）比丘受戒前後都沒有受到戒律教育，不知道犯淫破重，這種情況下若比丘行淫如何判罰？按照《根有律》中新戒比丘無知行淫的公案，比丘不知道四波羅夷而行淫，這種情況下佛陀認為屬「無故心犯」，判為不犯。當然，如果比丘以鑽漏洞的心態故意不學戒律，這種情況則屬正犯。

（二）「沙彌任運」的問題，即比丘在未受戒前造作惡行，受戒成為比丘後所做加行才究竟，這種情況下如何對比丘結罪？比丘受比丘戒時，策發斷惡修善之誓願力，對過往的惡行生起了悔心，那麼發起心就被中斷了。比丘由於發起心被破壞，所以雖然此前所犯惡行究竟，也不能算正犯。

（三）「大殺戒」中，比丘實施相關危害行為之後，到被害人真正死亡期間，可能還有其他導致被害人死亡的因素介入。要判定比丘是否正犯「大殺戒」，必須確認其行為是否導致被害者死亡的主要原因。按照主要責任歸屬來確定比丘方便加行和相關結果的因果關係，是所有類似戒條在判罰時都需要考慮的隱含前提。

（四）　比丘是否正犯「大殺戒」，需要考察比丘當時的主觀意志以及方便加行兩方面的情況。主觀意志分兩種：希望心和放任心。希望心指比丘對對方死亡抱有希望和追求的態度；放任心則是指比丘雖不主動追求或者希望對方死亡，但是對此結果抱有聽之任之的態度。「大殺戒」中，比丘犯戒時的主觀意志是希望心才正犯；類比於世間刑法判罪體系，「大殺戒」的判罪方式屬於「希望主義」。這種希望主義判罪方式，也適用於其他有主動發起心作為犯緣的戒條。一些特定場景中，比如被迫殺人、消極安樂死、自衛導致他人死亡、被迫行淫、被動摩觸等等，這些情況下由於比丘沒有犯戒的主觀希望心，因此都不正犯相關戒條。

方便加行分為積極加行和消極加行。前者指積極主動地實施危害行為；後者指本來可以採取行動避免危害發生，卻選擇了不實施相關行動而任由危害發生。「大殺戒」中只有積極加行才犯根本，消極加行不犯根本。這一原則也適用於比丘戒中其他有積極加行的戒條。不需要積極加行的戒條，如「坐具戒」等，此原則就不適用了。

結合主觀意志和方便加行兩個方面，比丘只有在同時具有希望心和積極加行的時候才正犯「大殺戒」；如果不是希望心，或者不是積極加行，都不正犯。上述兩種主觀意志和兩種加行都屬具有危害性的情況，實際還有無危害性的「不放任心」和「無危害加行」。根據各種主觀意志和方便加行的不同組合進行輕重不同的判罰，也可以較好地涵蓋各種現實場景。「大殺戒」的這種組合判罰邏輯也適用於其他需要發起心和積極加行的戒條。

以上介紹了四波羅夷的整體和共同性方面的一些情況，接下來介紹各條戒的重點、難點問題。四波羅夷是比丘戒中判罰最嚴厲的戒，正犯者終身喪失比丘資格。因此，如果一些關鍵概念和疑點得不到澄清的話，比丘會由於不清楚持犯標準或者理解偏差而在持戒時產生困

惑或者惶恐。例如對「大盜戒」中的「三寶物混用」、「五錢」、「黑暗心」等問題的理解偏差，導致許多比丘不敢承擔執事。另外一種情況則是，許多比丘可能會稀里糊塗地犯了戒而不自知。例如以為受精卵、胎兒不是「人」而勸說別人墮胎，或是以為在口道行淫不犯淫戒而行之。本書對相關問題作了詳細的分析和論證，其中一些要點介紹如下：

「大淫戒」中，對於比丘被強迫而被動行淫的情況，基於律典三時「受樂」成犯的記載，傳統上一般認為身體在三時中的任何一時起了樂受即犯根本。這種超出普通比丘行持能力範圍的判罪標準，無形中造成了比丘持戒過程中很大的心理壓力。通過對「受樂」一詞進行巴利語和藏語的語源分析，以及相關義理的討論，並參考其他語系佛教的判罰，可以看到「受樂」成犯指的是比丘在淫欲心驅動下主動領受樂觸的情況。如果比丘沒有主動領受樂觸的心，只是身體生起樂受，這種情況是不正犯「大淫戒」的。

「大淫戒」的犯戒對境包含了男二道和女三道。只要男根進入五道之中的任何一道，或是自己的二道被男根進入，均會正犯「大淫戒」。這是比丘在「大淫戒」的行持中需要特別注意的。

「大盜戒」的對境為「他物」，包含了兩個要素：物主對該物的所有權，以及物主對所有權的執著。兩個要素同時具備，才構成「大盜戒」的正犯對境。在有守護主的情況下，還需要考慮是否對守護主結罪的問題。有可能物主無執著，但是因為有守護主，所以還是會判波羅夷。比如寺院的佛物屬佛，佛雖無執著心，但是佛物一般有人看護，盜之可能犯重。

「大盜戒」中以「五錢」作為比丘犯波羅夷的金額標準，問題是佛世的「五錢」應該折合成現在的多少錢？通過對佛陀制戒背景的解讀及相關分析，可以看到「五錢」來源於佛制戒時摩揭陀國的「重罪」標準，可以認為對應於現代刑事犯罪的「盜竊罪」。由於盜竊罪又有不同

的量刑標準，在實踐中以「判罪宜通，攝護須急」[1]的原則來指導個人行持和僧團判決是比較適宜的做法。

對於《四分律》所載「五種賊心」中的「黑暗心」，道宣律師借用《僧祇律》中「摩摩帝互用三寶物」的案例進行了說明，其本意是指在對戒法無知的情況下起盜心。不過一般人容易誤解南山律的內涵，將「黑暗心」理解成無知而不小心互用三寶物就犯盜。通過分析《僧祇律》文本可知，摩摩帝比丘互用三寶物是有盜心的。從「大盜戒」的判罰原理來看，也要求比丘具足盜心才會犯波羅夷。

對於「分次取」、「多處取」等偷盜行為，各部律典的判罰不同。有的律典按單次分別結算，有的律典按總數結算。合理的判罰是，若是由同一盜心推動的多次（包括多處）偷盜，應該被視為同一偷盜行為，按照所盜總數來計算價值總額。與此類似，偷盜四方僧物應該按照所盜價值整體結罪，而不是按照傳統上的理解將所盜價值分到所有十方比丘頭上，然後再單獨對每個比丘結算。道宣律師早期即持對每個比丘單獨結算的觀點，不過後來在《量處輕重儀》中認為這種算法不妥。

「賊復奪賊」指的是比丘的物品在被賊盜走後，比丘若奪回個人物品則可能犯盜的情況。傳統律學中有一種觀點認為，只要賊「得心」決定，或是比丘「失心」決定，那麼物品就屬賊，比丘奪回該物則犯重。不過分析律典中的公案可以看出，賊奪後只要比丘不生捨心，物品仍屬比丘，可以奪回；比丘若生捨心，則奪回物品犯盜。

損壞他人財物是否犯盜，要看具體的動機。若以盜心損財，則按值結罪，滿五錢判波羅夷；以瞋心等損財，判偷蘭遮；無意損財不犯。損財後若須賠償而決意不賠，則按值結罪。慈心損財（如以慈心放走

1　《四分律刪繁補闕行事鈔校釋》，宗教文化出版社，2015 年 9 月，714 頁。

獵物），判突吉羅。若以護僧制或者護他人道行等目的，由僧團指授損財，不犯。比丘惡意浪費僧團公共物品是一種特殊形式的損財，律中未明確記載判罰標準，本書建議判突吉羅。

佛物的分類方面，《行事鈔》依據《佛說目連問戒律中五百輕重事》而將佛物分為四類，但這部經被蕅益大師認為是「疑偽經」。綜合律典記載，佛物可分為三類：1. 佛受用物；2. 屬佛物；3. 獻佛物。佛受用物主要包括佛像及塑佛像用的專款；屬佛物主要包括供佛的物品及錢財；而獻佛物主要是供佛的食物。一般情況下，佛受用物不能挪作屬佛物或者獻佛物，後二者則可以轉成佛受用物。

佛在世時盜佛物向佛結罪，佛滅後盜佛物向誰結罪？傳統律學中有一種觀點認為盜佛物斷施主福，因此向施主結罪。不過結合更多的律典公案可以得知：佛滅後盜佛物，若物有守護主（可以是寺院或者私人收藏主等），盜者對守護主結罪，滿五錢判波羅夷；沒有守護主的佛物，盜者對佛結偷蘭遮；非盜心，如以供養心取，判突吉羅。從物權歸屬看，施主既已供養佛則物權屬於佛，向施主結罪就不太合理了。

考察律典的記載和僧物內涵的歷史變遷，結合實踐性的需要，可將僧物分為三類：1. 可分的現前僧物；2. 不可分的四方僧物；3. 不可分的群體僧物。現前僧物泛指所有具有確定分物對象的應分物，包括傳統的界內現前僧物，但又不限於此。四方僧物是施主供養四方僧的不可分物。群體僧物是施主供養特定僧團群體的不可分物。在現實生活中，四方僧物和群體僧物分別對應於十方叢林和集體寺院兩種寺院類型的不可分物。通常所謂的「常住物」，實質上按照寺院的性質分別指代四方僧物或者群體僧物。按照物品屬性和使用方式看，四方僧物或者群體僧物又分為可借用的非消耗品和可領用的消耗品兩種類型。

對於三寶物之間的轉用，一般情況下佛物或者法物不能轉成其他三寶物，不過如確實有需要，三寶物相互之間可臨時借用，事後歸還

即可。對於僧物，如果現前僧同意則可以轉用現前僧物。四方僧物和群體僧物一般不可轉；花果、僧地、樹木等，經僧和合同意可以用於佛物。在饑荒、戰亂等特殊情況下，四方僧物、群體僧物經僧和合同意，可以用於特定用途。病比丘無錢可借取三種僧物治病，若無力償還，不犯。就判罪而言，以盜心將三寶物互轉，判偷蘭遮；如果不以盜心而因輕忽而轉，判突吉羅；如果是不知具體情況或相關規定而無意中互轉，判不犯。

「大殺戒」的辨相中，諸律對人作非人想殺的判罰體現出了「偏境」與「偏心」兩種不同的判罪思想。《十誦律》、《善見論》按境判為波羅夷，《四分律》、《根有律攝》等其他律典均判不正犯。南山律認為《四分律》屬心念判罪，但是如果按照純粹的心念判罪而不考慮實際對境，對人作非人想殺應該判突吉羅，實際上《四分律》卻判為偷蘭遮。道宣律師在《行事鈔》中試圖通過「轉想」的概念來彌補理論和律典記載之間的歧異。另一種對《四分律》這一判罰方式的合理理解是，該律確實有按心判犯的傾向，但是實際對境也是判罪時應考慮的因素。

佛教對有情生命的定義，建立在心識這一基礎之上。人生命之最初，始於心識和受精卵的結合，而生命的結束以心識的離體作為標誌。確立生命的定義對「大殺戒」的持守有重要意義。腹中胎兒也屬「人」的範疇，律典中明確記載墮胎犯殺。使用避孕藥也可能造成受精卵死亡，因此比丘授人避孕藥也可能犯殺。對於器官移植和紓緩治療等議題，也宜在對死亡過程有深入理解後，再根據個人情況做出妥善的抉擇和安排。

安樂死和自殺都是頗具爭議性的生命倫理課題。比丘對他人實施積極安樂死或者協助他人自殺，即便是出於慈心也正犯「大殺戒」。比丘參與間接安樂死相關行為，不正犯波羅夷；但是否有罪，視乎比丘具體的動機和加行而定。從戒律的角度看，一般情況下比丘自殺犯偷

蘭遮,停止無效醫療行為等消極行為則不犯;至於解脫煩惱的聖人如阿羅漢等自殺,不犯。

「大妄語戒」中「上人法」的內涵,存在着歷史變遷的問題。從大部分律典的詞源、戒條、緣起的記載看,「上人法」的內涵為「聖人之法」。不過律典的辨相部分對其內涵有所擴充,也包括了「凡夫聖法」。「上人法」內涵的擴充可能是後世律師為了防範比丘鑽戒律漏洞而作的補充,也可能是為了適應後世聖者減少的結果。不過「凡夫聖法」的定義本身有其模糊性,造成判罪標準無法確定,比丘在持戒時容易產生疑慮和困惑。因此應該回歸律典本源,以諸律共許的定義,界定「上人法」為「聖者之法」,「聖者」即初果以上的聲聞聖者或者初地以上的菩薩。對於比丘妄稱「凡夫聖法」的行為,則判偷蘭遮。

01

大淫戒

一、緣起

（一）緣起略述

　　《四分律》有一個緣起（未制戒）、一個本制和兩個隨制。緣起記載了佛陀在蘇羅婆國食馬麥以及舍利弗請佛制戒的情節。一婆羅門得知佛陀和諸大比丘將遊行至毗蘭若，於是發心在三個月夏安居期間供養僧團，佛陀默然受請。婆羅門雖請如來及比丘僧，但因魔王波旬干擾，三個月都沒有給予任何供養。時世穀貴，人民飢餓，乞食難得，比丘最後只乞得販馬人供養的馬麥。大目連想用神通從別的地方取食，被佛陀拒絕。後來舍利弗思維如何才能讓佛法久住，於是請益佛陀，佛陀說需結戒、說戒；舍利弗便請佛制戒，但佛陀拒絕了舍利弗，並告訴他需要等待因緣。

　　本制中，佛在毗舍離國，迦蘭陀村的須提那子對佛法信心堅固，出家求道。時世饑饉，乞食難得，須提那子便回到自己的家鄉乞食。其母得知後，三次勸說其還俗，須提那子沒有答應。印度當時有法規，如果家中無子，老人去世後家產歸國家所有，其母以此為由再次找須提那子勸其還俗。當時佛還沒有制「大淫戒」，須提那子便答應其母的要求為家族留一子，與其故二到園中屏處共行不淨。當時園中恰有一鬼命終，立即入胎，九個月後須提那子故二生一男孩。回到僧團後，須提那子非常憂惱，諸比丘詢問後，將此事匯報給世尊，世尊因此制戒。

　　跋闍子比丘出家後愁憂不樂淨行，便回家與故二共行不淨。佛以此因緣初次增制了「大淫戒」。

　　一乞食比丘在樹林中住，每次用齋後都會把剩下的食物布施給

樹林中的一隻雌性獼猴，時間長了便與獼猴逐漸熟悉，甚至用手捉獼猴，獼猴都不會逃跑，比丘便捉獼猴共行不淨。後眾多比丘行至林中，發覺此事，便匯報給佛陀，佛陀集僧再次增制了此戒。[1]

諸律緣起差異比較：

1. 制戒地點

《四分律》中，制戒地點為「毗舍離」，《鼻奈耶》[2]為「韓冀羅城」，《根有律》[3]為「佛栗氏國」，其他律典與《四分律》相同。

2. 緣起比丘

《四分律》中，緣起比丘為「須提那子」，《鼻奈耶》為「須達多迦蘭陀子」，《十誦律》[4]、《巴利律》[5]為「須提那迦蘭陀子」，《僧祇律》[6]為「耶舍」，《五分律》[7]為「須提那」（為長者迦蘭陀子，故與《十誦律》等相同），《根有律》為「蘇陣那」。

1　《四分律》卷1，《大正藏》22冊，568頁下欄至572頁中欄；卷34，《大正藏》22冊，809頁上欄至下欄；卷55，《大正藏》22冊，971頁下欄至975頁中欄；卷58，《大正藏》22冊，996頁上欄；卷59，《大正藏》22冊，1005頁中欄。

2　《鼻奈耶》卷1，《大正藏》24冊，851頁中欄至853頁上欄。

3　《根有律》卷1，《大正藏》23冊，627頁下欄至632頁中欄；卷2，《大正藏》23冊，632頁中欄至635頁下欄。

4　《十誦律》卷1，《大正藏》23冊，1頁上欄至3頁中欄；卷52，《大正藏》23冊，379頁上欄至中欄；卷57，《大正藏》23冊，424頁中欄至427頁上欄。

5　《經分別》卷1，《漢譯南傳大藏經》1冊，1頁至51頁；《附隨》卷1，《漢譯南傳大藏經》5冊，76頁。

6　《僧祇律》卷1，《大正藏》22冊，227頁上欄至235頁上欄；卷2，《大正藏》22冊，235頁上欄至238頁上欄；卷26，《大正藏》22冊，441頁上欄至下欄。

7　《五分律》卷1，《大正藏》22冊，1頁上欄至5頁上欄；卷28，《大正藏》22冊，182頁上欄至下欄；卷30，《大正藏》22冊，190頁下欄至191頁上欄。

3. 緣起情節

《鼻奈耶》有一個本制、一個隨制。本制情節與《四分律》本制類似，隨制的內容與《四分律》的第二個隨制類似。《鼻奈耶》與《四分律》的不同之處是：迦蘭陀家婢女發現緣起比丘回村乞食，並且受胎的嬰孩是天神下凡，而《四分律》中是鬼投胎。

《十誦律》有一個本制、兩個隨制與一個緣起。其中本制和隨制與《四分律》的本制和隨制情節類似，但緣起情節與《四分律》不同。緣起中，一比丘受魔干擾，和死馬行淫，生起大懺悔心，向僧團懺悔後做了學悔沙彌。

《五分律》有兩個緣起、一個本制和兩個隨制。第一個緣起是佛陀食馬麥的公案，情節與《四分律》類似。第二個緣起是比丘不樂梵行，說非法語，被佛陀呵責。本制與《四分律》的本制類似，不同點在於《五分律》詳細記載了緣起比丘捨俗出家的經歷。第一個隨制記載的是比丘與獼猴共行不淨，情節與《四分律》的第二個隨制一致。第二個隨制記載的是孫陀羅難陀比丘行惡事，佛陀因此制定了僧團白四羯磨滅擯的程序，並隨制比丘不捨戒行淫犯波羅夷。

《巴利律》有兩個緣起、一個本制和兩個隨制。第一個緣起記載佛陀度化一婆羅門的公案，其他律典都沒有此情節。第二個緣起、本制以及第一個隨制分別與《四分律》的緣起、本制、第二個隨制一致。第二個隨制與《五分律》的第二個隨制內容類似。

《根有律》與《四分律》差異較大，有一個本制、一個隨制、三個緣起和兩個開緣。其中本制和隨制分別與《四分律》的本制和第二個隨制類似，不同點在於《根有律》比較詳細地敘述了緣起比丘行與其故二不淨行後，其子的出生、成長以及出家證道的細節。三個緣起分別記載了比丘用口與自己男根行淫，用男根與自己大便道行淫，以及以己男根置女人小便道，內揩外泄、外揩內泄行淫而犯重的情況。兩

個開緣分別記載比丘睡眠時無樂心不犯及無欲心不犯的情況。

《僧祇律》與《四分律》差異最大，共有一個本制、三個隨制和十五個緣起。其中本制與《四分律》情節相似。第一個隨制中，佛陀因二離車子比丘增制了「不還戒」行淫犯重；第二個隨制中，佛陀因樹下比丘增制了「戒羸，不捨戒」行淫犯重；第三個隨制發生在比丘與死女行淫之後，佛陀增制「乃至共畜生」。十五個緣起具體闡釋了十五種犯重的情況，包括比丘與非人、畜生、男子、黃門、兀者、狂眠女、死屍、壞形等行淫，還包括比丘裹身露形、彼覆己露、與女人非道、與自己的大便道或口道、內行外出或外行內出、與男子口道行淫等。

（二）緣起比丘形象

《四分律》中，緣起比丘在饑荒時，為了能讓諸比丘乞得食物，同時讓自己的宗親供養得福，於是將僧團帶到父母居住的村落。律中所描述的緣起比丘積極護持同行修道，並為居士提供培福機會。當其母親讓其捨道就俗時，緣起比丘回答「我不能捨道習此非法，今甚樂梵行修無上道」，並且「如是至三」，表現出很強的出離心和道心。後來其母要求他為家族留種，以繼承家業。面對這樣的要求，緣起比丘最終妥協，便與故二共行不淨，滿足其母的願望。事後，緣起比丘知道自己犯惡行，於是「常懷愁憂」，有慚愧心。《十誦律》、《僧祇律》與《四分律》相同。

《鼻奈耶》、《根有律》與《四分律》相似，但更加突顯緣起比丘出家前的富足，如《鼻奈耶》描述緣起比丘出家前「富財無際限，田業盈豐，舍宅成就，象、馬、駝、牛、驢、錢、穀、珍寶、金銀、真珠、琉璃、貝、玉、虎魄、碼瑙、硨渠、珊瑚」，又如《根有律》記載：「羯

闌鐸迦子名蘇陣那，富有資財，多諸僕使，金銀珍寶，穀麥盈溢，所貯貲貨如毗沙門天王。」

《五分律》、《巴利律》中，緣起比丘出家目標很堅定，絕食多日才徵得父母同意，對三寶以及出家修道有很強的信心。

其他律典與《四分律》相似。

（三）犯戒內因

《四分律》中，緣起比丘覺得對母親有愧，對未能給家庭傳宗接代感到內疚。這種世間的邪見導致緣起比丘內心動搖，緣起比丘為了滿足母親的心願，最終與故二行不淨，這是其犯戒內因。

諸律的犯戒內因與《四分律》一致。《十誦律》、《僧祇律》、《根有律》還特別提到比丘對淫欲的貪求。如《十誦律》記載：「爾時，世尊未結此戒，是須提那即便心動。」「心動」強調緣起比丘心理上的轉變，是一種對淫欲的貪求。《僧祇律》記載：「爾時，耶舍即與其婦共相娛樂。」雖未涉及心理描寫，但從後面的本生故事來看，緣起比丘犯戒的直接原因是由誘惑引發貪欲。《根有律》描寫更加明顯，緣起比丘「睹少年婦，情生染著，欲火燒心」。

（四）犯戒外緣

《四分律》中，緣起比丘與世俗家人頻繁接觸，家人的勸說和世俗親情的糾纏，是本戒的犯戒外緣。

諸律犯戒外緣與《四分律》一致。

（五）犯戒後的影響

《四分律》中，緣起比丘初開惡門，是僧團第一位行惡事的比丘。

據《四分律》記載，緣起比丘作此惡行後，被僧團中部分比丘呵責，《鼻奈耶》、《十誦律》、《五分律》、《巴利律》與《四分律》相同。其中《鼻奈耶》記載：「即時，彼諸比丘極好共責須達多：『世尊以無數方便說淫之惡露，向淫、念淫，淫意熾盛。世尊說淫惡露如此，向淫犯貞念淫，淫意熾盛。』」《十誦律》記載：「諸比丘聞已，種種因緣呵須提那言：『汝應愁苦憂悔，乃作如是私屏惡業。汝所作事非沙門法，不隨順道，無欲樂心。作不淨行，出家之人所不應作。』」

《四分律》中，緣起比丘犯戒後「常懷愁憂」，《鼻奈耶》為「慚愧，為人所辱」，《十誦律》為「心生疑悔，愁憂色變，無有威德，默然低頭，垂肩迷悶，不樂言說」，《根有律》為「心懷愁惱，深生追悔」，《巴利律》為「形體枯瘦，容貌憔悴，四肢筋脈悉現，心沉重，意退縮，苦惱、後悔、悲痛」。大多數律典都記載了犯戒對緣起比丘的身心狀態影響很大。

另外，《僧祇律》還記載：「所有如是惡名流布，道俗悉聞。」與《四分律》有所不同。

（六）佛陀考量

《四分律》中，緣起比丘犯戒後，佛陀「無數方便呵責」緣起比丘。《根有律》中，佛陀呵斥緣起比丘為「癡人」，《巴利律》為「愚人」，《僧祇律》為「愚癡人」。之後，佛陀為諸比丘宣說淫欲的過患，如《四分律》中，佛陀說「寧持男根著毒蛇口中，不持著女根中」，並將「欲」比作「枯骨」，「亦如段肉、如夢所見、如履鋒刃、如新瓦器盛水著於

日中、如毒蛇頭、如輪轉刀、如在尖標、如利戟刺」。《僧祇律》、《五分律》、《根有律》和《巴利律》也有類似的記載。對於比丘做此非法事的後果，《僧祇律》中，佛說「汝今最初開魔徑路，汝今便為毀正法幢、建波旬幢」，《五分律》為「開魔徑路，摧折法幢，建立魔麾」。可見，緣起比丘的行為影響惡劣，佛陀嚴厲呵斥緣起比丘，並數數強調淫欲的過患，就是要提醒比丘要深刻認識到淫欲對出家修道的危害。

《四分律》的緣起記載了佛陀食馬麥的公案。毗蘭若婆羅門由於受到魔王波旬的干擾，將答應供養佛陀與僧團夏安居三月的承諾忘得一乾二淨。當時乞食困難，佛陀和諸比丘只乞到馬麥，目連尊者想用神足通去他地取食，被佛陀拒絕。如律文：「佛告目連言：『諸有神足比丘可往至彼取粳米食，無神足者當云何？』目連白佛：『諸有神足者隨意自往，不得神足者我當以神足力接往至彼。』佛告目連：『止！止！莫作是語。何以故？汝等丈夫得神足可爾，未來世比丘當云何？』」《五分律》亦有類似記載。這說明佛陀此舉是在為後世的凡夫比丘考慮，可見佛陀做一個決定並不僅僅從眼前來考慮，而是觀照到更多甚深的緣起。

《僧祇律》中，佛陀在呵斥了緣起比丘，並為諸比丘宣說了淫欲的過患後，又為大眾宣說了兩個本事故事。第一個故事講述了在過去世，此世界劫盡時，一位從光音天下來的輕躁貪欲眾生初嘗地味，而此眾生即是緣起比丘的前生，「彼時，耶舍於諸眾生漏患未起而先起漏，今日復於清淨僧中先開漏門」。第二個故事是金色鹿王的故事，佛陀為大眾說明：「耶舍母不但今日巧作方便誘誑其子，過去世時亦曾誘誑。」《根有律》也記載了一則本事，故事情節與《僧祇律》第一個本事類似。佛陀通過講述緣起比丘的過去世，以及緣起比丘與其母親過去的因緣，深入挖掘了比丘犯戒的原因，讓人更容易理解緣起比丘的行為。

（七）文體分析

　　本戒制戒緣起中，《四分律》、《十誦律》均有四個因緣。兩部律典以客觀敘述為主，語言簡潔，故事情節完整，並輔以人物對話和少量心理描寫，生動描述了緣起比丘犯戒後的心理狀態與神情。

　　《鼻奈耶》記載了兩個因緣，敘事風格與《四分律》相似。隨制中描寫了緣起比丘面對佛陀詢問時的反應。如律文：「比丘慚愧，面顏失色，如被塵坌，右膝著地，偏袒右肩，長跪叉十指，白佛世尊：『審實。世尊！』」

　　《僧祇律》有十九個因緣，另外還有四則本事、十一個祇夜和一個伽陀，故事內容豐富，情節跌宕起伏。《僧祇律》的制戒緣起內容雖多，但語言簡練，編排整齊，富有層次；而且敘事內容也呈現出多樣化的特徵，有大量的人物對話及心理描寫，如：「夫人見已即作是念：『我若得此金色鹿皮持作褥者，沒無遺恨；若不得者，用作此王夫人為？』」多段祇夜或宣說女人過患，如：「剎利百方便，婆羅門增倍；王有千種計，女人策無量。」或宣說佛教因果輪迴的道理，如：「一切眾生類，靡不歸於死；隨其業所趣，自受其果報。為善者生天，惡行入地獄；行道修梵行，漏盡得泥洹。」這些祇夜都具有很強的教育意義。

　　《五分律》有五個因緣，另有一個伽陀。文本工整，語言簡練。律典詳細敘述了緣起比丘出家的經過，語言優美流暢，情節曲折感人，反映出緣起比丘道心很堅固。不僅讓人們對緣起比丘的背景有了更多了解，而且使得文本更具教育意義。緣起比丘道心如此堅固，在一定外緣的影響下尚且不能自控而犯戒，何況普通的比丘？此處藉以警策後來比丘，要加強對犯戒外緣的防護，否則可能導致嚴重的犯戒行為。《五分律》還從側面讚頌了佛陀的功德，居士「遙見世尊在林樹下，諸根寂定，光明殊特」，內心「歡喜踴躍」。

《根有律》有七個因緣，另有一則本事、七個伽陀和兩個祇夜。與《五分律》、《巴利律》一樣，《根有律》中也有緣起比丘出家一事的描述，但內容非常簡略。此外，對緣起比丘出家後生活有一個細節描寫：「既出家已，與諸親屬相雜而住，猶如昔日在家無異。」其他律典無相關記載。這一細節為緣起比丘犯戒埋下伏筆，使得整個故事更加合理與可信。《根有律》的文本語式豐富，有大量排比與比喻修辭的運用，如描寫緣起比丘的故二所生孩子的一段文：「經九月已，便生一子，顏貌端嚴，人所愛樂，額廣眉長，鼻高修直，頂圓若蓋，色美如金，垂手過膝，眾皆敬仰。」

二、戒本

《四分律》中，此戒的戒本為：「若比丘，共比丘同戒，若不還戒，戒羸不自悔，犯不淨行，乃至共畜生。是比丘波羅夷，不共住。」

梵文《根有戒經》中與本條戒對應的內容都是通過藏文戒經重構的，因此不再參與以下的比較。

（一）若比丘

《四分律》、《四分僧戒本》[1]、《新刪定四分僧戒本》[2]、《四分律比丘戒本》[3] 作「若比丘」，意思是：如果比丘。

與《四分律》相同：

《鼻奈耶》、《十誦律》、《十誦比丘戒本》[4]、《僧祇律》、《僧祇比丘戒本》[5]、《五分律》、《彌沙塞五分戒本》[6]、《解脫戒經》[7] 作「若比丘」。

與《四分律》相似：

《根有律》、《根有戒經》[8]、《根有律攝》[9] 作「若復苾芻」。

1　《四分僧戒本》，《大正藏》22 冊，1023 頁中欄至下欄。
2　《新刪定四分僧戒本》，《卍續藏》39 冊，263 頁上欄至中欄。
3　《四分律比丘戒本》，《大正藏》22 冊，1015 頁下欄。
4　《十誦比丘戒本》，《大正藏》23 冊，471 頁上欄。
5　《僧祇比丘戒本》，《大正藏》22 冊，549 頁中欄。
6　《彌沙塞五分戒本》，《大正藏》22 冊，195 頁上欄。
7　《解脫戒經》，《大正藏》24 冊，659 頁下欄。
8　《根有戒經》，《大正藏》24 冊，501 頁上欄。
9　《根有律攝》卷 2，《大正藏》24 冊，532 頁上欄。

梵文《説出世部戒經》[1] 作 "Yo puna bhikṣu"，梵文《有部戒經》[2] 作 "Yaḥ punar bhikṣur"，都為「任何比丘」的意思。

巴利《戒經》[3] 作 "Yo pana bhikkhu"，意思是：任何比丘。

藏文《根有戒經》[4] 作 "ཡང་དགེ་སློང་གང་"，意思是：任何比丘。

（二）共比丘同戒

《四分律》、《四分律比丘戒本》作「共比丘同戒」，意思是：與其他比丘（受）相同的戒法。

與《四分律》相似：

《四分僧戒本》作「與比丘共戒同戒」。《新刪定四分僧戒本》作「共戒同戒」。

《十誦律》作「同入比丘學法」。《十誦比丘戒本》作「共諸比丘入戒法中」。

《僧祇律》、《僧祇比丘戒本》作「於和合僧中受具足戒」。

《五分律》、《彌沙塞五分戒本》作「共諸比丘同學戒法」。

《解脱戒經》作「共比丘同入戒法」。

《根有律》、《根有戒經》、《根有律攝》作「與諸苾芻同得學處」。

梵文《説出世部戒經》作 "Bhikṣūṇāṃ śikṣāsāmīcīsamāpanno"，

---

1 Nathmal Tatia, *Prātimokṣasūtram of the Lokottaravādimahāsāṅghika School*, Tibetan Sanskrit Works Series, no. 16, Patna: Kashi Prasad Jayaswal Research Institute, 1975, p. 6.

2 Georg von Simson, *Prātimokṣasūtra der Sarvāstivādins Teil II*, Sanskrittexte aus den Turfanfunden, XI, Göttingen: Ndenhoeck & Ruprecht, 2000, p. 163.

3 Bhikkhu Ñāṇatusita, *Analysis of the Bhikkhu Pātimokkha*, Kandy: Buddhist Publication Society, 2014, p. 19.

4 麗江版《甘珠爾》(འཇང་བཀའ་འགྱུར) 第 5 函《別解脱經》(སོ་སོར་ཐར་པའི་མདོ) 3a-3b。

意思是：已經獲得正當的比丘戒法。梵文《有部戒經》作 "Bhikṣubhiḥ sārdhaṃ śikṣāsāmīcisamāpannaḥ"，意思是：已經和比丘們一同獲得正當的戒法。

巴利《戒經》作 "Bhikkhūnaṃ sikkhāsājīvasamāpanno"，意思是：已經開始了比丘們的戒律學習及行持生活。

藏文《根有戒經》作 "དགེ་སློང་རྣམས་དང་ལྷན་ཅིག་བསླབ་པ་མཚུངས་པར་གྱུར་པས"，意思是：和比丘們一起得相同戒法。

與《四分律》差異較大：

《鼻奈耶》作「比丘犯戒」。

（二）若不還戒

《四分律》、《四分律比丘戒本》作「若不還戒」，意思是：如果不捨戒。

與《四分律》相似：

《四分僧戒本》、《新刪定四分僧戒本》、《十誦律》作「不捨戒」。

《十誦比丘戒本》、《僧祇律》、《僧祇比丘戒本》作「不還戒」。

《五分律》、《彌沙塞五分戒本》作「〔戒羸〕¹不捨」。《解脫戒經》作「〔戒羸〕不捨戒」。

《根有律》、《根有戒經》、《根有律攝》作「不捨學處」。

梵文《說出世部戒經》作 "Śikṣām apratyākhyāya"，梵文《有部戒經》作 "Śikṣām apratyākhyā (ya)"，意思都是：沒有捨戒。

巴利《戒經》作 "Sikkhaṃ appaccakkhāya"，意思是：沒有捨戒。

藏文《根有戒經》作 "བསླབ་པ་མ་ཕུལ"，意思是：沒有捨戒。

1　方括號裏的文字為不參與該段對比的部分，下同。

與《四分律》差異較大：

《鼻奈耶》作「淫意起不還捨戒」。

（四）戒羸不自悔

《四分律》、《四分僧戒本》、《新刪定四分僧戒本》、《四分律比丘戒本》作「戒羸不自悔」。其中「羸」有衰弱、微弱的意思，「悔」有懺悔的意思。此處的「悔」字，一方面可以引申為不向他人懺悔，那麼整句話的意思是：（比丘）戒法衰弱，（卻）不（向他人發露）懺悔。另一方面，也可以把「悔」理解為「後悔受戒」，那麼整句的意思是：（比丘）戒法衰弱，（卻）不後悔（自己受戒）。

與《四分律》相同：

《鼻奈耶》作「戒羸不自悔」。

與《四分律》相似：

《根有律》、《根有戒經》、《根有律攝》作「學羸不自說」。這裏以「不自說」對應《四分律》的「不自悔」。

《十誦律》、《十誦比丘戒本》、《僧祇律》、《僧祇比丘戒本》作「戒羸不出」。這裏以「不出」對應《四分律》的「不自悔」。

梵文《說出世部戒經》作 "Daurbalyam anāviṣkṛtvā"，意思是：還未展現（戒法持守的）衰弱。梵文《有部戒經》作 "(Śi)kṣādaurbalyaṃ vānāviṣkṛtvā"，意思是：或者還未顯示戒法（持守的）衰弱。

巴利《戒經》作 "Dubbalyaṃ anāvikatvā"，意思是：還未表明（戒法持守的）衰弱。

與《四分律》有部分差異：

《五分律》、《彌沙塞五分戒本》作「戒羸〔不捨〕」，其位置在「不捨」二字之前。《解脫戒經》作「戒羸〔不捨戒〕」，這兩個字也在「不

捨戒」之前。

藏文《根有戒經》作"བསྐལ་བ་ཉམས་པར་མ་བྱས་པར"，意思是：也沒有破壞戒律的情況下。

（五）犯不淨行

《四分律》、《新刪定四分僧戒本》、《四分律比丘戒本》作「犯不淨行」，意思是：行淫欲之事。

與《四分律》相似：

《鼻奈耶》作「為不淨行」。《十誦律》、《十誦比丘戒本》、《五分律》、《彌沙塞五分戒本》作「行淫法」。

《僧祇律》、《僧祇比丘戒本》作「相行淫法」。

《四分僧戒本》作「犯不淨行，行淫欲法」。《解脫戒經》作「作不淨行，習淫欲法」。《根有律》、《根有戒經》、《根有律攝》作「作不淨行，兩交會法」。

梵文《説出世部戒經》作"Maithunaṃ grāmyadharmaṃ pratiṣeveya"，意思是：如果做了交會行淫的行為。梵文《有部戒經》作"Maithunaṃ dharmaṃ pratiṣeveta"，意思是：做了交會的行為。

巴利《戒經》作"Methunaṃ dhammaṃ paṭiseveyya"，意思是：如果做了交會的行為。

藏文《根有戒經》"མི་ཚངས་པར་སྤྱོད་པ་འབྲིག་པའི་ཆོས་བསྟེན་ན"，意思是：如果做了交會的行為。

（六）乃至共畜生

《四分律》、《四分僧戒本》、《新刪定四分僧戒本》、《四分律比丘

戒本》作「乃至共畜生」。其中「畜生」一般特指蓄養的禽獸，但在佛教文獻中多用來泛指動物。因此這一段的句意是「甚至與動物（行淫）」。

與《四分律》相同：

《十誦比丘戒本》、《僧祇律》、《僧祇比丘戒本》、《五分律》、《彌沙塞五分戒本》、《解脫戒經》作「乃至共畜生」。

與《四分律》相似：

《十誦律》作「乃至共畜生者」。《根有律》、《根有戒經》、《根有律攝》作「乃至共傍生」。

《鼻奈耶》作「下及畜生有形之屬」。

梵文《説出世部戒經》作"Antamaśato tiryagyonigatāyam api sādham"，意思是：乃至與動物。梵文《有部戒經》作"Antatas tīryagyonigatayāpi sārdham"，意為：乃至與動物。

巴利《戒經》作"Antamaso tiracchānagatāya pi"，意思是：乃至與動物。

藏文《根有戒經》作"ཐ་ན་དུད་འགྲོའི་སྐྱེ་གནས་སུ་སྐྱེས་པ་དང་ལྷུན་ཅིག་ཀྱང་རུང་སྟེ།"，意思是：乃至與動物。

（七）是比丘

《四分律》、《四分僧戒本》、《新刪定四分僧戒本》、《四分律比丘戒本》作「是比丘」，意為：這位比丘。

與《四分律》相同：

《十誦律》、《十誦比丘戒本》、《僧祇律》、《僧祇比丘戒本》、《五分律》、《彌沙塞五分戒本》、《解脫戒經》作「是比丘」。

與《四分律》相似：

《根有律》、《根有戒經》、《根有律攝》作「此苾芻」。

梵文《説出世部戒經》、梵文《有部戒經》都作 "Ayaṃ bhikṣuḥ"，意思是：這個比丘。

藏文《根有戒經》作 "དགེ་སློང་དེ"，意思是：這個比丘。

與《四分律》有部分差異：

《鼻奈耶》作「犯者」。

巴利《戒經》無此內容。

（八）波羅夷

《四分律》、《四分僧戒本》、《新刪定四分僧戒本》、《四分律比丘戒本》作「波羅夷」，意思是：（此比丘）得波羅夷罪。

與《四分律》相同：

《僧祇比丘戒本》作「波羅夷」。

與《四分律》相似：

《十誦律》、《僧祇律》、《五分律》、《彌沙塞五分戒本》、《解脱戒經》作「得波羅夷」。《十誦比丘戒本》作「得波羅夷罪」。

《根有律》、《根有戒經》、《根有律攝》作「亦得波羅市迦」。

梵文《説出世部戒經》、梵文《有部戒經》都作 "Pārājiko bhavaty"，意思是：是波羅夷罪。

巴利《戒經》作 "Pārājiko hoti"，意思是：是波羅夷罪。

與《四分律》有部分差異：

《鼻奈耶》作「不受，棄捐」。

藏文《根有戒經》作 "ཕམ་པར་གྱུར་པ་ཡིན་གྱིས"，意思是：即是為他所勝。

（九）不共住

《四分律》、《四分僧戒本》、《新刪定四分僧戒本》、《四分律比丘戒本》作「不共住」，意為：不共同住（在一起）。

與《四分律》相同：

《僧祇比丘戒本》、《五分律》、《彌沙塞五分戒本》作「不共住」。

巴利《戒經》作"Asaṃvāso"，意思是：不共住。

與《四分律》相似：

《十誦律》、《僧祇律》、《解脫戒經》、《根有律》、《根有戒經》、《根有律攝》作「不應共住」。

梵文《有部戒經》作"Asaṃvāsyaḥ"，意思是：不應共住。

藏文《根有戒經》作"གནས་པར་མི་བྱའོ།།"，意思是：不應共住。

與《四分律》有部分差異：

《十誦比丘戒本》作「不應共事」。

梵文《説出世部戒經》作"Asaṃvāsyo, na labhate bhikṣūhi sārdhasaṃvāsaṃ"，意思是：不共住，不再獲得與比丘眾一起共住（的權利）。

與《四分律》差異較大：

《鼻奈耶》無對應內容。

三、關鍵詞

（一）比丘

比丘，又作「苾芻」，源自梵語 "bhikṣu"，意譯為乞食者、乞士（英譯：a beggar, mendicant），早期一般指宗教的乞士。梵語 "bhikṣu" 源於動詞 "bhikṣ, bhikṣ" 有「乞」的意思（英譯：to ask, beg or ask for）。巴利《戒經》作 "bhikkhu"，意思是乞者、乞食者。"Bhikkhu" 源於動詞 "bhikkhati"，"bhikkhati" 有「乞求、乞食」的意思。藏文《根有戒經》作 "དགེ་སློང་"（英譯：virtue, beggar），含有道德和乞士的意思。

諸部律典中列舉了多種比丘的類型。

《四分律》中提到八種比丘：「名字比丘、相似比丘、自稱比丘、善來比丘、乞求比丘、著割截衣比丘、破結使比丘、受大戒白四羯磨如法成就得處所比丘。是中比丘，若受大戒白四羯磨如法成就得處所，住比丘法中，是謂比丘義。」由此可知，雖然《四分律》中列出了多種比丘的類型，但本戒中的比丘特指白四羯磨受戒，住比丘法中的比丘。

《十誦律》中提到四種比丘：「一者，名字比丘；二者，自言比丘；三者，為乞比丘；四者，破煩惱比丘。」其中，自言比丘包括白四羯磨受具足戒比丘和非比丘（自稱是比丘的賊住比丘）兩種。《根有律》、《根有律攝》均記載有五種比丘[1]，比《十誦律》多出一種，但只是將《十誦律》中包含在自言比丘中的白四羯磨受具足戒比丘單獨列出，作為

---

1 《根有律攝》卷 2：「苾芻有五種：一、名字苾芻，如世間人為欲呼召男女等時，與立名字喚作苾芻；二、自許苾芻，實非苾芻而便自許是淨苾芻；三、由乞求故名為苾芻，言苾芻者，是乞求義，諸乞求活命，皆名苾芻；四、破煩惱故名曰苾芻，苾芻是破義；五、以白四法受近圓者，名為苾芻。」《大正藏》24 冊，532 頁上欄。

第五種，其內涵與《十誦律》一致；並且這兩部律典中明確提及，本戒所指的比丘特指第五類比丘，這一點與《四分律》相同。

《五分律》中列出十一種比丘，「乞比丘、持壞色割截衣比丘、破惡比丘、實比丘、堅固比丘、見過比丘、一語受戒比丘、二語受戒比丘、三語受戒比丘、善來受戒比丘、如法白四羯磨受戒比丘」。而《僧祇律》中僅提到一種受具足戒比丘，要求是如法、和合、可稱歎、滿二十歲。

《巴利律》中有十二種比丘：乞求比丘、乞食比丘、著割截衣比丘、沙彌比丘、自稱比丘、善來比丘、三歸比丘、賢善比丘、真實比丘、有學比丘、無學比丘、由和合僧依白四羯磨無過應理（如法）受具戒之比丘。其中最後一種由和合僧白四羯磨受戒的比丘是「此處所謂『比丘』之意」。

《薩婆多論》中記載：「若比丘者，一切七種得戒比丘盡皆在中。」[1]七種得戒比丘：一者，見諦受戒；二者，善來得戒；三者，三語得戒；四者，三皈受戒；五者，自誓受戒；六者，八法受戒；七者，白四羯磨受戒。「於七種中，見諦得戒唯五人得，餘更無得者。善來得戒、三語、三歸，佛在世得，滅後不得。自誓，唯大迦葉一人得，更無得者。八法受戒，唯大愛道一人得，更無得者。白四羯磨戒，佛在世得，滅後亦得」[2]，但實際上其中應該只有六種比丘，因為「八法受戒」僅大愛道比丘尼一人，而沒有比丘是依此法受戒的。

《善見論》中記載：「比丘者，是乞士，或得或不得，亦名乞士，此皆是善人之行。」[3]這個內涵與「比丘」的詞源分析含義一致。同時，

1　《薩婆多論》卷2，《大正藏》23冊，514頁上欄。
2　《薩婆多論》卷2，《大正藏》23冊，511頁上欄至中欄。
3　《善見論》卷7，《大正藏》24冊，717頁下欄。

《善見論》中還記載：「佛、辟支佛、聲聞悉行乞食，或貧或富，捨家學道，棄捨牛犢、田業及治生俗務而行乞食，資生有無，皆依四海以為家居，是名比丘。著割截衣者，衣價直千萬，比丘得已，便割截而著，壞衣價直，以針線刺納，毀其細軟，遂成粗惡，衣先鮮白，而以樹皮壞其本色，便是故衣，名為比丘。」但「律本所說能著割截衣者，是名比丘」。

由《善見論》的記載，並結合上述律典中比丘的分類，我們不難看出，律典中「比丘」一詞的含義經歷了一段歷史演變的過程。最初，「比丘」是一個共外道的詞，含義是「乞食者」。隨着佛教的發展，「比丘」一詞逐漸成為佛教用語，並產生不同種類，如善來比丘、名字比丘、破結使比丘、受大戒白四羯磨如法成就得處所比丘等。後來，其含義在多部律典中逐漸統一，特指通過白四羯磨受具足戒的比丘，如《四分律》、《根有律》、《根有律攝》、《巴利律》中都是這個內涵。《僧祇律》中特指受具足戒的比丘，《善見論》中特指能著割截衣的乞食者。《十誦律》、《薩婆多論》、《五分律》中則沒有具體限定是哪一類比丘。

（二）共比丘同戒

梵文《説出世部戒經》作 "bhikṣūṇāṃ（比丘們的）śikṣā（戒法）sāmīcī（正當、得體）samāpanno（已獲得）"，意思是：已經獲得正當的比丘戒法。梵文《有部戒經》作 "bhikṣubhiḥ（與比丘們）sārdhaṃ（共同）śikṣā（戒法）sāmīci（正當）samāpannaḥ（獲得）"，意思是：與比丘們一起獲得正當的戒法（英譯：attain to propriety in the precepts with monks）。兩部戒經中 "bhikṣū"（比丘）一詞的格位並不相同，所以意思上略有差異。

巴利《戒經》中與此對應的內容是"bhikkhūnaṃ（比丘們的）sikkhā（學習，訓練）sājīva（戒律生活）samāpanno（達到，進入，引申為開始）"，意思是：已經開始了比丘們的戒律學習及行持生活。

藏文《根有戒經》作"དགེ་སློང་རྣམས་དང་ལྷན་ཅིག་བསླབ་པ་མཚུངས་པར་གྱུར་པས་"，即"དགེ་སློང་རྣམས་（諸比丘）དང་（和，及）ལྷན་ཅིག་（共同，一起）བསླབ་པ་（戒，學處）མཚུངས་པར་（相等）གྱུར་པས་（已獲得）"，意思是：與諸比丘一起得相同戒法（英譯：receive the same precepts with monks）。

《四分律》中記載：「是中『共比丘』者，餘比丘受大戒，白四羯磨如法成就，得處所，住比丘法中，是共比丘義。云何名為『同戒』？我為諸弟子結戒已，寧死不犯，是中共餘比丘一戒、同戒、等戒，是名同戒。」《巴利律》與《四分律》基本一致。《巴利律》中記載：「『學』者，是三學——增上戒學、增上心學、增上慧學。此中之增上戒學，即此處所謂『學』之意。『戒』者，凡是由世尊所制立之學處，此名為『戒』，修學此『戒』者，稱為『受學戒』。」這兩部律中的「戒」都是指佛陀為比丘制定的比丘戒。

《十誦律》中與此對應的內容是「同入比丘學法」。該律中記載：「學者有三學：善戒學、善心學、善慧學。復有三學：善學威儀、善學毗尼、善學波羅提木叉。同入學法者，如百歲受戒比丘所學，初受戒人亦如是學。如初受戒人所學，百歲比丘亦如是學，是中一心、一戒、一說、一波羅提木叉，同心、同戒、同說、同波羅提木叉，故名同入比丘學法。」《薩婆多論》中記載：「同入學法者，如初受具足戒比丘所學，百歲比丘亦如是學。……百歲比丘亦從少至長，初受戒比丘亦當從少至長，是故如初受戒比丘所學，百歲比丘亦如是學，是名同入比丘學法。此中言學者，學二百五十戒一切威儀法也。」[1]這裏的「學」

1　《薩婆多論》卷2，《大正藏》23冊，514頁中欄至下欄。

不僅包括戒法，還包含了一切的威儀法。

《五分律》中與此對應的內容是「共諸比丘同學戒法」，該律中記載：「同學者，如佛所說：『盡形壽不犯，同學是學』，是名同學。戒法者，所受不缺戒，不生惡法戒，成就善法戒、定共戒。」這裏的戒範圍較廣，包括善法戒和定共戒。

《根有律》作「與諸苾芻同得學處」，該律中記載：「與諸苾芻者，謂共諸餘苾芻也。同得學處者，若有先受圓具已經百歲，所應學事，與新受者等無有異，若新受圓具，所應學事，與百歲圓具者事亦不殊，所謂尸羅、學處、持犯軌儀，咸皆相似而得，故名同得學處。」《根有律攝》與《根有律》相同。[1]

《僧祇律》中與此對應的內容是「於和合僧中受具足戒」，該律中記載：「於和合僧中受戒者，若比丘受具足時善受具足，一白三羯磨，無障法，和合僧非別眾，滿十僧，若過十，是為比丘於和合僧中受戒。」這裏僅提及在和合僧中受戒一事，與其他律典有差異。

綜上所述，《四分律》、《巴利律》中的同戒指狹義的比丘戒，《十誦律》、《薩婆多論》中還包含威儀法，《根有律》、《根有律攝》中包含「尸羅、學處、持犯軌儀」。《五分律》中的同戒範圍較廣，還包含善法戒和定共戒。而《僧祇律》中僅提到於和合僧中受戒。

（三）戒羸

梵文《有部戒經》作 "śikṣādaurbalya"，該詞由 "śikṣā"（戒法）和 "daurbalya"（衰弱，羸劣）組成，直譯就是戒法衰弱。而梵文《說

1　《根有律攝》卷 2：「言與諸苾芻同得學處者，謂與苾芻所有學處相似而得，名為同得。假令先受近圓滿足百年，所應學事與新受不殊，故言同得。」《大正藏》24 冊，532 頁中欄。

出世部戒經》中只有"daurbalya"（衰弱，羸劣）一詞。同樣地，巴利《戒經》中對應的內容為"dubbalyaṃ"，為薄弱、沒有能力的意思。藏文《根有戒經》作"བསྐལ་པ་ཉམས་པར་མ་བྱས་པར"，即"བསྐལ་པ"（戒，梵行）"ཉམས་པར"（衰敗，損壞）"མ་བྱས་པར"（不作，尚未完成），意思是：沒有破壞戒律（英譯：not break the precepts）。

《四分律》中沒有直接對「戒羸」的解釋，但通過律中對「戒羸」與「捨戒」不同組合的描述，我們可以間接得知「戒羸」的內涵。律中記載：「何者戒羸不捨戒？若比丘愁憂不樂梵行，欲得還家，厭比丘法，常懷慚愧，意樂在家，乃至樂欲作非沙門、非釋子法，便作是言：『我念父母、兄弟、姊妹、婦兒、村落、城邑、園田、浴池，我欲捨佛法僧乃至學事。』便欲受持家業，乃至非沙門、非釋種子，是謂戒羸不捨戒。」對於「戒羸而捨戒」，律中記載：「何者戒羸而捨戒？若作如是思惟：『我欲捨戒。』便捨戒，是謂戒羸而捨戒。」由上可知，「戒羸」是指比丘還有戒在身，但戒體力量比較衰弱的一種狀態，表現為「愁憂不樂梵行，欲得還家，厭比丘法」，即是對出家修道的生活意樂不高，對世俗生活有嚮往好樂之心。

《十誦律》、《五分律》、《根有律》、《巴利律》中對「戒羸」的詮釋方式及內涵都與《四分律》中基本一致，只是語言表述略有出入。

《善見論》中記載：「於學中心厭不持，是名戒羸。愁憂者，於佛法中厭惡不樂，或言『今日我去、明日我去，或從此路去、彼路去』而出氣長嘆，心散亂不專，是名愁憂。」[1]詮釋方式與上述諸律有所不同，但內涵一致。

《僧祇律》中記載：「戒羸者，彼作是念：『我不如捨佛法僧，乃至捨諸經論。』彼復作是念：『我當作沙彌、作俗人、作外道。』彼心念

---

1 《善見論》卷 7，《大正藏》24 冊，719 頁中欄。

口言，未決定向他人說，是名戒羸。」可見該律將比丘從內心產生捨戒想法到還沒有捨戒行為期間的狀態稱作「戒羸」。

綜上可知，諸律中「戒羸」的內涵與梵巴藏詞源分析的內涵一致，即指比丘尚未捨戒，仍有戒法在身，但戒體的力量比較衰弱的一種狀態，主要體現在對梵行生活的厭煩與對世俗生活的嚮往。詮釋方式上，《四分律》、《十誦律》、《五分律》、《根有律》、《巴利律》中是一種間接的描述，而《僧祇律》、《善見論》中是直接定義。

（四）犯不淨行

梵文《說出世部戒經》作 "maithunaṃ（交會）grāmyadharmaṃ（淫法）pratiṣeveya（從事，習行）"，梵文《有部戒經》作 "maithunaṃ dharmaṃ pratiṣeveta"，二者的意思均為：從事交會行淫（英譯：engage in sexual intercourse）。

巴利《戒經》作 "methunaṃ（淫欲，交會）dhammaṃ（行為）paṭiseveyya（受用，從事）"，意思是：做了交會的行為（英譯：engage in sexual intercourse）。

藏文《根有戒經》作 "མི་ཚངས་པར（不純淨，不清潔）སྤྱོད་པ（行，作）འཁྲིག་པའི（交媾的）ཆོས（法）བསྟེན་ན（沉溺時）"，意思是：行不淨交媾之法（英譯：indulges himself in impure intercourse down）。

其他律典中與「犯不淨行」對應的內容分別是：《鼻奈耶》、《善見論》中作「不淨行」，《十誦律》、《僧祇律》、《五分律》中作「行淫法」，《根有律》、《根有律攝》中為「作不淨行兩交會法」，《巴利律》中作「行不淨法」。除《鼻奈耶》外，上述各律典都對這一詞的含義作了解釋。

《四分律》中記載：「不淨行者，是淫欲法。」

《十誦律》中記載：「行淫法者，淫名非梵行。非梵行者，二身交

會。」《根有律》中記載:「言作不淨行者,即是淫欲。言淫欲者,謂兩相交會也。」《根有律攝》中記載:「兩交會法者,女男根合名為交會。又云兩交會者,即是兩身兩根也。」[1]《巴利律》中記載:「『行』者,以〔男〕相對〔女〕相,以生支〔入其〕生支,即使入一胡麻子量,即名為『行』。『不淨法』者,乃不正法、在俗法、穢法、粗惡法、末水法、隱處法、唯有二人成就法,此名為『不淨法』。」上述律典中的解釋都強調了兩身交會之意。

《僧祇律》中記載:「淫法者,謂與女人有命三處中行淫,初、中、後受樂,是名行淫法。」《善見論》中記載:「二人俱欲俱樂,亦言二人俱受欲,是名行不淨行。」[2]這兩部律典除了有兩身交會之意,還強調了不淨行中的受樂情況。

《五分律》中記載:「淫法名非梵行法、懈怠法、狗法、可惡法,二身交會出不淨,是名行淫法。」這裏對「淫法」的解釋不但提到「二身交會」,而且還提到了「出不淨」。

綜上所述,詞源分析中,諸部戒經內涵一致,指做了交會行淫的行為。漢譯律典中,《四分律》對「不淨行」的解釋比較籠統,《十誦律》、《根有律》、《根有律攝》、《巴利律》中強調兩身交會,《僧祇律》、《善見論》中還強調了不淨行中的受樂情況,《五分律》中除了兩身交會外,還提到了出不淨。

(五)波羅夷

「波羅夷」,梵語戒經和巴利《戒經》中與之對應的詞都為

1　《根有律攝》卷 2,《大正藏》24 冊,533 頁中欄。
2　《善見論》卷 7,《大正藏》24 冊,721 頁下欄。

"pārājika"。"Pārājika"在詞源上存有爭議。有觀點認為這可能與詞根 "aj"（驅使）有關，引申的含義是：得此罪，將從僧團中被驅逐出去。也有觀點認為該詞從詞根 "ji"（戰勝）變化而來，加上否定前綴後和 "parājaya"（戰敗）相似，引申義為：被煩惱所打敗。還有觀點認為該詞是從 "parāñcika" 一詞衍化而成，取 "parāñc"（轉向，趨向）的含義，引申義為：從此墮落，罪極深重。藏文《根有戒經》作："ཕམ་པར་འགྱུར་བ་"，即 "ཕམ་པར་"（失敗）"འགྱུར་བ་"（變為，轉變），直譯為：招致失敗（為他所勝）。這個詞本身不含有罪深、墮落等含義（英譯：incurs defeat）。

《四分律》的解釋是：「云何名波羅夷？譬如斷人頭，不可復起，比丘亦復如是，犯此法者，不復成比丘，故名波羅夷。」《十誦律》中解釋為：「波羅夷者，名墮不如，是罪極惡深重，作是罪者，即墮不如，不名比丘，非沙門、非釋子，失比丘法。」《五分律》的解釋比較簡單：「波羅夷者，名為墮法，名為惡法，名斷頭法，名非沙門法。」《巴利律》中記載：「『波羅夷』者，恰如斷頭之人，依彼軀體亦不得活故。是比丘而行不淨法者，非沙門，亦非釋子，是故言『波羅夷』。」《善見論》中記載：「此是犯波羅夷重罪，此人名為墮，亦言從如來法中墮，非釋迦種子，於比丘法中不如，是名波羅夷。」[1]上述律典中有關波羅夷的解釋大致相同，均是指比丘犯波羅夷罪之後會失去比丘身分。

《根有律》中記載：「波羅市迦者，是極重罪，極可厭惡，是可嫌棄，不可愛樂。若苾芻亦才犯時，即非沙門、非釋迦子，失苾芻性，乖涅槃性，墮落崩倒，被他所勝，不可救濟。如截多羅樹頭，更不復生，不能鬱茂增長廣大，故名波羅市迦。」《根有律攝》的解釋是：「言波羅市迦者，是極惡義，犯此罪者，極可惡故。又是他勝義，若於此

1　《善見論》卷 7，《大正藏》24 冊，722 頁上欄。

罪才犯之時，被他淨行者所欺勝故。又被他煩惱所摧勝故，出家近圓為除煩惱，今破禁戒返被降伏。……又波羅市迦者，被非法軍而來降伏，法王之子受敗於他，既失所尊，故名他勝，故云：『此非沙門、非釋迦子。』」[1] 這兩部律典中波羅夷的含義比較相似，只是《根有律攝》中從多個角度對「他勝」作了更詳細的詮釋。

《鼻奈耶》中記載：「時尊者優婆離問世尊曰：『波羅移者，義何所趣？』世尊答曰：『一切根力覺道、登道樹下得果，諸結盡都棄，是故言棄。譬如，比丘，人有過於王所，盡奪養生之具，捨宅捐棄，如是於四波羅移展轉犯事，一切功德盡捐棄。云何不受名？若說戒、受歲、其眾僧秘事，比丘不受，不受非沙門，非釋種子。』」[2] 《僧祇律》中記載：「波羅夷者，謂於法智退沒墮落，無道果分，是名波羅夷。如是未知智、等智、他心智、苦習盡道智、盡智、無生智，於彼諸智退沒墮落，無道果分，是名波羅夷。又復波羅夷者，於涅槃退沒墮落，無證果分，是名波羅夷。又復波羅夷者，於梵行退沒墮落，無道果分，是名波羅夷。又復波羅夷者，所可犯罪不可發露悔過，故名波羅夷。」《毗尼母經》的解釋為：「何故名波羅夷？波羅夷者，破壞離散，名波羅夷。……又復波羅夷者，為三十七住道法所棄，為四沙門果所棄，為戒、定、慧、解脫、解脫知見一切善法所棄者，名波羅夷。又波羅夷者，於毗尼中、正法中、比丘法中斷滅，不復更生，名波羅夷。世尊說言：『有涅槃彼岸。』不能度到彼岸故，名波羅夷。波羅夷者，如人為他斫頭，更不還活。為惡所滅，不成比丘，名波羅夷。……如人欲到彼岸，愚癡故，中道為他所誑，而失彼岸。於佛教中，為煩惱所誑，失涅槃彼岸，是名為墮。」[3] 這三部律典中有關波羅夷

---

1 《根有律攝》卷 2，《大正藏》24 冊，532 頁下欄至 533 頁中欄。
2 《鼻奈耶》卷 2，《大正藏》24 冊，860 頁中欄。
3 《毗尼母經》卷 7，《大正藏》24 冊，842 頁中欄至下欄。

的解釋，除了其他律典中包括的含義外，還帶有將會「於涅槃退沒墮落，無證果分」的含義。

綜上所述，漢譯諸律典對波羅夷的解釋可以分為三個層次：《四分律》、《十誦律》、《五分律》、《巴利律》、《善見論》中主要是強調比丘犯波羅夷會使其失去比丘的身分；《根有律》和《根有律攝》中除了指出會失去比丘資格以外，還強調波羅夷是極重的罪，比丘已經被同行所超勝，亦被煩惱所戰勝；而《鼻奈耶》、《僧祇律》、《毗尼母經》中則提到比丘犯波羅夷以後，便會退墮自身的修證功德，將無法證得聖果，這在上述律典中均未提及。

有多部律典在解釋波羅夷時使用了「墮」或「墮落」，但都沒有提到犯波羅夷將墮入地獄。《十誦律》、《五分律》、《善見論》中，「墮」是指「從如來法中墮」，失去比丘身分。《根有律》中，「墮落崩倒，被他所勝」是指自身被戰勝。《僧祇律》中是於「法智」、「諸智」、「涅槃」、「梵行」退沒墮落。《毗尼母經》中是「於佛教中，為煩惱所誑，失涅槃彼岸，是名為墮」。可見各部律典中的「墮」都與地獄無關。

實際上墮入地獄是從業罪的角度來說明其惡業所感得的果報，而波羅夷是戒罪。戒罪與業罪是兩個不同的結罪體系，兩者雖然具有一定的關聯，但是不能混為一談。

（六）不共住

「不共住」在梵文戒經中均對應 "asaṃvāsya" 一詞，字面的意思是：不與別人住在一起（英譯：not living together with）。引申義為：剝奪與其他比丘共住的權利，被驅逐出僧團（英譯：that is denied the right of living with the order, one expelled from the monastic community）。巴利《戒經》中為 "asaṃvāsa" 一詞，與梵文的詞意

基本相同。藏文《根有戒經》作 "གནས་པར (住) མི (不) བྱ (應該，必須)"，意思是：不應（留）住（英譯：must not live in the community of monks）。

《四分律》中對「不共住」的解釋為：「有二共住：同一羯磨、同一說戒。不得於是二事中住，故名不共住。」《薩婆多論》中記載：「不共住者，不共作一切羯磨同於僧事。」[1] 此處的不共住僅指不得共作羯磨，沒有《四分律》中的不得同一說戒。

《五分律》中記載：「不共住者：如先白衣時，不得與比丘共一學、等學、不等學、不餘學；不與比丘共一羯磨、等羯磨、不等羯磨、不餘羯磨；不與比丘共一說戒、等說戒、不等說戒、不餘說戒，是名不共住。」概括起來，不共住就是不能與僧團比丘共學、共羯磨以及共說戒。《巴利律》與《五分律》中的解釋相同。《巴利律》中記載：「共住者，是同一羯磨、同一說戒而共學者，此名為共住。彼與此不共，是故言不共住。」這兩部律典比《四分律》中多出「不得共學」的內涵。

《十誦律》記載：「不共住者，不得共作比丘法，所謂白羯磨、白二羯磨、白四羯磨、布薩、自恣，不得入十四人數，是名波羅夷，不共住。」《根有律》與《十誦律》類似：「謂此犯人不得與諸苾芻而作共住，若褒灑陀，若隨意事，若單白、白二、白四羯磨，若眾有事應差十二種人此罪差限，若法，若食不共受用，是應擯棄，由此名為不應共住。」這兩部律典中「不共住」的內容比《四分律》更為豐富。而《僧祇律》中，不共住就是不能與眾共作布薩，如文：「共住有二種：一者清淨共住，二者相似共住。清淨共住者，眾悉清淨，共作布薩，是名清淨共住。相似共住者，不清淨作清淨相，與清淨者共作布薩，是名相似共住。」

1　《薩婆多論》卷 2，《大正藏》23 冊，514 頁上欄。

《根有律攝》與《根有律》中「不共住」的解釋部分相同，《根有律攝》中主要強調法、食不可共用，如文：「言不應共住者，謂此犯人法、食兩事永無其分，譬若死屍，故云不共住。」[1]另外，該律還從給比丘帶來過患的角度解釋不共住，如文：「言不應共住者，於現世中顯其過患，被同淨行所驅出故，於餘學處明失利用，義皆同此。」[2]《善見論》中解釋為：「不共住者，不共行為初。」[3]

通過上述分析可以看出，詞源分析中諸部戒經關於「不共住」的內涵一致，指不與別人住在一起，引申義為剝奪與其他比丘共住的權利。漢譯諸律典中對「不共住」所包含內容的解釋有一定的差異：《僧祇律》中，不共住就是不能與眾共作布薩；《薩婆多論》中僅指不得共作羯磨；《四分律》中指不得同一羯磨和同一說戒；相比《四分律》，《五分律》、《巴利律》中多出「不得共學」的內涵；《根有律攝》則主要強調法、食不可共用；《十誦律》、《根有律》中「不共住」的內涵最為豐富。

1　《根有律攝》卷 2，《大正藏》24 冊，532 頁下欄至 533 頁上欄。

2　《根有律攝》卷 2，《大正藏》24 冊，533 頁中欄。

3　《善見論》卷 7，《大正藏》24 冊，722 頁上欄。

四、辨相

（一）犯緣

具足以下五個方面的犯緣便正犯本戒：

1. 所犯境

在《四分律》中，本戒的所犯境是人、非人、畜生三類眾生的大便道、小便道和口道。這三類眾生又分別有男、女、黃門、二根等類型，不論是活着的還是死亡的，都屬於本戒所攝。另外，比丘若將他人男根放入自身的大便道和口道，也屬於正犯。因此他人的男根也是本戒的所犯境。

對於畜生的口道，《鼻奈耶》中認為在其中行淫不正犯，這與《四分律》的觀點不同。

《毗尼母經》[1] 中僅記載所犯境是人和畜生，未提到其他的內容。

其他律典中關於所犯境的記載均與《四分律》相同。

另外，《四分律》中還提到，不論對方是清醒狀態，還是處於眠、醉、顛狂、瞋恚、苦痛、身根壞等狀態，比丘若與之行淫，均正犯。在這一點上，《僧祇律》、《五分律》、《根有律攝》[2] 與《四分律》意思相同，其他律典未明確提及。

1　《毗尼母經》卷 2，《大正藏》24 冊，812 頁下欄；卷 7，《大正藏》24 冊，839 頁上欄至中欄；卷 8，《大正藏》24 冊，848 頁下欄至 849 頁上欄。

2　《根有律攝》卷 2，《大正藏》24 冊，531 頁下欄至 534 頁下欄。

2. 能犯心

（1）發起心

《四分律》中，根據主動行淫和被動行淫的不同，本戒的發起心分為「淫心」與「受樂」兩種情況。

①淫心

《四分律》中記載，比丘在主動行淫時的發起心是「淫心」，即「欲行不淨行」之心。若比丘在「自身根壞無所覺觸」的情況下行淫，雖然不能受樂，但也也犯波羅夷。

其他律典中，比丘在主動行淫時的發起心如下：《薩婆多論》[1] 中是「欲作重淫」之心，《五分律》中是「淫欲心」，《根有律》中是「行淫意」，《巴利律》中是「淫心」。這幾部律典的發起心與《四分律》相同。《鼻奈耶》的辨相中沒有記載此戒的發起心，但是分析戒本可知發起心是「淫意」。

《摩得勒伽》[2] 和《僧祇律》中的發起心是「染污心」，《根有律攝》中是「染心」，《善見論》[3] 中是「欲心」。這幾部律典中發起心的內涵與《四分律》一致，僅表達有些差異。

藏傳《苾芻學處》[4] 中發起心是「自欲領受生支與道相交會之心未間斷」。其中前半部分的內容就是淫欲心，與上述律典含義相同；後面的「未間斷」是指究竟成犯之時遮止行淫之心未生起，其淫欲心相續不止。

其他律典中沒有相關內容。

1　《薩婆多論》卷 2，《大正藏》23 冊，512 頁下欄至 515 頁下欄。

2　《摩得勒伽》卷 1，《大正藏》23 冊，569 頁下欄至 570 頁上欄；卷 3，《大正藏》23 冊，582 頁中欄至 584 頁中欄；卷 4，《大正藏》23 冊，584 頁中欄至 585 頁中欄；卷 5，《大正藏》23 冊，591 頁下欄；卷 8，《大正藏》23 冊，611 頁中欄至 612 頁上欄。

3　《善見論》卷 7，《大正藏》24 冊，717 頁下欄至 724 頁中欄；卷 8，《大正藏》24 冊，724 頁中欄至 727 頁上欄。

4　《苾芻學處》，《宗喀巴大師集》卷 5，49 頁至 52 頁。

②受樂

《四分律》中記載，比丘被人逼迫，或者在睡眠中被人侵犯行淫時，若內心受樂便正犯。

《摩得勒伽》、《僧祇律》、《五分律》、《根有律》、《根有律攝》、《巴利律》、《善見論》中的記載與《四分律》相同。

藏傳《苾芻學處》的犯戒要素中也包括受樂心，不過是將其列為究竟成犯，認為受樂時便成正犯。

其他律典中沒有相關內容。

有幾部律典中對「受樂」的含義作了解釋。《摩得勒伽》記載：「『云何受樂？受樂有何義？』答：『若身心得樂，是受樂義。』」《善見論》記載：「不受樂者，如內毒蛇口、如內火聚中。」《僧祇律》記載：「云何名受樂？云何名不受樂？受樂者，譬如飢人得種種美食，彼以食為樂，又如渴人得種種好飲，彼以飲為樂受，欲樂者亦復如是。不受樂者，譬如好淨之人以種種死屍繫其頸上，又如破癩熱鐵鑠身，不受樂者亦復如是。」

（2）想心

《四分律》中記載的想心分三種情況：

①若比丘行淫時對於正犯道「作道想」、「道疑」和「非道想」，均正犯。即判罪只依事實而不依想心，只要所犯境是「道」，不論作何種想均屬於正犯。

②若比丘對於所犯的客體，男作女想、女作男想、此女人作彼女人想、此男作彼男想，均正犯。

③即使比丘對自己作非比丘想，即認為自己已經失去比丘身分而犯本戒，亦是正犯。如律文中記載有一比丘以慈憫心釋放了他人家的小狗，便誤認為自己犯盜戒，已經失去比丘身分，若其此時與人行淫，便正犯本戒。

《摩得勒伽》中也記載了三種想心：第一種為「道作道想、非道想」正犯，比《四分律》少了「道疑」的情況；第二種想心是比丘知道自己是比丘，若行淫便正犯；第三種想心與《四分律》的第三種想心相同。

《十誦律》中記載的想心有三種情況：

①「道作道想」、「道疑」、「非道想」，與《四分律》第一種情況的想心一致。

②如果比丘以咒術將自己變作畜生行淫，若能夠憶念自己是比丘，亦正犯此戒。

③比丘如果是散亂心、病壞心行淫時，「若自覺是比丘」，便正犯此戒。

《根有律攝》中的記載與《十誦律》的前兩種情況相同。

藏傳《苾芻學處》中記載，比丘在想心方面「錯不錯亂均犯」。其內涵應與《四分律》中的第一種情況相同，即只要所犯境是「道」，不論比丘作何種想均正犯。

其他律典中沒有相關內容。

3. 方便加行

《四分律》中記載，本戒的方便加行是以男根進入大小便道或口道，從意樂的角度來看分三種情況：自淫他、他淫自、自淫自。其中「自淫他」是指以自男根進入他人三道，或將他人男根放入自身二道；「他淫自」包括被人強迫或眠中被人行淫；「自淫自」則是指以自身男根進入自身二道。

《鼻奈耶》、《毗尼母經》、《明了論》[1]中僅提到了自淫他的情況。其他律典中的記載均與《四分律》相同。

1　《明了論》，《大正藏》24 冊，666 頁上欄至中欄、667 頁上欄。

另外，《四分律》中還記載了幾種正犯的特殊加行：

①行淫時無論雙方的男根和三道之間是否有物品相隔，都結波羅夷。

②行淫時無論是從道入由非道出，或者是從非道入由道出，只要有經過「道」，就結波羅夷。

③比丘在男根不起的情況下行淫，亦結波羅夷罪。

對於第一點，《僧祇律》、《根有律》、《巴利律》與《四分律》相同。《十誦律》、《摩得勒伽》、《根有律攝》、《善見論》略有不同，其他律典中未提及相關情況。

對於第二點，《巴利律》、《善見論》與《四分律》相同，其他律典未提及相關情況。

對於第三點，《摩得勒伽》、藏傳《苾芻學處》結偷蘭遮罪，與《四分律》不同。其他律典未提及相關情況。

4. 究竟成犯

《四分律》中，本戒的究竟成犯可從主動和被動兩方面來看：主動行淫時，入道中「如毛頭」的深度，實際含義是只要進入一點就正犯；被動行淫的究竟成犯詳見後文專題內容，這裏不再贅述。

《僧祇律》中，究竟成犯為入道「齊如胡麻」。《五分律》中，究竟成犯為進入道中「一分」。《根有律》中，究竟成犯為「才入」。《巴利律》中，究竟成犯為「入一胡麻子量」。《毗尼母經》中，「初入」即犯。這幾部律典的表述雖然與《四分律》不同，但含義相同，均是指進入一點點便正犯。

《十誦律》中僅記載了在口中的究竟成犯是「節過齒」，沒有提到在大小便道中何時成犯。

《摩得勒伽》中，究竟成犯為：在大小便道「過皮節入」，在口道「節

過齒」。

《根有律攝》中，究竟成犯為：在大小便道「以生支頭入過赤皮」，在口中「頭過於齒」。其含義應與《摩得勒伽》相同。

《善見論》中，究竟成犯為：在大小便道「入如胡麻子」，若在口中則節過「齒外皮」。

藏傳《苾芻學處》中，究竟成犯為「身識領受交會觸，意識受樂」，這兩個條件需要同時滿足才正犯。

《鼻奈耶》、《薩婆多論》、《明了論》中未明確說明究竟成犯。

5. 犯戒主體

《四分律》中，犯戒主體是比丘，比丘尼同犯。

《僧祇律》、《五分律》、《根有律攝》、藏傳《苾芻學處》與《四分律》觀點相同。

其他律典中，犯戒主體均為比丘，沒有記載比丘尼的情況。

（二）輕重

1. 所犯境

《四分律》及其他律典中正犯的所犯境如上犯緣所述。以下對各律所犯境的一些特殊情況進行分類說明。

（1）非人女、畜生女。《四分律》記載，若比丘與「阿修羅女、龍女、夜叉女、餓鬼女，若畜生能變化者女」行淫，結波羅夷罪。《五分律》與《四分律》意思相同，比丘與非人女、畜生女行淫，均結波羅夷罪。而《十誦律》記載，「可得捉」的非人才符合本戒的正犯條件。《摩得勒伽》中有兩處記載：卷 1 記載，所犯境為非人女、畜生女，得波羅夷；卷 3 記載，所犯境為龍女、夜叉女、天女、乾闥婆女，犯波

羅夷。此律還記載：非人女、畜生女都必須「舉身可捉」，才犯波羅夷，「若不可捉共作淫，若精出犯僧伽婆尸沙，不出犯偷羅遮」。《善見論》記載：「龍女者，龍女化為人女形或緊那羅女，比丘共作淫，悉得波羅夷。夜叉者，一切鬼神悉入夜叉數。餓鬼者，一切餓鬼，有餓鬼半月受罪半月不受罪，與天無異。若現身，身若可捉得，波羅夷罪；不現而可捉得，亦波羅夷；不現不可捉得，無罪。若此鬼神以神力得比丘，比丘無罪。」

（2）死屍。《四分律》記載，行淫時若死屍未壞、多半未壞，則結波羅夷；若死屍半壞，若多分壞，若一切壞，若骨間，均結偷蘭遮。《善見論》與此相同。而《五分律》中記載：「死時、啖半時，波羅夷；過半時、骨時，出不淨，僧伽婆尸沙，不出不淨，偷羅遮。」即在死屍半壞的情況下行淫，結波羅夷罪，這與《四分律》的記載稍有差異。《巴利律》中沒有提到半壞的情況，僅提到若與「死而未被餐者」和「死而大部分未被餐者」行淫，結波羅夷罪；若是「已死而大部分被餐者」，結偷蘭遮罪。《僧祇律》記載：「若女人身青瘀膖脹，於此行淫者，波羅夷；身若壞爛，偷蘭罪；身全枯乾者，亦偷蘭罪；若以酥油水漬潤不壞，行淫者，波羅夷；若形壞，偷蘭罪；骨璅相連，膿血塗著，行淫者，犯越比尼罪；白骨枯乾者，越比尼心悔。」

《十誦律》、《薩婆多論》、《摩得勒伽》、《根有律》、《根有律攝》、藏傳《苾芻學處》這幾部律典強調的重點是女根是否損壞，而非整個死屍的損壞程度：若根形沒有損壞時，結本罪；有損壞，結偷蘭遮。如《十誦律》中記載：「若女根爛，若墮，若乾，若脹，若蟲嚙，是中行淫不得波羅夷，得偷蘭遮；若出精，僧伽婆尸沙。」《薩婆多論》記載：「生女、死女三處行淫，若壞，墮蟲食，於中行淫，俱得重偷蘭。」《摩得勒伽》記載，若死女人三瘡門「一切壞、半壞，入，偷羅遮；精出，僧伽婆尸沙。女人中截，蟲不啖、不燒、三瘡門不壞，入，犯波羅夷」，

「生女，女根半壞，入，波羅夷」。《根有律》記載：「若於死人女三瘡不壞……入，得波羅市迦。若苾芻於死人女三瘡損壞……入，得窣吐羅[1]底也。」活人結罪與此相同。《根有律攝》記載：「或於被割女根，或於死女根蟲蛆已潰，行非法者，皆窣吐羅罪。」

（3）非道。《四分律》記載，在非道中行淫時，如穿地作孔，搏泥作孔，若君持口中、大小便道中間、膞中曲腳間、脅邊、乳間、腋下、耳鼻中、瘡孔中、生人骨間、繩床木床間、大小褌間、枕邊，均結偷蘭遮罪。在這一點上，《十誦律》、《摩得勒伽》、《薩婆多論》、《五分律》、《根有律攝》、藏傳《苾芻學處》的觀點與《四分律》意思相同。《善見論》中記載的結罪情況與《四分律》有所不同：「若生身中眼鼻耳，又男根頭皮及傷瘡，若有欲心入一胡麻子，得偷蘭遮；餘身掖者，得突吉羅。此是淫心。」「畜生，象、馬、犎牛、驢、駱駝、水牛，於鼻中行不淨，得偷蘭遮；一切眼耳瘡，得突吉羅；餘處者，突吉羅。」

（4）女像。《四分律》記載，若比丘「於木女像身中」或「於壁上女像形」行淫，犯偷蘭遮。另有幾部律也提到相關內容，但結罪略有差異。藏傳《苾芻學處》記載，「或木等所作偶像，由非人所攝持，略見有道相」，比丘與之行淫，結偷蘭遮罪。《五分律》中，若是木女像、泥畫女像，出不淨，僧伽婆尸沙；不出，偷羅遮。《僧祇律》記載：「石木女人、畫女人，越比尼罪。」《巴利律》記載，若比丘以男根觸泥女像或木女像之女根，結突吉羅罪。《善見論》記載：「泥畫女像，捻泥女像，畫女像者，畫為女像；木女者，刻木為女像；金銀銅錫鐵牙蠟木女：悉突吉羅罪。」而《摩得勒伽》與上述律典不同，若是木女像、金銀七寶石女、膠漆布女，乃至泥土女像，若其女根開，比丘於中行淫時，「若舉身受樂，犯波羅夷；若女根不開，犯偷羅遮」。《根有律攝》

1　此處的「窣吐羅」就是偷蘭遮的意思。

記載：「若苾芻以諸明咒及餘雜藥，並幻術事，作諸形像共行淫者，皆得窣吐羅。」「若以軟草等結作人身，便為非人之所執御，身諸支節可愛觸生，共此行淫，咸得本罪。若但於根有軟觸者，得窣吐羅罪。」

（5）其他。除上述情況以外，還有一些《四分律》中沒有提到的特殊情況，而其他律典中有記載。

①熟豬肉中行淫。《十誦律》記載，於熱豬肉中行淫，得偷蘭遮；若出精，僧伽婆尸沙。《摩得勒伽》記載：「有比丘共熟豬母作淫，偷羅遮。」藏傳《苾芻學處》記載，「已煮熟之豬等三道」，得偷蘭遮。

②女人身體破裂，比丘使其合在一起再行淫的情況。《十誦律》記載：「問：『若女人身破裂，比丘還合，共行淫，得波羅夷不？』答：『不得波羅夷，得偷蘭遮；若出精，僧伽婆尸沙。」「女人身作兩段，比丘還續行淫，得波羅夷不？答言：得。」《摩得勒伽》記載：「問：『女身中破，還合，共作淫，得何罪？』答：『若入大小便，波羅夷；口中作淫，偷羅遮。』」「問：『女人頭斷，共作淫，得何罪？』答：『大小便處作淫，波羅夷；口中，偷羅遮；穿身分作孔作淫，偷羅遮；爛身作淫，偷羅遮；三瘡門爛壞，作淫，偷羅遮。』」此外，若女身破裂「還合共作淫」，「若合處際現，偷羅遮；合處不現，波羅夷」。《根有律攝》記載：「於中解身，合令相著，若見有縫，得窣吐羅；不見縫者，重罪。」藏傳《苾芻學處》記載，「或所依身於中解，合而見有縫」，得偷蘭遮。

③其他的一些情況。《僧祇律》記載：「『若有人割去其形，若有比丘於壞形中行淫，犯波羅夷罪不？』佛言：『波羅夷。』又復問言：『世尊，若形離其身，就此離形行淫，波羅夷不？』佛言：『得偷蘭罪。』」「若女人段為三分，比丘於下分行淫，波羅夷；中分行淫，偷蘭罪；上分行淫，波羅夷。」「象身大乃至雞身小，得偷蘭罪；若象身小乃至雞身大者，得波羅夷罪。」藏傳《苾芻學處》記載，「於無女根之女、半擇迦小便處，或道與生支不相稱，不能入內」，得偷蘭遮。《摩得勒伽》

記載：「石女邊作淫，根小不入，偷羅遮；精出，僧伽婆尸沙。」《善見論》記載：「從此狗唼離屍肉，若肉中行淫，得突吉羅。」

2. 能犯心

（1）發起心

①淫心

《四分律》中記載，若比丘起淫欲心，「方便求欲行不淨行，成者，波羅夷」。《僧祇律》、《根有律》、《巴利律》、《善見論》中的記載與此相同。這幾部律典中都沒有提到由於某種發起心犯輕的情況。分析《鼻奈耶》的戒本可知，此戒發起心是「淫意」，犯波羅夷。

《薩婆多論》中，若比丘內心「欲作重淫」而最終行淫，便結波羅夷罪；若內心想要行重淫而作種種方便，均結偷蘭遮罪；若原本並非是淫欲心，而僅是想在女人身上出精，除了女三道以外，在女人身上其他的部位出精便正結僧殘罪，而非大淫戒的方便偷蘭遮罪。以此類推，「若先為摩捉嗚抱而已，若摩若捉，盡僧殘；若欲女人身上出精，手已摩捉，精未出便止，四人偷蘭遮」。

《摩得勒伽》中記載，若以染污心作淫，結波羅夷罪。如果「有怖畏、慚愧心，不犯波羅夷，犯偷羅遮」。因為「畏時無貪」、「慚愧時不起淫心」，所以在這兩種情況下比丘的發起心都不具足，僅結前方便罪。《根有律攝》中的記載與《摩得勒伽》基本相同。藏傳《苾芻學處》亦記載，「或由他人勢所逼迫，不能領受圓滿觸樂，心意動搖……或能入內而有怖心，或有羞慚心，不能領受淫樂」，均結偷蘭遮罪。

《巴利律》還記載了一種發起心轉變導致究竟成犯不具足，從而犯輕的判罪：「一比丘將與女人行不淨法，觸之剎那，彼生悔心……乃至……『比丘非波羅夷，為僧殘。』」

藏傳《苾芻學處》記載，若比丘初行淫時，未生起遮止淫欲之心，

便結波羅夷罪。

《五分律》中記載，若比丘以淫心行淫，結波羅夷罪；若以戲心行淫，結偷蘭遮罪：「時有比丘以男根刺比丘口中，後俱生疑問佛。佛言：『若刺者戲，偷蘭遮；受者非戲，波羅夷。若受者戲，偷蘭遮；刺者非戲，波羅夷。若俱戲，俱偷蘭遮。若俱非戲，俱波羅夷。』」這種情況在其他律典中均未記載。

其他律典中沒有相關內容。

②受樂

《四分律》中記載，比丘被人逼迫或者在睡眠中被人侵犯行淫時，若在始入、入已、出時這三個時間段中任意一個時段有受樂心，便結波羅夷罪。

《五分律》、《根有律》、《根有律攝》、《善見論》中的記載與《四分律》相同。其中《根有律》中所載被動行淫的情況較多，包括被人逼迫、睡眠、醉酒、被咒術或藥物迷亂等。

《僧祇律》中記載，比丘在眠、心狂、入定時被人侵犯行淫，若比丘醒覺，初、中、後受樂，便結波羅夷罪。

《巴利律》中記載，比丘被動行淫，若在「入時、入已、停住、出時」四時之中任意一時受樂，便結波羅夷罪。

《摩得勒伽》記載，「比丘眠中，女人就作淫」，即比丘眠中被動行淫，不受樂，不犯。由此可以推斷出，比丘被動行淫時若有受樂心便結波羅夷罪，但沒有提到三時或四時受樂的情況。

藏傳《苾芻學處》中記載，如果比丘被人侵犯而受樂，犯波羅夷。

其他律典中沒有相關內容。

（2）想心

《四分律》記載：「若道作道想，波羅夷；若道疑，波羅夷；若道非道想，波羅夷；非道道想，偷蘭遮；非道疑，偷蘭遮。」律文中沒有

提到「非道作非道想」。實際上，如果比丘內心中對於非道認知清楚，然後在其中行淫，屬於「非道行淫」的情況，結偷蘭遮罪。因此，《四分律》中「非道作非道想」，結偷蘭遮罪。《十誦律》、《根有律攝》與《四分律》的想心判罪相同。

《摩得勒伽》中記載：「道作道想，犯波羅夷；道作非道想，波羅夷；非道道想，偷蘭遮。」其判罪輕重與《四分律》相同。

另外，《十誦律》中記載，如果比丘以咒術將自己變作畜生行淫，自憶念自己是比丘，得波羅夷罪；若不憶念，得偷蘭遮罪。如果比丘是散亂心、病壞心行淫時，自覺是比丘，犯波羅夷；若不自覺知，不犯。

《摩得勒伽》中記載，比丘以咒術、仙藥化作畜生、共作淫，「若自知比丘想，我是比丘，作不可事者，犯波羅夷；若不自知比丘想，犯偷蘭遮」。

各律典中其他想心的結罪情況如上文犯緣中所述，此處不再贅述。

3. 方便加行

諸律典中正犯的情況如上犯緣中所述，此處不再贅述。除此以外，各律典中還記載了一些其他的結罪情況。

《四分律》記載：「若比丘教比丘行不淨行，彼比丘若作，教者偷蘭遮；若不作，教者突吉羅。」《十誦律》、《摩得勒伽》、《根有律攝》、藏傳《苾芻學處》四部律典中也記載，若比丘教其他比丘行淫，其他比丘作時，教者結偷蘭遮罪，與《四分律》相同。但是這四部律典中均未提到，其他比丘不作時教者的結罪情況。

對於以非男根進入女道的情況，《四分律》記載：「以足大指內彼女根中，疑，佛言：『僧殘。』」《巴利律》記載「以拇指入」女根結僧殘罪，判罪與《四分律》相同。《摩得勒伽》、《五分律》、《根有律攝》、藏傳《苾芻學處》中對這種情況則判為偷蘭遮罪，《善見論》中判為突

吉羅罪，均與《四分律》不同。其中《五分律》記載，「若以指、一切外物」進入大小便道或口道中，均犯偷蘭遮罪。《摩得勒伽》記載，若以腳趾刺入女根中，或「取石、取土、取木著女根中」，均犯偷蘭遮罪。《善見論》記載：「以男根毛、手指頭，若入者，得突吉羅。」

除此以外，諸律典中還記載了一些《四分律》中沒有的情況。

《十誦律》記載，如果比丘行淫時，男根進入三道之中「不觸四邊」，也就是不觸到三道，則結偷蘭遮罪。《摩得勒伽》、《僧祇律》在這一點上與《十誦律》相同。《巴利律》記載，將男根放入被砍下的頭顱的口道，但是不觸肉，僅結突吉羅罪。《善見論》亦提到「若比丘口中行欲者，著四邊，波羅夷；不著四邊及頭，突吉羅」，與上述律典不同。

而關於男根有隔行淫的判罪：《十誦律》、《摩得勒伽》、《根有律攝》中記載，雖然有隔行淫，亦屬於正犯，但若以厚衣或厚物等相隔，則犯偷蘭遮罪；《善見論》中記載，若隔竹筒行淫，男根觸肉便正犯波羅夷，若不觸肉僅結突吉羅罪；藏傳《苾芻學處》記載，「被粗衣所裹，不能觸著而入三瘡門」，結偷蘭遮罪。

《十誦律》、《摩得勒伽》、《根有律攝》、藏傳《苾芻學處》中記載，如果男根彎曲進入三道，結偷蘭遮罪。而《善見論》中這種情況則結波羅夷罪。

《五分律》記載，「女動，比丘不動」，結波羅夷罪。《巴利律》與此相同，而《根有律攝》記載，「於三處內不動根」，結偷蘭遮罪。

《摩得勒伽》記載：「女根截已作淫」，犯偷蘭遮。男根觸女根，犯突吉羅。若比丘眠時，女人來就作淫，「若手捉手，若腳踏腳，若髀觸髀，波羅夷；不觸，偷蘭遮」。

藏傳《苾芻學處》記載，「或為欲交會故揉搦瘡門」，「或於三瘡門以外生支略觸，皆得粗罪」。

《根有律攝》記載，「或以足指觸他男根」，「或以生支觸他生支，

皆窣吐羅罪」。

《善見論》記載：「男子根頭皮中，或樂細滑，或樂行淫心，兩男根相拄，得突吉羅。若淫心與女根相拄，得偷蘭遮。」「若舌出外，就舌行欲，偷蘭遮；生人出舌，就舌行欲，亦偷蘭遮；以舌舐男根，亦偷蘭遮。」「若欲心以口與口，此不成淫相，得突吉羅罪。」

4. 究竟成犯

《四分律》中記載：「若以淫心，乃至入如毛頭，波羅夷；方便而不入，偷蘭遮。」

《十誦律》中，口中行淫，「節過齒，得波羅夷」；若是「齒外唇裏行淫」，得偷蘭遮。

《薩婆多論》中記載：「欲作重淫，若起還坐，輕偷蘭；發足趣女，未捉已還及捉已失，乃至共相鳴抱，輕偷蘭。」男根在進入女根以前，「未失精，亦犯輕偷蘭；若失精，得重偷蘭」，「若男形觸女形，及半珠已還，不問失精不失精，盡得重偷蘭」。結罪次數方面，「若犯四重，初犯一時，得波羅夷；第二犯時乃至眾多，盡突吉羅」。

《摩得勒伽》記載，「若比丘，大便道過皮，波羅夷；小便道過節，波羅夷；口道過齒，波羅夷」；若不過，結偷蘭遮罪；若作方便而不入，亦結偷蘭遮罪。此外，如果比丘與龍女欲行淫時，「見形長大，生恐怖心」，究竟成犯不具足，犯偷蘭遮；夜叉女、乾闥婆女、天女也是一樣地判罪。

《僧祇律》中記載：「若比丘以染污心欲看女人，得越比尼心悔；若眼見，若聞聲，犯越比尼罪；各各裸身相觸，得偷蘭罪；乃至入如胡麻，波羅夷。」

《根有律攝》中記載：「起心欲作不淨行時，得責心惡作；若興方便整衣裳等，乃至未觸身來，得對說惡作；欲行非法，乃至生支未過

齊限，得窣吐羅。」「若於大小便道，以生支頭入過赤皮，若在口中頭過於齒，作受樂心，咸得本罪。」

《善見論》中記載：「若捉手，若一一身分，未入女根，悉得突吉羅；若入女根，得重罪。」「若二處乃至入如胡麻子，行不淨行，得波羅夷。」若在口中行淫，「節過齒，波羅夷；若齒外皮裏，亦波羅夷；若齒外無皮，偷蘭遮」。

藏傳《苾芻學處》記載，「身識領受交會觸，意識受樂」，兩個條件都滿足，犯波羅夷。「從生發起心未發動身語以前是應防護，發動以後乃至未成他勝皆是應懺悔。若為交會故，從動身加行乃至道與生支未交觸以前皆是惡作罪。若已交觸，未過第一界限，是粗罪。」「口道齒以外」，亦結粗罪。「然有例外。若他人欲與自作不淨行，自言允許及教他作不淨行，雖自生支未與道交觸，亦成粗罪。」

其他律典中僅記載了正犯的結罪情況，如上犯緣中所述，此處不再贅述。

5. 犯戒主體

《四分律》中記載，比丘、比丘尼若犯本戒，均結波羅夷罪；若式叉摩那、沙彌、沙彌尼犯本戒，結突吉羅罪，滅擯。

《五分律》中的記載與《四分律》相同。

《僧祇律》中記載，比丘、比丘尼若犯本戒，結波羅夷罪；沙彌若犯本戒，驅出。

《根有律攝》和藏傳《苾芻學處》中僅記載比丘、比丘尼若犯本戒，結波羅夷罪，沒有提到下三眾的結罪情況。

其他律典中均記載比丘犯本戒結波羅夷罪，沒有提到比丘尼和下三眾的結罪情況。

除此以外，一些律典中還記載了幾種特殊犯戒主體的結罪情況。

對於與學沙彌（學悔沙彌），《四分律》記載，若其犯本戒，亦結波羅夷罪，並且應當滅擯，不可再次與學。《十誦律》記載，與學沙彌若犯本戒，結波羅夷罪。《僧祇律》記載，與學沙彌「四波羅夷中若有犯者，應驅出；十三僧伽婆尸沙已下，一切作突吉羅悔」。《五分律》中也有關於與學沙彌的記載，但沒有提到若其違犯本戒如何結罪。

另外，《十誦律》記載，「若先破戒，若賊住，若先來白衣」三類人行淫，「不得波羅夷」，但未提到應判何罪。《摩得勒伽》記載，「本犯戒、本不和合、賊住、污染比丘尼」犯本戒，得突吉羅罪。《根有律攝》記載：「或先犯人，或是賊住，或無眾不和，黃門、污尼等，但有違犯，皆得惡作。……諸初犯人皆無本罪，然有責心突色訖里多。」對最初犯者結突吉羅罪，這在其他律典中均未記載。

（三）不犯

1. 能犯心不具足

《四分律》記載：「不犯者，若睡眠無所覺知，不受樂，一切無有淫意，不犯。」這包括三種情況，即睡眠時無覺知、不受樂和無淫欲心。

其中的「不受樂」主要是指被動行淫的時候，不受樂不犯，包括被迫行淫時不受樂及其他一些不受樂的情況。如《四分律》中記載：「時有比丘裹衣小便，有狗舐小便以漸前含男根，彼不受樂，即還出，便疑。佛問言：『比丘，汝受樂不？』答言：『不受樂。』佛言：『不犯。』」《摩得勒伽》、《五分律》、《根有律攝》中記載，比丘若不慎被動物咬住男根，不犯。

但據《四分律》記載，「不受樂不犯」不能通於所有的情況，若比丘是主動行淫，即使不受樂也會正犯本戒。律文中記載了一個公案：「時有比丘自身根壞，無所覺觸，彼作是念：『我不覺觸，行淫得無犯。』」

彼即行淫已，疑。佛言：『汝犯波羅夷。』」《巴利律》中的記載與此相同。《善見論》中有兩種情況，該律典中先記載：「若男根生疣死，不受樂，突吉羅；覺樂者，得波羅夷。」另一處又記載：「若男根病者，男根長肉生，名為疣，與此女人共行淫，覺不覺悉得波羅夷。」藏傳《苾芻學處》記載，「雖是生支，為病所壞，不能受樂」，結偷蘭遮罪。《摩得勒伽》中記載了兩種不受樂犯輕罪的情況：「比丘見彼女根，生染污心，便共作淫。女根破裂，即生疑悔。乃至佛言：『若受樂，犯波羅夷；若不受樂，偷羅遮。』」另外，若眠中被人行淫，雖不受樂但覺動，也犯偷蘭遮罪：「有比丘眠中，女人就作淫，即生疑悔。乃至佛言：『汝知不？受樂不？』答言：『不知，不受樂而覺動。』佛言：『犯偷羅遮。』」

除《四分律》以外，其他一些律典也記載了上述無覺知、不受樂和無淫欲心三種不犯的情況：

（1）無覺知不犯

《摩得勒伽》記載：「有比丘眠熟，比丘來共作淫，若初、中、後不知，不犯。」

《根有律》記載，比丘處於睡眠、醉酒、被咒術或藥物迷亂等狀態下，若被人行淫而初、中、後三時均不知，則不犯；若三時知，而無受樂心，亦不犯。

《根有律攝》記載：「若苾芻或苾芻尼等睡眠之時，或復被他勸其飲酒令使惛醉，被他逼時……若初、中、後不覺知者，無犯。」

《巴利律》記載，「無知者」，不犯。

《善見論》記載：「此比丘若眠不覺，如人入定，都無所知，是故無罪。」

（2）不受樂不犯

《摩得勒伽》、《善見論》、《毗尼母經》中均記載，若比丘被迫行

淫時不受樂，不犯。與《四分律》相同。

《僧祇律》中記載：「是比丘若眠，乃至入定，若母人就比丘行淫，若比丘覺已，初、中、後不受樂，無罪。」

《五分律》記載：「比丘若為強力所逼，於上諸處行淫……出、入、住時都不受樂，不犯。」

《根有律》中，如果比丘被迫行淫，「若被迫者三時不樂，無犯」。

《巴利律》記載：「若入時、入已、停住、出時不覺樂者，不犯也。」

（3）無淫欲心不犯

《十誦律》記載：「為他強捉，無受欲心，無罪。」《根有律》與此相同。

《巴利律》記載，阿羅漢由於沒有欲念，即使被迫行淫也不犯。

《摩得勒伽》中記載：「比丘行乞食入小巷中，比丘入、女人出，根處相觸，即生疑悔。乃至佛言：『不犯。』」

2. 犯戒主體不具足

《四分律》記載，「最初未制戒、癲狂、心亂、痛惱所纏」，這四種比丘不犯。《巴利律》、《五分律》與此相同。

《十誦律》中也提到有四種比丘不犯，而且對這幾種情況的描述比較細緻：①「未結戒前一切淫欲，不犯」；②「有五相名狂人：親里死盡故狂，財物失盡故狂，田業人民失盡故狂，或四大錯亂故狂，或先世業報故狂」；③「有五種因緣令心散亂：為非人所打故心散亂，或非人令心散亂，或非人食心精氣故心散亂，或四大錯故心散亂，或先世業報故心散亂」；④「有五種病壞心：或風發故病壞心，或熱發故病壞心，或冷發故病壞心，或三種俱發故病壞心，或時節氣發故病壞心」。另外，該律典中還提到比丘在狂、亂、惱時，須達到不知道自己是比丘的程度，才不犯。若比丘此時「自覺是比丘，犯波羅夷」。《摩得勒

伽》中也有類似的記載。

《善見論》中記載，顛狂、失心以及最初犯戒的三種比丘不犯。

《薩婆多論》中僅記載了佛未結戒前不犯的情況。

《毗尼母經》中僅記載，「初犯者，制不犯戒」。

《僧祇律》中只記載了「若心狂不自覺者，無罪」這一種情況。

《根有律攝》記載，「其無犯者，謂顛狂類，或親戚死，或非人惱，或時心亂，餘痛惱等之所纏迫，於其自身無苾芻想者，皆成無犯」，「如被音樂天女將至自宮，遂便陵逼，由失本心，故無犯」。另外，上文提到過，該律典中記載：「諸初犯人皆無本罪，然有責心突色訖里多。」對最初犯戒人也判罪，與其他律典均不同。

3. 開緣

《五分律》、《根有律攝》、《巴利律》中記載，夢中行淫，不犯。

對於命難、病緣、事故等特殊情況，各律典除「被迫犯淫且不受樂」的開緣以外，並沒有其他的記載。《四分律》、《摩得勒伽》、《根有律攝》和《善見論》中還特別指出，本戒不開病緣。

五、原理

（一）性遮分析、約束煩惱和對欲望的分析

1. 性遮分析

本戒是一條性戒。

2. 約束煩惱及對修行的保護

《根有律攝》記載，此戒「由淫煩惱及淫事故，佛觀十利制斯學處」。

《根有律》記載：劫初，光音天天人因為貪著「地味」等美食，身體變得粗重，食物在體內沉積，需要排泄出來，所以生出大小便道，「由段食故，滓穢在身，為欲蠲除，便生二道」。由於生出的男女根不同，於是男女更相染著，造作非法。《僧祇律》也敘述了與之相似的故事。從這段故事中可以看出，淫欲的煩惱起源於對飲食的貪著，欲界所有的苦惱也因此叢生不斷。[1] 這樣，由最初天人的墮落，男女淫欲的產生，開啟了這個世界人類生殖繁衍的歷史。可以說，人類的誕生伴隨着淫欲而來，它是人的一種根深蒂固的煩惱。

男女之間的貪愛煩惱，在律中以對食物的貪求來作形象的比喻，《根有律》云：「男以女為食，女以男為食，更相愛故，名之為食。」《僧

1　《成實論》卷 14：「一切苦生皆由貪食，亦以食故助發淫欲。於欲界中所有諸苦皆因飲食淫欲故生，斷食貪故應修厭想。又如劫初眾生，從天上來化生此間，身有光明飛行自在，始食地味，食之多者即失威光，如是漸漸有老病死，至今百歲多諸苦惱，皆由貪著故失此等利，是故應正觀食。又貪著飲食故生淫欲，從淫欲故生餘煩惱，從餘煩惱造不善業，從不善業增三惡趣，損天人眾，是故一切衰惱皆由貪食。」《大正藏》32 冊，348 頁下欄、349 頁上欄。

祇律》亦云:「譬如飢人得種種美食,彼以食為樂;又如渴人得種種好飲,彼以飲為樂受;欲樂者亦復如是。」就像人沉溺在對食物香、味、觸的感官享受一樣,人在男女淫欲的快樂中,也獲得了各種生理與心理的滿足。然而,人沒有飲食就會死亡,沒有男女之欲卻並不會死。從佛法修行的角度來講,斷除淫欲恰恰是修行解脫的重要指標。

3. 欲望的分析

(1) 欲望的弔詭

「大淫戒」緣起故事中,須提那對家的厭離,正是建立在對家庭恩愛的棄絕上:「夫在家者,恩愛所縛,不得盡壽廣修梵行;出家無著,譬如虛空。」然而道心如此堅固的人仍不免與故二共行不淨,這對新戒比丘是很重要的警示——要謹防各種染緣的誘惑,不要認為自己沒有危險。欲望的弔詭之處在於,當我們遠離它的時候,反而被它抓得更緊。與欲望的鬥爭很艱難,往往需要長期反覆地相互較量。

(2) 難以克服淫欲的兩個原因

《薩婆多論》提到行淫欲的原因,其中一條是「久習煩惱故」[1]。對欲界眾生來說,淫欲的習氣反覆熏習,熏習成種,欲望的表現就很強烈,只要與外在的染緣接觸,就很難控制。而比丘觸犯「大淫戒」,大多是對淫欲過患和自身煩惱認識不足,在日常生活中對染緣掉以輕心,不注意細節,不密護根門,最終釀成大錯。如《僧祇律》記載,有比丘脫去法服穿上俗衣,七日之內隨意所為而行欲事,就是因為在乞食時「不能攝身口意,繫念在前,心意馳亂,不攝諸根,染著色欲,取色淨相,欲心熾盛」所致。佛世時,比丘到聚落中乞食常常會接觸

1　《薩婆多論》卷2:「行淫欲者:一、久習煩惱故;二、以須父母交會,有福德子應受生故;三、以餘報淫不盡,如人從生至長,不行淫欲便得漏盡,有人要經淫欲而得漏盡,以宿世淫欲因緣有盡不盡故;四、為結戒因緣故,若不爾者無由結戒。」《大正藏》23冊,513頁上欄。

到女眾，所以不得不小心防護。

另外，《薩婆多論》還提到行淫的原因是與「宿世淫欲因緣」有關，即「餘報淫不盡」，如阿難與摩登伽女的故事。《阿毗達磨大毗婆沙論》記載：「尊者阿難入城乞食，摩登伽女見已生貪，隨逐瞻觀不能捨離。此女過去五百生中作阿難婦，故今暫見便起欲尋，隨逐不捨。諸如是等皆由過去因力增上。」[1] 眾生輪迴生死，輾轉互為父母妻子，因為業報的力量，這一世遇到的某些對象散發出的吸引力，也許會讓人覺得無法抵抗。這種情況即所謂的「怨家債主」，在不防護染緣的緣起下，一旦出現，就很難逃脫。

（3）淫欲的過患

《禮記・禮運》中，孔子說：「飲食男女，人之大欲存焉。」這僅僅是就現實社會物質層面來講的，對一位希求解脫的出家者而言，飲食只是為了資養色身，男女之欲對其反倒是很大的障礙。佛陀「無數方便說斷欲法，斷於欲想，滅欲念，除散欲熱，越度愛結」，這正是教導眾生看透欲望虛幻不實的本質。投身在欲望中的人，都是將強烈的好樂心投射於對方身上而產生強烈的欲求，並被此欲求繫縛，身心熱惱，不得自在。如《清淨道論》中所載，眾生因「渴愛」而生「欲取」，「欲取」的強烈程度亦是逐漸滋生並不斷加強的。[2] 從輪迴受生的角度來講，男女情欲中的快樂苦惱，很可能把人捲入輪迴中而難以出離。

對修道者而言，貪著淫欲必然導致墮落。《五分律》中佛陀質問緣起比丘：「汝豈不畏三惡道苦？」並呵責道：「汝所犯惡，永淪生死，終不復能長養善法。」更嚴重的是，淫欲對佛法的住世也是極大的障礙，「汝初開漏門，為此大惡，波旬常伺諸比丘短，汝今便為開魔徑路，摧

---

1 《阿毗達磨大毗婆沙論》卷 18，《大正藏》27 冊，90 頁中欄。
2 《清淨道論》卷 17：「欲取者云何？對於諸欲所有之欲欲、欲貪、欲歡喜、欲渴愛、欲愛情、欲熱惱、欲昏迷、欲縛著，以此言為欲取。」《漢譯南傳大藏經》69 冊，243 頁。

折法幢，建立魔麾」。

（4）淫欲與修道

在律典的記載中，有些比丘還會在強猛淫欲煩惱的驅使下做出一些讓常人難以接受甚至匪夷所思的行為。例如《四分律》[1]、《五分律》[2]、《十誦律》、《僧祇律》和《毗尼母經》[3]中，都記載了比丘因淫欲煩惱而和死馬行淫的故事。這會使不了解真相者，尤其是俗眾產生疑惑。

其實，比丘之所以出現此類狀況，並非因為本身淫欲熾盛或心理有問題，而更多的是在修行過程中所遇到的障礙使然。

首先，對於比丘來說，淫欲煩惱是障道之本。隨着用功的深入，比丘的身心會發生變化。而內心處於寧靜的狀態時，潛在的煩惱種子更容易遇緣而爆發。在修禪定時，如果不能及時調伏淫欲心，有可能出現走火入魔的情況。修行之道並非坦途，其間會出現各種考驗。為了修行能夠進步，擺脫欲望的束縛，修行者必須擁有強大的毅力才能勝利，否則就會被煩惱打敗，乃至犯戒。從這個角度來看，律典中犯「大淫戒」的個別比丘做出那些讓人無法想像乃至無法接受的行為也就比較容易理解。

其次，比丘在精進修道時，由於引發宿世的惡業種子，難免招致天魔的擾亂。如前面五部律典中，比丘都是由於天魔的引誘而與死馬行淫。這種魔障干擾的情況，佛陀尚不能避免，如在佛陀成道前夕，就有魔王波旬派遣魔女對其進行干擾。同樣地，比丘在修行路上也容

1　《四分律》卷 34：「爾時佛在羅閱城。城中有一比丘，字難提……時難提比丘即於此死馬所作不淨行。」《大正藏》22 冊，809 頁上欄。

2　《五分律》卷 28：「有一比丘坐禪，魔女來至其前。比丘見生染著心，不覺起捉彼女。女便走，比丘亦走逐之。彼女至一死馬中沒，比丘便於馬上行淫，即生悔心，語諸比丘。諸比丘以是白佛，佛言：『聽僧與彼比丘作波羅夷白四羯磨。』」《大正藏》22 冊，182 頁下欄。

3　《毗尼母經》卷 3：「如難提伽比丘常空靜處坐禪，有天魔變為女形在難提前，難提欲心熾盛隨逐此女，魔即隱形，見一死馬共行不淨。」《大正藏》24 冊，813 頁上欄。

易遇到冤親債主的干擾。

　　綜上所述，比丘在修道時，需要克服無始以來的淫欲習氣，抗衡內魔的擾亂，同時還要努力增進自己的道業。因此，律典中有些比丘的淫欲煩惱雖然很粗猛，但卻是修道過程中必須克服的障礙。近代泰國著名的禪師阿姜查，曾自述了對治淫欲的一段心路歷程。他回憶在禪修時期，有一陣子心中生起了強烈的性欲，讓其無法將心安定下來：「不論是在坐禪或經行，心中不斷浮現女性的生殖器官，性欲強到無法招架的地步，我必須努力與這些強烈的感官與幻相搏鬥。與性欲搏鬥的困難，不亞於在森林墳場中對治心中對鬼的恐懼，〔性欲如此強烈，〕使我無法經行，因為陰莖一碰到袈裟就起了反應。我於是請求能在森林深處無人看到我的地方，清出一條經行的步道。在幽暗的林中，我將下裙（袈裟）捲起繫在腰上後，再繼續經行。我就這樣與煩惱搏鬥了十天，直到性欲與那些幻相沉寂消失為止。」[1]

4. 對治與防護

　　「大淫戒」的防護，一般有兩種方法：離境和對境護心。離境，就是脫離淫欲的對境，遠離女眾，避免與之接觸；對境護心，指的是在面對女眾時，通過旁人陪同、密護根門等方式，避免生起染心。

　　在實際操作中，可以將這兩種方法配合使用。在日常生活中，比丘應當盡量避免與女眾接觸。如果有事緣必須和女眾接觸時，就需要對境護心，避免與女眾單獨見面。見面時，旁邊須有人陪同，同時應避免直視女眾。因此，僧團相關制度的建立，對比丘的保護就顯得尤為必要。比丘個人如果不依靠團體，想要做到對女眾的防護，是比較

1　卡瑪拉・提雅瓦妮琦：《森林回憶錄》，法園編譯群譯。或參看《蓮花中的珍寶：阿姜查傳》，
　　《泰國國際叢林》，2009 年，18 頁、31 頁、51 頁至 52 頁。

困難的。

　　當然，也要避免因防護淫戒而走向另一個極端：為了避開染緣，拒絕承擔做事。一位行菩薩道的比丘如果因畏懼犯戒而一味躲避，不僅有違菩薩的大乘發心，而且會逐漸退失度眾生的勇氣。在面對女眾的時候，一方面可以把她們當作母親、姐妹，另一方面注意防護好自己的內心，這是在家人也能做到的。比丘只要把握好分寸，是不會犯戒的。如《鼻奈耶》云：「此世人常能爾，癡人而不防此。像母者當言母，乃至女亦如是。」

（二）宗教或社會文化背景資訊

　　緣起故事中反映出古印度特有的文化背景：在婆羅門教的教義中，男子有生子的責任和義務（家庭責任）。《四分律》中，須提那的母親擔心家族沒有繼承人，財物會被國家沒收，因此勸其一定要給家族傳宗接代，由此引發須提那與故二發生不淨行。《摩奴法論》規定：「婆羅門的財產永遠不得由國王沒收，以上是常情；其他種姓的無繼承人的財產國王應該沒收。」[1] 須提那與故二所生之子被稱為「續種」，這在《摩奴法論》中也有反映：「女子相傳為田地，男子相傳為種子；一切有身體的生物皆因田地和種子的結合而出生。」[2]

　　古印度的社會環境分析，也是認識佛陀制「大淫戒」背景的一個角度。

　　首先，古印度宗教環境複雜，有多種宗教同時存在。固然有婆羅門教和耆那教等宗教堅持梵行，但也有個別宗教對男女淫欲持不同看

1　《摩奴法論》，蔣忠新譯，中國社會科學出版社，2007 年 8 月，193 頁。

2　《摩奴法論》，180 頁。

法。《俱舍論》記載：「如波刺私讚於母等行非梵行。又諸梵志讚牛，祠中有諸女男受持牛禁，吸水齧草，或住或行，不簡親疏，隨遇隨合。又諸外道作如是言：『一切女人如臼花果、熟食、階磴、道路、橋、船，世間眾人應共受用。』」[1] 受這些知見的影響，部分民眾便對兩性行為持相對開放的態度，比如當時有些女眾甚至認為以淫欲供養比丘最為殊勝。《巴利律》中，就有女人相信布施淫欲是「最上之布施」的例子。

其次，在古印度文化中，女性的地位十分低下，某些宗教的人們認為梵天將她們創造出來是為了滿足男性的需要。因此在古印度社會，男性歧視女性是一種相對普遍的行為，在經典中有不少賊人侵犯婦女的記載。

上述這些現象背後的社會環境及文化因素，反映出古印度社會對於男女關係的態度。在這種獨特的社會環境下，佛陀制定「大淫戒」，除了具有出世間層面的意義，同時具有現實的社會意義，使人們正確地對待兩性關係。

（三）古印度政治法律等對戒律的影響

據《大方等大集經》記載，「淫他婦女」是國法中的四重罪之一，犯者死罪。[2] 可見佛陀制定「大淫戒」對當時的國法也有所參考。

《五分律》中孫陀羅難陀比丘行殺、盜、淫種種惡事，「無沙門行，

1　《阿毗達磨俱舍論》卷 26，《大正藏》29 冊，85 頁下欄。

2　《大方等大集經》卷 24：「爾時，世尊告頻婆娑羅王：『大王！汝之國法何名大罪？何名小罪？』頻婆娑羅言：『世尊！我之國法，有四重罪：一者，斷他命根；二者，偷至五錢；三者，淫他婦女；四者，為五錢故大眾、王邊故作妄語。如是四罪，犯者不活。』佛言：『我今亦為未來弟子制是四重。』」《大正藏》13 冊，172 頁下欄。

無婆羅門行；不受沙門法，不受婆羅門法」。對於此類比丘，佛陀說可作白四羯磨將其滅擯，驅出僧團。可見佛陀將淫戒列為根本戒的做法很可能是參照了社會法律。

再如《僧祇律》記載，阿闍世王生有一子，名優陀夷跋陀羅，因為小時候外陰生病，抱養者用口使其病患得癒，但他後來養成「口中行欲」的壞習慣，使其妻子感到厭惡和恐懼。國中人民也競相效仿這種惡法，導致社會風氣因此敗壞不振。於是國王制定了法律，規定口中行欲犯重罪。佛陀很可能因此也規定口中行淫者，犯波羅夷。

雖然是參照世法，但佛陀的制戒遠比社會法律要平等和嚴格。比如婆羅門男子依種姓的順序可以娶四位妻子。[1] 如果數量不夠，與其他種姓男子的妻子發生關係時，只要他認為那個女人是屬於自己的，就不犯罪。[2] 種姓制度下的古印度社會雖然規定對通姦者予以懲罰，然而法律又規定婆羅門擁有高於其他種姓的特權，這種不平等很可能給其他人帶來屈辱和傷害。而「大淫戒」的制定，「下至畜生，凡可淫處一切盡結」。佛陀制定的波羅提木叉戒，對一切眾生平等，《薩婆多論》云，波羅提木叉戒的殊勝正是因為它於一切眾生境上起慈憫心。[3] 佛陀出世樹立此法，便能遮除身口意所有惡業。[4]

佛陀制定「大淫戒」的這種徹底性難能可貴。比丘出家隨順戒律，

---

1 《摩奴法論》：「如果有一個婆羅門依種姓的順序娶四個妻子，那麼，對於她們生的兒子分家相傳有如下規則。耕田奴、種牛、車輛、飾物和住宅，還有最重要的那一份，應該作為抽分分給婆羅門。」190 頁。

2 《阿毗達磨大毗婆沙論》卷 116：「云何從癡生？謂婆羅門起如是見，立如是論：『諸婆羅門應畜四婦，剎帝利三，吠舍應二，戌達羅一，婆羅門等數若未滿，淫他妻室亦無有罪，然彼淫時起屬他想。』」《大正藏》27 冊，606 頁上欄。

3 《薩婆多論》卷 1：「波羅提木叉戒勝，所以爾者；若佛出世得有此戒，禪戒、無漏戒一切時有；於一切眾生、非眾生類得波羅提木叉戒，禪戒、無漏戒但於眾生上得；於一切眾生上慈心得波羅提木叉戒，禪戒、無漏戒不以慈心得也。」《大正藏》23 冊，507 頁下欄。

4 《善見論》卷 7：「一切世間學波羅提木叉為最，如來出世便有此法，若無佛出世，無有眾生能豎立此法，身口意行諸惡業，佛以無等學而制。」《大正藏》24 冊，719 頁上欄。

威儀具足，讓世人生起信心，他們會說：「此沙門釋家種子，勤心精進，難作能作，所作極重。」[1] 即使是外道看到佛陀制定的戒律，也沒有理由非議，《善見論》云：「若外道見毗尼藏而作是言：『佛諸比丘亦有圍陀，如我無異。』而生敬心。是故律本所說：『未信令信，已信者令增長。』」[2]

從佛陀制定「大淫戒」，戒斷淫欲來看，正是出家者高潔的梵行，顯示出沙門釋子的高貴。《善見論》記載，蓮花色比丘尼即使被侵暴，也沒有絲毫的樂受，佛陀說偈稱歎：「如蓮華在水，芥子投針鋒，若於欲不染，我名婆羅門。」

（四）關係分析

1. 比丘與佛陀的關係

須提那最初犯淫，佛陀呵罵其為「癡人」。《薩婆多論》云：「是愚癡人者，『佛大慈大悲兼無惡口，云何言愚癡人？』答曰：『佛是稱實之語，非是惡口，此具縛煩惱眾生具足愚癡故。二、慈悲心故，呵責折伏，如今和上、阿闍利教誡弟子故，稱言「癡人」，非是惡口。』」《善見論》中亦記載，佛陀以慈悲心「薄賤」[3] 緣起比丘，譬如父母見子作惡而慈心呵罵，使其警醒。

對於律典中佛陀親口所說、涉及到淫欲等穢污之語，《善見論》記載，持戒比丘應如是思維：「此是行不淨法。何以故？此惡不善語。若

1　《善見論》卷 6：「如來為此說戒斷此因緣，未信心者令信，如來所以結戒，若善比丘隨順戒律威儀具足，若未信心見之即生信心，而作是言：『此沙門釋家種子，勤心精進，難作能作，所作極重。』見如是作已而生信心。」《大正藏》24 冊，715 頁上欄。

2　《善見論》卷 6，《大正藏》24 冊，715 頁上欄。

3　《善見論》卷 6《大正藏》24 冊，714 頁中欄。

諸長老聞説此不淨行，慎勿驚怪，是沙門慚愧心，應至心於佛。何以故？如來為慈悲我等。佛如此世間中王，離諸愛欲得清淨處，為憐愍我等輩，為結戒故，説此惡言。若人如是觀看如來功德，便無嫌心。若佛不説此事，我等云何知得波羅夷罪、偷蘭遮、突吉羅？若法師為人講，聽者、説者以扇遮面，慎勿露齒笑。若有笑，驅出。何以故？三藐三佛陀憐愍眾生金口所説，汝等應生慚愧心而聽，何以笑？驅出。」

2. 比丘和家人關係

《四分律》中，緣起比丘犯「大淫戒」的重要外緣是其家人的勸説。從中可以看出，在佛陀制戒初期，比丘和家人之間的來往仍然比較頻繁。關於這一點，《僧祇律》中更是明確提到，緣起比丘「每至食時多還家食」。《根有律》：「既出家已，與諸親屬相雜而住，猶如昔日在家無異。」

《十誦律》的比丘尼戒中也有類似記載。夫婦一起出家，成為比丘和比丘尼，「是比丘得食時，持食詣比丘尼精舍，是比丘尼先為辦盤醬菜果蓏，待比丘來」[1]。由此可知，夫婦雖然都已出家，但依然還可以在一起吃飯。《五分律》記載得更為具體，把比丘和比丘尼相互間的親密關係描述得生動細緻。如文：「其婦比丘尼捉水瓶立前，以扇扇之，與水，輒問冷暖。」[2] 還有《根有律》中記載，居士婦出家，大愛道比丘尼對其丈夫言：「賢首！女人之法體多愛著，仁可時時來相看問。」

以上比丘和家人之間親密交往的現象和今天出家人的認知有較大差別。分析其原因，或許在制戒前，或者初制戒時，佛對比丘管理相

1　《十誦律》卷 44，《大正藏》23 冊，318 頁中欄。
2　《五分律》卷 14，《大正藏》22 冊，94 頁下欄。

對寬鬆，比丘和父母乃至故二接觸都比較頻繁。但是，隨着這種頻繁接觸出現嚴重過患，比如「大淫戒」緣起，佛陀遂逐步開始制定戒條，約束比丘和在家人尤其是女眾的來往。比如，佛陀後來相繼制了「摩觸戒」、「與女共宿戒」、「與女期同行戒」、「屏處與女坐戒」等等。隨着這些戒條的制定，比丘和俗人之間的接觸逐步得到限制和規範，比丘和家人也就結束了相對親密的關係。

《薩婆多論》云：「家者是煩惱因緣，是故宜應極遠離也。」出家人和家人的關係不可過於親密，尤其剛出家的比丘很容易受到家人的影響。此外，諸律在「大淫戒」的緣起中，所載父母勸說緣起比丘不要出家的理由可以概括為四種。以《五分律》和《僧祇律》中記載為例：

出家很苦：「汝何用毀形，在林樹間受此風、霜、飢、寒困苦？」

在家修行：「汝可還家，恣意修善，現世受樂，後享福慶。」

傳宗接代：「祖宗輟祠，人倫情重，王憲嗣絕，財物沒官。吾備之矣，汝豈不知？餘願所期，在汝續種，汝其思之，吾言盡矣！」

沒有顏面：「剃除鬚髮，著弊納衣，持鉢乞食，為世人所笑。」

以上是兩千多年前的佛世時，父母勸說孩子不要出家的四種理由。而今天的父母勸說孩子不要出家的理由，依然不出上述四點。

六、專題

專題 1：佛制第一條戒

　　關於佛陀所制第一條戒，諸律論中有兩種不同觀點：一種觀點認為第一條戒是「大淫戒」，另一種觀點認為眾學法之「齊整著涅槃僧戒」是第一條戒。

（一）「大淫戒」為第一條戒的記載

　　《四分律比丘戒本》中記載，佛陀在十二年內只是說略教誡，並未制廣戒，如文：「善護於口言，自淨其志意，身莫作諸惡，此三業道淨，能得如是行，是大仙人道。此是釋迦牟尼如來、無所著、等正覺，於十二年中為無事僧說是戒經。」[1]《根有律》中也有同樣的記載：「爾時，薄伽梵從初證覺，於十二年中諸聲聞弟子無有過失，未生瘡疱。世尊為諸弟子說略別解脫戒經。」並且律中明確說「至十三年，在佛栗氏國」制定「大淫戒」。從這些記載看，十二年內佛陀沒有制戒而在第十三年制「大淫戒」，可以推論出「大淫戒」為佛制的第一條戒。

　　《僧祇律》記載，舍利弗為了教法久住而請佛制戒，佛回答說弟子並未違犯諸罪，因此還沒有到制戒的時候。此後，「大淫戒」的緣起中記載了制戒時間，「世尊於毗舍離城成佛五年冬」制「大淫戒」，六年時制定「大盜戒」。《四分律》、《五分律》、《巴利律》都有類似記載。

　　《大智度論》明確記載「大淫戒」為第一次結戒：「佛在何處初說毗尼結戒？憂婆離受僧教，師子座處坐，說：『如是我聞，一時佛在

1　《四分律比丘戒本》，《大正藏》22 冊，1022 頁下欄。

毗舍離。爾時，須提那迦蘭陀長者子初作淫欲，以是因緣故，結初大罪。』」[1]

因此，從上述律典的相關記載，可以推斷「大淫戒」是佛制第一條戒。

（二）「齊整著涅槃僧戒」為第一條戒的記載

《根有律雜事》明確記載「齊整著涅槃僧戒」是第一條戒：「爾時，迦攝波告鄔波離曰：『世尊於何處制第一學處？』鄔波離以清徹音答曰：『世尊於婆羅疤斯。』『此為誰說？』『即五苾芻。』『其事云何？』『謂齊整著裙不太高不太下，應當學。』」該律中隨後記載第二條戒是「齊整著三衣戒」，地點、人物和第一條戒相同；第三條戒才是「大淫戒」，地點在羯蘭鐸迦村，人物為蘇陣那苾芻。[2]《薩婆多論》則提到百眾學為最初結戒：「問曰：『此眾學戒結既在初，而在後耶？』答曰：『佛在初結，後集法藏者銓次在後。』」為什麼在最初制戒，而排在最後，「以重戒在先，輕戒在後，此戒於五篇中最輕，是故在後」。[3]

對於「齊整著涅槃僧戒」的制戒緣起，《十誦律》中記載，佛在王舍城，五比丘白佛：「應著何等衣？」佛言：「應著槃藪衣。」[4]《根有律》中也有類似記載：「五苾芻雖復出家，尚同俗服，威儀容飾甚不端嚴。爾時世尊作如是念：『過去諸佛云何教聲聞眾著衣服耶？』是時諸天前白佛言：『如淨居天所著衣服。』世尊即以天眼觀知，如諸天所說事無差異，即告苾芻曰：『汝從今後應同淨居天圓整著泥婆珊。』」[5]《大智度

1　《大智度論》卷2，《大正藏》25冊，69頁下欄。
2　《根有律雜事》卷40，《大正藏》24冊，407頁下欄至408頁上欄。
3　《薩婆多論》卷9，《大正藏》23冊，561頁下欄。
4　《十誦律》卷27，《大正藏》23冊，194頁中欄。
5　《根有律》卷50，《大正藏》23冊，901頁中欄。

論》中亦記載：「如轉法輪時，五比丘初得道，白佛言：『我等著何等衣？』佛言：『應著納衣。』」[1] 上述律典的記載都提到五比丘，可作為「齊整著涅槃僧戒」是第一條戒的重要依據。佛陀因事制戒，最先出現的「事」就有可能是最初制戒的因緣。五比丘是佛陀最初度化的比丘，他們碰到的第一個問題有可能就是穿衣等威儀問題。因此從這個角度可以推斷「齊整著涅槃僧戒」很有可能是第一條戒。

（三）兩種記載之辨析

綜上所述，「大淫戒」是佛制第一條戒和「齊整著涅槃僧戒」是第一條戒，這兩種說法在諸律中各有文證。那麼律典文獻中為何出現了兩種看上去互相矛盾的敘述？原因在於兩者分別代表了佛教僧團管理方式的兩個不同發展階段。佛陀創立僧團，一開始諸比丘都清淨無染（即律典所謂「無事僧」），都能遵循佛說的相關教誡。這個階段是以法教化的階段，佛陀沒有也並不需要制定強制性、懲罰性的「學處」。律典中「齊整著涅槃僧戒」之類的威儀法便屬於此類教誡。這些威儀法和比丘日常乞食生活密切相關，用於指導和規範比丘對外互動時的行為，避免社會大眾的譏嫌，因此僧團成立早期就有確立這些「學處」的必要。第二個階段的開啟則始於「大淫戒」的制定，由於比丘犯不淨行，佛陀開始制定強制性、懲罰性的「學處」，比丘違犯相關「學處」即會受到相應的治罰，最嚴厲的治罰措施是被驅擯出僧團。從此，僧團從「法治」階段開始進入了「律治」階段。從這個角度看，「大淫戒」是第一條戒（嚴格來說，是「第一條律」）。

因此，律典中關於「第一條戒」的兩種不同說法，是從不同的角度而言，並不矛盾，反而體現了律學發展的歷史脈絡。從前面律典的

1　《大智度論》卷 68，《大正藏》25 冊，538 頁中欄。

記載來看，「齊整著涅槃僧戒」是佛陀對五比丘制定的第一條僧團行為規範，屬於法的性質（「應當學」）；「大淫戒」是佛陀所制第一條有律制治罰性質（「必須」）的戒律。隨着後期佛教僧團律制的強化，部分眾學法被納入《波羅提木叉經》，賦予了相應的「越毗尼」、「突吉羅」等輕罪，也就開始有了律的強制性。

專題 2：新戒比丘若不知四根本而犯戒，是否判波羅夷？

新受戒的比丘在沒有人為其說四波羅夷法的情況下，因不知戒相而犯戒，應該結什麼罪？關於這方面問題的判罪，律典中有兩種觀點：一是判罪不明確；二是判不犯。

（一）判罪不明確

《四分律》中，若比丘受具足戒後，應當先為其說四波羅夷法，並沒有明確說明新戒比丘在不知戒相的情況下犯淫應如何結罪。如文：「時有比丘受具足戒已，眾僧盡捨去。時所受具足戒人本二去彼不遠，即前問言：『汝向者何所為？』答言：『我受具足戒。』本二語言：『汝今可共作如是如是事，可謂最後作如是如是事。』時受具足者即共行不淨已，後還詣眾中。諸比丘問：『汝何故在後？』彼即以此因緣具向諸比丘說。諸比丘語言：『汝速滅去！失去！何用汝為？不應住此。』其人言：『我所作事不應爾耶？』諸比丘報言：『不應爾。』其人語言：『汝何不先語我？我當避之不作。』爾時，諸比丘以此事往白世尊，世尊言：『自今已去，作羯磨已，當先說四波羅夷法。』」[1]

1　《四分律》卷 35，《大正藏》22 冊，815 頁中欄。

《五分律》中有一則類似的公案：新戒比丘由於不知四波羅夷法，便與昔日私通的淫女行淫，諸比丘知道後，將此事白佛，佛便制定比丘受具足戒後，應當為說四波羅夷法。如文：「爾時，諸比丘受具足戒已，在前還歸。新受戒人於後，見昔私通淫女。淫女言：『汝不能生活故入道耶？』答言：『我厭生老病死、憂悲苦惱，欲盡苦源故，於此中等行正法，廣修梵行。』彼女復言：『若如汝語，交會無期，今可共我作最後行欲。』即共行之，際暮乃還。諸比丘問：『汝何故住後？』彼以實答，諸比丘便驅出，言：『汝出去，汝滅去！比丘法中，若行此事，非沙門、非釋種子！』彼比丘聞，悶絕躃地，作是言：『若受戒時語我者，正使失命，豈當犯此！』諸比丘以是白佛，佛言：『受具足戒竟，便應為說十二法、四墮法、四喻法、四依法。』」[1] 從文中來看，也沒有給出具體判罪結果。

　　《毗尼母經》中有一則與《四分律》中類似的公案，亦未說明具體的判罪情況。

　　上述《四分律》、《五分律》的公案中，雖未給出明確的判罪結果，但從律文內容看，行淫欲的比丘已被驅出僧團。

（二）判不犯

　　《根有律雜事》中也有一則與《四分律》中類似的公案。一老比丘出家前與故二訂有契約，若是出家後要常去看望她。老比丘請示和尚後，便回家看望故二，因其當時不知四波羅夷法，便與故二行淫。諸比丘以此因緣白佛，佛說：「老比丘因不知輕重，無故心犯，若未曾為說四波羅夷者，彼便不犯。」如律文：「乞得食已還逝多林，未久時間白鄔波馱耶言：『我先與故二作是要契，得出家後時往看問，願垂聽

1　《五分律》卷 16，《大正藏》22 冊，112 頁下欄。

許。』師曰：『隨汝意去，自善護心。』……苾芻既洗足已，即便臥息。時彼即來欲同處臥，苾芻曰：『汝欲何為？』答言：『聖子！不同臥來時節淹久，意欲同臥。』問答同前，苾芻不許，即來抱觸。女是觸毒，被摩觸時，心便動亂，發諸惡念，即共交會。多日共住，報其妻曰：『我欲還寺。』妻作是念：『此乃共我私交，外人不見，我今可使眾人知之。諸苾芻等定當擯逐，還來我處。』……其摩訶羅性懷愚直，所作之事具向說之。鄔波難陀曰：『汝所作者，更可具向鄔波馱耶處說。』彼聞歡喜，彼至師邊一一具說。師聞此語告諸苾芻，是諸苾芻以緣白佛，佛告諸苾芻：『彼莫訶羅不知輕重，無故心犯，若未曾為說四波羅市迦者，彼便不犯。汝等苾芻由此緣故受近圓已，即應為說四波羅市迦法。若不說者，得越法罪。』」[1]

從文中來看，老比丘在行淫之前，知道自己所做非善，那佛為什麼會判其不犯呢？究其原因，可能是老比丘在行淫之前，未聽聞四波羅夷法，也不知道行淫是破戒的行為，故佛判不犯。

（三）小結

綜上所述，《四分律》、《五分律》、《毗尼母經》中未明確說明，新戒比丘先不為說四根本，若有觸犯應如何判罪。分析其原因可能有兩點：一是防止後世比丘鑽漏洞；二是強調後果的嚴重性，起到教育的目的，希望後世比丘能夠生起警策之心。《根有律雜事》中卻明確說明是不犯的。

佛世時，出現比丘受戒後還不知四波羅夷法的情況也是有一定因緣的。由於時代不同，兩千多年前的古印度資訊傳播並不發達，比丘在受戒前能夠了解到的資訊非常有限，這也就不難理解為什麼比丘受

1　《根有律雜事》卷9，《大正藏》24冊，244頁中欄至245頁上欄。

戒後還不知道四波羅夷法。

　　現代的比丘也可能會有不知道戒律的情況。有些道場缺乏學習戒律的環境，也沒有人去教授這方面的知識，甚至有些出家人在受戒後很長一段時間才了解到四根本戒。因此，在這樣的背景因緣下，比丘因無知而去行淫，判不犯也是較為合理的。試想後世比丘在不知戒相或根本就不知四根本的情況下犯錯，若將其驅逐出僧團，不僅令其失去學習戒律的機會，而且其善根也有可能被斬斷，甚至可能因此墮落，這就完全違背了佛陀制戒的精神。故以不犯作為判罪的標準較為合理。

　　但是，若比丘受戒後，刻意鑽戒律的漏洞，或者以逃避之心故意不學戒律而做了破戒之事，那就屬於故意犯戒，按律應該判犯波羅夷罪。

專題 3：獼猴比丘如何判罪？

　　《四分律》中，有一比丘住在林中，每日到村中乞食。林中有一獼猴，比丘常常用吃剩的食物餵養獼猴。漸漸地獼猴跟比丘熟悉起來，比丘便捉獼猴共行不淨。後來有比丘發現了此事並報告了佛陀，佛因此呵責了獼猴比丘，並指出獼猴比丘犯波羅夷罪。作為「大淫戒」的一個增制因緣，諸律中所載獼猴比丘的故事情節大同小異，而對獼猴比丘的判罪則存在差異。

　　諸律對獼猴比丘的判罪情況可以分為三種：《四分律》、《五分律》、《根有律》、《巴利律》、《善見論》中明確指出，獼猴比丘犯根本罪；《十誦律》、《僧祇律》中並沒有明確記載該緣起比丘應判波羅夷，但在增制此戒時明確說比丘若犯則波羅夷；《薩婆多論》中則認為獼猴比丘是初犯，不犯波羅夷。

（一） 明確判犯波羅夷的情況

在《四分律》的增制中，獼猴比丘為自己辯解的理由是「如來所制男犯婦女，不制畜生」，佛嚴厲地呵責該比丘：「云何比丘與獼猴共行不淨行耶？初入，波羅夷。」隨即增制了「大淫戒」。此外，在《四分律》第55卷調部中，佛對犯戒比丘的判罰有更加明確的答覆，即「大淫戒」中「須提那伽蘭陀子」是初犯戒，因此不犯；而獼猴比丘則是正犯，佛在此處的回答更加明確：「汝所為非，非威儀、非沙門法、非淨行、非隨順行，所不應為。云何乃與獼猴共行不淨？入便波羅夷，癡人！不應共住。」

《五分律》明確記載：「『阿練若處比丘是犯不？』佛言：『犯。』」此處的「阿練若處比丘」即是指與獼猴行淫的比丘。

《根有律》亦明確記載獼猴比丘犯波羅夷，如律文：「世尊告曰：『人趣尚制，況復傍生，彼愚癡人犯波羅市迦。』」

《巴利律》中獼猴比丘犯戒後啟白世尊，佛陀明確判其犯波羅夷：「以此事白世尊……乃至……『比丘！汝犯波羅夷。』」

《善見論》中記載：「初者，於行中之初，如須提那作，不犯波羅夷。餘者犯，獼猴比丘、跋闍子，波羅夷罪。」

（二） 沒有明確判犯波羅夷的情況

《十誦律》中，佛對獼猴比丘作了種種呵斥：「汝所作事非沙門法，不隨順道，無欲樂心。作不淨行，出家之人所不應作。」並提到欲心都不應該生起，更何況行不淨行：「『我常說法教人離欲。汝尚不應生心，何況乃作起欲恚癡結縛根本不淨惡業？』如是種種因緣呵已，語諸比丘：『我先已結此戒，今復隨結。』」這裏佛對獼猴比丘進行了嚴厲呵責，但沒有明確判犯波羅夷。《僧祇律》中，獼猴比丘犯戒的理由與《四分律》中類似：「我知制戒，自謂不得與人、非人，不謂畜生。」

佛因此增制此戒：「比丘犯畜生者，亦波羅夷。」該律亦未明確說明獼猴比丘是否犯重。

（三）認為不犯根本的情況

《薩婆多論》中作了進一步的解釋，認為獼猴比丘在佛結戒之前行淫，因此不犯戒罪，但得「惡行罪」和「業道罪」。如文：「佛雖先結淫戒不得與女人行淫，未制畜生。」「林中比丘得二罪：得惡行罪，淫是惡法故；得業道罪，雌獼猴屬雄獼猴故。不得犯戒罪，佛未結戒故。」

可見，諸律對獼猴比丘犯重與否判罰不同的原因，關鍵在於對其是否是初犯的認識有所不同。如《四分律》、《善見論》中認為須提那子初犯「大淫戒」，其餘律典則不是。此外，在初次制戒時，諸律中都已說明不應「行淫欲法」，與畜生行淫自然也屬於「行淫欲法」，如《根有律》：「人趣尚制，況復傍生。」因此，這幾部律對獼猴比丘判犯波羅夷。《薩婆多論》則有不同的觀點，認為獼猴比丘犯戒時，佛陀「未制畜生」，因此判不犯。

專題 4：「非道」的定義和非道行淫的判罰

《四分律》的「大淫戒」中，「道」指人、非人、畜生的大、小便道和口道；「非道」指此三道以外的其他地方。若比丘以淫染心在正道行淫，犯重，在這一點上諸部律典與《四分律》觀點一致。

對於非道行淫，《四分律》記載，若在女三道、男二道之外的「非道」中行淫時，如穿地作孔，搏泥作孔，若君持口中、脅邊、乳間、腋下、耳鼻中、瘡孔中、生人骨間、繩床木床間、大小褲間、枕邊，均結偷蘭遮罪。《十誦律》、《薩婆多論》、《摩得勒伽》、《五分律》、《根有律攝》、藏傳《苾芻學處》對此的觀點與《四分律》相似。《善見論》

中對非道行淫的結罪情況則與《四分律》有一些差別，但也是不正犯，如文：「若生身中眼鼻耳，又男根頭皮及傷瘡，若有欲心入一胡麻子，得偷蘭遮；餘身扴者，得突吉羅；此是淫心。」「畜生，象、馬、犛牛、驢、駱駝、水牛，於鼻中行不淨，得偷蘭遮；一切眼耳瘡，得突吉羅；餘處者，突吉羅。」整體上看，上述律典中所定義的非道大致相似，並且對比丘在非道行淫的判罰均不正犯。

　　與大多數律典所述不同，《僧祇律》記載「非道亦犯波羅夷」：「有一比丘，時到，著入聚落衣，持鉢入城，次行乞食。至一家，有一女人語比丘言：『可入，大德共作是事。』比丘答言：『世尊制戒不得行淫。』女人復言：『我知不得常道中行，自可於非道中行。』時此比丘即共女人於非道行淫。行淫已，尋起疑悔，往白世尊。佛告比丘：『汝不知佛制戒不得行淫耶？』『世尊，我知制戒，自謂不得常道行淫，不謂非道。』佛告比丘：『非道亦犯波羅夷。』」與此類似，《毗尼母經》記載：「優波離復問：『非道行淫，為犯不？』佛言：『初入亦犯。』初入犯因緣，如律中廣解。」

　　從字面上看，《僧祇律》和《毗尼母經》中非道行淫正犯本罪。是否《僧祇律》、《毗尼母經》中關於非道行淫的判罰與其他律典確實有所不同呢？需要對此進行更深入的辨析。

　　《僧祇律》記載：「比丘於三處行淫：口、大、小便道，盡犯波羅夷。」「與女人有命三處中行淫，初、中、後受樂，是名行淫法。」「若人男有命及死，非人男有命及死，畜生男有命及死，二處行淫，三時受樂，是比丘得波羅夷罪，不應共住。」可見《僧祇律》中定義的正犯道也是女三道、男二道，這與其他律典並無不同。《僧祇律》的一個增制緣起中記載「捨於常道而用其口」，可見口道不算「常道」。由於《僧祇律》的「非道」是相對於「常道」而言的，因此合理的推測是：《僧祇律》中的「常道」應該專指女子的陰道，「非道」則指「口道」和「大

便道」;「常道」和「非道」兩者都屬於正犯道。至於《毗尼母經》，該律典中只在這一處有「非道」相關的表述，單從字面上不能確定其具體含義，故不能作為判罰依據。

因此，在女三道、男二道之外的「非道」行淫，應按絕大多數律典的明確記載，不判波羅夷而判偷蘭遮。

專題 5：怨逼行淫如何判罪？

比丘在不清醒或沒有覺知的情況下被迫行淫，諸律均判不犯「大淫戒」。本專題則主要討論比丘在清醒的狀態下被迫行淫時，什麼情況下正犯「大淫戒」，什麼情況下不犯，以及比丘該如何應對等問題。

諸律對怨逼行淫的判罰標準一致：若比丘在行淫過程中「受樂」，犯根本罪；若「不受樂」，則不犯。因此，比丘「受樂」與否的判斷，對最終的判決至關重要。

傳統上對律典中「受樂」一詞有兩種不同的理解：一種是純粹的生理上的樂受，另一種是淫欲心驅動而主動領受樂觸的情況。下文將透過語言學的比較和對其他語系判罰情況的考察，進行辨析，得出結論；並在此結論的基礎上，提出具體的判罰規則。

（一）諸律判罰概述

先看諸律中對怨逼行淫的犯相分別。

《四分律》中有關於比丘被怨家逼迫與婦女行淫的公案，被迫比丘若入、入已、出三時任何一時受樂，即犯波羅夷。如律文：「若比丘為怨家將至人婦女所，強持男根令入三處，始入覺樂、入已樂、出時樂，波羅夷；始入樂、入已樂、出時不樂，波羅夷；始入樂、入已不樂、出時樂，波羅夷；始入樂、入已不樂、出時不樂，波羅夷；始入

不樂、入已樂、出時樂，波羅夷；始入不樂、入已不樂、出時樂，波羅夷。有隔、無隔亦如是。從非人女乃至男子亦如是。」

《十誦律》中有一比丘尼被他人強捉行淫的公案，說明無受欲心，無罪。如律文：「佛知而故問是比丘尼：『汝實受細滑不？』答言：『世尊！我云何當受？我覺是細滑，如熱鐵入身。』佛言：『汝若無受細滑心，無罪。』」

《僧祇律》中有關於比丘在睡眠、心狂、入定等情況下，被女人逼迫行淫的公案。行淫過程中，若比丘從前述狀態中恢復正常知覺，則要看醒覺後是否受樂（分為覺初、覺中、覺後三時），任一時受樂即判波羅夷。

《五分律》中對被迫行淫的判罰和《四分律》基本相同，也分為入、住、出三時。其中，任一時受樂都犯根本；若三時都不受樂，則不犯。

《根有律》記載了比丘被其他比丘逼迫行淫的公案。判罰方式和《四分律》相同，分為入時、入已、出時三時，任一時受樂即正犯波羅夷。

《巴利律》中怨逼行淫分為四個階段：入時、入已、停住和出時。若有任一時受樂，即犯根本；四時都不受樂，則不犯。

綜上所述，如果比丘在被迫行淫的過程中「受樂」，犯根本罪。具體而言，《四分律》、《僧祇律》、《五分律》、《根有律》、《巴利律》又將過程分成三個或者四個階段，比丘在任一階段「受樂」即正犯波羅夷。

（二）「受樂」兩種理解之辨析

「受樂」與否關係到比丘能否保持自己的比丘身分。鑑於「受樂」在諸律判罰中的決定性作用，故仔細辨析「受樂」一詞的具體內涵很有必要。

對「受樂」的第一種理解，即純粹的生理上產生樂受。如果用現代詞語來定義這種「樂受」的話，應該叫「性快感」（亦稱「性愉悅」），是一種經由性行為或刺激性器官而產生的感覺，這種感覺能帶來心理與身體上愉快的經驗，並獲得放鬆。

從生理學的角度來看，在行淫過程中，哪怕在被動的情況下，身體的樂受也非常容易產生，很難通過內心的作意而加以遮止。一個相似的例子是，在行堂過程中，一般人看到飯菜，聞到味道，自然會分泌唾液；在行淫的情況下，對境更為強烈，更難以控制身體的感受。從這個角度看，身體上的快感一旦產生就判波羅夷，這對於絕大多數比丘來說，是極其嚴格的要求。

第二種理解是比丘主動領受樂觸。在被迫行淫的情況下，這種心相也是可能產生的。若無正念正知的攝持，人的淫欲心有可能被根道交合所產生的強烈的觸感所策動，行淫過程中就可能從抗拒轉變成不抗拒、默許，乃至主動領受的情況了。這種情況下，判波羅夷是合理的，因為心相產生這種變化後，在一定程度上被迫行淫已經轉變成主動行淫了。

為了盡可能準確地理解「受樂」的含義，本書考證了巴利語律典和藏文律典中與「受樂」所對應詞的具體內涵。

1. 巴利語詞源分析

巴利語律典中，「受樂」所對應的詞是 "sādiyati"。從詞義看，"sādiyati" 的意思是「接受、享受、同意、允許」[1]，以及「允許其發、

1　Sādiyati, (sad+i+ya)：接受，享受，同意，允許。明法比丘增訂：《巴漢詞典》。A.P. Buddhadatta Mahathera, *Concise Pali-English Dictionary*: sādiyati:[sad+i+ya] accepts; enjoys; agrees to; permits.

願意、喜歡、默許、勉強同意」[1]的意思。文法上，"sādiyati"屬於主動動詞。從這兩個角度看，"sādiyati"所表達的內涵是比丘的主動性意願。另外，基於巴利文版本的幾部英譯律典[2]，「受樂」都翻譯成了"consent"或者"agree"，即「同意、允許、贊成」的意思。

因此，巴利語系律典對「受樂」的解讀和上文討論中「受樂」的第二種理解「比丘主動領受樂觸」的內涵一致。

2. 藏文詞源分析

德格版甘珠爾第五函 35 頁是藏文《律分別》（འདུལ་བ་རྣམ་པར་འབྱེད་པ།）中「大淫戒」的片段，裏面有一段比丘睡眠時被他人侵犯的辨相："དགེ་སློང་གིས་དགེ་སློང་ཉལ་བ་ལ་རྩོལ་བར་བྱེད་ཅིང་། གལ་ཏེ་དགེ་སློང་གིས་དེ་དང་པོར་ཡང་ཤེས། བར་དུ་ཡང་ཤེས་ཐ་མར་ཡང་ཤེས་ལ་ཤེས་ནས་ཀྱང་བདག་གིར་བྱེད་ན་གཉི་ག་བསྙིལ་བར་བྱའོ། །"，意思是：若比丘欲與睡眠比丘作（不淨行），如果（被侵犯的）比丘知道此事的全過程，並且可以掌控（局面），那麼他與侵犯者二人都得根本罪。其中"བདག་གིར་བྱེད་"有主動和自我控制的意思。[3]這個藏文短語在僧殘第二條「摩觸戒」中也有出現，[4]對應漢譯戒本中的詞即是「受樂」。兩者的差異在於，藏文中，比丘犯戒時是自我可控的，也就是說被迫受樂不犯。

（三）其他語系佛教的判罰

各語系佛教對被迫行淫的實際判罪情況是如何把握的呢？後文看一些有代表性的例子。

1　Pali-Dictionary Vipassana Research Institute: sādiyati: To be willing, like, acquiesce, accept, permit, agree.

2　*The Book of the Discipline, Analysis of the Bhikkhu-Pātimokkha, The Buddhist Monastic Code I.*

3　《讓迴益西大辭典》: 1) ego-grasping; 2) take possession/ control of; 3) claim as 1's own.

4　德格版《甘珠爾》（བཀའ་འགྱུར།）第 5 函《律分別》（འདུལ་བ་རྣམ་པར་འབྱེད་པ།）35a。

1. 藏傳佛教

藏傳《苾芻學處》中，在「究竟成犯」辨相部分有被迫行淫相關的描述：「或由他人勢所逼迫，不能領受圓滿觸樂，心意動搖。」「或能入內而有怖心，或有羞慚心不能領受淫樂，得粗罪（偷蘭遮）。」可以說被強迫的情況下，如果比丘沒有產生主動行淫的意樂，那麼比丘的主觀感受切合上文所述，按藏傳《苾芻學處》判偷蘭遮。

反過來，從上文可以推出，比丘在被迫行淫過程中能夠領受圓滿觸樂，心意不動搖或者無怖心、無羞慚心的情況下領受淫樂，才犯波羅夷。另外，藏傳《苾芻學處》對「大淫戒」的發起心有如下定義，「自欲領受生支與道交會之心未間斷」，這是要在主動行淫心生起來後才會完全滿足。

可以看出，在以藏傳《苾芻學處》為代表的藏語系佛教的戒律實踐中，怨逼行淫的判罰暗合前面討論中「受樂」的第二種理解，即「比丘主動領受樂觸才正犯波羅夷」。

2. 南傳佛教

據文獻 *The Buddhist Monastic Code I*，怨逼行淫犯波羅夷的條件為：比丘在行淫過程中是否「允許、同意（consent）」。[1]

據文獻 *Vinaya Notes*，被迫行淫過程中，比丘若有任何微小動作以配合交合，波羅夷；但是，如果比丘沒有同意行淫的意樂，或者比丘沒有做任何肢體動作配合，則不犯。[2]

根據文獻 *The Entrance to the Vinaya*，種種被迫行淫的情況下，比丘受樂（pleased）則波羅夷。[3] "Pleased" 一詞的具體內涵是「感受到

1　Thānissaro Bhikkhu, *The Buddhist Monastic Code I*, p. 60-61.

2　Ajahn Brahmavamso, *Vinaya Notes*, p. 6.

3　Vajirañāṇavarorasa, *The Entrance to the Vinaya, Vinayamukha*, Vol. 1, 1992, p. 28-29.

快樂（feeling happy about sth.）」，或者「高興、願意去做（happy or willing to do sth.）」（《牛津高階英語詞典》）。其內涵更多的還是心靈上的愉悅和同意，與僅僅是身體的樂受還是很不一樣的。

綜上所述，這幾個例子所代表的南傳佛教的行持實踐中，也不是以身體樂受的有無來判斷比丘是否正犯波羅夷，而是要考慮比丘的主觀意願。如上述語言學的辨析所示，南傳佛教如此判罰也與巴利律典內涵一致。

（四）總結

根據前面的研究和討論，本書認為，對於怨逼行淫的判罰，應該將比丘的主觀作意作為判定是否正犯「大淫戒」的要素。也就是說，對「受樂」的判斷，應該看比丘是否有淫欲心驅動而主動領受樂觸。

「大淫戒」之外的其他比丘戒條都是在比丘日常生活中可以很好落實和行持的。佛陀制定戒律，並不輕易超出一個普通比丘的個人行為能力。唯有這樣，比丘在持戒過程中心才能夠安定、歡喜。如果以身體的樂受作為標準進行嚴格治罰，出家眾就有可能在被冤家逼迫或者社會治安差等情況下，遭受梵行難而失去出家人身分，這無疑會造成出家眾內心的隱憂。這種判罰標準似乎有所偏離佛陀令僧歡喜、令僧安樂住的制戒意趣。

律典中有比丘男根受損不能感受觸覺，主動行淫後，佛陀判波羅夷的公案。如《四分律》：「時有比丘自身根壞，無所覺觸，彼作是念：『我不覺觸，行淫得無犯。』彼即行淫已，疑。佛言：『汝犯波羅夷。』」《巴利律》：「爾時，有一比丘根敗，彼謂：『我不受樂、苦，如是者，我當不犯也。』而行不淨法……乃至……以此事白世尊。『諸比丘！彼愚人，彼受或不受，俱波羅夷。』」這些案例充分說明，有沒有樂受不是判波羅夷的關鍵因素，真正重要的是比丘是否有行淫的主觀願望。

基於上述考慮，綜合其他語系佛教的判罰實踐，關於被迫行淫，本書提出新的判罰如下：

1. 即使比丘有身體上的樂受，如果比丘內心有正念，有希望行淫停止的心，並有身語抗拒的加行，則不犯「大淫戒」；

2. 即使比丘有身體上的樂受，如果比丘內心有正念，有希望行淫停止的心，但是沒有身語抗拒的加行，犯突吉羅。但如果作抗拒將帶來進一步的暴力侵害，那麼沒有抗拒加行也不犯；

3. 若比丘在粗猛境界下短暫失念乃至產生受樂心，但是後來能夠提策正念對此受樂心加以遮止，並以身語抗拒來護心，犯偷蘭遮；

4. 若比丘放任自己的受樂心乃至產生主動希求淫欲的心，又沒有身語抗拒，犯波羅夷。

專題 6：對同性戀的認識及對修道者的防護

（一）引言

隨着社會思想的不斷發展變化，同性戀問題受到愈來愈多的正視和關注。圍繞同性戀的問題，人們進行了各種討論和研究，對待同性戀的態度也逐漸理性化[1]。從大乘佛教眾生平等的精神出發，佛教對同性戀者自然不會歧視，但是從解脫道的角度來看，無論是異性戀還是同性戀，其本質都是「無明」與「貪愛」，都是應當擯棄的。佛教出家人依止僧團修學，這種律制的行為方式同世俗的生活秩序迥然不同。其最大的不同之處就在於比丘對戒律的持守，尤其是對淫欲的防護。在律典中並沒有區分比丘是同性戀者還是異性戀者，可見是一視同仁

---

1 Amy Adamczyk, *Cross-National Public Opinion about Homosexuality: Examining Attitudes across the Globe*, University of California Press, 2017, p. 3-7.

的。就僧團這樣單一環境的團體而言，對同性戀行為則更需要注意防犯和規避。同性戀作為少數的存在，有其特殊性，而從僧團整體的角度出發，對同性戀問題樹立正確的認識具有重要意義。

（二）同性戀的歷史發展與成因

性傾向是指個體對特定性別的人，產生持久性的情感、愛慕或性吸引力。而同性戀則是以同性為對象建立起親密關係，或以此性傾向作為主要自我認同的行為或現象。生物學家金賽（Kinsey）、性學家克萊因（Klein）等將這樣的性傾向按照程度的不同分成 5 或 7 個等級，認為同性戀和異性戀並非涇渭分明、非此即彼的關係。[1] 心理學家貝利（Riley）將性吸引現象分為三種類型，分別是異性戀、同性戀和雙性戀。[2] 同性戀強調的是性傾向而不是同性性行為，有同性的性行為也未必是同性戀；反過來，沒有同性的性行為也不能說就不是同性戀。

在人類的歷史長河中，同性戀現象普遍存在，人類社會對待同性戀者的態度，既有崇尚與放任，亦有打擊與迫害。比如，古希臘時期，人們對男男同性戀頗為推崇，反而貶低男女之間的異性之愛。[3] 而到了歐洲的整個中世紀，同性戀者都受到打擊，甚至會被判處刑罰乃至死刑。十八世紀中期，甚至還對同性戀者實行殘酷的火刑。1969 年，美國的北卡羅來納州對同性戀者仍舊處以監禁的刑罰。[4] 直到 1973 年，

---

1 Kinsey A. C., Pomeroy W. B. & Martin C. E. , "Sexual Behavior in the Human Male", Philadelphia: W. B. Saunders, 1948. Klein F., Sepekoff B. & Wolf T. J. , *Sexual Orientation: A Multi-variable Dynamic Process*, *Journal of Homosexuality*, Vol. 11, 1985, p. 35-49.

2 Bailey J. M., Vasey P. L., Diamond L. D., Breedlove S. M., Vilain E. & *Epprecht* M. , "Sexual Orientation, Controversy, and Science", *Psychological Science in the Public Interest*, 2016, p.17.

3 利奇德：《古希臘風化史》，遼寧教育出版社，2001 年。

4 唐納希爾：《人類性愛史話》，中國文聯出版社，1988 年。

美國精神醫學學會才將同性戀從《精神疾病診斷與統計手冊》中刪去。

中國魏晉南北朝時期，在比較開放的社會風氣下，也曾「男風」盛行，而社會輿論並不認為其醜惡，民眾亦不排斥。[1] 從隋唐至明清，中國社會對同性戀也是比較寬容的。[2] 從二十世紀三十年代開始，中國受到西方思想影響，開始認為同性戀是一種精神疾病，將同性戀視為病態和不正常。1957 年時，同性戀行為仍被中國的司法部門認定為流氓罪。隨着社會的發展，中國社會對同性戀的認識也在逐漸發生變化。1997 年，隨着新刑法對流氓罪的廢除，作為其表現形式之一的同性戀也隨之除罪化。2001 年，同性戀不再被當作一種精神病來看待，並從《中國精神障礙分類與診斷統計標準》中去除。

從同性戀發展的歷史中可以看出，社會對同性戀者的態度也經歷了寬容、歧視到逐漸理解的過程。當今時代，人們對於同性戀者的了解也更多，現代中國社會對同性戀的寬容度也逐漸擴大。即便如此，同性戀作為少數群體，常常遭受人們異樣的眼光，再加上社會輿論的壓力，同性戀者往往不被理解，一生處境艱難。

同性戀產生的原因一直是人們所關注的問題，而研究和了解其成因，也有助於增進人們對同性戀現象的了解。一般來說，同性戀涉及到生理因素和社會、心理因素。生理方面的原因，主要從遺傳因素[3]、激素水平或是大腦結構等方面探究。[4] 心理和社會因素方面，同性戀傾向的產生，往往跟一個人成長的家庭環境、情感經歷、性別身分認同有

1　蕭子顯：《南齊書》，中華書局，1972 年。

2　劉達臨、魯龍光主編：《中國同性戀研究》，中國社會出版社，2005 年。

3　Hamer D. H., Hu S., Magnuson V. L., Hu N., Pattatucci A. M., "A Linkage between DNA Markers on the X Chromosome and Male Sexual Orientation", *Science*, Vol. 261, July 1993, p. 321-327.

4　Nancy J. Knauer, "Science, Identity, and the Construction of the Gay Political Narrative", *Law & Sex*, Vol. 12, (2003), p. 30.

很大關係。[1] 總之，目前同性戀的成因尚無確定的說法。

從佛教業果的角度來看，一個人在無始的輪迴中，一定做過男人也做過女人，可能喜歡女人，也可能喜歡男人。在其阿賴耶識中保存了兩種性傾向的種子，根據兩種種子勢力大小決定其性傾向。因此，雙性戀的成因可以解釋為兩個種子勢力不相上下。這種對同性或異性的吸引力，乃至行為會形成等流習氣的相續。而今生成為男身或女身是一種異熟果報，由其所造的得男身或得女身的業決定。這種等流習氣（性傾向為男、性傾向為女）和異熟果報（男、女）的共同作用就會產生五種組合（男同性戀、男異性戀、女同性戀、女異性戀、雙性戀），也就是說每個人都存在成為同性戀和異性戀的可能性。

廣義的來看，同性戀者可以分為三類[2]：第一類是純粹的同性戀者，異性對他們毫無性吸引力，他們對自己有明確的性認同；[3] 第二類是雙性戀者，同性與異性對他們都具有性吸引力；第三類則是情境式的同性戀者（或假性同性戀），他們相當長時間地處於一個單一性別環境之中，比如監獄、軍隊等[4]，於是便暫時成為同性戀者，當環境恢復正常後，他們就會恢復為異性戀者。可見第三類同性戀者只以同性戀行為作為對異性戀的一種替代，其性傾向的改變只是暫時或偶發的。因而，單一性別環境容易成為滋生同性性傾向或同性性行為的溫牀。

出家人所處的也是單一性別環境，這種環境對比丘的修行也有

1　Barbara L. Frankowski & American Academy of Pediatrics Committee on Adolescence, "Sexual Orientation and Adolescents", *Pediatrics*, Vol. 113, June 2004. Perrin, E. C. , *Sexual Orientation in Child and Adolescent Health Care*, New York: Kluwer Academic/Plenum Publishers, 2002, p. 1827-1932.

2　靄理士：《性心理學》，潘光旦譯，商務書書館，1997 年，303 頁至 315 頁。

3　Tasker, F. & Wren, B. , "Editorial: Sexual Identity and Gender Identity: Understanding Difference", *Clinical Child Psychology and Psychiatry*, Vol. 7, July 2002, p. 315-319.

4　沈德符：《萬曆野獲編》卷 24，中華書局，1997 年，662 頁。

重要的影響。對一般異性戀的出家人來説，單一性別環境可以遠離染緣，清淨修行，能夠很好地防護淫欲。但是假如比丘不能很好地對治、降服、轉化淫欲心，又沒有注意防護同性之間的親密接觸，則可能滋生同性戀傾向，或與同性產生親密關係，隨之而來的心理壓力和矛盾心理也會妨礙到比丘的修行。而這樣的環境對於已有同性性傾向或確定為同性戀者的修行人而言，更是較大的考驗，比丘應防護好自身，避免越軌行為的發生。

(三) 律典中的記載和判罪

從佛制「大淫戒」開始，戒律中對於淫欲的防護也逐漸增多，充分説明了修行斷淫的重要性。除了異性之間的不淨行之外，同性之間的不淨行同樣是要斷除的。

律典中更多的偏重於對比丘與同性之間不淨行行為的記載，並沒有強調比丘是否具有同性戀傾向。而戒律也主要是對行為的防護，在單一性別環境中，比丘發生同性不淨行更多時候是對異性的一種替代，具有暫時性，而比丘原本並不一定是同性戀。從律典中記載的這些行為和佛陀的判罪過程，追溯佛陀的制戒意趣，對現代比丘的持戒和防護具有重要的參考價值。

1. 律典中同性不淨行的幾種情況

①單一性別環境中過於親密接觸引發同性不淨行

這種情況大多屬於情境式同性戀者，在單一性別環境下，若比丘與其他比丘過於親密地接觸，可能引發欲染，進而與同性行不淨行。這種同性之間的不淨行，更多的是生理欲望驅動，將同性當作異性的替代者，具有暫時性。

比如，《四分律》中，某比丘因看到其他比丘的身體而產生欲心，如：「時有比丘，於浴室中為異比丘揩身。此比丘身軟，異比丘即生欲

心，便共行淫。彼不受樂，還出，彼疑。佛言：『汝受樂不？』答言：『不受樂。』佛言：『汝無犯，彼入者犯。』」[1]《五分律》中記載：「爾時，跋難陀有二沙彌，一名騫荼、二名磨竭陀，更互行淫。」[2]佛因此呵責，並制定不許比丘蓄二沙彌，以防止此類事情的發生。《根有律出家事》中，二沙彌相互調戲，將對方當作異性的替代者，如：「具壽鄔波難陀有二求寂，更相調戲，猶如女人與丈夫戲，亦如男子共女人戲。」[3]

②因他人教唆、引誘而發生同性不淨行

比丘由於乞食的因緣，受到男子的教唆而發生同性性行為，因此而犯波羅夷罪。比如《僧祇律》中，有一比丘入聚落乞食，至一家中，「爾時，家中有一男子謂比丘言：『可前大德共作如是事來』」。比丘心有疑慮，男子繼續誘說道：「我知制戒，不得與女人行淫，而我是男子。」比丘便隨其意，因此而犯波羅夷罪。[4]

③因被強迫而引發同性不淨行

在某些特殊的情況下，比丘可能會遭遇男性的性侵犯，律典中對此也有記載。如《四分律》：「時有男子強捉比丘共行淫，彼不受樂，還出，疑。」「時有惡比丘、惡沙彌、惡阿蘭若捉比丘大便道，若口中行淫，彼身受樂，還出，疑。」此外，還有比丘在睡眠等無知覺時遭遇性侵的情況，如：「時有惡比丘、惡沙彌、惡阿蘭若於眠比丘大便道、口中行淫，彼眠覺，不受樂，還出，彼疑。」[5]在這些情況下，比丘主動領受樂觸的話就會犯到根本罪。這也提醒比丘要時刻注意防護淫欲心，雖然是被迫的情況，但如果此時內心上放棄反抗，聽之任之，就

1　《四分律》卷55，《大正藏》22冊，974頁中欄至下欄。

2　《五分律》卷17，《大正藏》22冊，115頁下欄。

3　《根有律出家事》卷3，《大正藏》23冊，1033頁上欄。

4　《僧祇律》卷1，《大正藏》22冊，233頁下欄。

5　《四分律》卷55，《大正藏》22冊，973頁中欄；卷55《大正藏》22冊，973頁下欄。

有可能被引發淫欲意，進而可能犯戒。

④因淫欲意而轉變性傾向

對於同性之間淫欲意的防護，佛亦規定比丘洗澡時要遮擋身體，不可與白衣共浴。這樣做的原因有兩方面：一者是生起慚愧心；二者是防護別人產生淫欲心。[1] 比如，《薩婆多論》中，某阿羅漢比丘洗浴時，有比丘「見其身體鮮淨細軟」，而產生淫欲心，導致其男根脫落轉為女形，並且「休道為俗生子」。[2] 在此例中，該比丘對阿羅漢比丘產生淫欲心，但其心理上未必是同性戀者，因為其後轉為女形，並還俗生子。可見雖然性別相同，但是對自身性別的心理認同未必與生理一致。因此，不論比丘如何作意，防護染緣都是關鍵。

2. 律典中對同性不淨行及相關行為的判罪

律典中，對於同性之間不淨行有明確的判罪。同性之間主要涉及到「大淫戒」、「漏失戒」、「摩觸戒」、「粗語戒」及「歎身索供戒」等。

對於「大淫戒」而言，同性之間的不淨行，如於男二道（口道和大便道）行淫會正犯波羅夷罪，沙彌若犯則應滅擯。《四分律》中記載了比丘與比丘、沙彌乃至男子之間行淫等事，佛皆判為波羅夷罪。如：「時有比丘捉餘比丘共行淫」、「時有比丘共沙彌行淫」、「時有沙彌與沙彌共行淫」、「時有比丘作是念：『我捉男子行淫，彼不受樂得無犯』」。[3]《五分律》中，有「比丘與人男、非人男、畜生男二處行淫」，皆波羅夷。[4]《根有律》記載：「若苾芻共三種人作不淨行，得波羅市迦。

---

1 《薩婆多論》卷9：「云今凡比丘浴，若露覆室，要不共白衣及覆上身，要當著竭支，一當有羞愧、二喜生他欲想故。」《大正藏》23 冊，561 頁上欄。

2 《薩婆多論》卷9，《大正藏》23 冊，561 頁上欄。

3 《四分律》卷55，《大正藏》22 冊，973 頁上欄至中欄。

4 《五分律》卷1，《大正藏》22 冊，5 頁上欄。

云何為三？謂女、男、半擇迦。」[1]另外，比丘若將他人男根放入自身二道，也屬於正犯。如《僧祇律》中，比丘和比丘、沙彌、男子、外道在口中行淫，都結波羅夷罪。

比丘的想心也可以分作幾種情況。比如，《四分律》中，比丘與男子共行不淨，作女想，犯波羅夷；或與女人行不淨，但作男想，或與此男行不淨而作彼男想，都犯波羅夷。[2]所以，比丘想心錯亂並不影響判罪，只要事實成立，就會犯波羅夷罪。而比丘要防護好行為，根本還是要防護好淫欲意。至於究竟成犯和方便加行的判罰可參考「大淫戒」的辨相內容。

此外，若比丘為他人出不淨[3]，或以淫欲意摩觸男子，均得偷蘭遮。[4]若比丘故意以淫欲意看男子裸身而出不淨，則犯僧殘。[5]如果對男子說粗惡語或歎身索供，均得突吉羅罪。[6]

（四）比丘對同性之間欲染的防護

比丘性傾向的不同只能説明其性吸引的對象不同，而本質都是一樣的，並沒有證據表明，同性戀的淫欲心比異性戀的淫欲心更強烈。律典中，也並沒有禁止同性戀者出家的規定。但是在單一的性別環境

1　《根有律》卷 1，《大正藏》23 冊，630 頁下欄。
2　《四分律》卷 55，《大正藏》22 冊，972 頁上欄。
3　《經分別》卷 2：「爾時，一比丘握已眠沙彌之生支，彼泄不淨。彼心生悔恨……乃至……『非僧殘，乃突吉羅。』」《漢譯南傳大藏經》1 冊，163 頁。
4　《摩得勒伽》、《根有律攝》、藏傳《苾芻學處》記載，出他人不淨結偷蘭遮罪。《十誦律》卷 52：「若比丘摩觸男子身，得偷蘭遮。」《大正藏》23 冊，384 頁上欄。《摩得勒伽》卷 2：「共男子相摩觸身，得偷蘭遮。」《大正藏》23 冊，571 頁下欄。
5　《僧祇律》卷 5：「若為樂故，逐往看令出者，僧伽婆尸沙。若見男子裸身，亦復如是。」《大正藏》22 冊，264 頁上欄。
6　《四分律》卷 3：「若向男子粗惡語，突吉羅……向男子自歎譽身，突吉羅。」《大正藏》22 冊，581 頁下欄至 582 頁下欄。

中，要盡力防護可能滋生淫欲心的染緣。異性戀者同樣可能改變性傾向，而對同性產生淫欲心。因此，無論同性戀者還是異性戀者，都應給予足夠的重視。本文根據律典記載以及同性戀的特點提出以下幾點建議：

1. 比丘應建立清醒的認識，同性間的不淨行與異性間的不淨行都犯「大淫戒」，均結波羅夷罪；

2. 比丘與同性之間應盡量避免過多的肌膚接觸，如擁抱，打鬧嬉戲，同牀坐臥等。比丘換衣服或洗澡時，最好在隱蔽處，若是在露處的話，應避免裸形於人前；

3. 比丘應注意對內心的防護。對情境式同性戀者而言，若發現內心對同性產生好樂，應及時對治，認識到這只是暫時性的情感或欲望的轉移。若不防護內心，即使不會產生同性戀傾向，也可能會滋長比丘的淫欲心，最終導致難以挽回的後果；

4. 若發現某比丘有同性戀行為，應及時溝通，採取措施，避免影響到團體；

5. 若有比丘、沙彌或男子引誘，要保持清醒的認識，謹記第一條。

（五）總結

無論比丘是同性戀者還是異性戀者，都受到了淫欲心的驅使，對於修行解脫而言，這都是要摒棄的。因此，比丘更應認識到淫欲對修行的過患，而不是過多地關注同性戀傾向還是異性戀傾向。

再者，無論是純粹的同性戀者，還是雙性戀者，或是因環境而轉變的情境式同性戀者，都不應受到歧視。出家前是否是同性戀者或有一定的同性戀傾向都不影響其出家，關鍵在於出家後不能發生同性間的有染行為。有同性戀傾向和發生實際的行為是不一樣的，應區別對待。若有相關行為發生，應該按戒律嚴肅處理，保持僧團清淨。

比丘要降服淫欲，關鍵在於做好對染緣的防護，嚴守戒律，通過清淨的戒行轉化內心，培養善法欲，自然就能夠使身心得到調伏。

專題 7：捨戒

《四分律》中記載，佛陀制定「大淫戒」之後，跋闍子比丘愁憂不樂淨行，還家與故二共行不淨，犯波羅夷重罪。佛陀由此開許捨戒：「是故比丘，若有餘人不樂淨行，聽捨戒還家。若復欲出家於佛法中修淨行，應度令出家受大戒。」《十誦律》、《僧祇律》、《巴利律》等律典都有類似記載。

以上為律典的記載。然而現實中比丘捨戒還俗的原因有多種，未必一定是由於不樂修行、貪戀世俗、不能守戒等負面原因，也可能是由於客觀情況所需，乃至出於利他等目的而捨戒還俗。出家和還俗都是基於自願和自由的原則，如果比丘經過慎重抉擇，可以捨戒還俗；之後如果又發心出家，則可以再次出家受戒。

（一）律典對捨戒方法的規定

諸律對比丘捨戒的方法作了相關規定和描述。下面分四個方面看諸律的具體規定：

1. 捨戒時身心狀態

諸律都從不成捨的角度描述比丘的身心狀況，反之即成捨。

《四分律》中，如果比丘處在顛狂、心亂、痛惱、啞、聾、啞聾的狀態，不成捨戒。

《鼻奈耶》：「云何不還戒？不還戒名愚癡、亂意、痛惱。」

《五分律》：比丘在睡眠、醉、狂、散亂心、病壞心、瞋心的狀態下捨戒，不成捨戒。

《十誦律》：狂、散亂心、病壞心，自瞋、夢中，這些情況下不成捨戒。

《僧祇律》：瞋恚的狀態下，不成捨。

《根有律攝》：若因顛狂、痛亂所逼，或復悶亂，不成捨。

《巴利律》：癡狂、心亂、惱痛，不成捨。

綜上所述，比丘如果神志清醒正常，情緒穩定，這種情況下，捨戒行為是有效的。

2. 捨戒的動機

同上，諸律從不成捨的角度描述了比丘捨戒時的發起心。

《四分律》：戲笑捨戒，不成捨。

《十誦律》：不決定心（捨心不確定，猶豫），不成捨。

《五分律》：戲笑、不定語（捨戒意思不明確）、強迫，不成捨。

《僧祇律》：卒說（倉促而說）、因諍說，不成捨。

《巴利律》：嬉笑、為騷擾、不欲說而說（即說錯），不成捨。

綜上所述，比丘有確定、主動的捨戒動機，不是出於和別人戲笑、諍鬥等原因而說，其捨戒行為即為有效。

3. 捨戒陳詞以及加行

《四分律》：「有十一語：捨戒、捨佛、捨法、捨僧、捨和尚、捨同和尚、捨阿闍梨、捨同阿闍梨、捨淨行比丘、捨波羅提木叉、捨毗尼、捨學事，是為十一。如是十一為句，乃至非沙門釋子亦如是。」[1] 捨戒陳詞中只要說到十一項內容的任何一種或多種，就算成功捨戒。

《鼻奈耶》：「若離佛、和上、和上友、阿闍梨、阿闍梨友，離盡不依附，『我不佛法中住』。向諸比丘言：『我今已往不為道。』諸比丘語：『汝不為道耶？』答：『不為道。』此為還戒。」

1　《四分律》卷 60，《大正藏》22 冊，1012 頁下欄。

《十誦律》：「說一語竟，名為捨戒。云何說一語名為捨戒？謂言：『捨佛。』說是一語，名為捨戒，如是法、僧。『和上、阿闍梨、同和上阿闍梨、比丘、比丘尼、式叉摩尼、沙彌、沙彌尼知，我是白衣，我是沙彌，我非比丘，我是外道、非沙門、非釋子，我不受汝法。』說是一語，名為捨戒。」[1]與《四分律》類似。

《五分律》：「復作是念：『我今欲捨佛法僧，捨戒，捨毗尼，捨波羅提木叉，捨和尚阿闍梨、同和尚阿闍梨，捨同梵行人。』即作是言：『我今捨佛，何用佛為？佛有何義？我今於佛得脫。』乃至言：『我今得脫同梵行人。』」

《僧祇律》：「『我捨佛、捨法、捨僧、捨學、捨說、捨共住、捨共利、捨經論、捨比丘、捨沙門、捨釋種，我非比丘、非沙門、非釋種，我是沙彌、是外道、是俗人，如本五欲我今受之。』是名還戒。」

《根有律》：「如有苾芻情懷顧戀，欲希還俗，於沙門道無愛樂心，為沙門所苦，羞慚厭背，詣苾芻所作如是言：『具壽存念！我某甲今捨學處。』是名捨學處。或云：『我捨佛陀、達摩、僧伽。』或云：『我捨素呾羅、毗奈耶、摩咥里迦。』或云：『我捨鄔波馱耶、阿遮利耶。』或云：『知我是俗人，知我是求寂、扇侘、半擇迦，污苾芻尼，殺父害母，殺阿羅漢，破和合僧，惡心出佛身血，是外道，是趣外道者，賊住、別住、不共住人。』乃至說云：『我於仁等同法者、同梵行者非是伴類。』是名捨學處，非學羸而說。」與《十誦律》比較接近。

《巴利律》記載，如果比丘對人告知，自己捨佛、法、僧、戒、律、學處、說戒、和尚、阿闍梨、共住者、阿闍梨弟子、師兄弟、同學、同梵行；或者說自己要當居士、優婆塞、非釋子，即為捨戒；或者說「我不需佛」乃至「不需同梵行」，或者說「佛於我無益」、「我

1　《十誦律》卷 48，《大正藏》23 冊，352 頁中欄至下欄。

完全脫離佛」等話，即為捨戒。總體和《十誦律》、《根有律》比較接近。

加行方面，《五分律》記載，「遣使、遣書捨戒，作相捨戒，動手捨戒，相似語捨戒……不發言捨戒」，皆不構成捨戒。關於說捨戒語的次數，《薩婆多論》記載：「捨戒一說便捨，不須三說。」另外，《薩婆多論》記載了次第捨戒的方法，如文：「若捨具戒，當言：『我捨具戒，我是沙彌。』若捨出家戒者，當言：『我捨出家戒，是優婆塞。』若捨五戒者，當言：『歸依優婆塞。』如是則成捨戒，亦無過咎。」

4. 捨戒證人的規定

諸律對比丘捨戒時所對證人的情況，也主要從不成捨的方面作了描述，諸律間基本相同。

《四分律》：顛狂人、心亂人、痛惱人、啞人、聾人、啞聾人，中國人（於）邊地人前、邊地人（於）中國人前（此二指語言不通無法交流的情況），天、龍、夜叉、餓鬼、睡眠人、死人、無知人，若語前人不解，對這些人捨戒不成。「不靜靜想、靜作不靜想」，捨戒時認為旁邊沒有人，實際沒有人而認為有人，總之若無捨戒證人，不成捨。

《鼻奈耶》：對啞聾人、「音聲不相關」（如中國、邊地互對的情況造成互不理解）、獨還（沒有證人）、佛塔前、沙門塔前還戒（應該也是指沒有證人的情況），捨戒不成。

《十誦律》：狂人、散亂心人、病壞心人，若中國人向邊地人，若邊地人向中國人捨戒，不相解語，啞人、聾人、啞聾人、不智人、非人、睡眠人、入定人、瞋人，若人不了其語，若前人不決定知捨，若向不定心人，「若獨捨戒，若獨非獨想，若非獨獨想」（無證人或者認為無證人等情況），不成捨，基本同《四分律》。另外，《十誦律》說隔障不成捨，原因應該是因為這種情況下證人可能聽不清。[1]

---

1 《十誦律》卷 56，《大正藏》23 冊，410 頁下欄。

《五分律》：睡眠人、醉人、狂人、散亂心人、病壞心人、非眾生、非人、畜生，中國語向邊地人、邊地語向中國人捨戒，不應向捨戒，「獨獨想，獨不獨想，不獨獨想」（無證人或者認為無證人的情況），不成捨，同《四分律》。

《僧祇律》：前人不解，眠者、狂者、苦惱者、嬰兒、非人、畜生，對這些人捨，不成捨戒；獨說或者獨想捨，不成捨。《僧祇律》提到的捨戒對境包括「比丘、比丘尼、式叉摩尼、沙彌、沙彌尼、外道、出家、在家俗人」等。

《根有律》：對癲狂、心亂、痛惱所纏、聾啞、癡人、睡眠、入定、非人、天、變化傍生及諸形像等捨戒，皆不成捨；雙方語言不通，不成捨；獨自捨或者獨自想捨，都不成捨。

《巴利律》：向癲狂人、心亂人、惱痛人、天神、畜生、無智人等捨，以及中國邊地互對而導致對方不解的情況，不成捨戒。《善見論》記載：「若發言向一人說，若此人解者，即成捨戒；若此人不解者，邊有人解者，亦不成捨戒。」

因此，諸律關於捨戒證人方面的共同規定包括：比丘不能獨自捨戒，捨戒時所對人須神智正常並能聽懂比丘的話。只有這些條件滿足時，捨戒才能成就。

5. 小結

綜上所述，諸律之間對捨戒的相關規定總體比較一致，主要是詳略的不同。捨戒行為對於比丘是否維持比丘身分關係重大，佛世時對此已經有很明確的規定，因此後世各部派在這方面並無較大歧異。簡要總結，比丘若欲如法捨戒，要同時滿足如下四個方面的要求：

（1）比丘捨戒時，應處於清醒、平靜的正常精神狀態。精神失常、劇烈情緒衝擊等情況下的捨戒，都不成捨；

（2）比丘捨戒要有確定的決心，內心不猶豫，捨戒為自主，非為

逼迫；

（3）比丘捨戒陳詞包括捨戒、捨棄三寶等類似內容，或者宣稱自己不再是比丘，乃至稱是外道等，都成捨戒；

（4）比丘捨戒時，須面對心智正常、能聽懂比丘話語的人來陳説捨戒詞。獨捨或獨想捨（沒有證人或者實際有人而比丘認為沒人），都不成捨。

（二）佛陀開許捨戒的意趣

開許捨戒體現了佛陀對比丘的慈悲：一可避免比丘現前犯重戒而墮落；二可避免比丘犯下將來再出家之「邊罪」。如果犯重戒，就成為「邊罪」之人，此生就不能再出家受具足戒。佛陀通過開許捨戒，給予捨戒比丘將來再次出家受戒的機會。另外，開許捨戒也可以化解一些人對出家受戒之擔憂，令其可以相對輕鬆地進入佛門，自由地退出佛門。即使今生福德不夠，不能堅持到底，但因披上解脫法服之緣，也為將來種下得度之因。

捨戒時需要有證人在場領會比丘捨戒之陳詞，這一規定是佛對比丘自身及僧團的一種保護。首先，比丘捨戒時有人證知，則比丘捨戒後的一些行為就不會被人認為他是以比丘身分在犯戒，若有誤會可以找證人作澄清。其次，外部已了知比丘捨戒一事，比丘捨戒後若有不當行為，外界也就不會再將其行為與整個比丘群體聯繫在一起，這有助於維護僧團清淨的聲譽。

另外，比丘受戒時所需條件眾多，捨戒則相對比較容易，其中的原理如《薩婆多論》：「問曰：『受戒時須三師七僧，捨戒何故一人便捨？』答曰：『求增上法故，則須多緣多力。捨戒如從高墜下，故不須多也。』又云：『不欲生前人惱惡心故，若須多緣者，前人當言：「佛多緣多惱，受戒時可須多人，捨戒何須多也？」』又云：『受戒如得財寶，捨戒如

失財寶，如入海採寶，無數方便然後得之，及其失時，盜賊水火須臾散滅，捨戒亦爾也。』」受戒時需眾緣和合，如此可提策比丘求戒的殷重心；捨戒是唯比丘一己內心的抉擇，太多外在的條件沒有實質的作用和意義。捨戒過程太繁複，易使比丘煩惱現行，也有可能會使有些比丘不能如法捨戒。

（三）正確看待捨戒還俗

比丘捨戒乃至還俗，終止梵行之路，固然遺憾，但無論是僧眾還是俗眾都不可歧視捨戒比丘。

首先，比丘如實評價自己的意願和能力後如法捨戒，回歸世俗生活，是一種對自己、對三寶都比較負責的做法。如法捨戒本身是一種對自己犯戒可能性的規避。如果不能持守戒律卻勉強留在僧團，心不在道，內心憂苦，徒消信施，乃至利用比丘身分貪恣五欲，則可能造下惡業，對三寶也可能產生很大的負面影響。若比丘是由於客觀原因逼迫或者為他人利益犧牲自己而還俗的情況，則更應對其保有同情的心理，而不是隨便加以指責。

其次，比丘捨戒後，繼續保有對三寶的尊敬和皈依，以在家身實踐佛法，也是可取的生活方式。若歧視捨戒還俗的群體，可能會將他們推離佛法，迫使他們還俗後刻意遠離三寶乃至居士群體。甚或比丘捨戒後決意不再皈信三寶，也不可對之加以譴責、排斥，否則極易造成個體之間的瞋恨乃至群體之間的對立。

再次，比丘如法捨戒後，若出離心再次生起，仍舊可以出家。佛制比丘可以七返出家，出家、還俗、再出家，本身是佛開許的事情。《薩婆多論》：「問曰：『捨佛者，是根本棄背三寶，更得出家不？』答曰：『有論者言：「更不得出家，以是根本惡故。」又云：「故得出家，以不墮百一遮故。」以根本捨戒，清淨無所違故，先雖捨佛，今還歸依佛。

經云：「無有一法疾於心者。」凡夫心輕躁，或善或惡，不可以暫惡便永棄也。』」還俗後若能再次出家，仍能成就一清淨比丘。旁人應樂觀其成，隨喜讚歎，而不是另眼看待。如《根本說一切有部毗奈耶頌》記載：「若不犯邊罪，如法捨學處；還俗復重來，苾芻歡為受。」[1]

太虛大師曾經指出民眾乃至比丘自己不能正確看待捨戒還俗而產生的流弊，並呼籲對此觀念進行革新：「惜拘舊來習慣，以由僧還俗為羞恥，深自隱秘其為僧歷史，不相聞問，不相聯絡，致雖其為僧數年或十數年，一旦返俗，仍於佛教無所裨益。近來還俗人多，亟應闡明佛教，一破舊習。俾佛教與社會人士，轉加尊重而改易羞心理為耀觀念，組設『僧界還俗佛徒會』，弘護佛教，服務公益，則自他俱利矣。」[2]觀待中國今日，這種情況似乎尚未有根本性的變化。作為對比，在南傳佛教國家中，男子一生中出家一段時間然後再還俗，是一種比較普遍的現象。曾經的出家生活，被視為一段可敬而富有生命成長意義的人生軌跡。這種現象固然和當地文化習俗有關，但確實反映了當地民眾對佛法的普遍尊崇。營造相對寬鬆的輿論環境，出家或是還俗皆聽由內心真實而審慎的選擇，而不必有無謂的心理包袱。如此可以鼓勵更多佛子嘗試出家，這對於僧伽的維繫和發展將大有裨益。

比丘自身對捨戒還俗之事應有清醒的認識和決定。最重要的是，欲捨戒前一定要先慎重地分析，仔細考察主客觀因素，然後才能做出最後的決定。雖然佛制比丘可以再度出家，但是捨戒的行為本身是出家生活的終止，從此生修道的角度而言有相當的損失。另外，如果輕易地捨棄比丘身分，還可能形成相關等流，對無限生命中繼續走出家解脫之道形成一定障礙。當然，若確定自己無法持守根本戒，則應當

1　《根本說一切有部毗奈耶頌》卷1，《大正藏》24冊，619頁下欄。
2　《太虛大師全書》卷19，135頁。

捨戒還俗，以維護自己的法身慧命和僧寶的清淨。如太虛大師所言：「必須不能守四根本戒的都捨戒還俗，僧眾乃能清淨；僧眾清淨，佛法僧乃能受人們尊重恭敬。」其次，「捨戒還俗不是捨棄佛法的信仰，應仍受三皈五戒，最少仍應為三皈信徒，擁護讚歎佛法僧，親近供養佛法僧，為一般在家佛教徒表率，如此乃能使佛教興盛。」[1] 捨戒還俗後也可以磊落的心態繼續修行，為三寶事業做出貢獻。

專題 8：犯戒是否就會墮地獄？

關於犯戒的後果，佛教界有些人士一直持有這樣的觀點，即認為犯戒就會墮地獄，其理由是經律中有明文記載。犯戒就下地獄的觀點，積極的一面是可以策勵學人重視戒律、好好持戒，但不利的一面是會讓人過度緊張，不能安住道場、甚至捨戒還俗。澄清相關的法理問題，正確理解佛經中的相關內容，對於避免流弊、幫助學人中道持戒，有很大的意義。

（一）犯戒墮地獄思想的由來

考察犯戒就墮地獄這樣的觀點，其主要的思想來源是對佛典記載的片面理解。

部分經律當中確實有關於犯戒、破戒墮落地獄的說明，如《大寶積經》：「言是處者有所攝受，謂由慳故能感貧窮，由毀犯戒便感地獄畜生鬼趣，由瞋恚故感醜陋報，由懈怠故不得對觀，由心亂故不入正定，由惡慧故不斷一切相續習氣，如是說者斯有是處。」[2] 又如《四分

1　《太虛大師全書》卷 19，138 頁。
2　《大寶積經》卷 38，《大正藏》11 冊，215 頁下欄。

律》:「爾時佛告諸比丘:『破戒墮二道:地獄、畜生中。持戒生二道:生天及人中。』」[1]

可見,犯戒確實有可能導致墮落惡趣,學人需要重視戒律,嚴謹持戒。然而也不能僅依照字面意思就斷言「犯戒一定會下地獄」,因為業感果的過程需要諸多因緣條件,下文將對此進行詳細辨析與探討。

(二) 如理認識犯戒果報的問題

1. 意樂對犯戒果報的影響

從業果原理的角度來看,一個有情死亡後的去處是由業決定的。一個完整的業由事、意樂、加行、究竟四部分組成,其中意樂即造業動機,也就是發起心,它決定了感果的方向。通常情況下,善的意樂將感得三善道的果,惡的意樂將感得三惡道的果,無記業不感果。

同樣,犯戒時的意樂輕重對於感果的程度有很大的影響。《摩訶僧祇律私記》後所附《佛説犯戒罪報輕重經》中記載:「佛告目連:『諦聽諦聽,當為汝説。若比丘、比丘尼無慚無愧,輕慢佛語,犯眾學戒。如四天王天壽五百歲墮泥犁中,於人間數九百千歲。』」[2]這裏提到犯眾學戒墮落地獄九百千歲的意樂是「無慚無愧,輕慢佛語」。後世一般説犯戒墮地獄的時候,往往都忽視了「無慚無愧、輕慢佛語」這個能犯心前提,而簡化成「犯戒即下地獄」的單線思維。這種理解上的簡化、強化,無疑增益了片面執取,甚至形成了戒禁取的情況。

2. 戒罪與業道罪的區別

犯戒所得罪業分為兩類——戒罪與業道罪。《根有律攝》中記載:「性謂本性是罪,遮謂因制方生。復有釋云:『性罪唯染心中作,若遮

---

1 《四分律》卷 57,《大正藏》22 冊,991 頁下欄。

2 《僧祇律》卷 40,《大正藏》22 冊,548 頁下欄。

罪者通染、不染。』」[1]這是說，性罪本身是由染污心發起的，能夠產生惡業。無論是否受戒，任何人只要有煩惱有染污心都會因此產生性罪，即所謂的「業道罪」，如殺、盜、淫、妄等。遮罪，是指違背了佛陀制的戒而產生的罪業。比如，比丘以故意違戒的不善心不齊整穿三衣，此時他將同時具有「業道罪」（不齊整穿三衣本身並非惡，業道罪是由故意違戒的不善意樂產生）和違佛戒之「戒罪」。如果比丘是以非故意、迷忘等無記心不齊整穿三衣，他將只有違佛戒之「戒罪」。

《明了論》中對此也有類似記載：「由此罪門，佛所立學處有三種：一、性罪；二、制罪；三、二罪。此中性罪者，若是身口意惡業所攝，或由隨惑及惑等流故犯，復於此過犯中故意所攝，有染污業增長，與此俱有罪相續流，是名性罪。異此二因所犯，或由不了別戒，或由失念，或由不故意過犯，此中若無惑及惑等流，又無念念增長，是名制罪。若具二相，是名制性二罪。」[2]

可見，業道罪為煩惱驅使下的惡業；而戒罪則是與戒律規定不符的行為，本身是無記法。對於業道罪，不論受戒與否，眾生都應極力避免。而違犯戒罪會對比丘的修行造成障礙，並非意味着比丘就會因之墮落。而僧眾通常很容易將各聚戒罪與墮地獄直接掛鈎，應就其內涵作辨析。比丘戒中最嚴重的莫過於犯四波羅夷，其犯戒後果主要是三個方面——失去比丘身分（被滅擯趕出僧團），被煩惱所戰勝，今世無法證得聖果。而即使是破了根本戒的比丘，佛陀也開許做學悔沙彌。可以看出，即便犯了波羅夷，也不一定會墮地獄，可以通過做學悔沙彌的身分懺悔罪業。僧殘，意為犯戒比丘的僧伽身分臨近喪失，但是還有殘餘，因此可以留在僧中救治。經過至少六日的別住（別住期間

1　《根有律攝》卷 2，《大正藏》24 冊，531 頁中欄。
2　《明了論》卷 1，《大正藏》24 冊，667 頁上欄。

剝奪相應的權利）以及二十位比丘的羯磨作法懺之後，犯戒比丘就可以還復清淨。偷蘭遮，意為大障聖道。波逸提意為「墮」、「障道」，《巴利律》作 "pācittiyassā"，原詞為 "pācittiya"，意為令心墮落。《十誦律》中解釋為，「波夜提者，是罪名燒煮覆障，若不悔過，能障閡道」。其實是指犯戒後內心的煎熬如熱鍋上的螞蟻，障礙修道，並沒有墮地獄的內涵。

犯戒即墮地獄這一觀點，可能是認為犯戒就是造惡業，而造惡業就會感果墮地獄。這其實是把戒罪和業道罪混為一談了。總之，如果犯戒時比丘不是以染污心故意而犯，而是由於無記心乃至善念等，就沒有相關的業道罪。

3. 比丘戒的懺罪原理

假使一名比丘確實在煩惱驅使下犯戒造業，但該業是否感果，感多重的果，也都是可以發生變化的。《瑜伽師地論》：「順定受業者，謂故思已若作若增長業；順不定受業者，謂故思已作而不增長業。」業分為定業和不定業，其關鍵區別在於所作業是否是增長業。《瑜伽師地論》記載：「增長業者，謂除十種業，何等為十？一、夢所作業，二、無知所作業，三、無故思所作業，四、不利不數所作業，五、狂亂所作業，六、失念所作業，七、非樂欲所作業，八、自性無記業，九、悔所損業，十、對治所損業。除此十種，所餘諸業名為增長。不增長業者，謂即所說十種業。」[1]

論中提及了十種「不增長業」的情況，分別是夢中、無知、無故思、不利不數、狂亂、失念、非樂欲、無記業、有所懺悔和對治。只要滿足其中一條，所造之業即為「不增長業」，不一定感果。可見，即使比丘的犯戒行為嚴重到成為地獄之因，但也必須在上述十種情況之

1　《瑜伽師地論》卷 9，《大正藏》30 冊，319 頁中欄。

外，方能順利感果。特別值得一提的是，懺悔是使得往昔罪業成為「不增長業」的因素之一。因此，比丘萬一犯戒，對於所得的業道罪，也不是無計可施，任其感果，比丘完全可以通過相應的懺法來如法懺除罪業，避免犯戒的惡報。《資持記》有云：「化、行二教罪懺相須。若唯依化懺，則制罪不亡，若專據制科，則業道全在。故當化、行齊用，則使業、制俱除。」[1] 用化懺淨除業道罪，行教懺淨除戒罪，兩者兼具就能二罪並除。

《大般涅槃經》中所言：「大王！諸佛世尊常說是言：『有二白法，能救眾生：一慚、二愧。慚者自不作罪，愧者不教他作；慚者內自羞恥，愧者發露向人；慚者羞人，愧者羞天；是名慚愧……智者有二：一者不造諸惡，二者作已懺悔；愚者亦二，一者作罪，二者覆藏。雖先作惡後能發露，悔已慚愧更不敢作，猶如濁水置之明珠，以珠威力水即為清；如煙雲除，月則清明。作惡能悔，亦復如是。』王若懺悔懷慚愧者，罪即除滅，清淨如本……大王！眾生亦爾，一者惡富，二者善富。多作諸惡，不如一善。臣聞佛說，修一善心，破百種惡。大王！如少金剛能壞須彌，亦如少火能燒一切，如少毒藥能害眾生，少善亦爾能破大惡。雖名少善，其實是大。何以故？破大惡故。大王！如佛所說覆藏者漏，不覆藏者則無有漏，發露悔過是故不漏。若作眾罪不覆不藏，以不覆故罪則微薄，若懷慚愧罪則消滅。大王！如水滴雖微，漸盈大器，善心亦爾，一一善心能破大惡。若覆罪者罪則增長，發露慚愧罪則消滅，是故諸佛說有智者不覆藏罪。善哉大王！能信因果、信業、信報，唯願大王莫懷愁怖。若有眾生造作諸罪，覆藏不悔心無慚愧，不見因果及以業報，不能諮啟有智之人不近善友，如是之人一切良醫乃至瞻病所不能治。如迦摩羅病世醫拱手，覆罪之人亦復

1　《四分律行事鈔資持記校釋》，2267 頁。

如是。」[1] 總之，犯戒所造的罪業，只要以真誠的慚愧心、積極懺悔，就能消除罪業、還復清淨。佛陀制定的犯戒處罰方式，無論是滅擯，還是別住、奪「三十五」事，還是在相應數量的比丘面前懺悔，都可以令比丘內心重獲清涼，免除犯戒憂惱，重新努力修行。

另外，比丘戒中的懺罪和制罰程序，重點在於強調不虛妄覆藏，及慚愧懺悔、還復清淨，其目的不是為了懲罰而懲罰。犯戒就墮地獄的單一思維，無形中強化了懲罰意味、造成恐慌，卻弱化和隱蔽了比丘戒所鼓勵的懺悔和還淨這一正向和健康的心理和行為過程。

4. 出家持戒的功德

犯戒就下地獄的說法，也反映出一種心理現象，即人們對於負面的禁忌容易相信和執取，對於正面的資訊則選擇性地忽視。這種現象古來有之，比如隋代法智法師曾感嘆，同為佛說但是世人只信地獄罪報而不信念佛滅罪：「我聞經言，犯一吉羅，歷一中劫，入地獄可信。又言，一稱阿彌陀佛，滅八十億劫生死重罪，則未之信。有明者示云，汝大邪見，俱是佛言，何得不信。」[2] 蓮池大師由此評論：「佛云吾言如蜜，中邊皆甜，悉宜信受，是故信少惡入地獄，而不信一念生西方，此誠可謂邪見矣。」[3]

同樣，出家和持戒的功德大如須彌，《文殊師利問經》：「一切諸功德，不與出家心等。何以故？住家無量過患故，出家無量功德故。」[4] 又如，《善見論》：「比丘持戒功德無量，猶如虛空，亦如大地，不可度

1　《大般涅槃經》卷 19，《大正藏》12 冊，477 頁中欄至下欄。
2　《往生集》卷 1，《大正藏》51 冊，130 頁中欄。另見《宋高僧傳》卷 24，《大正藏》50 冊，862 頁中欄；《往生西方淨土瑞應傳》卷 1，《大正藏》51 冊，106 頁中欄；《淨土聖賢錄》卷 2，《卍續藏》78 冊，234 頁下欄。
3　《往生集》卷 1，《大正藏》51 冊，130 頁中欄。
4　《文殊師利問經》卷 2，《大正藏》14 冊，505 頁中欄。

量。」[1]相關經論很多，這裏不多論述。比丘宜多思維出家、持戒的功德。事實上，人們經常容易為某一條或某幾條戒的不圓滿而過分擔心墮落，但是卻忘記了自己已經清淨持守了更多的戒，獲得的功德福報應遠大於個別戒的不圓滿。業感果是各方因緣的綜合作用，不能說僅僅因為一條或幾條戒的不圓滿就墮落惡道。

《大般涅槃經》中記載：「善男子！一切眾生不定業多，決定業少，以是義故，有修習道。修習道故，決定重業可使輕受，不定之業非生報受。」[2]眾生的不定業遠多於定業，從無限生命的角度不難推論，眾生無始以來的地獄種子應該有很多，但是多處於「不定業」的狀態。今生能夠學佛、出家、受戒，說明宿世解脫、菩提的種子也有很多，有待增長廣大。這便給修行人提供了一條光明大路，不應過於糾結「犯戒就下地獄」的恐懼，而應努力斷惡修善，調伏煩惱，趣向菩提。

總之，不能說犯戒就必定墮地獄，因為業感果要遵循相應的原則。出家人受戒、持戒、發心承擔三寶事業等具力業門也有很多功德，可以使重業輕報、輕業不受、不定之業不受，這也是修行解脫的關鍵所在。

（三）總結

戒律是從佛陀的智慧中流出的清淨名言，但是如果學人沒有正確地理解，無形中會在個體和集體層面形成宗教禁忌心理。不了解戒律原理，只是從恐懼和禁忌等角度出發對戒律進行納受和實踐，有諸多過患，比如會機械化地持戒、過於擔憂犯戒下地獄等。這樣的情形即產生見取煩惱，嚴重者形成戒禁取，如此對於修行和解脫反而形成了

---

1 《善見論》卷 8，《大正藏》24 冊，729 頁上欄。
2 《大般涅槃經》卷 31，《大正藏》12 冊，551 頁下欄。

繫縛。

　　總之，不能簡單地認為犯戒就會墮地獄。雖然以染污心犯戒，尤其是違犯重戒，確實會造下惡業乃至有墮地獄的可能，但是說只要有犯戒行為一定會墮落地獄，顯然是一種不符合業果原理的片面執取。比丘犯戒後，如果以慚愧心按照相關儀軌和懺法真誠發露、如法懺悔，罪業是可以淨除的。佛陀制戒的目的，在於規範個體行為，使得僧團和諧共住，又為了幫助比丘斷除有漏、走向解脫，其本意並不是如世俗法律那樣為懲治和束縛罪犯。另外，也應該看到受戒、持戒、發心承擔三寶事業的功德更大，總之比丘大可不必因為怕地獄果報而害怕受戒和持戒。

七、總結

(一) 諸律差異分析

1. 緣起差異

(1) 結構差異

《四分律》有一個緣起、一個本制和兩個隨制。《鼻奈耶》有一個本制、一個隨制。《十誦律》有一個緣起、一個本制和兩個隨制。《僧祇律》有一個本制、兩個隨制和十五個緣起。《五分律》、《巴利律》有兩個緣起、一個本制和兩個隨制。《根有律》有一個本制、一個隨制、三個緣起和兩個開緣。

(2) 情節差異

《鼻奈耶》的情節與《四分律》的本制情節相似，隨制的內容與《四分律》的第二個隨制相近。

《十誦律》的本制和兩個隨制分別與《四分律》的本制和兩隨制情節相似。該律的緣起故事情節為：一比丘受魔干擾，和死馬行淫後，生起大慚愧心，向僧團懺悔後做學悔沙彌，這與《四分律》不同。

《僧祇律》的本制、第二個隨制分別與《四分律》的本制、第一個隨制故事情節相似。《僧祇律》比《四分律》多了十四個犯重的緣起，「畜生」犯重的故事情節與《四分律》第二個隨制故事情節相似。

《五分律》的第一個緣起、本制和第一個隨制分別與《四分律》的緣起、本制、第二個隨制故事情節相似。《五分律》的第二個隨制與《四分律》第一個隨制故事情節相似，均為緣起比丘在戒羸的情況下犯重，不同之處在於：《四分律》中緣起比丘是與故二行淫；《五分律》中緣起比丘是「行殺、盜、淫種種惡事」，被諸居士譏嫌。相比《四分

律》,《五分律》多了佛制「若言,行外道儀法,語語偷羅遮;白衣儀法,突吉羅」。

《根有律》的本制、第一個隨制分別與《四分律》中本制、第二個隨制的故事情節相似,不同點在於《根有律》中比較詳細地描述了緣起比丘行不淨行後所生之子出生、成長以及出家證道的一些細節。《根有律》比《四分律》多了比丘用口與自己男根行淫,以男根與自己大便道行淫,以己男根置女人小便道內揩外泄、外揩內泄的情節,以及睡眠時無樂心不犯和無欲心不犯的開緣。

《巴利律》的第二個緣起、本制以及兩個隨制分別與《四分律》中的緣起、本制及兩個隨制的故事情節相似。

(3)結論

綜上所述,本戒緣起無需調整,仍取《四分律》的結構與情節。

2. 戒本差異

各律典中記載的戒條比較相似,多數的差異只是表達不同,但意思一致。《鼻奈耶》與其他律典相比,表現出了較大的差異。其中,比較突出的地方是提到了「淫意起」,即增加了發起心的內涵,這在其他律典中均未提及。

對於《四分律》的「犯不淨行」,諸律典表述略有不同,但內涵基本相同。《鼻奈耶》作「為不淨行」,《十誦律》、《十誦比丘戒本》、《五分律》、《彌沙塞五分戒本》作「行淫法」,《僧祇律》、《僧祇比丘戒本》作「相行淫法」,《四分僧戒本》作「犯不淨行,行淫欲法」,《解脫戒經》作「作不淨行,習淫欲法」,《根有律》作「作不淨行,兩交會法」。四部梵巴藏戒本中都有「交會」這一意思,《根有律》將這一含義直接表達了出來,而其他律典則表述得比較隱晦。

另外,為了便於理解,將《四分律》戒本中「共比丘同戒」的「共」

字改為《四分僧戒本》、《根有律》等中的「與」字。《四分律》中「不還戒」的「還」字在古漢語中主要是「回，歸還」的意思，用來表達「捨棄」的內涵顯得不夠精準，參考《四分僧戒本》、《十誦律》、《根有律》等律典，將其改為「捨」，令意思更加明確。《四分律》中「戒羸不自悔」的「悔」字，一方面可以理解成「不向他人發露懺悔」，另一方面也可以理解為「自己不後悔受戒」，律中並沒有明確的解釋。為了避免理解上的歧義，借鑒《根有律》等律典將其改為「說」字。

3. 辨相差異

(1) 所犯境

《四分律》中，本戒的所犯境是人、非人、畜生三類眾生的大便道、小便道和口道，而不論對方是男、女、二根、黃門，亦不論對方是活着還是死亡。《鼻奈耶》中認為通過畜生的口道行淫不正犯，《毗尼母經》中所犯境僅提到人和畜生。

除了人女之外，《四分律》、《五分律》均記載只要比丘與「非人女」或「畜生女」行淫均正犯。而《十誦律》記載必須是「可得捉」的非人才會正犯本戒，《善見論》與此類似；此外，《善見論》還記載，如果鬼神以「神力得比丘」，則不犯。

與死屍行淫的判罰中，《四分律》、《僧祇律》、《五分律》、《巴利律》、《善見論》中強調屍體的壞爛程度影響結罪的輕重；而《十誦律》、《薩婆多論》、《摩得勒伽》、《根有律》、《根有律攝》、藏傳《苾芻學處》則強調女根損壞程度影響判罪的輕重。

非道行淫判罰方面，《四分律》、《十誦律》、《薩婆多論》、《摩得勒伽》、《五分律》、《根有律攝》、藏傳《苾芻學處》七部律典一致認為結偷蘭遮罪。《善見論》記載，如果對境是人，在眼、鼻、耳及瘡孔中以欲心行淫，犯偷蘭遮，其他部位結突吉羅；如果對境是象、馬、

犛牛、驢、駱駝、水牛，只有在鼻中行不淨行時才犯偷蘭遮，其他部位都是突吉羅罪。

對女像行淫的判罰方面，《四分律》記載為偷蘭遮。藏傳《苾芻學處》記載，如果「木像」由非人攝持且「略見有道相」，比丘與之行淫，偷蘭遮。《五分律》中記載，如果比丘出不淨，結僧殘；不出，偷蘭遮。《僧祇律》記載，「石木女人、畫女人」，越毗尼罪，《巴利律》、《善見論》與此類似。《摩得勒伽》記載，如果像中女根開，比丘行淫，若「舉身受樂」，則犯波羅夷；若女根不開，犯偷蘭遮。《根有律攝》記載，比丘如果以咒術雜藥，以及幻術作形象而行淫，得偷蘭遮；如果以草結人形，「為非人之所執御」，能夠引發「可愛觸」，這種情況下行淫則正犯；如果僅僅是「於根有軟觸者」，得偷蘭遮。

另外，其他律典中還有一些《四分律》中沒有提到的特殊情況：《十誦律》、《摩得勒伽》、藏傳《苾芻學處》均記載比丘於熟豬肉中行淫，得偷蘭遮；其中《十誦律》特別提到，如果出精，則犯僧殘。

（2）能犯心

①發起心

《薩婆多論》記載，如果比丘沒有想要行淫的心，只是想在女人身上出精，除了女三道以外，在其他部位出精結僧殘罪，而非「大淫戒」的方便偷蘭遮罪；如果沒有出精便停止，則犯僧殘的方便偷蘭遮罪。

《摩得勒伽》記載，若以染污心作淫，正犯波羅夷。但如果比丘「有怖畏、慚愧心，不犯波羅夷，犯偷羅遮」，因為在這兩種情況下比丘的發起心不具足，故結偷蘭遮；《根有律攝》與《摩得勒伽》記載相同。藏傳《苾芻學處》也記載，如果比丘在剛開始行淫的時候沒有生起遮止淫欲之心，則結波羅夷罪；《五分律》記載，如果比丘以「戲心」行淫，則結偷蘭遮罪；《四分律》、《僧祇律》、《根有律》、《善見論》中沒有提到因為發起心而犯輕的情況。

②想心

《四分律》記載想心分三種：A. 只要所犯境是道，不論比丘作何種想均正犯；B. 對於所犯的客體，作任何想均正犯；C. 即便比丘對自己作非比丘想，認為自己失去了比丘身分，與他人行淫也正犯。《摩得勒伽》與《四分律》相比，第一種想心中少了「道疑」的情況；第二種想心是比丘知道自己是比丘，若行淫便正犯；第三種想心與《四分律》相同。《十誦律》中，第一種想心與《四分律》相同；第二種、第三種想心中，當比丘將自己變作畜生行淫時，或以散亂心、病壞心行淫時，只要內心中知道自己是比丘就正犯此戒。《根有律攝》中的記載與《十誦律》的前兩種情況相同。藏傳《苾芻學處》與《四分律》的第一種想心相同。其他律典沒有相關內容。

（3）方便加行

《四分律》中記載，行淫時無論比丘的男根和三道之間是否有物品相隔，都結波羅夷罪。《僧祇律》、《根有律》、《巴利律》與《四分律》相同。《十誦律》、《摩得勒伽》、《根有律攝》中，行淫時有物品相隔屬於正犯，但若以厚衣或厚物等相隔則犯偷蘭遮罪。《善見論》中記載，若隔竹筒行淫，男根觸肉便正犯；不觸，僅結突吉羅罪。藏傳《苾芻學處》記載，「被粗衣所裹，不能觸著而入三瘡門」，結偷蘭遮罪。與此類似，《十誦律》、《摩得勒伽》、《僧祇律》記載，行淫時男根雖然進入三道之中，但若未接觸到三道，僅結偷蘭遮罪。《善見論》亦提到，「若比丘口中行欲者，著四邊，波羅夷；不著四邊及頭，突吉羅」。

實際上，有厚物相隔雖然從生理上不能領受圓滿的觸覺樂受，但心理上比丘完全具有故意行淫的發起心，在這種發起心的支配下比丘仍然能主動領受行淫過程中帶來的樂受，因而有厚物相隔與非道行淫並非沒有本質區別。例如《四分律》中就記載了比丘因為男根壞而無

知覺，主動行淫後仍然犯波羅夷的公案。此外，部分比丘有可能會利用「厚物相隔」不正犯波羅夷罪，而故意鑽漏洞與女眾行淫。因此應該根據《四分律》的判罪精神從嚴判罰，不論是否有物相隔，均視為正犯。

另外，一些律典還記載了《四分律》中沒有的方便加行，其中《善見論》的內容全面而且具有代表性。該律典記載：「若淫心與女根相拄，得偷蘭遮。」「若舌出外就舌行欲，偷蘭遮；生人出舌就舌行欲，亦偷蘭遮；以舌舐男根，亦偷蘭遮。」「或樂細滑，或樂行淫心，兩男根相拄，得突吉羅。」「若欲心以口與口，此不成淫相，得突吉羅罪。」從實踐角度來看，這些情況都有可能發生，因此應將這些內容補充到辨相中。

（4）究竟成犯

《四分律》中本戒的究竟成犯為入道中「如毛頭」，實際含義是只要進入就正犯。其他律典方面，《僧祇律》是入「齊如胡麻」，《五分律》是入「一分」，《根有律》是「才入」，《毗尼母經》是「初入」，《巴利律》是「入一胡麻子量」。這幾部律典的表述雖然與《四分律》不同，但含義相同。《十誦律》中僅記載了在口中的究竟成犯是「節過齒」，沒有提到在大小便道中何時成犯。《摩得勒伽》中的究竟成犯為：在大小便道節入過皮，在口道時節入過齒。《根有律攝》與《摩得勒伽》含義相同。《善見論》中的究竟成犯為：在大小便道，「入如胡麻子」；若在口中，節過皮。整體來看，各律典對於男根進入大小便道究竟成犯的描述雖然不同，但內涵相同，均為「才入」即犯；而對於口道，《十誦律》、《摩得勒伽》、《根有律攝》描述為「節過齒」，與其他律典稍有不同。

藏傳《苾芻學處》中本戒的究竟成犯為「身識領受交會觸，意識受樂」，兩個條件都需滿足。這是以境和心同時滿足來判定究竟成犯，

與其他律典均有所不同。在這個標準下，男根已經進入女根但沒有受樂，便不會正犯。藏傳《苾芻學處》記載，「雖是生支，為病所壞，不能受樂」，結偷蘭遮罪。然而《四分律》中對於類似的案例卻有不同的判罰：「時有比丘自身根壞，無所覺觸，彼作是念：『我不覺觸，行淫得無犯。』彼即行淫已，疑，佛言：『汝犯波羅夷。』」《巴利律》中的記載與此類似：「爾時，有一比丘根敗，彼謂：『我不受樂苦，如是者，我當不犯也。』而行不淨法……以此事白世尊。『諸比丘！彼愚人，彼受或不受俱波羅夷。』」

由此可見，雖然比丘行淫時沒有感覺到觸樂，但其行淫欲的欲望已經得以實現，其淫欲行為也已經完成。因此，應該以《四分律》和《巴利律》的判罰為準。

4. 諸律內部差異

《四分律》緣起和戒本的所犯境中都沒有提到非人，而辨相中提到，所犯境是「非人」時也犯波羅夷。《鼻奈耶》戒本中「不捨戒、戒羸」沒有對應的緣起。《根有律》戒本中的「不捨學處、學羸不自說」也沒有相對應的因緣。

（二）調整文本

通過以上諸律間觀點同異的對比與分析，文本在《四分律》的基礎上作如下調整：

1. 緣起
（1）本制
佛與大比丘眾五百人在蘇羅婆國，遊行到毗蘭若時，毗蘭若婆

羅門請佛及僧夏三月安居食。毗蘭若婆羅門被魔王波旬干擾，三月都未做供養。當時糧食貴，人民飢餓，乞食難得，諸比丘遂從販馬人乞食馬麥。大目連尊者請求佛陀聽許諸比丘用神通從鬱單越取食，遭到佛陀的拒絕。舍利弗尊者思維如何才能讓佛法久住，請益佛陀。佛陀說需制定戒律、說戒。於是舍利弗請佛制戒，但佛陀拒絕，說需等待因緣。

佛在毗舍離，迦蘭陀村的須提那子家中非常富裕，須提那子秉持對佛法的堅固信心而出家求道。毗舍離當時糧食貴，人民飢餓，乞食難得，須提那子便和諸比丘一起回到迦蘭陀村乞食。須提那子的母親知道他回村後，以「家中沒有兒子，去世後家產歸國家」為由，三次勸說其還俗，須提那子沒有答應。之後其母和故二再次以「家中沒有兒子，去世後家產歸國家」為由勸說須提那子還俗。因為佛陀當時並未制戒，須提那子便與故二到園中共行不淨。回到僧團後須提那子非常憂惱。諸比丘得知此事後，向佛匯報。佛呵責須提那子，告諸比丘制戒十利，制戒：「若比丘，犯不淨行，是比丘波羅夷，不共住。」

（2）隨制

跋闍子比丘憂愁不樂淨行，於是回家與故二共行不淨。諸比丘知道後，將此事向佛匯報。針對比丘因「戒羸」犯戒的情況，佛增制了戒條：「若比丘，與比丘同戒，若不捨戒，戒羸不自說，犯不淨行，是比丘波羅夷，不共住。」

有一乞食比丘依林中住，每次將剩餘的食物給雌獼猴吃，漸漸地便與此獼猴熟悉。此比丘便捉獼猴共行不淨。諸比丘發覺此事，向佛匯報後，佛再次增戒，將禁止與畜生行淫的內容包含其中。

2. 戒本

若比丘，與[1] 比丘同戒，若不捨[2] 戒，戒羸不自説[3]，犯不淨行，乃至共畜生，是比丘波羅夷，不共住。

3. 關鍵詞

（1）比丘：原本是一個共外道的詞，含義是「乞食者」。隨着佛教的發展，「比丘」一詞逐漸成為佛教用語，並產生不同種類，如善來比丘、名字比丘、破結使比丘、受大戒白四羯磨如法成就得處所比丘等。後來，其含義在律典中逐漸統一，指受過具足戒的佛教男眾出家人。

（2）與比丘同戒：與諸比丘一樣，守持相同的戒法。

（3）戒羸：比丘還沒有捨戒，仍有戒法在身，但戒體的力量比較衰弱的一種狀態，主要體現在對梵行生活的厭煩與對世俗生活的嚮往。

（4）不自説：不向他人發露懺悔。

（5）犯不淨行：兩身交會而行淫，即男根進入大小便道或口道，或將他人男根置入自身二道。

（6）波羅夷：犯戒罪名中的一種，是最重的罪，比丘若犯波羅夷會使其失去比丘的身分。

（7）不共住：不得與其他比丘共學、共羯磨以及共説戒。

4. 辨相

（1）犯緣

本戒具足四緣成犯：一、是正道，是人、非人、畜生三類眾生的

---

1 「與」，底本作「共」，據《四分僧戒本》、《根有律》、《根有戒經》、《根有律攝》改。
2 「捨」，底本作「還」，據《四分僧戒本》、《新刪定四分僧戒本》、《十誦律》、《根有律》、《根有戒經》、《根有律攝》改。
3 「説」，底本作「悔」，據《根有律》、《根有戒經》、《根有律攝》改。

大便道、小便道和口道，以及他人的男根；二、若是主動行淫需具有淫欲心，或是被迫行淫需要具足主動受樂之心；三、以自男根與正道相合，或將他人男根放入自身二道；四、入毛頭許，成犯。

（2）辨相結罪輕重

①是正道

對於行淫的對象，不論其是人、非人或是畜生，不論其是男、女、黃門、二根，不論其是活着還是死亡，不論其清醒還是處於眠、醉、顛狂、瞋恚、苦痛等狀態，比丘若在上述對象的正道中行淫，或他人男根在自己的正道中行淫，均結波羅夷罪。

對於死屍，行淫時若其未壞、多半未壞，則結波羅夷；若死屍半壞，若多分壞，若一切壞，若骨間，於中行淫均結偷蘭遮。

對於非正犯道，如穿地作孔，搏泥作孔，或器皿口中、脅邊、乳間、腋下、耳鼻中、瘡孔中、繩床木床間、大小褲間、枕邊、女雕像身中、女畫像上，於中行淫均結偷蘭遮罪。

②主動行淫的心或被動領受欲樂之心

若比丘主動行淫，波羅夷。若比丘在睡眠、昏迷等狀態下被人行淫，如果覺知以後主動領受淫欲的快樂，結波羅夷罪。

若對男作女想、女作男想、此女作彼女想、此男作彼男想，與之行淫，均結波羅夷罪。

若比丘誤認為自己已經破戒，對自己作非比丘想，而與他人行淫，亦結波羅夷罪。

若比丘行淫時，對於正犯道作道想、道疑和非道想，均結波羅夷罪；對於非道作道想、疑、非道想，均結偷蘭遮罪。

③以自男根與正道相合，或將他人男根放入自身二道

比丘自己的男根進入人女及畜生女的三道，人男及畜生男的二道中行淫，不論是否有直接接觸，亦不論男根和三道之間是否有物相

隔，以及是厚物相隔還是較薄的物品相隔，均正犯波羅夷罪。

比丘若將他人男根放入自身的大便道和口道，也屬於正犯。

若對方將舌伸出口外，比丘就舌行欲，結偷蘭遮罪。

若比丘為行淫作種種方便而最後未進入，結偷蘭遮罪。

若比丘以淫心用男根與女根相拄，結偷蘭遮罪。

若以舌舐他人男根，結偷蘭遮罪。

若淫欲心，以男根與他人男根相拄，結突吉羅罪。

若淫欲心以口與口相對，結突吉羅罪。

若比丘教其他比丘行淫，其他比丘若作，此比丘結偷蘭遮罪；若其不作，此比丘結突吉羅罪。

若比丘並非以男根，而是以身體的其他部位進入二道，如手指、腳趾等，結「摩觸戒」的僧殘罪。

④入毛頭許

若比丘以淫欲心，以自男根進入他人大小便道，或將他人男根放入自身大便道，或以自男根進入自身大便道，只要進入一點，便結波羅夷罪。如果比丘以自男根進入他人口道，或將他人男根進入自己口道，或將自己男根進入自身口道，節過於齒即犯波羅夷罪。

⑤犯戒主體

比丘、比丘尼若犯本戒，均結波羅夷罪；若式叉摩那、沙彌、沙彌尼犯本戒，結突吉羅罪，滅擯。

與學沙彌若犯本戒，亦結波羅夷罪，並且滅擯，不可再次與學。

⑥不犯

未制戒時最初犯戒的比丘（即須提那比丘），不犯。

若比丘在癲狂、心亂、痛惱所纏及酒醉的情況下與他人行淫，若不知自己是比丘，則不犯。

比丘在睡眠、昏迷、醉酒等狀態下被人強迫行淫，若比丘無所覺

知，不犯；若覺知後沒有主動領受欲樂之心，也不犯。

一切無有淫意，不犯。

（3）特定情境的判罪

①新戒比丘若不知四根本戒相而犯戒如何判罪

新戒比丘因無知，在不知戒相或根本就不知是否有四根本的情況下行淫，判為不犯。

若比丘受戒後，鑽戒律的漏洞或以逃避之心故意不學戒，而又做了破戒之事，屬於故意犯戒，判波羅夷罪。

②被迫行淫如何判罪

比丘在被強迫而被動行淫的情況下，其主觀作意是判斷是否正犯「大淫戒」的關鍵。如果比丘在被動行淫過程中起了淫欲心而主動領受樂觸，則滿足正犯波羅夷的發起心犯緣。具體判罰如下：

A. 比丘雖然有身體上的樂受，但是如果比丘內心有正念和有希望行淫停止的心，並有身語抗拒的加行，則不犯「大淫戒」；

B. 比丘有身體上的樂受，如果比丘內心有正念、有希望行淫停止的心，但是沒有身語抗拒的加行，犯突吉羅。如果作抗拒將帶來進一步的暴力侵害，那麼沒有抗拒加行也不犯；

C. 若比丘在粗猛境界下短暫失念乃至產生受樂心，但是後來能夠提策正念對此受樂心加以遮止，並以身語抗拒來護心，犯偷蘭遮；

D. 若比丘放任自己的受樂心乃至產生主動希求淫欲的心，又沒有身語抗拒，犯波羅夷。

③同性性行為的相關判罪

本質上，對比丘修行解脫而言，應該摒棄的是淫欲心的影響，而與同性或異性無關。無論比丘是同性戀者還是異性戀者，都應一視同仁。具體判罪如下：

比丘於他人男二道（口道和大便道）行淫會正犯波羅夷罪，沙彌

若犯則被滅擯。另外，如上文所述，若他人於比丘自身二道行淫，比丘亦正犯。

若比丘為他人出不淨，或以淫欲意摩觸男子，犯偷蘭遮。若比丘故意以淫欲意看男子裸身而出不淨，犯僧殘。如果對男子說粗惡語或歎身索供，犯突吉羅罪。

八、現代行持參考

持守「大淫戒」，關鍵是對女眾的防護。與佛世相比，現代社會的比丘面臨更多新的挑戰，特別是因為智能電話和互聯網的使用導致比丘與女眾接觸的機會大大增加，給比丘持守「大淫戒」增加了難度，也對僧團的管理提出了更高的要求。除此之外，現代社會對同性戀問題也比較關注，因此比丘與同行或在家男眾交往時，也需要注意把握分寸，避免不合適的身體接觸，以免受到譏嫌和猜疑。

「千里之堤，潰於蟻穴」，對「大淫戒」的違犯，很多時候是由於平時對一些細節沒有深防，戒體也因此一點點羸弱，終至不可挽回。因此，現代比丘要持好「大淫戒」，需要特別重視和加強對細節的防護。

首先，要注意持守與淫戒相關的戒條。後幾篇的一些相關戒條相當於是「大淫戒」的前沿防線，對於比丘持守「大淫戒」有相當重要的意義。如「與女人說法過限戒」、「與女期同行戒」、「與女共宿戒」、「屏處與女人坐戒」等，都能幫助比丘減少與染緣的接觸，遮止比丘的貪染心，從而起到防護「大淫戒」的作用。

其次，需要加強對智能電話和網絡的管理。網絡是一把雙刃劍，利用網絡媒體弘法能夠打破時間和空間的限制，讓更多的人接觸並學習到佛法。但如果使用不當，則容易過度接觸雜染資訊、攀緣外界，進而影響修行。過去的傳統叢林由於遠離民眾聚居區，在空間上對比丘起到了隔離和保護作用。如今智能電話和網絡的出現讓寺院實體圍牆的防護作用大大減弱，網絡媒體更多是針對世人追求五欲的需求而「投其所好」，充斥着能夠引發染心的各種資訊，因此有必要築造一道網絡的「防護圍牆」。如果因為承擔需要使用電話和網絡，比丘也應時刻提策正念，密護根門。在通過電話以及網絡與女眾溝通的時候，最

好能夠就事論事，簡潔明瞭，切忌太過隨意，也要避免太過熱情。

最後，比丘外出活動時同樣需要做好防護措施，最好多人結伴同行，盡量避免與女眾單獨一起乘車。另外，在出席相關活動時，盡量做到密護根門，不看女眾的表演類節目。

總之，身處現代社會中的比丘面對的染緣愈來愈多，要想持守好「大淫戒」，一方面需要提策道心，精進用功，不斷長養戒體；另一方面，在事項上也要重視細節，防微杜漸，注重與「大淫戒」相關戒條的持守。

大盜戒

一、緣起

（一）緣起略述

　　《四分律》只有一個本制。律中記載檀尼迦陶師子比丘擅長陶藝，一次乞食時，採薪人將其草屋打破並取走。於是檀尼迦和泥作瓦屋，瓦屋燒製成以後「色赤如火」。世尊看到後，令諸比丘將其瓦屋打破。檀尼迦比丘便至瓶沙王的守材人處，稱國王已經同意而取走了國王的木材。事發後國王命人拘捕了守材人，守材人請求比丘來救護自己。比丘在國王處稱：國王即位時允許沙門、婆羅門隨意取用國內的一切草、木、水。國王告訴比丘：「我說無主物，不說有主物。」依照國法，檀尼迦比丘應判死罪，但因為他是比丘，國王轉念想到自己是剎帝利王種，不能為了一點木材而殺出家人，於是赦免了檀尼迦比丘的死罪。大臣們都認為國王判罪不公，同時城中不信樂佛法的居士也譏嫌緣起比丘。諸比丘得知此事後亦嫌責緣起比丘，並將此事報告佛陀。佛得知事情原委後，種種方便呵責檀尼迦比丘，並因此制戒。[1]

　　諸律緣起差異比較：

1. 制戒地點

　　《四分律》中，制戒地點為「羅閱城耆闍崛山」，《鼻奈耶》[2] 為「羅

1　《四分律》卷 1，《大正藏》22 冊，572 頁中欄至 575 頁下欄；卷 41，《大正藏》22 冊，861 頁上欄至中欄；卷 55，《大正藏》22 冊，975 頁中欄至 978 頁下欄；卷 56，《大正藏》22 冊，978 頁下欄至 980 頁中欄；卷 58，《大正藏》22 冊，996 頁上欄；卷 59，《大正藏》22 冊，1004 頁下欄。

2　《鼻奈耶》卷 1，《大正藏》24 冊，853 頁上欄至 855 頁上欄。

閦祇鷲山」，《十誦律》[1]、《僧祇律》[2]、《五分律》[3]、《根有律》[4]為「王舍城」，《巴利律》[5]為「王舍城耆闍崛山」。

2. 緣起比丘

《四分律》中，緣起比丘為「檀尼迦陶師子」，《鼻奈耶》為「檀貳迦比丘」，《十誦律》、《五分律》為「達尼迦比丘」，《僧祇律》為「達膩伽比丘」，《根有律》為「但尼迦苾芻」，《巴利律》為「壇尼迦陶師子」。諸律的緣起比丘翻譯相似，應該是指同一人。

3. 犯戒對象

《四分律》、《僧祇律》中，犯戒對象為「瓶沙王」，《鼻奈耶》、《十誦律》為「阿闍世王」，《五分律》為「王」，《根有律》為「未生怨王」，《巴利律》為「摩揭陀王斯尼耶頻毗娑羅」。

4. 緣起情節

《鼻奈耶》、《十誦律》、《根有律》只有本制，且與《四分律》的

1　《十誦律》卷1，《大正藏》23冊，3頁中欄至7頁中欄；卷50，《大正藏》23冊，363頁中欄；卷51，《大正藏》23冊，371頁中欄；卷52，《大正藏》23冊，379頁中欄至381頁上欄；卷57，《大正藏》23冊，427頁上欄至中欄；卷58，《大正藏》23冊，427頁中欄至435頁中欄。

2　《僧祇律》卷2，《大正藏》22冊，238頁上欄至242頁中欄；卷3，《大正藏》22冊，242頁中欄至253頁中欄；卷30，《大正藏》22冊，468頁上欄至下欄。

3　《五分律》卷1，《大正藏》22冊，5頁中欄至7頁上欄；卷28，《大正藏》22冊，182頁下欄至184頁上欄。

4　《根有律》卷2，《大正藏》23冊，635頁下欄至638頁上欄；卷3，《大正藏》23冊，638頁中欄至642頁中欄；卷4，《大正藏》23冊，642頁中欄至647頁中欄；卷5，《大正藏》23冊，647頁中欄至652頁中欄。

5　《經分別》卷1，《漢譯南傳大藏經》1冊，53頁至90頁；《附隨》卷1，《漢譯南傳大藏經》5冊，49頁至50頁；《附隨》卷6，《漢譯南傳大藏經》5冊，206頁。

本制情節類似，但細節略有不同。相比《四分律》，《鼻奈耶》少了緣起比丘燒泥作瓦房的記載，並且該律中阿闍世王是因為「憶世尊功德」才赦免了緣起比丘的死罪。

《五分律》、《巴利律》各有一個本制和一個隨制。兩部律典的本制情節與《四分律》的本制基本一致。《五分律》的隨制記載，比丘認為佛先所制戒不包括空地物，因而盜空地有主、無主物，佛陀以此因緣增制此戒。《巴利律》的隨制中，六群比丘取阿蘭若處洗衣人的衣服，並聲稱佛陀未制戒禁止偷阿蘭若處的東西，佛因此增制此戒。

《僧祇律》有一個本制、兩個隨制，與《四分律》差異最大。其本制情節與《四分律》的本制基本一致，不同點在於：緣起比丘自己造的房屋屢次被上座比丘佔用，導致自己沒有房屋住，於是在山上燒製瓦房；並且在緣起比丘被國王釋放後，佛陀還講述了四個本事故事，然後才制戒。第一個隨制記載一比丘取浣衣人的衣服，佛陀知道後增制此戒。第二個隨制記載瓶沙王嚴懲一名盜賊，後生悔心，於是來拜見佛陀。佛為王說法，令其不再憂悔，並詢問國王偷盜幾錢罪應至死，國王回答說四分之一罽利沙槃（將近五錢）。佛陀以此因緣告諸比丘，如果盜此錢數或價值相當於此錢數的東西即犯波羅夷。國王離開後，因諸比丘有疑惑，佛陀講述了瓶沙王「畏罪」和「教令行已尋復還悔」的兩個本事故事，接着再次增制此戒。

（二）緣起比丘形象

《四分律》中，緣起比丘是「陶師子」，展現出擁有家傳技藝的「巧匠比丘」形象。知道自己辛苦建造的瓦房被人打破後，他心中沒有絲毫埋怨，說道：「若世尊教赦者，正是其宜。」體現了其尊敬世尊、敬順師命的特點。

《十誦律》、《僧祇律》、《五分律》、《根有律》、《巴利律》也有與《四分律》的「巧匠比丘」形象類似的記載。

《十誦律》中，緣起比丘「是陶家子，自以巧便即作泥舍、泥戶、泥向，梁椽、牛頭、象牙、衣架皆用泥作，集諸草木以火燒成，色赤嚴好」。《五分律》中，緣起比丘「即便作之，脊、棟、櫨、栿、榱、柱、桁、梁、綺疏牖戶，巧妙若神。積薪燒成，色赤嚴好，大風吹時作箜篌聲」。《根有律》中，緣起比丘建造的房子「全以瓦成，其色紅赤，如金錢花」。《巴利律》中，緣起比丘建造的房屋「恰如印達哦巴迦蟲（赤色甲蟲），赤色美麗而舒適，〔風吹之，〕屋有如小銀鈴之聲音」。《僧祇律》中，緣起比丘「勸化立僧房，種種莊嚴，高大妙好，雕文刻鏤，香油塗地，如紺琉璃色」，之後又在仙人山窟邊的黑石上建房，「種種刻畫，安施戶牖，唯除戶扇、戶鑰、衣架，餘者一時燒成，其色純赤，如優曇鉢花」。

《四分律》中，緣起比丘有尊敬世尊、敬順師命的特點，《十誦律》、《五分律》、《根有律》、《巴利律》與之相同。《十誦律》中，緣起比丘說：「法王教破，不得有言。」《五分律》中，緣起比丘說：「法王所壞，我復何言。」《根有律》中，緣起比丘說：「法主世尊敕令破者，斯為善破。」《巴利律》中緣起比丘說：「友，若是法王令壞者，壞之。」

《僧祇律》中，緣起比丘得知佛陀曾來到自己住處，雖然房屋被壞，仍無比歡喜：「喜悅情至，七日之中忘其飢渴。」此外，該律中還記載，緣起比丘「為人端正，儀容詳雅，天人所敬」，國王見其儀容便心生歡喜，表現出緣起比丘形象和威儀俱佳。

（三）犯戒內因

《四分律》中，比丘貪求為己作屋而犯戒。從佛陀審問檀尼迦比丘

的話和比丘的回答中可知，比丘明知自己所得木材是「不與材」，但因為貪圖國王的木材仍巧言騙取。

其他律典與《四分律》相同。

（四）犯戒外緣

《四分律》中，緣起比丘辦事缺少資源，而他人擁有資源，這是其犯戒的直接外緣。其他律典與《四分律》相同。

另外，《四分律》記載：「摩竭國瓶沙王有守材人，與此檀尼迦比丘少小親厚知識。」如果守材人不是緣起比丘的親友，他或許就不會這麼輕易得到木材。可見緣起比丘與守材人關係親厚，容易取得對方的信任，這是其犯戒的另一外緣。這一點諸律與《四分律》相同，如《鼻奈耶》中，「城中有木工師」是緣起比丘的「親里」；《十誦律》中，「王舍城諸材木師」是緣起比丘的「知識」；《五分律》中，「王舍城典材令」是緣起比丘的「知識」；《根有律》中，「城中有掌木大臣，是但尼迦苾芻先時知友」，彼此間「言談得意」；《巴利律》中，「〔王之〕木材場主管」是緣起比丘的「知友」。

再者，《四分律》中，國王登位時開許沙門、婆羅門可以隨意取用草木及水等無主物，緣起比丘就是以此作為取材的依據，這也是其犯戒的重要外緣。其他律典與《四分律》一致。

（五）犯戒後的影響

1. 對緣起比丘本人的影響

《四分律》中，緣起比丘因為偷盜國王的木材而違犯國法，差點被國王處以死罪，如律文：「王言：『大德，我說無主物，不說有主物。

大德應死。』」《鼻奈耶》、《十誦律》、《五分律》、《根有律》、《巴利律》都有類似記載。《僧祇律》中，緣起比丘經過一系列的挫折，被佛呵責後，作如是思維：「自今已後止此苦事，依隨眾僧苦樂任意。」於是緣起比丘「便習無事，晝夜精誠，專修道業，得諸禪定，成就道果，起六神通，自知作證」。

2. 對俗眾的影響

《四分律》中，緣起比丘觸犯國法卻被無罪釋放，導致諸位大臣對此憤憤不平：「王意云何？如此死事，但爾呵責而放也？」文中還提到：「時羅閱城中有諸居士不信樂佛法眾者，皆譏嫌言：『沙門釋子無有慚愧，無所畏懼，不與而取，外自稱言『我知止法』，如是何有正法？尚取王材，何況餘人。我等自今已往，勿復親近沙門釋子，禮拜，問訊，供養，恭敬，無使入村，勿復安止。』」由此可見，緣起比丘的不法行為使那些不信樂佛法的人對出家人喪失了信心，令他們更加遠離佛法，這對佛教形象造成了一定的負面影響。《五分律》、《巴利律》也有類似記載。

《鼻奈耶》、《十誦律》和《根有律》中，旁觀者只是表達了內心的驚訝，並未表示不滿或譏嫌，如《鼻奈耶》：「爾時，阿闍貰王傍臣百官皆放聲大言：『怪！此比丘於死得脫。』」《十誦律》：「時眾人唱言：『希有，此比丘決定應死，呵責便放。』」《根有律》：「是時人眾共出大聲，作如是語：『希奇！摩揭陀國未生怨王稟性暴烈，所為造次。沙門合死，但以言責而便放免。』」

《僧祇律》中，緣起比丘的行為對俗眾主要有兩方面的影響。一方面贏得了敬信居士的稱譽讚歎，如律文：「國中諸婆羅門及敬信士女皆歡喜言：『善哉！尊者達膩伽方便智慧巧答大王，得免斯過，又令耶輸陀安隱得出。』」另一方面則引起不信佛法的人怨恨不平，如律文：「時

王舍城諸不信佛法者咸有恚言：『云何是沙門達膩伽倚傍偽理，欺罔於王？苟得免罪，恐自今已往，我等家中所有材木亦當取去，而言「王先見與」，當奈之何？如是敗人，何道之有？』」

（六）佛陀考量

《四分律》中，佛陀呵斥緣起比丘時説道：「云何檀尼迦王不與材而取？我無數方便稱歎與者當取，取者當用，汝今云何王不與材而取耶？」這裏連續使用了兩次「云何……不與材而取？」的反問句式，表現出世尊對此事的重視。同時，世尊強調説「我無數方便稱歎與者當取，取者當用」，意在指出緣起比丘沒有遵守自己以前的教誡，才會有這樣的偷竊行為，而且間接點明緣起比丘違犯了「與者當取，取者當用」的受用原則：只接受別人給予自己的物品，只使用已經屬於自己的物品，而絕不能偷盜不屬於自己的東西。

另外，《四分律》中，佛陀看到緣起比丘燒製的紅色瓦房，責備道：「我常無數方便説慈愍眾生。云何癡人自作泥屋，聚積柴薪、牛屎而燒之？」《五分律》中，佛陀告訴阿難：「是達尼迦所作非法。云何出家為此惡業，殘害物命，而無哀愍？我先種種説慈忍法，如何比丘無此慈心？」《僧祇律》中，佛陀告訴諸比丘：「是達膩伽比丘雖得出家，猶故不能厭本所習，工巧技術猶未能捨，而復焚燒傷殺眾生。又此瓦屋寒則大寒，熱則大熱，能壞人眼，令人多病，有是諸患。」《巴利律》中，佛陀呵斥緣起比丘言：「彼愚人對有情實無憐愍，無慈悲，無不殘害。諸比丘，汝等往壞其屋，勿使當來眾生遭受殘害。」

可見，佛陀命人打破緣起比丘的瓦房可能綜合了多方面的原因：一方面考慮到燒製瓦房會傷害物命，有損慈悲；另一方面，因為瓦房會大寒大熱，容易令人生病，佛陀也是為比丘的身體健康着想；另外，

佛陀擔心比丘因此影響道業，有意讓緣起比丘捨棄出家前的工巧技術而專心修道。

《四分律》、《五分律》、《巴利律》中，世尊先是詢問了出家前做過大臣的比丘，世法中偷盜判死罪的標準，然後參照世法制定了「大盜戒」的成犯標準。可以體會到佛陀這樣做主要是為了制定一個合理可行的判罰標準。如果標準過於嚴格，會使比丘稍不小心就犯根本戒，不易行持，導致比丘過度憂懼，也令那些有心出家的人望而卻步；如果標準過於寬鬆，甚至低於國法的判罪標準，則可能導致出現像緣起比丘那樣觸犯了國法卻還在僧團內共住的情況，這樣難免引發世間人對佛教的譏嫌。所以佛陀參照世間法律制定了五錢犯重的判罪標準，是一個合理與智慧的選擇。

《鼻奈耶》記載：「爾時，世尊顧謂阿難：『速去阿難，入羅閱城住四徼道頭，告作此語：「若比丘盜五錢以上，盜直五錢衣，若盜此者，阿闍貰兜有何刑罰？」』爾時，阿難受世尊教，頭面禮足繞三匝，共二比丘入羅閱祇城，到四徼道頭告中行人：『若比丘盜五錢，直五錢衣，有盜此者，阿闍貰王有何刑罰？』爾時，羅閱祇城四徼道人即報之言：『若比丘盜五錢，直五錢衣，王阿闍貰有教非沙門。』」《十誦律》、《根有律》的記載與此相似。佛陀這樣做一方面可以讓世人知道有的比丘並不知道國法中犯盜的判罪標準，另一方面也向世人顯示，在緣起比丘的事情發生之後，僧團在積極聆聽外部意見、加以改進。這樣就可以一定程度上平息世人對比丘的非議。

（七）文體分析

《四分律》只有一個因緣，無其他文體。《鼻奈耶》、《十誦律》、《根有律》與《四分律》相同。《五分律》、《巴利律》中有兩個因緣。《僧

祇律》有三個因緣、一個本生、六則本事，另有四段祇夜和五段伽陀。

《四分律》以客觀敘述為主，輔以少量的心理描寫。如緣起比丘見自己的草屋被人破壞之後心想：「我今獨在閑靜處自取草木作屋，入村乞食，後取薪柴人破我屋持歸。我今自有技藝，寧可和泥作全成瓦屋。」國王得知比丘偷盜應被處死的情況之後，心想：「我剎利王水澆頭種，云何以少材而斷出家人命？是所不應。」《五分律》對人物的心理描寫較《四分律》更加細緻。在所造草屋三次被毀之後，緣起比丘「心轉懷恨」，心想：「我身幸能善於和泥，何為不作完成瓦屋，以勉斯患？」又如律文：「時達尼迦復作是念：『我先結草庵，輒為樵人所壞；後作瓦屋，復違法王出家之體。今寧可更求好材，建立大屋，必得久住，無復苦惱。』復作是念：『王舍城典材令是我知識，當往從索。』」兩部律典對人物內心世界的刻畫使其行為動機有了合理的解釋，人物形象更加飽滿，故事情節更加流暢。

《鼻奈耶》、《十誦律》、《根有律》與《四分律》相似。其中，《鼻奈耶》的一些文字細節反映出當時翻譯者的語言習慣，如木工與守城人的對答：「木工尋答：『達貳迦比丘來救我，官賜吾材，卿當與我。』」其中的「救」、「吾」、「卿」透露出南北朝時期的語言特徵。

《十誦律》中，細節描寫為故事增色不少。如「知城統」見到國王的木材被砍之後，「驚怖毛豎生念：『得無怨賊將欲來耶？若已得入？』」這裏不但突出了「城統」內心的恐懼，還描述了他隨後的心理活動——擔憂敵人的入侵與否，可以說是一種職業反應。這些細節描寫將人物形象表現得更加鮮活有力。《根有律》也有類似記載：「王聞此語，發大瞋怒，額起三峰，攢眉顰蹙，張目振手。」通過細緻描寫阿闍世王被激怒之後的表情和反應，將一個「暴君」的形象表現得淋漓盡致。

《僧祇律》的文體類型與緣起內容最為豐富。除了因緣外，該律還有多個本事故事，詳細地講述了「緣起比丘最初犯不與取」、「王對緣

起比丘不起惡心」、「王免比丘死罪」及「瓶沙王畏罪」等過去世的因緣。另有多段伽陀，或敘事，或說理，豐富了敘事結構，也增強了律典的教育功用。如：「象見善律儀，又聞罪福聲；善心日夜增，惡行漸得滅。習近諸惡業，先心還復起；唯有明智人，直進而不還。」這段文字描述了善境、惡緣對大象的不同影響，教育比丘要多親近善緣，遠離惡緣。又如：「宜審諦觀察，勿行卒威怒；善友恩愛離，枉害傷良善；喻如婆羅門，殺彼那俱羅。」則通過對本事故事的總結，教育大家做事前要多加觀察，不要輕舉妄動，以免釀成苦果。

《四分律》、《鼻奈耶》《十誦律》、《根有律》的戒條都在本制中一步到位。《五分律》、《巴利律》另有一次隨制，《僧祇律》經過一次本制、兩次隨制。其中，《僧祇律》、《巴利律》的隨制對本制的承接、補充很明顯，戒條的敘述邏輯清晰。但《五分律》中，本制和隨制看起來相對獨立，連貫性不強。

二、戒本

《四分律》中，本戒的戒本為：「若比丘，若在村落，若閑靜處，不與，盜心取，隨不與取法，若為王、王大臣所捉，若殺，若縛，若驅出國：『汝是賊、汝癡、汝無所知。』是比丘波羅夷，不共住。」

梵文《根有戒經》中本條戒對應的內容全部是通過藏文戒經重構的，因此不再參與以下的比較。

（一）若比丘，若在村落，若閑靜處

《四分律》、《四分律比丘戒本》[1] 作「若比丘，若在村落，若閑靜處」，意思是：如果比丘在村莊、聚落中，或是在（村莊外面）空曠安靜的地方。

與《四分律》相似：

《四分僧戒本》[2] 作「若比丘，在聚落中，若閑靜處」。《新刪定四分僧戒本》[3] 作「若比丘，在村落中，若間靜處」。

《十誦律》、《十誦比丘戒本》[4] 作「若比丘，若聚落中，若空地」。《僧祇律》作「若比丘，於聚落、空地」。《僧祇比丘戒本》[5] 作「若比丘，於聚落中，若空地」。《五分律》、《彌沙塞五分戒本》[6] 作「若比丘，若聚

1　《四分律比丘戒本》，《大正藏》22 冊，1015 頁下欄。
2　《四分僧戒本》，《大正藏》22 冊，1023 頁下欄。
3　《新刪定四分僧戒本》，《卍續藏》39 冊，263 頁中欄。
4　《十誦比丘戒本》，《大正藏》23 冊，471 頁上欄。
5　《僧祇比丘戒本》，《大正藏》22 冊，549 頁下欄。
6　《彌沙塞五分戒本》，《大正藏》22 冊，195 頁上欄。

落，若空地」。《解脫戒經》[1] 作「若比丘，若在聚落，若空靜地」。《根有律》、《根有戒經》[2]、《根有律攝》[3] 作「若復苾芻，若在聚落，若空閑處」。

梵文《說出世部戒經》[4] 作 "Yo puna bhikṣu grāmād vā araṇyād vā"，意思是：任何比丘，從村落或林野。

巴利《戒經》[5] 作 "Yo pana bhikkhu gāmā vā araññā vā"，意思是：任何比丘，從村落或者林野。

藏文《根有戒經》[6] 作 "ཡང་དགེ་སློང་གང་གཞན་དག་གི་གྲོང་ན་འདུག་པ་འམ། དགོན་པ་ན་འདུག་པ"，意思是：任何比丘，在聚落或林野中。

與《四分律》有部分差異：

《鼻奈耶》作「若比丘，於村落城郭」。

與《四分律》差別較大：

梵文《有部戒經》[7] 作 "Yaḥ punar bhikṣur"，意思是：任何比丘。沒有與《四分律》中「若在村落，若閑靜處」相對應的內容。

（二）不與，盜心取

《四分律》、《四分律比丘戒本》作「不與，盜心取」，意思是：（他人）沒有給予，以盜心竊取。

---

1   《解脫戒經》，《大正藏》24 冊，659 頁下欄至 660 頁上欄。

2   《根有戒經》，《大正藏》24 冊，501 頁上欄。

3   《根有律攝》卷 2，《大正藏》24 冊，534 頁下欄。

4   Nathmal Tatia, *Prātimokṣasūtram of the Lokottaravādimahāsāṅghika School*, Tibetan Sanskrit Works Series, no. 16, p. 6.

5   Bhikkhu Ñāṇatusita, *Analysis of the Bhikkhu Pātimokkha*, p. 25.

6   麗江版《甘珠爾》（འདན་བཀའ་འགྱུར）第 5 函《別解脫經》（སོ་སོར་ཐར་པའི་མདོ）3b。

7   Georg von Simson, *Prātimokṣasūtra der Sarvāstivādins Teil II*, Sanskrittexte aus den Turfanfunden, XI, p. 163.

與《四分律》相似：

《四分僧戒本》作「不與物，懷盜心取」。《新刪定四分僧戒本》作「不與物，盜心取」。《五分律》、《彌沙塞五分戒本》作「盜心不與取」。

《解脫戒經》作「他物不與，以盜心取」。《根有律》、《根有戒經》、《根有律攝》作「他不與物，以盜心取」。這四部律典與《四分律》相比，明確說明了是「他物」。

《鼻奈耶》作「有盜意，不與取」。

巴利《戒經》作 "Adinnaṃ theyyasaṅkhātaṃ ādiyeyya"，意思是：如果以偷盜的意圖拿取沒有給予的（東西）。

與《四分律》有部分差異：

《十誦律》作「物不與，偷取」。《十誦比丘戒本》作「不與取，名盜物」。《僧祇律》、《僧祇比丘戒本》作「不與取」。

梵文《說出世部戒經》作 "Adinnam anyātakaṃ stainasaṃskāram ādiyeya"，意思是：沒有給予（的物品），（以）偷盜的方式獲取。

梵文《有部戒經》作 "Adattaṃ steyasaṃkhyātam ādadyād"，意思是：沒有給予（的物品，以）算作偷盜（的方式）獲取。

藏文《根有戒經》作 "མ་བྱིན་པར་རྐུ་བའི་གནས་སུ་གཏོགས་པ་བླངས་ན། རྗེ་ཚམ་མ་བྱིན་པར་བླངས་པ"，意思是：他不給予而拿，就算作偷盜。

（三）隨不與取法，若為王、王大臣所捉，若殺，若縛，若驅出國

《四分律》、《四分僧戒本》、《四分律比丘戒本》作「隨不與取法，若為王、王大臣所捉，若殺，若縛，若驅出國」，意思是：由於偷盜的行為，如果被國王、大臣捉住，或殺，或綑綁，或驅逐出境。

與《四分律》相似：

《新刪定四分僧戒本》作「隨不與取法，若為王及大臣所捉，若縛，若驅出國，若殺」。

《鼻奈耶》作「以此形像不與取事，若王，若王大臣捉比丘，打、縛、驅著界外」。

《根有律》、《根有戒經》、《根有律攝》作「如是盜時，若王，若大臣，若捉，若殺，若縛，驅擯」。

《僧祇律》、《僧祇比丘戒本》作「隨盜物，王或捉，或殺，或縛，或擯出」。《五分律》、《彌沙塞五分戒本》作「若王，若大臣，若捉，若縛，若殺，若擯」。

梵文《說出世部戒經》作 "Yathārūpeṇādinnādānena (rā)jāno gṛhītvā hanemsu vā bandhemsu vā pravrājemsu vā"，意思是：以這樣的方式不與而取，國王捉住（盜賊）以後，或殺害，或囚禁，或驅逐。

梵文《有部戒經》作 "Yathārūpeṇādattādānena rājā hy enaṃ gṛhītvā hanyād vā badhnīyād vā pravāsayed vā"，意思是：以這樣的方式不與而取，國王捉住（盜賊）以後，或殺害，或囚禁，或驅逐。

藏文《根有戒經》作 "དེ་ལྟ་བུ་འདྲ། སྦྱིན་པ་ཅན་པོས་བཏུང་ནས〔དེ་ལ་འདི་སྐྲད་ཅིག་ གྱི་མི་ཤིང་ ནི་རྨེན་ཆ་བོ། ཁྱེད་པ་པོ། ཁྱུན་པ་པོ། ཁྲ་བའོ་ཞེས〕ཟེར་ཞིང་གསོད་དང་འཆིང་དང་སྐྱགས་ཀྱང་ཅན་པོ།"，意思是：「若因此被王、大臣逮捕〔而嚴厲斥責：『你是賊！偷竊！無知小兒！愚蠢！』而後〕可能被縛、被流放，乃至被殺死。」

巴利《戒經》作 "Yathārūpe adinnādāne rājāno coraṃ gahetvā haneyyuṃ vā bandheyyuṃ vā pabbājeyyuṃ vā"，意思是：由於不與取，國王捉拿盜賊後，可能打，或殺，或綁，或驅逐出境。

與《四分律》有部分差異：

《十誦律》作「以所偷物，若王、王臣，若捉繫縛，若殺，若擯，若輸金罪」。《十誦比丘戒本》作「如不與物取故，若王，若王等，若

捉，若殺，若縛，若擯，若輸金罪」。

《解脫戒經》作「若王，若大臣，若捉，若害，若縛，若罰財，若驅出國，若與種種苦」。

（四）汝是賊、汝癡、汝無所知

《四分律》、《四分僧戒本》、《新刪定四分僧戒本》、《四分律比丘戒本》作：「汝是賊、汝癡、汝無所知。」意思是：「（國王、大臣說道：）『你是賊、你愚癡、你無知。』」

與《四分律》有部分差異：

《鼻奈耶》作：「或作是語：『咄！比丘！汝非賊？汝非小兒？汝不癡？』」

《十誦律》作：「若作是言：『汝小兒！汝癡！汝賊！』」《十誦比丘戒本》作：「若如是言：『咄！汝小兒！汝癡！汝賊！』」

《僧祇律》作：「言：『咄！男子！汝賊耶？汝癡耶？』」《僧祇比丘戒本》作：「咄男子！汝是賊！汝愚癡。」《五分律》、《彌沙塞五分戒本》作：「語言：『汝賊！汝小！汝癡！』」

《解脫戒經》作：「咄！如是賊，汝無所知，汝癡，汝不與取。」

《根有律》、《根有戒經》、《根有律攝》作：「若呵責言：『咄！男子！汝是賊，癡，無所知，作如是盜。』」

梵文《說出世部戒經》作 "Hambho puruṣa coro 'si bālo 'si mūḍho 'si stainyo 'sīti vā vademsu"，意思是：「或說：『哦，（你這個）人，你是賊，你無知，你愚癡，你是小偷。』」

梵文《有部戒經》作 "Evaṃ cainaṃ vadec coro 'si bālo 'si mūḍho 'si steyo 'sīty"，意思是：「說：『你是小偷，你無知，你愚癡，你偷竊。』」

巴利《戒經》作 "Coro'si, bālo'si, mūḷho'si, theno'sī ti"，意思是：「你是賊、愚者、癡者、盜賊。」

藏文《根有戒經》作 "དེ་ལ་འདི་སྐད་ཅེས། ཁྱོ་མི་ཤེས་ནེ་རྨན་ག་བོ། ཁྱིས་པ་བོ། །བྲན་པ་བོ། །ཁྲ་བོའི ཞེས"，意思是：「嚴厲斥責：『你是賊！偷竊！無知小兒！愚蠢！』」

（五）是比丘波羅夷，不共住

《四分律》、《新刪定四分僧戒本》、《四分律比丘戒本》作「是比丘波羅夷，不共住」，意思是：這位比丘犯波羅夷罪，不應（與其他比丘）共住。

與《四分律》相似：

《五分律》、《彌沙塞五分戒本》作「是比丘得波羅夷，不共住」。《解脫戒經》作「是比丘得波羅夷，不應共住」。

與《四分律》有部分差異：

《四分僧戒本》作「比丘如是盜者，波羅夷，不共住」。《鼻奈耶》作「作此形像不與取，波羅夷，不受多舍比丘住」。《十誦律》作「比丘如是不與取者，得波羅夷，不應共住」。《十誦比丘戒本》作「如是相，比丘不與物取，是比丘得波羅夷罪，不應共事」。《僧祇律》作「比丘如是不與取者，波羅夷，不應共住」。《僧祇比丘戒本》作「比丘如是不與取，是比丘波羅夷，不共住」。《根有律》、《根有戒經》、《根有律攝》作「如是盜者，此苾芻亦得波羅市迦，不應共住」。

梵文《說出世部戒經》作 "Tathārūpaṃ bhikṣur adinnam ādiyamāno ayam pi bhikṣuḥ pārājiko bhavaty asaṃvāsyo, na labhate bhikṣūhi sārdhasaṃvāsaṃ"，意思是：這樣不與而取的比丘，也是波羅夷罪，不共住，不再獲得與比丘眾一起共住（的權利）。

梵文《有部戒經》作 "Evaṃrūpaṃ bhikṣur adattam ādadānaḥ

pārājiko bhavaty asaṃvāsyaḥ"，意思是：這樣不與而取的比丘，波羅夷罪，不應共住。

巴利《戒經》作"Tathārūpaṃ bhikkhu adinnaṃ ādiyamāno; ayam-pi pārājiko hoti, asaṃvāso"，意思是：像這樣，比丘不與而取，也是波羅夷罪，不共住。

藏文《根有戒經》作"དགེ་སློང་དེ་ལྟར་མ་བྱིན་པར་ལེན་ན་དགེ་སློང་དེ་ཡང་ཕམ་པར་གྱུར་པ་ཡིན་གྱིས་གནས་པར་མི་བྱའོ། །"，意思是：比丘像這樣不與而取，即是為他所勝，不應共住。

三、關鍵詞

（一）村落

　　梵文戒經中對應語詞是 "grāma"，意思是：聚落、村莊（英譯：village, hamlet）。巴利《戒經》中為 "gāma"，與梵文意思相同。藏文《根有戒經》作 "གྲོང་ན་འདུག་པ"，意思是：處於聚落（英譯：living in a village）。

　　《四分律》中，村落有四種：「一者，周匝垣牆」，即四周有圍牆作為界限，以此形成的村落；「二者，柵籬」，即四周有柵欄、籬笆作為村界的村落；「三者，籬、牆不周」，即籬笆或牆等沒有完全圍起來，中間尚有空缺而形成的村落；「四者，四周屋」，即沒有圍牆、柵欄或籬笆等圍繞，但由四周房屋圍聚而形成村落。

　　《五分律》、《根有律》、《根有律攝》和《僧祇律》中，翻譯為「聚落」。

　　《五分律》中的解釋是：「若城塹，若籬柵周迴圍繞三由旬乃至一屋，是名聚落。」意思是：被城牆、塹壕，或是籬笆、柵欄四周圍繞，上至三由旬大小，下至一個屋子的地方，都可稱作聚落。《根有律》中解釋為：「若聚落者，謂牆柵內。」即被牆壁、柵欄圍繞保護的地方。《根有律攝》[1]中的解釋與《根有律》相同。《僧祇律》中解釋為：「聚落者，聚落名若都牆圍繞，若水渠、溝塹、籬柵圍繞。」可見上述五部律典中的描述都強調被籬柵、圍牆甚至是房屋等隔離而形成的居住區域才算作村落。

1　《根有律攝》卷 2：「言在聚落者，謂在牆柵內。」《大正藏》24 冊，534 頁下欄。

《僧祇律》中還列舉了「放牧聚落、伎兒聚落、營車聚落、牛眠聚落、四家及一積薪亦名聚落」，即放牧者、伎兒、營車者等暫時集聚居住的地方，甚至於只有四戶人家和一個柴堆，也算作一個聚落。《巴利律》記載：「村落者，有一屋之村落、二屋之村落、三屋之村落、四屋之村落、有人之村落、有屋無人之村落、有圍籬之村落、無圍籬之村落。」又有「隨牛而住之村落，亦有商隊住四個月以上之村落」等類似遊牧、客棧一類的臨時聚集、休整的地方，同樣算作村落。《善見論》中也列舉了幾種聚落：「一家一屋如摩羅村，此是一屋，亦名聚落。」「依犛牛住者，隨牛處處住，或一屋，或二三屋，亦名聚落。估客住者，步擔估客、車行估客，亦名聚落。城邑及村，亦名聚落。」[1]

綜上所述，通過詞源分析，「村落」在諸部戒經中的內涵一致，為聚落、村莊之意。漢譯律典中，《四分律》、《五分律》、《根有律》、《根有律攝》中對村落的描述僅限於隔離開的常設性居住區域，而《僧祇律》、《巴利律》、《善見論》中還包括了類似遊牧、客棧等臨時性的集聚地點。其他律典中沒有相關解釋。

（二）閑靜處

梵文中對應的語詞是"araṇya"，意思是：森林、林野、空閑處（英譯：wilderness, forest），舊譯的「阿練若、阿練茹、阿蘭拏、阿蘭若、阿蘭那」都對應該詞的音譯。巴利《戒經》中為"arañña"，與梵文意思相同。藏文《根有戒經》作"དགོན་པ་ན་འདུག་པ"，意思是：處於空閑寂靜之地（英譯：living in forest）。

《四分律》中解釋為：「閑靜處者，村外空靜地，是謂閑靜處。」

1　《善見論》卷 8，《大正藏》24 冊，729 頁中欄至下欄。

即村莊外面空曠安靜的地方。

其他律典與《四分律》中的「閑靜處」所對應的內容略有不同：《根有律》、《根有律攝》為「空閑處」；《僧祇律》、《五分律》為「空地」；《巴利律》、《善見論》為「阿蘭若」。

《根有律》中的解釋比較簡單：「空閑處者，謂牆柵外。」意思是：牆壁、柵欄之外就是空閑處。《根有律攝》[1]中的解釋與《根有律》相同。

《僧祇律》中解釋為：「空地者，空地名垣牆院外，除聚落界，餘者盡名空地。聚落界者，去籬不遠，多人所行，蹤迹到處，是名聚落界。如是水渠、溝塹、籬柵外，除聚落界，餘者盡名空地。」同時，律中還列舉了幾種聚落及其聚落界，如「放牧聚落者，最邊巷舍外」、「伎兒聚落者，最邊車外」、「營車聚落者，最邊車外」、「牛眠聚落者，最邊家外」、「四家及一積薪聚落者，最邊家外」。可以看出，《僧祇律》中「空地」的概念與「聚落」是相對的，即前面提到的幾種聚落及其附近「多人所行，蹤迹到處」以外的地方，都可稱作空地。

《五分律》中解釋為：「聚落外，除聚落所行處，是名空地。聚落外盡一箭道，有慚愧人所便利處，是名聚落所行處。」這裏的「空地」意思是：聚落及聚落邊界向外延伸射一箭範圍之外的所有地方。《巴利律》中的解釋是：「阿蘭若者，除村落及村落近郊外，名阿蘭若。」其中「村落近郊」的定義為：「於有籬之村，人立於村門中，擲土塊所及之處；於無籬村，人立於家軒中，擲石塊所及之處。」《善見論》記載：「若聚落如阿㝹羅陀國有二門闌，於內門闌以外悉是阿蘭若處；若無門闌，可當門闌處，亦名為門闌。」[2]

綜上所述，《四分律》、《根有律》中閑靜處為村落之外的地方，而

1　《根有律攝》卷 2：「若空閑處者，謂牆柵外。」《大正藏》24 冊，534 頁下欄。
2　《善見論》卷 8，《大正藏》24 冊，729 頁下欄。

《僧祇律》、《五分律》、《巴利律》、《善見論》中閑靜處的範圍排除掉了村莊附近的地區。對於「村莊附近」的劃定，《僧祇律》中定義為「多人所行，蹤迹到處」，《五分律》中為「聚落外盡一箭道」。《巴利律》中則區分為：有籬的村落是「人立於村門中，擲土塊所及之處」；如果沒有籬笆，則是「人立於家軒中，擲石塊所及之處」。《善見論》中是「內門闌以外悉是阿蘭若處」。

（三）盜心

梵文戒經中對應的表述是 "steyasaṃkhyāta" 和 "stainasaṃskāra"，兩者都是合成詞，前半部分 "steya" 和 "staina" 都是偷盜的意思，而後面的 "saṃkhyāta" 和 "saṃskāra" 則存在一定的差異："saṃkhyāta" 一詞主要有算作、視為的意思（英譯：reckoned up, counted），而 "saṃskāra" 一般意思較為寬泛，包含造作、完成的意思。所以直譯的話，"steyasaṃkhyāta" 意思是：以視為偷盜的方式（英譯：to count as stealing），而 "stainasaṃskāra" 意思是：以偷盜的行為（英譯：by means of theft）。但也有觀點認為上述語詞就是對應漢文「盜心」的含義，所以翻譯為：以偷盜的意圖（英譯：with intent to steal）。

巴利《戒經》對應為 "theyyasaṅkhāta" 一詞，構成上和梵文類似，由 "theyya" 和 "saṅkhāta" 複合而成。前者表示「偷盜」是沒有疑義的，但 "saṅkhāta" 一詞的含義存在爭議。主流的觀點認為是「算作、視為」（英譯：reckoned, so-called, named），與梵文 "saṃkhyāta" 的意思一致，所以整個詞的意思是：以視為偷盜的方式（英譯：in a way which is reckoned as theft）。但也有結合廣律中解釋的內容，推斷其對應的意思是：以偷盜的動機（英譯：with motive of theft）。

藏文《根有戒經》中沒有與「盜心」直接對應的詞，對於何為偷

盜有如下內容 "ཨ་བྱིན་པར་རྐུ་བའི་གྲངས་སུ་གཏོགས་པ་ལྲངས་ན། ཇི་ཙམ་མ་བྱིན་པར་ལྲངས་པ"，意思是：他不被給予而（自）取，就視為偷盜（英譯：takes a thing not given—which is counted as theft）。這段文字表述的觀點並不涉及盜心、意樂等心理因素，與《四分律》中的「盜心取」差異較大。

《四分律》中雖然對「盜心」沒有明確的定義，但在最後的「毗尼增」部分卻提及五種「賊心」，即「黑暗心、邪心、曲戾心、不善心、常有盜他物心」。

《十誦律》中解釋為：「盜心者，他不與自盜心取。」就是指對別人沒有給予自己的物品產生偷盜的心。《根有律》與《十誦律》的解釋類似：「以盜心取者，謂他不與物，賊心而取。」

《五分律》中則更詳細地解釋了盜心的對境包含物主和守護主，「物屬他、他所護，不與而取，是名盜心」，這與《十誦律》中的解釋基本一致；緊接着後文又描述「以諂心、曲心、瞋恚心、恐怖心取他物，亦名盜心」，這與《四分律》中對五種「賊心」的描述較為相似。

《根有律攝》中解釋為：「以盜心者，知是他物，作竊盜心，非親友想，非重還想。」[1]文中除了強調要「知是他物」外，還增加了「親友想」及「重還想」的開緣情況。《巴利律》中解釋為：「以盜心者，盜心、奪取心也。」

綜上所述，梵巴藏戒本中「盜心」的內涵似乎更傾向於「以視為偷盜的方式」。但綜合幾部廣律中的解釋來看，對「盜心」的理解則應該是「以偷盜的動機」。其中，《四分律》、《五分律》中還詳細地描述和區分了偷盜動機的各種心理。

1　《根有律攝》卷 2，《大正藏》24 冊，534 頁下欄。

（四）不與

梵文戒經中對應"adatta"和"adinna"，意思是：不與（英譯：not given）。巴利《戒經》作"adinna"，意思是：不與。藏文《根有戒經》作"མ་བྱིན་པར"，意思是：不給予（英譯：not given）。

《四分律》中解釋為「不與者，他不捨」，意思是：只要是他人沒有施捨的物品，都算作「不與」的範疇。《根有律》的解釋與之類似：「不與者，謂無人授與。」《根有律攝》[1]中的解釋則與《根有律》的解釋相近。

《巴利律》中「不與」的定義則更為寬泛，除了「非施與物」以外，還包括：「非捨棄物、非永遠放棄物、被守護之物、自己所有物、他人持有物。」《善見論》中則解釋為「他物若衣若食，他不以身口與」[2]，強調對方要有「與」的身口行為。

《十誦律》、《僧祇律》中，除了和《四分律》類似的定義之外，還增加了對「不與」物主的描述，「若男，若女，若黃門，若二根人不與，盜取，是名不與取」，「不與者，若男，若女，若黃門、二形、在家、出家，無有與者，盜心取」。

綜上所述，上述諸律典中「不與」的含義與《四分律》基本一致，即物品屬於他人，他人沒有同意給予。

（五）取

梵文戒經對應的語詞較多，但應該都與"ādāya"相同，意思是：

1　《根有律攝》卷 2：「人不與者，非他授與。」《大正藏》24 冊，534 頁下欄。
2　《善見論》卷 8：「不與取者，他物若衣若食，他不以身口與，而自取一分，或從手取，或從處取。」《大正藏》24 冊，729 頁下欄。

「取」（英譯：taking, seizing）。巴利《戒經》中對應的是"ādāti"，與梵文意思相同。藏文《根有戒經》中對應為"ᡱᢖ"（偷）以及"ᡱᢖᢆᡱᢖ"（已取），意思是：偷或盜取行為（英譯：takes a thing）。

《四分律》中關於取，提到十種方式：「決定取、恐怯取、寄物取、見便取、倚託取」、「復有五種：與罪人同業；若教授人作賊；若復為賊先看知財物處所還示處；若為賊守物；若為賊邏道，是為五」。

《摩得勒伽》中的「五種劫」與《四分律》中「取」的前五種情況較為相似：「強奪取、軟語取、苦切取、受寄取、施已還取。」[1]

《十誦律》中有五種取：「劫取、盜取、詐取、祗讕取、法取，是名五取。」《根有律攝》中分為兩類：「取者，謂取屬已，若自取，若教他取。」[2]

《僧祇律》中記載：「取者，取名捉物移離本處，是名為取。」這一描述更類似於犯相中「究竟成犯」的條件。《巴利律》與《僧祇律》中的定義類似：「取者，奪、取去、盜、亂威儀、離本處、希冀指定物。」只是增加了其他幾種情況。

《五分律》記載：「若自取，若使人取，物離本處，是名不與取。」除了有類似《僧祇律》中「物離本處」的描述外，還增加了「自取」和「使人取」。

其他律典中沒有相關解釋。

綜上所述，除《僧祇律》、《五分律》、《巴利律》中對「取」有直接的定義或描述外，多數律典都是從「取」的方式和種類來解釋。《五分律》、《根有律攝》中記載了兩種取，《十誦律》、《摩得勒伽》中將「取」分為五類，《四分律》中分類最多，共有十類。

1　《摩得勒伽》卷 7，《大正藏》23 冊，609 頁上欄。
2　《根有律攝》卷 2，《大正藏》24 冊，534 頁下欄。

（六）驅出

梵文《說出世部戒經》和《有部戒經》中對應的語詞都是"pravraj"，意思是：放逐、驅逐（英譯：to banish, send into exile）。巴利《戒經》中對應為"pabbājeti"，與梵文意思一致。藏文《根有戒經》對應為"སྐྲག"，意思是：驅逐、流放（英譯：to banish）。

《四分律》中沒有相關解釋。

《僧祇律》中解釋為：「擯出者，驅出聚落，驅出城，驅出國，是名擯出。」《五分律》記載：「驅出一住處乃至一國，名為擯。」《巴利律》記載：「或逐者，言或從村，或從街，或從城，或從郡，或從國而逐之也。」這三部律典中，從住處、村落、郡縣、城市乃至國家被逐或被擯，均名驅出。

《根有律》中解釋為：「驅擯者，謂逐令出國。」《根有律攝》記載：「擯，謂驅令出國。」[1]《善見論》記載：「擯者，徙置餘國。」[2] 這三部律典中，驅出的涵義則更偏重於被逐出國。

綜上所述，詞源分析中，「驅出」在諸部戒經中內涵相同，為驅逐、流放之意。漢譯律典中，《根有律》、《根有律攝》、《善見論》中對驅出的解釋均為：驅出國家。而《僧祇律》、《五分律》、《巴利律》中對驅出的解釋更為寬泛，包括了從村落、城市等乃至到國家的所有驅逐。

1　《根有律攝》卷 2，《大正藏》24 冊，535 頁上欄。
2　《善見論》卷 8，《大正藏》24 冊，729 頁中欄。

四、辨相

（一）犯緣

具足以下五個方面的犯緣便正犯本戒：

1. 所犯境

《四分律》中，所犯境為價值滿五錢的有主物或他護物，包括對畜生有用的畜生所屬物。

《鼻奈耶》與《四分律》相似，不同點在於《鼻奈耶》中所犯境為畜生物時，不論對其有用與否，只要滿五錢都正犯本戒。

《十誦律》、《薩婆多論》[1]、《摩得勒伽》[2]、《僧祇律》、《五分律》記載的所犯境為價值滿五錢的有主物或他護物，較《四分律》少了盜畜生物犯重的記載。

《根有律》、《根有律攝》[3] 中，所犯境為價值滿五磨灑的有主物或他護物。

《巴利律》、《善見論》[4] 中，所犯境為價值滿五摩沙迦的有主物或他護物。

1　《薩婆多論》卷 2，《大正藏》23 冊，515 頁下欄至 517 頁上欄；卷 3，《大正藏》23 冊，517 頁中欄至 518 頁上欄。

2　《摩得勒伽》卷 1，《大正藏》23 冊，570 頁上欄至下欄；卷 4，《大正藏》23 冊，586 頁中欄至下欄、587 頁下欄；卷 8，《大正藏》23 冊，612 頁上欄至 613 頁下欄。

3　《根有律攝》卷 2，《大正藏》24 冊，534 頁下欄至 537 頁中欄。

4　《善見論》卷 8，《大正藏》24 冊，727 頁上欄至 732 頁下欄；卷 9，《大正藏》24 冊，732 頁下欄至 740 頁上欄；卷 10，《大正藏》24 冊，740 頁上欄至 743 頁上欄；卷 16，《大正藏》24 冊，787 頁下欄至 788 頁上欄。

藏傳《苾芻學處》[1]中記載的所犯境為：「一、所盜境，是人不與自己共財。二、所盜物，於彼時處用一加行，於能盜所盜，均滿數量。是人所攝持物，非已作熟之飲食，及劊子手所持之糞掃物等（非下劣故）。」

關於「五錢」、「五磨灑」和「五摩沙迦」的相關辨析，詳見後文專題內容。

《明了論》[2]僅記載了一句有關盜戒的判罪內容：「若人偷地界、水界、火界、風界、空界等，亦犯波羅夷。」《毗尼母經》沒有記載所犯境的相關內容。

2. 能犯心

（1）發起心

《四分律》中，發起心為「盜心」。

藏傳《苾芻學處》中，發起心是「為自活命故，欲令其畢竟離他屬自，此心相續未斷」，即盜心一直持續到究竟，才正犯此戒。

除《毗尼母經》沒有發起心的記載外，其他律典與《四分律》相同。

關於「盜心」的解釋，諸律不盡相同，詳見關鍵詞解釋中「盜心」條目。

（2）想心

《四分律》中提到四種想心：有主作有主想、他物作他物想、他護作他護想、非己物作非己物想。其中，任具一種而盜即正犯本戒。

《十誦律》中，想心有兩種記載，此律卷 1 記載「屬他想」，即他物作他想，正犯。而此律卷 57 則記載，他物作他物想、疑，或是無主

1　《苾芻學處》，《宗喀巴大師集》卷 5，52 頁至 56 頁。
2　《明了論》，《大正藏》24 冊，671 頁上欄。

物想，均正犯此戒。

《根有律》、《巴利律》、《善見論》記載，他物作他物想，正犯此戒。《摩得勒伽》卷1、8記載，他物作他物想，正犯；而此律卷4則記載，他物作他物想、疑，正犯。

《根有律攝》中，他物作他物想或疑，都正犯本戒。藏傳《苾芻學處》作「於人之物，下至猶豫，作彼物想」，與《根有律攝》意思相同。

《僧祇律》中，「復有五法具足，不與取，滿者，波羅夷。何等五？於彼物不與想、非己想、有主想、不同意想、不暫用想」，即須同時滿足此五種想才正犯此戒。

《薩婆多論》中沒有明確記載什麼樣的想心正犯此戒，只記載了不正犯的情況。

其他律典中沒有明確記載想心相關的內容。

3. 方便加行

《四分律》中，方便加行為「不與取」，諸律在這一點上與之相同，只是在不與取的方式或方法上有所差異。

《四分律》中，不與取的方式包括三種：自手取、看取、遣人取。以其中任一種方式偷盜，都正犯此戒。「看取」指別人偷盜時為其望風；或指「現前指示取」，即當面指示別人去盜。《根有律》和《根有律攝》在這點上與之相同。《毗尼母經》[1]中，「若自取，若為他外邏教取，若遣人取」，以這三種方式偷盜，均正犯此戒，與《四分律》相似。

另外，《四分律》中還提到各種取的方法，包括：「若牽挽取，若埋藏，若舉離本處」；或以種種方便通過破村、壞他空地、田園、水池等而取；或依仗勢力威逼、脅迫；或以言辭辯說，誑惑而取；或以咒

1　《毗尼母經》卷7，《大正藏》24冊，839頁中欄；卷8，《大正藏》24冊，849頁下欄。

術取；或幫助俗人偷稅；為他人代寄物品時盜；分地時，移動標相等。再者，故損他人財產也正犯本戒，其中包括「自斷壞，若教人斷壞，自破，若教人破，若燒，若埋，若壞色」等。關於諸律中損財是否為盜的辨析，詳見後文專題內容。

《根有律》還記載，通過咒取、共賊取、言訟取、圍繞取，以及期處、定時、現相的方式不與取，皆正犯本戒。這裏的「言訟取」指通過打官司的手段盜取他人物；「圍繞取」指的是通過蓋圍牆、籬笆的方式盜圈他人的領地。《根有律攝》還記載了「強取、竊盜取、調弄取、因寄付取、與更奪取」五種不與取，以及「博弈偷子、迷惑取物」。

《十誦律》、《薩婆多論》、《五分律》與《四分律》相似，也有三種不與取的方式：自取、教他人、遣使。與《四分律》相比，少了「看取」，多了「教他人」取。

其中，《十誦律》提到各種取的方法，包括「劫取、盜取、詐取、誑諂取、法取」、「苦切取、輕慢取、以他名字取、抵突取、受寄取」，以及不輸稅、與賊共盜、賭博時作弊等。對於不動產，如田、房屋等，通過打官司取、標相取也都正犯本戒。《薩婆多論》提到了不輸稅、相言取。《五分律》還記載了以「寄還、遮路、伺路、示處、導道、教取、共取、不輸稅」等方式不與取。

《鼻奈耶》中還提到：分食物時盜心多受取；比丘教王征伐，自己以此獲利；幫俗人逃稅過關而得利等。

《摩得勒伽》中，不與取的方式有自取、教人取、不輸稅而取。《僧祇律》中有自取、教他取兩種，其中，教他取有派遣「奴、作人、知識」三種情況。此外，「試作」而盜，也正犯。

《巴利律》中，「盜取、鬥取、謀取、隱匿取、抽籤取」五種不與取，皆正犯此戒。另有「偵察、看守、共謀偷、指定、現相」等不與取的方式也正犯此戒。

《善見論》記載了「盜取、略取、要取、覆藏取、下籌取」，以及自手取、教、擲、共取、輾轉取、現相教取、不輸稅等不與取的方式。

藏傳《苾芻學處》中，方便加行為「或以勢力奪取，或借來抵賴不還，或書信誆取及令他人盜取」。

4. 究竟成犯

關於本戒的究竟成犯，諸律中所列舉的情況繁多，大約可分為從心判和從物判兩類。從心判是指依失主的捨心或盜者的得想來判犯；從物判是指依盜物時「物離本處」來判犯。有的律典只提到其中的一種，有的則是兩種兼有。從心判的情況比較複雜，在下文的「盜戒之究竟成犯」專題中會作專門的討論；此處僅討論從物判的情況。

《四分律》的究竟成犯為：所盜物品「離本處」。《十誦律》、《薩婆多論》、《摩得勒伽》、《僧祇律》、《五分律》、《根有律》、《根有律攝》、《巴利律》、《善見論》在這一點上與《四分律》相同，只是在離本處的具體標準上諸律間有所差異。

如《四分律》中至少列舉了二十多種「處」，如「地處，若地上處，若乘處」等。不同「處」的「離本處」，具體情況也有所差異，如船處中「若沉著水中，若移岸上，若解移處」皆正犯本戒。恐文繁不一一介紹。對於其他律典中「離本處」的情況，僅列舉部分常見情況及一些特殊情況以作介紹。

《十誦律》、《僧祇律》、《五分律》、《根有律》、《巴利律》中也提到了地處、上處、虛空處等多種離本處的情況。如《十誦律》中，對於地處的物品，「若以木、瓦、石舉取，雖墮本處，波羅夷；若拽取，未出界，偷蘭遮」，由此可以判斷這裏的離本處有兩種情況：物離開地面；物雖未離開地面，但被拖拽出了原來的地界範圍。這與《四分律》有所不同。再者，對於田地、房屋等不動產，對應的「離本處」是打

官司或標相完成。

《薩婆多論》、《僧祇律》與《十誦律》相同，其中也提到了多種離本處的情況。如《僧祇律》中，有人乘船載水，比丘盜心取，若持水去，身衣盡離船時究竟成犯；若從水器盜水，水注斷時即離本處，究竟成犯；若欲合船盜者，順牽船尾過船頭處，即究竟成犯。《薩婆多論》記載：「若在褥上有異色，物在一色移在異色，即離本處。」「無主水中有主鳥，若沉令水覆背上，名離本處；若舉離水，名離本處；若移鳥令離周圓邊際，名離本處。」除了這兩種情況之外，其餘的案例恐繁不述。

《根有律》中，除了「離本處」犯重外，如果比丘「言訟取」，比丘得勝之後，「若彼俗人心息」時，正犯此戒；如果比丘「圍繞取」，「其圍合」時，正犯此戒；如果咒盜，眼見時正犯。《根有律攝》還記載，如果盜船，「離見處時，便得本罪；若溯流而去者，隨所趣岸與河闊量等，便得本罪」；咒盜取、圍繞取與《根有律》相同；言訟取時，對方心若捨時，即得本罪；若國王斷案，斷後，比丘即正犯此戒；通過契約盜他物，「若以書手字手印，以為期契而盜他物，准事成犯」；借貸不還，「初為貸借，後欲不還，決絕之時便得本罪」。

《巴利律》中還記載，置於頭上之物，若令下放於肩者，即正犯本戒；擔於肩之物，令下至於腰者，正犯；繫腰之物，手取之時，正犯；手持之物，置地即犯；受寄之物，對方放棄時即正犯本戒。

《鼻奈耶》中沒有明確說明此戒的究竟成犯，但提到幫在家人逃稅過關而得利的情況，即在比丘得利時成犯。

藏傳《苾芻學處》記載，「於所盜物生得心時」，正犯此戒。即以比丘的得心來判斷究竟成犯，與其他律典一般情況的判罰標準有所差異。

《毗尼母經》沒有記載此戒的究竟成犯。

5. 犯戒主體

《四分律》中，犯戒主體是比丘，比丘尼同犯。

《五分律》、藏傳《苾芻學處》與《四分律》相同。其餘律典的犯戒主體為比丘，沒有比丘尼同犯的記載。

《十誦律》中，「與學沙彌（即學悔沙彌）」也正犯此戒。《摩得勒伽》中，除了比丘之外，「學戒人（亦指學悔沙彌）」也正犯此戒。

（二）輕重

1. 所犯境
（1）人物

《四分律》中記載，若比丘盜取滿五錢的有主物或他護物，結波羅夷罪；若不滿五錢，結偷蘭遮罪。《十誦律》、《摩得勒伽》、《僧祇律》、《五分律》與《四分律》相同。

《鼻奈耶》中關於判罰的內容與《四分律》相似，只是少了盜不滿五錢犯偷蘭遮的記載。此外，《摩得勒伽》中還記載有度稅的內容：「若比丘度不可稱量物，波羅夷；度可稱量物，偷羅遮。不可稱量物，謂物少、價直不可量。」

《薩婆多論》中，三錢及以下，輕偷蘭；四錢，重偷蘭；滿五錢，波羅夷。《僧祇律》中，若比丘入暗中盜物，所盜物中包含了誤偷的自己的衣鉢，這時應計算所盜他人物的價值，若滿五錢，波羅夷。

《根有律》、《根有律攝》中，所犯境是滿五磨灑的有主物或他護物，結波羅夷罪；若不滿五磨灑，結偷蘭遮罪。

《巴利律》、《善見論》中，所犯境是滿五摩沙迦的有主物或他護物，結波羅夷罪；若不滿五摩沙迦，《善見論》中結偷蘭遮罪；《巴利律》中，一摩沙迦以上至五摩沙迦以下，結偷蘭遮罪；一摩沙迦或以下，

結突吉羅罪。

藏傳《苾芻學處》中，犯波羅夷罪的情況如上犯緣所述：「價值滿足」，結波羅夷罪；價值不滿，結偷蘭遮罪。其中「價值滿足」的標準沒有明確記載。

《毗尼母經》沒有此戒所犯境的判罪記載。

（2）非人物

《四分律》中，所犯境未提到非人物，僅說非人所護物，不犯。如：「時有比丘盜他水，彼疑，佛言：『直五錢，波羅夷。』諸比丘疑，不敢取渠水、泉陂池水。佛言：『若非人所護者，不犯。』」而《根有律攝》記載：「非人護者，獲窣吐羅。」與《四分律》不同。

所犯境為非人物時，《五分律》、《根有律攝》、藏傳《苾芻學處》結偷蘭遮罪，而《巴利律》、《善見論》中無罪。《十誦律》、《摩得勒伽》記載，取非人物滿五錢，結偷蘭遮罪；不滿五錢，結突吉羅罪。《薩婆多論》記載，取非人物五錢以上，重偷蘭；若四錢以下，輕偷蘭。

另外，對於未壞的死屍，取其衣，《十誦律》、《巴利律》、《善見論》、《根有律攝》、藏傳《苾芻學處》中結突吉羅罪；若死屍已爛壞，《善見論》中無罪。

其他律典中沒有所犯境是非人物時的判罪記載。

（3）畜生物

《四分律》中，若盜取屬於畜生的可用之物，結波羅夷罪。如律中記載：六群比丘以盜心取食寺中老鼠的核桃，犯波羅夷；若屬於畜生的不可用物，不犯。

《鼻奈耶》與《四分律》略有差異，盜畜生物滿五錢犯重，沒有提及物品對畜生是否有用。如律文：「若比丘，師子所食殘，下直五錢而食，為成棄捐，不受。」

《根有律》中，盜畜生物，「滿五，得窣吐羅底也；不滿，得惡作

罪」。

《根有律攝》記載：「若盜傍生物，得窣吐羅。」此外，「鳥棲之巢有鳥守護，取柴將染，得惡作罪」。

《十誦律》中，對於畜生有執著的物品，若偷盜犯突吉羅；如果畜生無執著的物品，不犯。如律文：「從今日虎殘骨肉不應取，若取，得突吉羅。何以故？虎於肉不斷望故。若師子殘肉可取，何以故？斷望故。」藏傳《苾芻學處》記載：「若壞取有鳥住守之巢……皆惡作罪。」

《薩婆多論》、《五分律》中，對於盜畜生物均有兩種不同的判罪。《薩婆多論》記載，「一切鳥獸食殘，取，突吉羅；師子殘，無罪」。然而後文又記載：取畜生物五錢以上，重偷蘭；若四錢以下，輕偷蘭。《五分律》卷 1 中記載：「畜生物，不與取，皆突吉羅。」而卷 28 中又記載：「有比丘於鼠穴中得千兩金囊，盜心取，生疑，問佛。佛言：『屬鼠物，不犯，得偷羅遮罪；若盜心奪鳥獸物，亦如是。』」

《僧祇律》中未明確記載盜畜生物應如何判罪，僅提到鳥銜的食物掉入比丘鉢中，比丘食，不犯。《巴利律》、《善見論》記載，盜畜生物，不犯。

（4）三寶物

《四分律》中，盜經書，滿五錢，波羅夷。「不應取」其他塔廟中的裝飾衣或莊嚴、供養塔的衣，但未說明具體應如何結罪。

《鼻奈耶》中，盜佛塔寺物、聲聞塔物，或是盜僧物，均犯波羅夷。《僧祇律》中，盜塔物、僧物，或將塔物與僧物故意互用，均得波羅夷。《十誦律》、《摩得勒伽》、《根有律攝》中，將四方眾僧物移至他寺，得突吉羅。此外，《十誦律》中，盜佛舍利，得偷蘭遮罪；清淨心取，無罪。盜經卷，若值五錢，波羅夷；不值五錢，偷蘭遮。盜塔寺或精舍中有人守護的供養具及有人守護的佛塔物，若值五錢，波羅夷；不值五錢，偷蘭遮。

《薩婆多論》記載：「若盜佛像為供養故，無罪；若為得錢、轉賣得錢，偷蘭遮。盜經，不問供養不供養，計錢得罪。若盜舍利，偷蘭遮。」「若盜僧物，五錢以上，得重偷蘭；四錢以下，得輕偷蘭。」《摩得勒伽》記載：「取佛舍利，有主，若為自活偷，滿，波羅夷；不滿，偷羅遮。……若為供養故：『佛是我師，我應供養。』滿五錢，突吉羅。」「若偷經，滿，波羅夷；不滿，偷羅遮。若讀誦書寫，不犯。」

《根有律攝》記載：「或盜經書，皆計直犯罪。」「盜設利羅[1]、世尊馱都[2]，有人守護，意欲供養，作大師想者，犯惡作罪；若作衒賣，求財利心而盜取者，得他勝罪。若天祠中及以制底[3]香台之處有莊嚴具，若有人守護，得波羅市迦；非人護者，獲窣吐羅。」另外，「若施主本心造立房寺，於此寺住者與其供養，苾芻輒將餘食，計直全犯」。

《五分律》中，盜佛經，「計紙筆書功，直五錢，犯」；「盜心貿僧好物」，值五錢，得波羅夷罪。《巴利律》、《善見論》中，盜僧物，得波羅夷罪。藏傳《苾芻學處》記載：「僧眾物……佛入無餘涅槃以後之物……盜者，皆得粗罪。」

2. 能犯心

（1）發起心

《四分律》中，發起心是盜心。除《毗尼母經》和藏傳《苾芻學處》外，其他律典在這一點上與《四分律》相同。《毗尼母經》沒有此戒的發起心記載。藏傳《苾芻學處》中，盜心須一直持續到究竟才犯波羅夷；若「發起心不具，如為與自己不共財之他人盜」，得粗罪；

---

1 設利羅：舍利。
2 馱都：舍利。《俱舍論記》卷8：「身界，梵曰『馱都』，即佛身界也，亦名『室利羅』。」《大正藏》41冊，156頁上欄。
3 制底：又稱支提，即佛塔的意思。

若「自無得心，將他人物藏於水等中，或以火等壞，或以密咒令他花果等乾枯，或他所捉之鹿等為他放走，皆得壞他物粗罪。若以悲愍心放走者，惡作罪。如是若為供佛等而盜，亦惡作罪」。

另外，部分律典中還提到一些其他的結罪情況。《摩得勒伽》、《根有律攝》、藏傳《苾芻學處》中，比丘主動為他人盜，犯偷蘭遮。《摩得勒伽》：「若比丘，他不使盜而為他盜取，偷羅遮。」「『為他偷，得何罪？』答：『偷羅遮。』」《根有律攝》：「不聞他告，自為彼人偷，得物時，得窣吐羅罪。」藏傳《苾芻學處》：「為與自己不共財之他人盜……粗罪。」「若為供佛等而盜，亦惡作罪。」

《鼻奈耶》中，若比丘為了食用而從其他動物處奪取其所食之動物，波羅夷；若為了保護被食動物的生命而將掠食者驚走，不犯。

《十誦律》、《薩婆多論》中，以盜心盜佛像、舍利等，得偷蘭遮罪；若為供養而取，無罪。《十誦律》中，以快心釋放或傷害有主畜生，得偷蘭遮；若以快心破壞獵人獵獸的器具，得偷蘭遮，以憐愍心作，得突吉羅。《摩得勒伽》中，盜有主佛舍利，隨發起心的不同，結罪情況也會隨之變化，如文：「取佛舍利，有主，若為自活偷，滿，波羅夷；不滿，偷羅遮。若增惡取，彼我俱無[1]，偷羅遮。若為供養故：『佛是我師，我應供養。』滿五錢，突吉羅。」若比丘盜心取象、馬、駱駝、牛、羊，波羅夷；若為了觸惱對方而取或釋放，偷蘭遮；如果不以惱害之心放畜生，犯突吉羅，如律文：「諸賊偷牛入阿練若處，繫置便去。諸比丘往至彼處，見已即解放，便即生悔。乃至佛言：『不犯波羅夷，犯突吉羅。』」

《五分律》記載：「有高處比丘擲他衣與下處比丘，俱生疑，問佛。

1　增惡取，彼我俱無：由於憎惡對方，因此希望對方失去財物而盜取；不是為自己，而是令自己和對方都得不到這一物品。

佛言：『若盜心擲，波羅夷；無盜心取，偷羅遮。若無盜心擲，偷羅遮；盜心取，波羅夷。俱盜心，俱波羅夷；俱無盜心，俱偷羅遮。』」若比丘以憐愍心放他一切眾生，不犯波羅夷，但「不應於他物方便放之，犯者突吉羅」。《根有律》中，若作試心取物，若以慈悲心用神通救人，不犯。《根有律攝》中，盜心放他人動物，犯重；慈悲心放，犯突吉羅。《巴利律》中，比丘以盜心放有主動物，波羅夷；以慈悲心放，不犯。

《根有律攝》中，比丘不想獲取財物，只是單純想要破壞他人的財物，犯偷蘭遮，如律文：「苾芻盜時，作如是念：『若得物已，即便毀壞，令彼失財，不入己』者，得窣吐羅。」「若作惡心指他異道」，令對方逃稅，偷蘭遮；「若持他物過彼稅處」，沒有想要與對方共分財物的心，偷蘭遮。

《善見論》中，若比丘自有空的容器，外人以物置中，比丘以瞋心移至它處，不犯；若不以瞋心而以盜心取，移至它處，得波羅夷；以憐憫心放生，無犯，但是應該償還物主的損失。

（2）想心

《四分律》中，他物作他物想、有主作有主想、他護作他護想、非己物作非己物想，犯波羅夷。其中，對「有主想」的情況作了詳細的分類判罪。若滿五錢時：有主有主想，波羅夷；有主疑，偷蘭遮；無主有主想或疑，偷蘭遮。若不滿五錢時：有主有主想，偷蘭遮；有主有主疑，突吉羅；無主有主想或疑，突吉羅。若滿五錢時：他物他物想，波羅夷；他物他物疑，非他物他物想或疑，皆偷蘭遮。若不滿五錢時：他物他物想，偷蘭遮；他物他物疑、非他物他物想或疑，皆突吉羅。

又《四分律》中，若作女想，取男物，波羅夷；若作男想，取女物，波羅夷。若作此女想，取餘女物，波羅夷；若作此男想，取餘男物，波羅夷。欲盜彼物而錯盜己物，偷蘭遮；欲盜彼物，而得物中既有彼物也有己物，所得彼物犯波羅夷，錯盜得的己物，偷蘭遮。欲盜

重物及非重物，而得重物，犯波羅夷；欲盜重物，而得非重物或不得，偷蘭遮；欲盜非重物，而得非重物，偷蘭遮；不得，突吉羅。教人盜時對應的結罪情況與上文一致，不同之處在於教者和取者兩人都結罪。

《十誦律》卷 1 記載，「屬他想」，即知有主，犯波羅夷；「無所屬想」取，無罪，但佛陀教誡，「若見物，應好思量已取」。而此律卷 57 有着不同的想心判罪，「若知是物屬他，得波羅夷。若是物屬他，生無屬想取，得波羅夷。屬他物中疑，亦得波羅夷。是物無屬，生有屬想取，得偷蘭遮。無所屬物生疑，亦得偷蘭遮。若無屬物，生無屬想，無罪」。另外，《十誦律》、《摩得勒伽》中，於他人物，本作他物想而盜，在盜時又作自物想，偷蘭遮；本作自物想而取，取時又作他物想而盜，波羅夷。《薩婆多論》中，於無主物作有主物疑，偷蘭遮；無主物作有主物想，輕偷蘭；若有主物作無主想，突吉羅。

《僧祇律》記載：「復有五法具足，不與取，滿者，波羅夷。何等五？於彼物不與想、非己想、有主想、不同意想、不暫用想。」即同時滿足此五種想而盜時，犯波羅夷。「若比丘知物應稅，而不知過稅物得波羅夷罪，過此稅物，滿者，波羅夷；比丘知過稅物得波羅夷，而不知是物應稅，過此物，滿者，波羅夷；比丘知物應稅，亦知過稅物得波羅夷，過此物，滿者，波羅夷；比丘不知應稅物，亦不知過稅物得波羅夷而過者，不犯。」

《摩得勒伽》卷 1、8 中，他物作他物想，波羅夷；他物作他物疑，偷蘭遮；欲盜此物而取彼物，偷蘭遮。而卷 4 的記載與上述兩卷有差異：他物作他物想、疑，犯波羅夷；無主物作他物想，犯偷蘭遮；無主物作無主物想，不犯。此外，《摩得勒伽》卷 8 還記載，若地寶湧出，比丘作己物取，得偷蘭遮；若他物想取，波羅夷。

《根有律》、《巴利律》、《善見論》中，他物作他物想，波羅夷。《根有律》、《根有律攝》中提到：盜有主畜生之物，若作人物想，犯波羅

夷罪；作畜生物想，偷蘭遮。《巴利律》中，自物作他物想而盜，犯突吉羅；「非他物，他物想」，犯突吉羅；欲盜某物而盜另一物，波羅夷。《善見論》中，「於他物中生自己想，取離本處，無罪。若物主責，應還，若不還者犯重罪」；若物主沒有守護心，而比丘盜取，犯偷蘭遮，如律文：「若魚主取魚竟，無守護心，比丘以盜心取，偷蘭遮。」

《根有律攝》中，他物作他物想或疑，犯波羅夷；非他物作他物疑，得偷蘭遮；「若有主物作無主想，若己物想，或暫用心，或告他知，或親友意者，無犯」；「作盜他心而起方便，後為己想，但得粗罪，翻此得重；若於己物作他物心，賊想舉移，得吐羅罪」；「若天祠中及以制底香台之處有莊嚴具……無非人護，若作諸天、藥叉護想，得惡作罪」；欲偷此物而錯得彼物，偷蘭遮。藏傳《苾芻學處》中，他物作他物想或疑，犯波羅夷。此外，「或自不自在作自在想，或有主物作無主想，如是而盜……如是等類，皆得粗罪」；錯盜己物，犯偷蘭遮；若於非親密處作親密想，而取彼物，突吉羅。

其他律典中沒有明確記載與想心有關的結罪。

3. 方便加行

《四分律》中，方便加行為「不與取」，犯波羅夷；這一點諸律與之相同。

《四分律》中，以「自手取、看取、遣人取」中的任一種方式盜，都犯波羅夷。另外，與他人共盜，事後共分財物，也犯波羅夷，包括共約盜、為賊查看財物的處所後還報、在賊偷盜時幫助其望風、為賊守護所盜的財物等。方便教人欲求五錢或過五錢，受教者取異物或異處取物，取者犯波羅夷，教者犯偷蘭遮；若受教者以為不是令自己去盜而是正常取物，以無盜心而取，教者犯波羅夷，受教者不犯；若教者本是遣對方去取物而非盜物，受教者誤以為令自己去盜取，若盜得，

受教者犯波羅夷，教者不犯。二比丘共行時，一比丘本欲到達某處後盜另一比丘物，而在未到其處時便盜，仍犯波羅夷。

眾多比丘遣一人盜，滿五錢，皆犯波羅夷；即使共分後每人不足五錢，仍犯波羅夷；若其中有比丘欲制止而未制止，皆犯波羅夷；若其中有人制止而仍去盜，「遮者偷蘭遮，不遮者波羅夷」；若所盜物品在其取物處值五錢，盜回處不值五錢，波羅夷；若在其取物處不值五錢，盜回處值五錢，偷蘭遮；先與人共約去盜，後反悔不去，突吉羅；以盜心將他人田中的水引入另一田中，波羅夷。僧物之間不得互用，關於互用的判罪，文中僅提到「佛言：不應爾」，未說明結何罪。

《鼻奈耶》中，不與取，犯波羅夷。此外，受食或檀越請食時，比丘以盜心多受一份；幫在家人逃稅過關以從中牟利；以盜心將他人田中的水決放：以上幾種加行均犯波羅夷。律文還記載：「若近國界，比丘教王各各相伐，為成棄捐不受；若自將導，成波羅夷；相伐起軍，波逸提；所得下直五錢，為成棄捐不受。」

《十誦律》、《薩婆多論》中記載，以自取、教他取、遣使取中任一種方式不與取，均犯波羅夷。

此外，《十誦律》中記載「劫取、盜取、詐取、觝護取、法取」和「苦切取、輕慢取、以他名字取、抵突取、受寄取」，均犯波羅夷。比丘不輸稅或幫他人逃過關稅，與賊共盜，賭博時作弊，均犯波羅夷。以打官司取或標相取田地、房產等不動產，「得勝者，波羅夷；不如者，偷蘭遮」。有關損財的情況，《十誦律》中有兩段不同的判罪：卷52中記載，比丘以咒術、草藥力壞他物，犯偷蘭遮罪；而在卷58中，比丘勒索未果，以咒術壞人蘿蔔，佛言：「應計是蘿蔔直，若具足，得波羅夷；若不具足，得偷蘭遮。」對於被風吹走的有主物，在物未落地前比丘以盜心接取，犯波羅夷。

《十誦律》中還記載，比丘直接帶稅物過關而不交稅，犯波羅夷。

「若餘人著衣囊中，若針筒中，是比丘不知，無罪；若持物飛過，無罪」。若間接「示異道」幫助別人避稅，到達「稅處」之前，犯偷蘭遮；到達之後，犯波羅夷。但「若稅處有賊，若惡獸，若飢餓故，比丘示異道，不犯」。若比丘以「口軟語力」告知收稅者自己攜帶的物品是用來供養三寶尊長的，如此得到許可而不交稅過關，不犯。

《薩婆多論》記載：「若比丘有通，以通力飛過諸國。若所發處，若所至處，應輸稅不與，得重；其間所經諸國，無過。若販賣者，而隨王使，王使認名，比丘無罪；若不認名，計錢得重。」「教取金，乃取銀，此比丘不得波羅夷，以異教故；得偷蘭，以先方便故。」另外，若通過打官司盜取，得波羅夷罪。

《摩得勒伽》記載，比丘自取，或教人為自己取，犯波羅夷。另外還詳細說明了幫助商客偷稅的結罪情況：「若使諸商人餘道去，彼諸商人不從稅道去過稅處，偷羅遮；若比丘先不知，餘比丘於針囊中盜著稅物過，囊主不犯。」「若比丘語無臘比丘言：『擔是物去。』犯偷羅遮；過稅處，滿，波羅夷。無臘比丘不問，突吉羅。空中度稅物，從稅處度，偷羅遮；餘處度，不犯。」此外，過境要交稅時，如果從關卡處帶物品偷稅，犯波羅夷；如果是從非關卡處過境，犯偷蘭遮，如律文「餘處度，偷羅遮」。如果比丘將稅物放在口中過境，犯偷蘭遮，如律文：「若比丘口中度稅物，滿，偷羅遮。」

《僧祇律》中，「自取」、「遣奴取、作人、知識、試作」等方式不與取，得波羅夷罪；惡心損壞他物，犯突吉羅，如文：「若比丘惡心沉彼船，若破彼船，若放隨流去，以壞失他物故，得越比尼罪。」

《五分律》中，「自取、教人取、遣人取」三種方式不與取，均得波羅夷罪；以「寄還、遮路、伺路、示處、導道、共取、不輸稅」等方式不與取，亦得波羅夷罪；若比丘瞋他故，或燒其家，或燒其田穀財貨，得偷蘭遮罪。

《根有律》、《根有律攝》中，「自取、看取、遣使取」，犯波羅夷。《根有律》還記載，以「咒取、言訟取、圍繞取」等方式不與取，以及與賊合作盜竊，亦犯波羅夷；以「期處、定時、現相」的手段不與取，得波羅夷罪；以悲心毀壞獵師安置在林中的獵具，得惡作罪。《根有律攝》中，對而「強取、竊盜取、調弄取、因寄付取、與更奪取」，此五種不與取也得波羅夷罪。不輸稅而取，自作或者「持己物到於稅處，使他越過」，都犯波羅夷罪。「博弈偷子、迷惑取物，准數成犯。凡是賭物，皆得惡作」。若「教偷稅者，從異道去，得惡作罪；若作惡心指他異道，冀免稅直，得窣吐羅」。如果實際是自己的物品，但比丘決定給父母兄弟等人，和收稅人說「此非我物，不與汝稅」，「或乘空去，或口含，或衣裹，或避路，並得粗罪」。如果他人將應稅物放到比丘衣袋中，比丘不知，攜過無犯。

《巴利律》中，若比丘以「盜取、鬥取、謀取，隱匿取、抽籤取」五種方式不與取，結波羅夷罪。另外，若以「偵察、看守、共謀偷、指定、現相」等方式不與取也犯波羅夷罪。對於「現相」而取，「言：『我覆眼、舉眉，或仰頭。』依此相示而取彼物者，突吉羅；依其相示取去其物，兩者俱波羅夷；於其示相之前或後，取去其物者，示相者不犯也，取物者波羅夷」。

《善見論》中，若比丘以「盜取、略取、要取、覆藏取、下籌取」等方式不與取，犯波羅夷；通過「自手取、教、擲、共取、輾轉取、現相教取、不輸稅」等方式不與取，也犯波羅夷罪；此論中還記載了一種藏匿他人寄存物品的盜取方式：「若比丘受人寄物，舉置藏，其主還就比丘取，比丘答言：『我不受汝寄。』作是言已，得突吉羅罪。令物主狐疑，得偷蘭遮罪。物主言：『我不得此物。』比丘得波羅夷。」以瞋心壞他物品，得突吉羅。

《毗尼母經》記載：「若自取，若為他外邏教取，若遣人取，是三

處不與取犯波羅夷。」

藏傳《苾芻學處》中，比丘自手盜，「或以勢力奪取，或借來抵賴不還，或書信誑取及令他人盜取」，都犯波羅夷。如果比丘不自盜，卻為盜者指示路，或為盜竊而聚會商議，或作守路警報事，皆波羅夷。「以密咒等發動他心令來供養自己，或應償還他者，略起不與心，或借他人物無愛惜心而受用，如是等類皆得粗罪。」「若苾芻持有應稅物，偷過關稅處，得他勝罪。或至關稅處，由空中帶過，是粗罪」；而「教他人偷度關稅，或告他人走不上稅之小路」，犯突吉羅。「若拾得他人遺落物，久藏於家」，得惡作罪；若所拾物不知物主，應交執事人而不交，得惡作罪。若執事人觀物是出家人物，不出示大眾，或雖已示眾，無人認取，而不安放於眾人共見處，得惡作罪。若病人未允許，而代向施主家求藥，得惡作罪。若此物原是己物，後為他人所自在，未得他許可而仍取為己有，得惡作罪。

4. 究竟成犯

《四分律》中，「若舉離本處，初離處，波羅夷」；若起盜的方便，而物尚未離本處，偷蘭遮。比丘為他人代寄物品時，在起盜心後，將物品從「頭上移著肩上，肩上移著頭上，從右肩移著左肩上，從左肩移著右肩上，若從右手移著左手，從左手移著右手，若抱中，若著地，舉離處，初離波羅夷；方便，偷蘭遮」。分物時，比丘盜取或偷換其他比丘的籌，舉起籌時便犯波羅夷；若僅撥動、翻轉籌而未離本處時，犯偷蘭遮。若比丘多次盜取，滿五錢時便犯波羅夷。文中未說明中間盜心是否有間斷，即每次盜完之後盜心未斷，仍欲繼續盜；還是每一次盜取後便斷盜心，只是後來又起了盜心。這一點在《善見論》中則有明確記載：「若比丘盜心取酥，未滿一分，然後生悔心：『後我不更作。』至明，更偷心，取不滿一分，復悔心，後誓不作。如是展轉偷

盡一器，不犯重，得突吉羅、偷蘭遮。又有比丘如是偷酥，日日止取一匙，而不捨心，取滿一分便犯重。」

《鼻奈耶》中，未明確提到一般方式不與取時的究竟成犯，只提到幫在家人逃稅過關而得利的情況，是在比丘得利時犯波羅夷。另外，若盜圍欄內的動物，或將動物盜入圍欄，在動物跨過圍欄時犯波羅夷，這一點與《四分律》中動物離本處便犯波羅夷的判罪不同。

《十誦律》記載：「選擇時，偷蘭遮……離本處，波羅夷。」其中提到了多種離本處的情況，恐文繁不一一列舉，此處僅略舉常見情況。地處，「舉取，雖墮本處，波羅夷；若拽取，未出界，偷蘭遮」。水中，若是無主水，比丘盜取水中的有主物，「若選擇時，偷蘭遮；選擇已，取五錢直離本處，波羅夷；若從捉留住後水到前，波羅夷；若沉著水底，波羅夷；若舉離水，亦波羅夷」。若是有主水，與無主水判罪相似，兩者之間的區別為：在有主水中盜物，物品「沉著水底」時，犯偷蘭遮。另外，「比丘取五錢離本處不犯波羅夷」的情況律中也有記載，如文：「『頗比丘取五錢離本處不犯波羅夷耶？』答：『有，若一時取一錢離本處，若二，若三，若四，不一時取五錢，不犯。』」

如果比丘奪有主鳥所叼有主物，等待鳥時，偷蘭遮；鳥隨比丘到達所欲至處，波羅夷；至餘處，偷蘭遮。而奪無主鳥所叼物，待鳥時，突吉羅；鳥隨比丘到達所欲至處，偷蘭遮；至餘處，突吉羅。比丘向他人借貸，財物用盡後，向債主抵賴說自己沒有借貸，犯「小妄語戒」波逸提罪和「大盜戒」波羅夷罪；如果是先抵賴，後來財物花光之時，犯波羅夷。比丘在僧團中「若口語，若取籌」，以此騙取財物，得偷蘭遮；說妄語時，得波逸提；「物從他手入己手，得波羅夷」。

《薩婆多論》中，若自盜他物，從始發足，步步輕偷蘭遮；若遣使或教人取他物，當教時，得輕偷蘭；離本處時，得波羅夷。相言（打官司）得物，未離本處，輕偷蘭；離本處，波羅夷。若相言勝負未定，

物先離本處，得輕偷蘭；後相言得勝，得波羅夷。又「田地相言，得勝，波羅夷；不如，得輕偷蘭」。《摩得勒伽》中，離本處，波羅夷。另外，還記載：「若比丘度稅物過稅處，事滿，波羅夷；未過稅處，偷羅遮。」「若比丘貸物，言不貸，故妄語波夜提；不還，偷羅遮。若比丘受他寄，索時言『不受』，故妄語波夜提；物離本處，滿，波羅夷；若主聽，偷羅遮。」「若比丘舉他物，後不還，偷羅遮；事竟，滿，波羅夷；不滿，偷羅遮。若比丘前決定不還，後離本處，無盜心，偷羅遮。若先離本處，後決定不還，滿，波羅夷；不滿，偷羅遮。」「『頗有比丘取百千迦梨仙不犯耶？』答：『有，取四錢，數數取，一一偷羅遮。』」「發心欲盜，尋即生悔。乃至佛言：『不犯波羅夷，犯偷羅遮。』」

《僧祇律》中，一般情況下究竟成犯判罪是：「若比丘以盜心觸彼物，越比尼罪；若動彼物，偷蘭罪；若離本處，滿者，波羅夷。」對於其他的一些情況，略舉數例如下：

有人乘船載水，比丘為渴所逼，以盜心「觸彼船上水者，得越比尼罪；若以鉢，若捷鎡盛彼水，未離船者，偷蘭罪；若持水去，身衣盡離船，滿者，波羅夷」。「穿彼水器，得越比尼罪；若以筒就穿孔飲水，滿者，波羅夷；若稍稍飲，數數止者，口口偷蘭罪。若水器先有塞孔，以盜心拔塞，得越比尼罪；水注器中，得偷蘭罪；若水注斷，滿者，波羅夷；若水連注未斷，即起悔心畏犯重罪，還以水倒本器中者，偷蘭罪。」盜船時，順牽船尾過船頭處，波羅夷；若倒牽船，船頭過船尾處，波羅夷。拔樹，舉離地，波羅夷；若重而不能舉離地面，曳去不離地，雖遠，不犯波羅夷，等到離地之時，才犯波羅夷。

《五分律》中，比丘不與取，「發心及方便，乃至捉物，皆突吉羅；動物，偷羅遮；離本處，直五錢，波羅夷；減五錢，偷羅遮」。律典中記載的多種場所和方式的不與取，僅舉兩例說明：對於強佔他人的土地，「打杙，椎椎波逸提；繩量諍，得，波羅夷」。

《根有律》中，離本處，犯波羅夷。若「興方便起盜心，乃至未觸已來，得惡作罪；若觸，未移處，得窣吐羅底也」。若比丘圍繞取他人田地，乃至圍未合來，偷蘭遮；圍合完成之後，得波羅夷。又「見自田中恐水乏少，遂於共有渠內，塞他水口，決己田畦，作如是念：『令我田好，彼勿成熟。』若自成他損，准價滿五，得根本罪；不若滿者，得窣吐羅底也」。

《根有律攝》中，若比丘自作、遣使或看作，有盜心起方便，「始從發足，乃至未觸物來，犯對說惡作；若觸著物搖動之時，得窣吐羅罪；離處便得本罪」。關於助人逃稅的結罪情況，如文：「若持他物過彼稅處，無取分心者，粗罪；未至稅處，或取半分，或取全分，而未過處，得窣吐羅；若過稅處，數滿，本罪。」這裏的「無取分心」，指沒有幫其過稅後與其共分財物的打算。又「為方便時，一舉，滿五，便成本罪；如頻多舉，方始滿者，一一取時咸窣吐羅，後雖滿五，不犯根本」。若盜船，「船以纜繫，或復無纜，搖動之時，便得惡作；或解纜隨流，或地上曳去，離見處時，便得本罪；若溯流而去者，隨所趣岸與河闊量等，便得本罪」。通過契約盜他物，「若以書手字手印，以為期契而盜他物，准事成犯」。若借貸不還，「初為貸借，後欲不還，決絕之時便得本罪」。

《巴利律》中，對於不與取物，比丘「觸之者，突吉羅；動之者，偷蘭遮；移離本處者，波羅夷」。此外，律文還記載：「置於頭上之物，若以盜心觸之者，突吉羅；動之者，偷蘭遮；若令下放於肩者，波羅夷。擔於肩之物，若以盜心觸之者，突吉羅；動之者，偷蘭遮；令下至於腰者，波羅夷。繫腰之物，以盜心觸之者，突吉羅；動之者，偷蘭遮；手取之者，波羅夷。手持之物，以盜心置地者，波羅夷；以盜心從地取者，波羅夷。」

盜取田地、屋宅等不動產時，欲移動標椿、繩、籬、畔時，突吉

羅；移動而未完成時，偷蘭遮；完成時，波羅夷。對於受寄之物，比丘否定自己有寄存物時，結突吉羅；「使所有者起疑念者，偷蘭遮」；對方有捨心，放棄寄存物時，比丘得波羅夷罪。比丘以訴訟的方式盜取財物，若勝訴，波羅夷；若敗訴，偷蘭遮。在關稅處，若逃稅物的稅值超過五摩沙迦，比丘觸物時，突吉羅；移動物時，偷蘭遮；欲離開關稅處時，過關稅處第一步，偷蘭遮；過第二步，波羅夷；「立於稅處內，投〔稅物〕於稅處外者，波羅夷；稅之隱匿者，突吉羅」。

《善見論》記載：「若人舉物在地上，此比丘以盜心摩觸，得突吉羅；動搖者，得偷蘭遮；若離本處，得波羅夷罪。」若比丘以瞋恚心，故意毀壞他人物品，「或打破，或火燒，或以水澆」，種種方便，得突吉羅；應該賠償對方損失，若不賠償，得波羅夷。對於盜心拔花和偷稅過關的成犯情況，律文記載：「若盜心拔華，根未斷盡，偷蘭遮；根斷盡，波羅夷。」「以偷過官稅，若初捉，突吉羅；隱藏，偷蘭遮；不輸，過官稅處，波羅夷。若盜心擲落稅外，波羅夷；落稅內，偷蘭遮；若擲稅外，物還展轉入稅內，波羅夷。」

藏傳《苾芻學處》中，「於所盜物生得心時」，得波羅夷罪。「從初起盜心乃至未動身語，是責心惡作罪，應防護；從發動身語以後，一類相續加行，乃至未觸彼物，是一加行之加行惡作罪。若中間不相續、退悔、復發起者，則退發一次，得一惡作罪。從觸物乃至未至究竟以前，皆加行之粗罪。若於彼物決心盜取，先揀擇而後正取，揀擇觸著之時，即得惡作罪。」路途中為人負物時起盜心，向後退一步，得一突吉羅；物主即將看不見時，偷蘭遮；不見時，波羅夷。若應還他物、應賠償他物、他寄物，對方不知放處，比丘以盜心抵賴不與他，得偷蘭遮；決心不還時，波羅夷。若他寄物，對方知存放處，比丘為盜故而將彼物遷移他處，未移動以前起遷盜心，偷蘭遮；若遷物時或以後，起決定盜心，波羅夷。

以訟諍（打官司）盜奪他物，於國王前判勝時，波羅夷；大臣前判勝，偷蘭遮；雖是大臣判勝，對方已放棄諍訟，亦波羅夷。若以抽彩的方式盜取，未贏，偷蘭遮；已贏，波羅夷。若數時盜籌、塗改號碼等，皆突吉羅；將要得物時，偷蘭遮；得物時，波羅夷。

《毗尼母經》沒有此戒的究竟成犯記載。

5. 犯戒主體

《四分律》中，比丘、比丘尼，波羅夷；式叉摩那、沙彌、沙彌尼，突吉羅，滅擯。《五分律》與《四分律》相同。《十誦律》中，比丘犯波羅夷。此律還記載：「『頗比丘盜他重物不得波羅夷耶？』答：『有。先破戒，若賊住，若先來白衣是。』」問：『頗有不受具戒人盜他重物得波羅夷耶？』答：『有！與學沙彌是。』」

藏傳《苾芻學處》中，比丘、比丘尼，波羅夷。

其他律典中，犯戒主體是比丘，波羅夷。《摩得勒伽》卷1記載：「賊住偷盜，犯突吉羅；若經羯磨白二、白四羯磨者，犯本；犯戒人偷盜，突吉羅；學戒人偷盜，突吉羅；本不和合人偷盜，犯突吉羅。」「問：『如佛所說，比丘偷盜波羅夷，頗有偷盜不犯波羅夷耶？』答：『有。若本犯戒、本不和合、賊住、污染比丘尼，犯突吉羅。』」而對於學戒人偷盜的判罪，《摩得勒伽》卷8中有一處與卷1相不同的記載：「問：『頗有未受具戒人偷犯波羅夷耶？』答：『有。謂學戒人。』」

（三）不犯

1. 能犯心不具足

《四分律》記載：「與想取、己有想、糞掃想、暫取想、親厚意想，一切無犯。」其中，對於「親厚意想」的情況，無論對方在或不在，都

開許取；然「不應於非親厚而作親厚意取」，關於親厚的條件詳見後文專題內容。對於「暫取想」的情況，須告主令知，方可取用；以暫借心而非盜心，不犯；再者，慈心以神通從賊手中救人，無盜意，不犯。

《十誦律》、《僧祇律》較《四分律》多了「無主想」，而《僧祇律》少了「親厚意想」。此外，《僧祇律》還提到「若作是念：我今用，後當還償」，不犯。

《五分律》較《四分律》多了「非盜心取」，少了「親厚意想」。《根有律》較《四分律》多了「取時語他、無盜心」。同時，以上兩部律典較《四分律》都少了「與想」、「糞掃想」。

《摩得勒伽》較《四分律》多了「語他取」、「無主想取」、「無盜心取」，少了「親厚意想」、「與想」。《根有律攝》中，較《四分律》多了「重還想」、「無盜心」、「無主想」，而少了「與想」。

《巴利律》較《四分律》多了「於近親物」、「無盜心」。《善見論》較《四分律》多了「無主想」、「非盜心」。以上兩部律較《四分律》均少了「與想取」。此外，《巴利律》中，「以慈悲心者，不犯」，這裏指釋放陷阱中的動物。

《鼻奈耶》記載：「若不以盜意，不成棄捐不受。」「若以親里取，不成棄捐不受。」

《毗尼母經》中，「作己想取」，不犯此戒。

2. 方便加行不具足

《四分律》中，賊偷食物來供養比丘，比丘雖知，受取不犯。《僧祇律》與《四分律》相同。

《十誦律》、《根有律攝》與《四分律》相似，不同之處在於《十誦律》記載：「佛言：『莫從賊取物，若賊主與，當取，取已便染壞色著。若壞色已，主故索者，當還。』」《根有律攝》記載：「若掌庫人自為賊

意盜取他物，施與苾芻，施想受者，無犯。若賊盜他物，為恐怖故，持施苾芻，此不應受；若作還彼主心受之，無犯。若知是賊首領者，隨意應受；既受得已，刀割、染壞方可畜持，本主來索者，應還。」

《巴利律》中，物品的守護主將物給比丘，比丘取不犯。

3. 犯戒主體不具足

《四分律》中，「最初未制戒，癡狂、心亂、痛惱所纏」的比丘，不犯。《五分律》、《根有律》、《根有律攝》、《巴利律》與《四分律》相同。

《十誦律》中，狂、心亂、病壞心的比丘，不犯。《薩婆多論》與《十誦律》相同。

《僧祇律》記載：「若狂、心亂，無罪。」《善見論》記載：「最初未制戒不犯，顛狂不犯。」

4. 開緣

《鼻奈耶》、《十誦律》中，關稅處有「賊」、「飢餓」、「險道」等難緣時，比丘為在家人指示其他的道路逃稅過關，不犯。

《善見論》與《鼻奈耶》、《十誦律》相似，如文：「若比丘將物至官稅處，卒有水火賊難，各驚走四出不受稅，比丘委去，不犯。」

《薩婆多論》記載：「有比丘盜罪，凡是三寶物、他寄物，自為衣服醫藥父母，除販賣，一切無過。」聯繫上文進行推論，這條開緣的意思可能為：在過國界時，如果比丘攜帶着三寶、他人、個人的物品，這些物品不是用來販賣的，按理來說是不需要繳稅的。所以，比丘過關時如果不交這些物品的稅，不犯。

《根有律》、《根有律攝》中，以慈心現神通不與取，不犯。《根有律攝》還記載了三種特殊開緣：「盜事略有五種：一、對而強取，二、

竊盜取，三、調弄取，四、因寄付取，五、與更奪取，此之五種咸是賊收，若依法取者，無犯」，這裏的「法」沒有詳細解釋；「苾芻被他逼掠為奴，身自逃走者，無犯」；「獵師逐鹿走入寺中，隨傷、不傷，不還，無犯」。

《巴利律》記載：「神通者、於神通力之境地者，不犯。」藏傳《苾芻學處》記載：「若他所捕之鹿等，以修得之神通放走，無罪。」

《善見論》記載：「若比丘將至官稅處，一人欲稅、一人言置，比丘不輸度，不犯。若比丘物至官稅處欲輸稅，受稅人言：『小小不須稅。』比丘將物度，無罪。若比丘將物至受稅人處，受稅人正捕博戲，比丘三喚不應，比丘委去，無罪。……稅界者，亦擲石所及處，若比丘將物不至稅界過者，不犯。」

五、原理

（一）防範性罪、約束貪心和相關心理分析

1. 性遮分析

本戒是一條性戒。

此戒主要制約故意非法佔有公共或他人私有財物的行為。在世間法律中，偷盜是明令禁止的犯罪行為，而在各種盜竊行為中，盜取國家財產的影響面尤其大，後果也尤為嚴重。如諸律中，緣起比丘盜用國王用於城池防護的木材，按照當時的國法，所盜財物滿五錢已達到死罪的程度。可見，世間法律對盜竊的罪行制定了非常嚴厲的懲罰措施，所盜數額超過一定量就判為死罪。

從體性上看，偷盜本身屬於十惡業，偷盜者無論是否受戒都將感召惡報。如感得未來世依報環境中果實多朽壞，乃至果實乾枯或徒勞無果。[1] 所以一般情況下，比丘犯本戒除了得戒罪外，同時也有業罪。

2. 約束煩惱及對修行的保護

三毒煩惱皆能引發盜行，而「大盜戒」的制定對貪、瞋、癡都有約束作用，其中主要針對的是貪煩惱。《根有律攝》記載，此戒因「攝取煩惱」而制。

《僧祇律》中有一段本生故事，敘述了劫初時光音天天人墮落的過程。當時人們為了免除尋找食物的「竟日疲苦」而起「貪意儲畜」之

1　《瑜伽師地論》卷 60：「果不滋長，果多朽壞，果不貞實，多無雨澤，諸果乾枯，或全無果。如是一切，名不與取增上果。」《大正藏》30 冊，633 頁下欄。

煩惱，進而導致私有制的出現，如建立「畔界」分配土地，以及對財產的執著，「此分屬我，彼分屬汝」，最後因為財產分配的不均與貪婪的加劇而擴大為互相侵盜，因此治罰頻繁盜竊行為的「刑罰」也隨之制定。從中可以看出，懶惰、貪蓄引發了盜取，盜取又破壞了私有制中的平衡關係，在眾人的煩惱催使下又產生了刑罰。人類的「貪意儲畜」心理，也恰恰是現實生活中大部分人偷盜行為背後的真實動機，佛陀制戒也正是要調伏人性中的這種久遠以來的煩惱，進而對治人對財物的貪著。

同時，偷盜也是世間法律所禁止的行為，行持此戒可避免很多惡緣。《善見論》記載：「出家人乃至草葉不得取，所以佛用智慧籌量而制禁戒，不生譏嫌，是故佛與舊臣比丘，依因世法而結禁戒。」因此，本戒在防護比丘盜取的同時，既避免了世人的譏嫌，又保護了檀越的施心。

3. 心理分析

（1）偷盜者心理分析

偷盜過程中，偷盜者可能產生緊張與恐怖的心理。如《僧祇律》中，「二比丘暗處盜幡，俱不相知」，各從一頭解繩子，在中間互遇時相問：「汝是誰？」最後，「怖畏捨幡而走」。《十誦律》中，黑阿難盜天神金鬘時，「欲到，神便怖之，是比丘心驚毛豎，猶故不畏，降伏此神，奪金鬘持去」。有時候在劫奪過程中，偷盜者甚至不排除暴力威脅與殘忍殺戮生命，如《十誦律》記載：「若我不去，餘人或當殺我，當共去。」又如《僧祇律》記載，有比丘盜取他人的羊，羊被驅趕而受驚逃走，比丘便起瞋心而將其打殺。

（2）判罪心理

《善見論》記載：「此第二波羅夷事相難解，是故不得不曲碎解釋。」

盜戒戒相非常複雜，它的判罰對於律師來說也是一個難題，「善觀然後判事」就顯得至關重要。

律中記載，有的比丘實際上並未犯根本，卻因為對戒相不明而導致判罰錯亂。如《善見論》中，一位比丘盜心取他比丘法會後混亂丟失的「七肘黃衣」，於是認為自己已經犯大戒：「我非沙門，失我戒也，我今還俗。」《根有律》中，一比丘偷他人衣，結果拿到的卻是己衣，內心憂惱，認為自己犯盜會墮地獄：「我為自衣犯他勝罪，非出家行，當啖鐵丸。」這兩個案例中的比丘均對犯盜很敏感，卻因為對戒相不清楚而承受了很重的心理負擔。

在現實生活中，一些比丘也有過與此類似的心理體驗。因此，律師的判罪與開解就顯得相當重要，尤其是能令那些「罪可救」[1]的比丘真心悔過，進而從心理陰影中走出來。《巴利律》中，比丘「因盜商人之頭巾，而被憂愁所困」，後因頭巾不足五錢而被判偷蘭遮，律師為他說法，「其比丘甚歡喜」。

當然，誠實比丘面對錯誤會深生慚愧並痛加追悔，有的比丘卻不願承認自己的罪惡，甚至會選擇覆藏乃至狡辯。如《薩婆多論》中即提到，緣起比丘當然知道自己是盜竊，他在國王面前關於有主、無主物的辯白，不過是臨時想到的「垂急之語」。

（3）被盜者心理分析

從律中的記載來看，失物不但令失主的生活陷入困境，而且為其帶來很大的心理負擔。

《十誦律》中，緣起比丘取走木材後，知城統誤以為賊敵入城：「得無怨賊將欲來耶？若已得入？」因此而「驚怖毛豎」。《根有律》中，

1　《善見論》卷 8：「律師知已，大眾法後比丘取衣，律師知此比丘罪可救，向罪比丘言：『汝能得物主來不？若能得物主，我當安置汝。』」《大正藏》24 冊，730 頁下欄。

淨人「既失財共生憂惱，遍繞住坊求覓其物」。另外，諸律中都提到父母因丟失小孩而哭泣、求助，表明拐帶小孩也是一種盜竊，會給父母們帶來極大的傷害與痛苦。而不可思議的是，死去的人也會對自己的財物有執著，如《十誦律》中，黑阿難「持衣在前去，死屍啼哭逐後」。

有鑑於此，《大智度論》云：「若奪財物，是為奪外命。何以故？命依飲食、衣被等故活，若劫若奪，是名奪外命。如偈說：『一切諸眾生，衣食以自活；若奪若劫取，是名劫奪命。』以是事故，有智之人不應劫奪。」[1]

（二）古印度法律對戒律的影響

1. 盜戒與國法

《僧祇律》中記載了一段故事，隨着「惡法日滋，正化漸薄」，國王的「治罪人法」愈來愈嚴厲。瓶沙王先祖以手拍頭，至祖王時以灰圍之，至父王時驅令出城，而到了瓶沙王法，驅令出國，最後發展到懲罰需要割截身體的程度。而從婆羅門教的《摩奴法論》中也可以看到盜竊是大罪，法律對此有很嚴格的規定，如：「不殺生、不妄語、不偷盜、清淨無垢和調伏諸根，摩奴說這是四種姓的總法。」[2]「對於偷盜糧食達十罐以上者，應該處以肉刑……同樣，對於偷盜金銀等等用秤衡量的東西以及最上等的衣物達一百以上者也應該處以死刑。達五十以上者，規定要斷其雙手。」[3]「在所有的強盜案、偷盜案、姦淫案、打人案和言語傷人案中，他不必審查證人的資格。」[4]可見，在審判時，

1　《大智度論》卷 13，《大正藏》25 冊，156 頁上欄至中欄。

2　《摩奴法論》，213 頁。

3　《摩奴法論》，168 頁。

4　《摩奴法論》，146 頁。

盜匪處在一個相當被動的境地。

此外，當時社會的法制也很嚴苛，臣民的生死往往由國王任意專斷，《僧祇律》中也說道：「隨其所盜者，不如十六督監，盜取王家一枚小錢，買瓜食之，為王所殺。王無定法，自隨其意，或小盜便殺，或盜多不死。」若國王制定的法律朝令夕改，結果往往趨向以嚴刑峻法懲治罪犯。《根有律》中，勝光大王採納了其父古昔大王梵摩達多所作教令，對於知法犯法的偷稅人，課以「極重稅」，盡奪其財貨，國王相信重罰乃「赤銅鍱上分明書記」，「是帝釋令，是梵王令，斯為定量」。

2. 佛教對法律懲罰的態度

《僧祇律》記載，瓶沙王捨去王位選擇出家，他認為治罰眾生是在造惡業：「世人失財，世人作賊，我復何用共作惡為？」國王的選擇表明刑罰與仁政對於他本人來說也是一個難以解決的悖論。而以佛教慈悲攝受眾生的觀念來看，刑罰未免太殘酷，並非智慧的抉擇。如《根有律攝》：「若捉，謂執取；殺，謂斷命；縛，謂羈鎖等；擯，謂驅令出國，斯等皆是不信王及王大臣所見狹劣。」

《薩婆多論》記載：「此戒要依國法，盜物多少得斷命罪，則依而結戒。淫殺二戒，事成則罪成，不問多少；妄語，國無此法，是以三戒不問。」佛陀為了確定犯盜輕重的標準，廣泛地諮詢了社會大眾的意見，一方面是為了免除信仰佛教的人對比丘犯罪有偏袒而引起的誹謗，另一方面也是為了保護比丘免受不信仰佛教的人隨意陷害，「若直問信者，恐為比丘故，言盜多錢得重。若問不信者，或增妒故，言盜少得重罪。是以遍問怨親中人」。

可見，佛陀依照國法來制戒，一方面提醒比丘注意國法懲罰的嚴重性，約束比丘的行為至少不要超越國法的邊界；另一方面也讓社會大眾相信，即使國王特赦了比丘，在佛教內部比丘也沒有特別的豁免

權，依然會按照戒律的標準，滿五錢正犯根本而被逐出僧團。

（三）比丘與賊、商人等的社會關係分析

1. 比丘與國王的關係

《五分律》記載，比丘盜竊國王木材「犯罪應死」，最後卻被國王釋放了：「我是灌頂王，如何當囚殺沙門？」國王不殺緣起比丘，很可能因為比丘是嚴格要求自己的修行者，能夠犯如此嚴重的錯誤，實在是太讓人意外了。出於對佛陀、比丘的尊重，國王並未對緣起比丘治罪，而交由佛陀親自來處理。

在《巴利律》中，國王認為比丘對無主物尚且小心謹慎，不會隨便觸碰，更遑論盜取有主物了。他開許比丘放心使用無主物，正是考慮到了比丘對自己的行為要求極高，以免除其使用無主物時的顧慮：「沙門、婆羅門有慚恥、有懺悔、有戒行。彼等於小事亦起悔過心，對彼等我有言，此乃關於阿蘭若處之無主物。」最終，國王雖然釋放了「壇尼迦」，卻說：「往矣！大德，汝由毛而逸脫，勿再如是作。」其中國王諷刺性的話「由毛而逸脫」（lomena tvaṃ muttosi）[1]，表明國王至少是對個別比丘不再信任了。

從這兩個故事來看，國王釋放比丘類似於一種特赦，是對比丘的恩賜。然而，如此嚴重的罪過能夠被容忍，對許多人來說，這無異於鼓勵比丘盜竊，那麼比丘就可能成為不法分子效學的榜樣。如《五分律》中，見聞此事的人驚訝道：「如此得脫，誰不為盜？」《僧祇律》中也有人議論：「恐自今已往，我等家中所有材木亦當取去，而言王先

1　由毛而逸脫：字面意思是說比丘被釋放是由於他的頭髮。比丘的主要外貌特徵即是剃髮，因此國王的這種說法等同於說「你的釋放僅僅是因為你的比丘身分」。

見與，當奈之何？如是敗人何道之有？」可見，比丘雖然被國王釋放，但是社會大眾卻並不一定認可，國王對比丘的優待和寬容沒有贏得民心，反而使人民產生憂慮，擔心比丘給他們帶來禍患。

2. 比丘和賊的關係

從律中的記載來看，有一個現象值得注意：如果寺院平時得到的供養豐盛，就有可能成為盜賊覬覦的對象。如《根有律》中，有迦栗底迦賊，其中一人「曾被苾芻驅使諳知僧事」，於是便告訴其同伙：「汝等不知，諸苾芻等雖常乞食，惠施者多，復自經求，計其財物，王舍城人亦不能及，況諸淨人豈無衣物？」

對於暴戾凶惡的賊人，比丘不能不有所防備。《僧祇律》中，盜賊來寺院索取飲食，隨需多少就要給他們多少，否則他們「或能燒劫寺內」。《十誦律》中，有賊人向知食比丘索求食物，遭到拒絕後，賊人「便捉一比丘手腳，截腰斷」。可見，比丘與賊周旋既需要勇氣，也需要隨機應變的智慧。在一些特殊情況下，比丘就要以小小損失換取珍貴物品的保存，避免因小失大。如《十誦律》中，佛教導比丘：「若有如是怖畏處，若少乞與少，若乞半與半，若都索都與，莫以是因緣故得大衰惱。」律中經常出現佛告誡比丘不要與賊力奪己物，很可能也是出於此種安全上的考慮。

當然，也有身為比丘而作賊的情況發生。《僧祇律》中，比丘偷走浣衣者的衣服，浣衣者甚至不相信比丘會偷竊：「無苦，沙門釋子不與不取。」最後，諸比丘也不得不以出家人難免良莠不齊之語來開解浣衣者：「此中出家有種種人，譬如一手五指不齊，雜姓出家何得一種？汝好賢者莫廣語人，我等自當上白世尊。」

另外，律中記載的比丘因愚癡而犯盜的案例也值得注意。如《根有律》中，比丘向破村賊指示他人家中境況：「仁者，我知某甲舍，多

女人少男子，無惡狗叢棘，易入易出，於汝無傷，能得其物。」這種促成偷盜的行為無意中令比丘成為賊人的幫兇。另外，還有比丘因不懂戒律而犯盜戒，如《僧祇律》中，一摩訶羅比丘出家後，不善戒行，他唆使其偷盜時，該比丘說：「我本在家初不作賊，我今出家云何作賊？」雖然他認為偷盜是不法行為，卻不知道給盜賊守門共分贓物是犯盜的。《十誦律》中，一比丘與他人共作賊，於中途慚愧心悔：「我等云何於善佛法中，以信出家而作賊耶？」

以上可知，若比丘犯盜之後再反悔則為時已晚。對盜戒的防護，應遵照《善見論》記載：「於戒律中宜應從急。」比丘應熟悉盜戒戒相，不然的話，臨事而迷，出家而作賊，「與罪人同業」，是非常可惜的事。同時這也提示我們「做賊之心不可有，防賊之心不可無」，賊人很可能利用比丘的慈悲善良來做壞事，比丘如果不謹慎，很可能給自己與他人帶來災難。

3. 比丘與商人的關係

《根有律》中，佛陀為影勝王與勝光王講經說法，使他們得到佛法的利益，因此這兩個國家對出家人免稅，「是時世尊教法弘廣，時諸苾芻易過關稅，俗人難過」。《僧祇律》亦記載：「世尊弟子比丘、比丘尼、一切外道出家人物，是名不應稅。若賣買者應輸稅，是名稅分齊。」可見，也正是因為比丘擁有這樣的特權，所以律中經常出現商人把物品夾帶在比丘身上以蒙混過關的事。

從律中可以看出，商人經營買賣很辛苦，他們「長時為寒熱所逼，風熱、毒蟲、蚊虻等害，求諸財物，勤勞辛苦」，尤其是「關戍索稅極多，事同劫賊」，守關人「祭祀藥叉守門而住」，這讓商人所獲利益大打折扣。然而有的商人利用比丘過關之後就捨之而去，如《根有律》中鄔波難陀就三次被欺騙，商人甚至罵其為「無髮禿人」；有的商人信仰

佛法,「其所獲利皆為三寶興設供養」;有的商人甚至願意為比丘應該輸稅的物品付稅值。

4. 比丘與父母親友的關係

（1）比丘與父母的關係

比丘與父母的關係在《根有律》中有所體現。比丘所得的兩張氈,可以周濟給父母。世尊說:「雖復出家,於父母處應須濟給。」佛陀甚至教比丘如何說服稅官免稅,其言語動情感人,佛言:「應對稅官作如是語:『賢首!如世尊說:「父母於子有大勞苦,護持長養資以乳哺,贍部洲中為教導者,假使其子一肩持母、一肩持父,經於百年不生疲倦,或滿此大地末尼、真珠、琉璃、珂貝、珊瑚、瑪瑙、金銀、璧玉、牟薩羅寶、赤珠、右旋,如是諸寶咸持供養令得富樂,或居尊位,雖作此事亦未能報父母之恩。若其父母無信心者令住正信,若無戒者令住禁戒,若性慳者令行惠施,無智慧者令起智慧。子能如是於父母處,善巧勸喻令安住者,方曰報恩。」父母既有如是深厚之德,今欲持此物往報其恩。』」

《巴利律》中也有類似的記載:「爾時,有一比丘得多量衣,彼欲將其衣與父母。彼等以此事白世尊,〔世尊曰:〕『諸比丘!與父母者,我等復何言耶?諸比丘,許與父母。諸比丘,不得捨置信施,捨置者墮惡作。』」[1]

（2）比丘與朋友的關係

關於朋友,《四分律》中記載,阿難取舊友摩羅樓延的大價衣,此人慷慨大度言:「何故取粗不取好者?」即認為阿難取得不夠多,大價衣尤以為「粗」,願意對方拿更多更好的,說明他們之間關係確實非同

---

1 《健度》卷 8,《漢譯南傳大藏經》3 冊,386 頁。

一般。

　　然而朋友之間這種不分你我的兄弟情誼並不常見。實際情況中，當兩人的關係還沒有達到相當的親厚程度，財物的糾紛就會破壞彼此的友誼。《根有律》中蘇師牟與婆蘇達多「共為知友，情義相順」，但是當蘇師牟為對方辦完事，取得對方承諾給自己的小鉢時，對方卻反悔並誣陷蘇師牟偷鉢。因此，佛陀教導比丘之間只可以造善業、集福德的方式來取得他物，不可以為取得物品而受僱於人。[1]《四分律》中同樣記載，阿夷頭比丘為對方除滅「鬥諍事」，取得其所承諾的「貴價蘇摩鉢」後，對方卻誣稱阿夷頭比丘偷盜。這說明人對自己的財物執著很深，即使已經承諾給他人還是不願捨去，因此，當財物比較貴重的時候，比丘要顧及對方的心理，不能接受這種物品。《五分律》記載：「有二比丘同意更相著衣，後相瞋謗以為偷。」可見，朋友的關係也很無常，在實際的生活中物品使用的親厚意想，經常面臨許多變動的因素，還是以謹慎的態度對待為宜。

5. 比丘與信託

　　部分律典中的公案反映了比丘作為遺囑執行人應該秉持公正的重要性。

　　《僧祇律》中，俱盧比丘為兄弟二人分家產，「是比丘受彼請已應作等分，彼分田時牽繩量地，若偏心量地覺一麥者，是比丘得波羅夷」。

　　《五分律》中，阿酬比丘作為拘舍彌長者的遺囑執行人，他按照長者的遺願把財產分給了信樂佛法的長者姐姐的孩子，而不是分給長者自己的孩子。但是阿難卻不認同這個結果，「阿難、阿酬二眾於是各

1　《根有律》卷5：「諸苾芻不應受雇與他作務，若博換作業及求福作，無犯。苾芻受雇作務者，得越法罪。」《大正藏》23 冊，647 頁下欄。

別，不復和合，六年之中共安居，住處皆不布薩、自恣。聲聞遐邇，徹於梵天」。最後，事實證明阿酬比丘是正確的，於是「阿難僧中遍唱：『是我之過，阿酬無愆。』便向阿酬懺悔和合」。

《四分律》與《五分律》故事類似，高勝比丘按照施主遺願把寶藏分給了其中優秀的一位，最後阿難也認為比丘是沒有錯誤的，阿難言：「汝去！乃至不犯突吉羅。」

可見，在古印度，委託人對比丘的高尚品格非常信任。有時候會對比丘託付後事，讓比丘幫忙處理遺產，比丘就承擔起遺囑執行人這樣一個角色。但如果委託人的家屬爭奪遺產，那麼在處理遺產分割的問題上，往往會使未得益的一方忿恨不滿。對方的不滿可能導致其誹謗比丘執行遺囑的公平性，而僧團內部也會對遺產最終歸屬難以判斷，進而可能導致嚴重的僧團分裂。所以，作為一個遺產執行人必須慎而又慎，因為稍有「偏心」，自己就會面臨失去比丘身分的危險。

六、專題

專題 1：「大盜戒」中有主物的兩個要素

　　他物的定義包括兩個方面：物主對資財具有所有權和物主對所有權存有執著心，[1] 只有這兩個條件同時具足時，比丘盜他物才犯根本罪。如果只具備其中一個條件，或者只有所有權但對其沒有執著，或者沒有所有權但對所有權有執著，即有權無執或有執無權，這兩種情況都不構成戒律中犯根本罪的對境。

　　首先，戒律中的「所有權」，與世俗法律中對物權的界定基本上有相同的內涵。「大盜戒」緣起故事中，佛陀根據世間法律制定了「五錢成犯」的標準，反映出盜戒所涉及的所有權是與世間標準共通的，也就是說世間法律界定的所有權，在戒律的所有權概念中應得到承認。在此基礎上，律典中的所有權又有所延伸，而涵蓋了畜生物、非人物等情況。有一種特殊的情況是，對於盜賊從比丘手中奪去的物品，比丘若對此物產生「捨心」，也就意味着比丘放棄了物品的所有權，以及對物品的執著。此時，物品歸盜賊掌控和所有，而成為「他物」。可見，「大盜戒」中所有權的內涵通世間物權，而又有所外延：通世間的部分，物權隨不同時代、不同地域的具體情況應隨之調整內容；而外延的部分，更多地體現了佛教超越世間的慈悲和離欲精神，因而具有穩定性。

　　其次，「對所有權的執著」，指的是普通人對自己的財物都有執著。如果被其他人侵犯了自己對財物的所有權，一般人會產生很大的

1　《走向解脫·別解脫戒》2 章：「就犯根本罪而言，他人的財物尚需具備兩個條件：1. 主人於資財有權；2. 主人於該權力有執著。犯他勝罪，必同時具備這兩個條件。這裏的有執是指凡夫對某財物權力的執著，而並非指我執及其種子等。」

煩惱。而如果是沒有我所心的人或者是聖者，則不會對財物的所有權產生執著。如《十誦律》：「問：『若取鬱單越物，齊幾許得波羅夷？』答：『彼國人無我，無所屬故無罪。』」《摩得勒伽》：「鬱單越不犯，無攝受故。」[1]鬱單越即北俱盧洲，因為北俱盧洲人對物品沒有我所心，所以律法不將北俱盧洲人的財物作為犯根本罪的對境。同樣的道理，盜佛物犯偷蘭遮[2]，因為佛無我所心，故不將佛物作為盜戒犯根本罪的對境。

對上述「所有權」以及「對所有權的執著」兩個要素進行不同的組合，可以得到四種情況：有權有執、有權無執、無權有執和無權無執。有權有執即是正犯根本罪的對境；有權無執的情況，如前述佛物或者北俱盧洲人的物品（佛物若有守護主，則可能構成有權有執的情況而成為正犯盜戒的對境）；無權有執的情況，比如一個精神異常者，到寺院中突然起心認為寺院是他自己的，這種情況無論是世間法律還是佛教戒律，都不可能因為他對寺院有了執取就判定寺院是屬於他的；無權無執的情況明顯不屬「他物」所攝。

綜上所述，他物只有在既有權又有執的情況下，才構成盜戒犯根本的對境。在具體的判罰過程中，應檢視這兩個要素是否滿足，從而正確地判罰。

專題 2：對物主還是守護主結罪？

盜竊行為的受害者，除了物主，可能還包括物品的守護人。守護人對物品負有看護的責任，若物品被盜，守護人可能需要作出相應的賠償，《行事鈔》中稱此守護人為「守護主」。在物品有守護主的情況

1　《摩得勒伽》卷 8，《大正藏》23 冊，612 頁下欄。
2　見專題「佛物分類及轉用佛物的判罰」。

下，比丘盜物如何結罪？

（一）根據物主和守護主的損失情況結罪

《善見論》記載：「若知典鉢庫比丘，若出入諸比丘鉢，忘不閉戶，失諸比丘鉢，應償；若人穿壁偷，不償。若諸比丘語典鉢比丘：『長老，晨朝出鉢置外，我等遣人守護。』守護人眠睡，失鉢，典鉢比丘不須償。若典鉢比丘，諸比丘付鉢，懶開庫而以鉢置己私房，若失鉢，責償。若典鉢庫比丘開鉢庫，戶未得閉，忽得卒病，不輾轉付囑，失鉢，不償。若典庫比丘閉庫而眠，有賊來喚開戶，比丘不開，賊云：『我得戶開，我殺汝。』比丘亦不開，賊而以斧斫戶，比丘念言：『我若不開，復死復失鉢。』於是開戶，賊悉將鉢去，比丘不得責。若知鉢庫比丘，以鑰匙與客比丘，客比丘遂開庫，偷將鉢去，知庫比丘應償鉢。」[1] 這裏的「典鉢庫比丘」即是物品的守護主。從文中可以看出：若是由於守護主主觀的責任，如一時的疏忽大意而「忘不閉戶」或將鑰匙囑託給不可信人等，導致財物損失，守護主需要賠償；若是由於客觀原因導致的損失，比如守護主「忽得卒病」或命難等，則守護主不須賠償。

《根本說一切有部尼陀那目得迦》則將財物被盜時的賠償責任分析得更加細緻：「守寺之人被賊偷物……佛言：『汝等應知！凡授事人閉寺門時有其五別：謂上下轉、鳴、鎖、並副鎖、門關及居。不閉，賊偷，准事酬直；若闕一者應還一分，乃至若總不著，應可全償；若掌寺人存心守護，五並不闕者，設令損失並不應陪。』」[2] 如果守護主恪盡職守，最終財物卻還是被盜，則不須賠償；若因責任未完全盡到而導

1　《善見論》卷 9，《大正藏》24 冊，738 頁中欄。
2　《根本說一切有部尼陀那目得迦》卷 10，《大正藏》24 冊，455 頁上欄至中欄。

致財物丟失或損壞，則應依據其失責的程度作全部或部分賠償。

綜合上述兩個公案，如果盜物者是比丘，將會有三種不同的結罪情況：第一種情況，守護主不須賠償，實際損失全部由物主承擔，此時盜物比丘僅對物主結罪；第二種情況，守護主沒有盡到責任，須全額賠償，則物主沒有損失，此時盜物比丘僅對守護主結罪；第三種情況，守護主作部分賠償，物主承擔剩餘損失，此時盜物比丘同時對守護主和物主結罪。

《行事鈔》中關於盜三寶物的章節提到「若有守護主者，三寶物邊皆結重罪」[1]，後世有人將此誤解成：若三寶物有守護主，若盜就結重罪。這實際上忽略了守護主是否需要賠償以及如何賠償的問題；《行事鈔》的後文「為賊所偷者，守物比丘必須償之，不望本主」[2]，意思也是守護主需要賠償的情況才對其結罪。

（二）結罪對象對具體判罪的影響

對守護主還是物主結罪的辨析，有助於更準確地判罪。不同的結罪對象對物品的執著可能有所不同，這樣就會導致判罪結果的不同。一個典型的例子就是盜佛物的情況：假如佛物被盜後守護主不需要賠償，則由物主（即佛陀）承擔損失，因佛陀無我所心，故結偷蘭遮；但如果守護主需要全賠，那麼盜物比丘就可能要面臨被判波羅夷了。[3]

守護主全賠，或者守護主不賠而由物主承擔全部損失，這兩種情況都隨值結算。計算方法比較直觀，視乎物品的價值而定，同時考量結罪對象的守護意。對守護主和物主同時結罪的情況，雖然結罪對象

1　《四分律刪繁補闕行事鈔校釋》，649 頁。
2　《四分律刪繁補闕行事鈔校釋》，695 頁。
3　見專題「『大盜戒』中有主物的兩個要素」。

有兩個，但因為這種情況屬於同一發起心和加行的單一偷盜行為，因此也應該按照物品價值計算，而不是對結罪對象單獨計算、單獨結罪。[1]

（三）總結

綜上所述，比丘盜物的判罪，應分辨物主和守護主承擔損失的具體情況：

1. 只對物主結罪：比丘盜取物品，如果物品沒有守護主，或雖有守護主而守護主不須賠償的情況，比丘僅對物主結罪；

2. 只對守護主結罪：比丘盜取物品，如果物品有守護主，且守護主需要全賠的情況，比丘僅對守護主結罪；

3. 同時對物主和守護主結罪：比丘盜取物品，如果物品有守護主，且守護主需要作部分賠償的情況，比丘同時對守護主和物主結罪。

專題 3：五錢

在《四分律》的「大盜戒」中，偷盜價值「五錢」及以上的物品，就會正犯此戒。律中記載的「錢」，實際上是「磨灑」或「摩沙迦」的意譯，從而容易令人誤認為律典中的「錢」就是我們今天的通用貨幣。而即使在當時的古印度，因國家間貨幣匯率的不同，相同單位的貨幣其實際價值可能也存在較大差別，更何況現代社會的貨幣類型已經迥然不同。

《一切經音義》中記載：「古人譯經錯會將『一磨灑』同於『一錢』，錯之甚矣。佛言：『我之教法，隨方國土為制。』若准此國王法，上從五帝三王，下及大唐王制，未聞盜五錢即合至死，乃至盜五匹已上，

1　見專題「不同盜物方式的價值結算」。

萬至流刑，貫百之間有杖，不至流貶。而言『五錢犯重者』，傷其太急，難為護持，不覺破此戒者，其數多矣。」[1]

《行事鈔》中參考了《薩婆多論》的觀點：「問曰：『「盜五錢成重」，是何等之錢？』答：『有三解。初云：依彼王舍國法用何等錢，准彼錢為限。二云：隨有佛法處用何等錢，即以為限。三又云：佛依王舍國，盜五錢得死罪，依而結戒；今隨有佛法處，依國盜幾物斷死，即以為限。雖有三釋，論師以後義應是。』」[2] 其中第二種觀點，或許就是因為律典中翻譯問題而導致對「五錢」內涵的誤解，在這種誤解下，進一步產生了今日「五錢」等於五元錢的錯解。律中的「五錢」到底應如何理解，需要重新回歸律典，尋找「五錢」的本意。

（一）律典中對「五錢」的解釋

諸律中，有部分律典對「五錢」作了簡單的說明。《十誦律》：「『云何是五錢？』答：『若一銅錢直十六小銅錢者是。』」《摩得勒伽》：「『取何等五錢犯波羅夷耶？』答：『二十錢。云何錢？謂迦呵那，一迦梨仙直四迦呵那。』」[3]《薩婆多論》：「盜至五錢得重罪者，或言金錢，或言銀錢，或言銅錢，或言鐵錢，無有定也。」[4] 這幾部律論都是直接解釋「五錢」的具體價值，但各有不同，而《薩婆多論》更是言不能確定。

《根有律攝》：「五磨灑言，據何為准？謂依一迦利沙波拏四分之一，此一迦利沙波拏有二十磨灑，若偷五磨灑，即名犯盜（此一磨灑有八十貝齒，一迦利沙波拏總有一千六百貝齒也）。此據問時，國法以

1　《一切經音義》卷 60，《大正藏》54 冊，707 頁中欄。

2　《四分律刪繁補闕行事鈔校釋》，713 頁。

3　《摩得勒伽》卷 1，《大正藏》23 冊，570 頁中欄。

4　《薩婆多論》卷 2，《大正藏》23 冊，516 頁下欄。

二十磨灑為迦利沙波挐。」[1]《善見論》與《根有律攝》記載相同：「爾時王舍城二十摩娑迦成一迦利沙槃分，迦利沙槃為四分，一分是五摩娑迦，汝等自當知。」但《善見論》中卻強調「此迦利沙槃者，乃是古時法迦利沙槃，非今時留陀羅王為初迦利沙槃，過去諸佛亦以一分結波羅夷，當來諸佛亦以一分結波羅夷」[2]。

在巴利語中，一個 "pādena" 等於 "pañca（五）māsako（音譯為：磨灑）"。而這裏的 "māsako" 意思是：豆，豆錢，小錢幣。梵文中「五錢」的表述是 "pañcamāṣaka"，其中 "māṣaka" 一詞可以表示一種豆子的種子，也用於指代少量金子的特定重量（英譯：a small weight of gold）。不過，目前梵文律典文獻中並沒有對「五錢」的確切內涵作更為細緻的論述。

藏文《根有律》中與漢譯律典相對應的詞為 "མ་ཥ་ཀ་ལྔ་"[3]，由數量詞 "ལྔ་"（五）以及音譯詞 "མ་ཥ་ཀ་"（磨沙迦）組成。其中 "མ་ཥ་ཀ་" 在《莫蘭藏英詞典》中解釋為：small red seed bean of nepal, berry used for weighing gold and silver, 16 ma sha ka = 1 kar sha（漢譯：尼泊爾的小紅籽豆，用於稱量金銀的漿果，16 磨沙迦 = 1 卡沙）。

從以上律典的記載中可以看出，「五錢」只是古代印度的一種貨幣計量單位，其價值與當時的社會經濟狀況相關，以此亦難以推算出一個能令人信服的，相對應的現代「五錢」的價值。

（二）律典中「五錢」的特性

《十誦律》的辨相中，有一段問答：「問：『頗比丘盜三錢得波羅夷

1　《根有律攝》卷 2，《大正藏》24 冊，534 頁下欄。

2　《善見論》卷 8，《大正藏》24 冊，729 頁中欄。

3　麗江版《甘珠爾》（འགྱུར་རོ་ཅོག་འཁྲུངས）第 5 函《律分別》（འདུལ་བ་རྣམ་པར་འབྱེད་པ）59a。

耶？』答曰：『得，若錢貴時是。』」問：『頗比丘盜五錢不犯波羅夷耶？』答：『有，若錢賤時是。』」這裏提到的「錢貴」與「錢賤」實際類似於今天的通貨膨脹和通貨緊縮。《摩得勒伽》、《根有律攝》中也有類似記載。《摩得勒伽》：「『如佛所說，比丘取五錢波羅夷，頗有比丘取五錢不犯波羅夷耶？』答：『有，若迦梨仙賤。』……『如佛所說，若比丘取五錢波羅夷，頗有比丘取減五錢犯波羅夷耶？』答：『有，若迦梨仙貴。』」[1]

這表明「五錢」還涉及到市場中貨幣貶值或升值的問題，同時也說明所謂「五錢」並不是一個固定不變的數值，而是會隨着時代因緣的變化而變化。

另外，在《四分律》中，佛言：「依本取物處直五錢，波羅夷。」說明在確定所盜物的價值時，是按照所盜地點的物品價值為準，而不是按盜物比丘所在地的物品價值為準。《十誦律》、《五分律》、《根有律攝》中也有類似說法，如《十誦律》：「問：『若比丘取拘耶尼[2]人物，齊幾許得波羅夷？』答：『計彼物價直五錢已上，得波羅夷；弗於逮[3]亦如是。』問：『若取鬱單越物，齊幾許得波羅夷？』答：『彼國人無我，無所屬故無罪。』」《五分律》中有這樣的案例：比丘在甲地偷了一件價值五錢的衣，拿到乙地賣得四錢，佛陀說：「本處直五錢，波羅夷。若於彼處不直五錢，來此賣直五錢，偷羅遮。」《根有律攝》：「盜得物時，即據其方國而斷物價。」「若苾芻在東、西二洲，即據彼方所用錢貨，以斷輕重……若於方處用鐵等為錢，而是貴價，盜此物時，准價成犯。」[4]

1　《摩得勒伽》卷 8，《大正藏》23 冊，612 頁中欄至 613 頁上欄。

2　拘耶尼：古印度世界四大洲中的西牛賀洲。

3　弗於逮：古印度世界四大洲中的東勝神洲。

4　《根有律攝》卷 2，《大正藏》24 冊，535 頁上欄；卷 2，《大正藏》24 冊，536 頁中欄。

由此可知，「五錢」的價值內涵，在律典中會隨着市場貨幣之「貴賤」、地域不同而有所變化，並非一個固定不變的價值。

（三）律典中「五錢」之來源

《十誦律》記載：「盜至五錢，若五錢直，阿闍世王便與大罪。」《薩婆多論》中說的更明確：「王舍國法，五錢以上入重罪中。佛依此法，盜至五錢得波羅夷。」「此戒要依國法，盜物多少得斷命罪，則依而結戒。」[1]《僧祇律》記載：「王無定法，自隨其意，或小盜便殺，或盜多不死。當如世尊問瓶沙王法：『大王治國，盜齊幾錢至死？幾錢驅出？幾錢刑罰？』瓶沙王答佛：『十九錢為一罽利沙槃，一罽利沙槃分為四分，若取一分，若取一分直，罪應至死。』今隨所盜義以此為准。」《巴利律》記載：「世尊言此比丘曰：『比丘！摩揭陀王斯尼耶頻毗娑羅，以盜幾許即逮捕，或殺，或縛，或逐乎？』『世尊！一巴陀或值一巴陀之物，或超過一巴陀之物也。』此時王舍城以五摩沙迦為一巴陀。」《根有律攝》：「此據問時，國法以二十磨灑為迦利沙波挐。若王法以十二磨灑為迦利沙波挐者，盜三磨灑犯重；用十六者，盜四犯重；若四十者，盜十犯重。若更有增減，准數應知。」[2]

從以上律典的記載中不難看出，佛陀是根據國法判定重罪的標準而制定「五錢」犯重。這一點不僅體現在多數律典的緣起中，而且所有律典的戒條中也都無一例外地作了明確記載。如：《四分律》戒本中「隨不與取法，若為王、王大臣所捉，若殺，若縛，若驅出國」；《十誦律》戒本中「以所偷物，若王、王臣，若捉、繫縛，若殺，若擯，若輸金罪」等。

---

1 《薩婆多論》卷3，《大正藏》23冊，517頁中欄；卷2，《大正藏》23冊，516頁下欄。
2 《根有律攝》卷2，《大正藏》24冊，534頁下欄至535頁上欄。

通過以上的對比分析可知：戒條中犯根本罪的標準雖然是「五錢」，但其來源和制定原則是佛陀制戒時所在國家法律中「重罪」的標準。並且從戒本中也可以看出，重罪不一定是死罪。因此，認為沒有死罪就沒有犯盜標準的觀點是站不住腳的。佛陀只是以重罪作為犯盜標準。這一點也恰與上文《薩婆多論》中「五錢成重罪者，佛依王舍國法結戒故，限至五錢得波羅夷。如是各隨國法依而制罪。觀律師意，欲以後義為定」的說法相吻合。因此，對於現代的比丘來講，依然應該按照這一原則來確定現實因緣下的「五錢」。

（四）小結

如上分析，諸律典對「五錢」有不同的解讀，加上古今中印貨幣單位的差異，已很難換算出佛世時期王舍城「五錢」所對應的現代貨幣價值。而實際上即使能夠計算出當時「五錢」所對應的現代貨幣價值，也難免脫離現實。而諸律典中，「五錢」依法律中「重罪」來確定的原則，則更具有實際意義。

相比於因偷盜而引起的民事糾紛，達到刑事犯罪的「盜竊罪」更符合「若為王，若王大臣所捉，若縛，若殺，若驅出國」的「重罪」內涵。但「盜竊罪」本身又有不同的量刑，其中何為「重罪」也說法各異。實踐中，應由僧團依據現實緣起抉擇，確定判罪標準。同時，也可參考《行事鈔》中「判罪宜通，攝護須急」的原則，即在判罪時應當寬鬆，而比丘個人則應當按照嚴格的標準來持戒。這樣既能保障比丘嚴謹持戒，同時又能給予那些因為一時犯錯而真心悔過的比丘以改悔的機會。

綜上所述，在盜戒持守方面，現代的比丘也應當嚴格要求自己，而至於實際的判罪，則可以由僧團依據佛陀制戒的「重罪」原則，把握當前各自不同的現實緣起，根據當前法律規定確定判罪標準。

專題 4：盜戒之究竟成犯

　　關於「大盜戒」的究竟成犯，律典中記載了兩種標準：一種是「以物離本處」為究竟，可稱之為「從物判」；另一種是以比丘得心或物主捨心來判，可稱之為「從心判」。這兩種不同的標準，其本質上都是用來界定比丘的盜取行為。而在實際持戒過程中，則需要對這兩種標準的使用進行界定和抉擇，不同律典對此的記載有所不同，具體可分為以下幾種類型：

（一）物離本處

　　《四分律》、《十誦律》等諸律中，盜戒究竟成犯的標準都是「離本處」，只是本處的標準有所差異，具體的判罰可參考本戒的辨相內容。

（二）從得心判

　　《僧祇律》中，對於未達到究竟時的判罰，主要是從偷盜者的行為來判。如比丘在長者家看見「衣服、瓔珞」等物，就偷來放在囊中，並叫隨行沙彌帶走，「令沙彌擔去時，得越比尼罪；沙彌持去，出家界時，偷蘭罪」。又有「捉他車繫著他車」、「捉他男繫著他男」等情況，「欲令各各相牽而去，作是方便，得越比尼罪；出住處界，得偷蘭罪」；而當「作得想」時，犯波羅夷罪。

　　藏傳《苾芻學處》中則明確規定「於所盜物生得心時，成本罪」。盜心相續是判罰的主要依據，方便罪的判罰也是在盜心相續的前提下，「從觸物乃至未至究竟以前，皆加行之粗罪」。而對於他人的寄存物來說，則「與遷物同時，或遷移以後，發起決定盜心，得他勝罪」[1]。

1　《苾芻學處》，《宗喀巴大師集》卷 5，53 頁。

（三）綜合考慮得心和捨心

1. 得心＋捨心

在某些情況下，除了考慮比丘得心之外，還要考慮失主的捨心。《僧祇律》中，比丘盜船主的船時，「比丘雖乘船去遠，而船主不作失想，比丘亦不作得想，未波羅夷」，當「船主若作失想、比丘作得想者」時，比丘才犯波羅夷；「若比丘盜良馬乘走，而馬主覺，即乘馬逐，其主不作失想，比丘不作得想，未波羅夷；若馬主作失想，比丘不作得想，未波羅夷；若馬主作失想，比丘作得想，波羅夷」，盜牛也是如此。通過這幾個案例可以看出，只有在失主作捨心，而比丘作得想這兩個條件同時滿足時，才犯究竟。

《善見論》也有類似記載：「若人寄物在比丘處，物主來求，比丘言：『我不受汝寄。』妄語應得波夜提，為是偷方便故，得突吉羅。若比丘念言：『此人寄我物，無人知，我今為還，為不還？』得偷蘭遮。若比丘決定心得，物主作失心，得波羅夷。」[1]

2. 只以捨心判犯

《五分律》中，別人寄存在比丘處的物品，比丘「盜心不還物，主心捨，直五錢，波羅夷」。

《根有律》記載：「若苾芻為共俗人爭地詣斷事官所，若苾芻不如，俗人勝者，得窣吐羅底也；若苾芻得勝，乃至俗人心未息來，苾芻得窣吐羅底也；若彼俗人心息者，應准其價同前得罪。」這裏的「同前得罪」指的是「價滿五者，得根本罪；若不滿者，得窣吐羅底」。

《根有律攝》中，比丘通過「非理言競官斷」，也就是通過法律手段來盜取他人的「田地及園店」等固定資產，「彼心未捨，得窣吐羅；心若捨時，即得本罪」。但如果是國王斷案，只要判比丘勝訴即犯根本

---

[1] 《善見論》卷9，《大正藏》24冊，737頁中欄。

罪，因為「斷事中王為上」。[1]

3. 得心或捨心判犯

《善見論》記載：「他園林，比丘強諍奪，初欲諍時，突吉羅；令園主狐疑，偷蘭遮；若園主作捨心，比丘波羅夷；若園主未作捨心，比丘取園作決定得想，波羅夷；若言官行貨諍園得勝，園主作失想，比丘波羅夷。」[2] 類似的公案還有盜心取檀越施與比丘的房屋，判犯同上。

（四）分析

以上諸律的判法，主要分為三種類型：一者，對一般的盜取行為，《四分律》、《十誦律》等諸律典以「物離本處」來判；而類似的盜取行為，《僧祇律》和藏傳《苾芻學處》則以得心成就為準，即「從心判」；第三種類型則是在綜合考慮比丘得心和失主捨心的情況來判。

無論是「從物判」還是「從心判」都是為了界定究竟成犯而建立的標準。前者以「物離本處」為依據，而「從心判」是從比丘的「得心」或再考慮失主的「捨心」來判。一定程度上來看，兩者的內涵是相通的，都是為了表達「究竟屬己想」的標準。因此，二者並非是對立的，應當根據具體的情況來選擇合適的判罰標準。

其次，這兩種判罰標準又有各自的優缺點。以「物離本處」來判定究竟成犯，其優點是，只要物品移開了本處就犯根本罪，成犯的標準很明確，實踐中也方便操作；然其缺點是，從業果的角度來看，物離本處時造業未必圓滿，有時會出現雖然物離本處，但比丘得心尚未具足的情況。從心判的優點是更符合業果原理，同時對於一些無法移動的物品或非固定的實體，比如不動產或數字貨幣等，比從物判更適用；

1　《根有律攝》卷 2，《大正藏》24 冊，535 頁下欄。
2　《善見論》卷 9，《大正藏》24 冊，736 頁上欄。

其缺點是，比丘的「得心」與物主的「失心」相較「從物判」更不易辨別，且較為主觀。再者，這裏所指的「得心」並不是比丘簡單的動念，如《四分律》記載：「六群比丘見恆水中有流船，作是念：『我等可盜取此船不勞身手。』彼疑，佛問言：『汝以何心？』即具答因緣，佛言：『但意，無犯。而不應生如是意。』」這種僅動念的情況是不犯的。而對於得心的衡量，則可參考藏傳《苾芻學處》和《善見論》中的「決定」得心為準。

綜合來看，不論是「從物判犯」還是「從心判犯」都具有一定的局限，單依其中的一個並不能很好地界定實際物品控制權轉移的情況。因此，兩種判罰配合起來使用則能互補長短。一般而言，以「物離本處」的「從物判犯」比較適用，當「離本處」不易判斷時，也可以參考《僧祇律》或藏傳《苾芻學處》以「得心」來判。某些特殊情況以比丘的「得心」來判則更合適。如《善見論》：「若園主未作捨心，比丘取園作決定得想，波羅夷。」此案例中比丘「強諍奪」他人園林，當其依靠種種手段取得了園林，在這種事實的基礎上，若比丘有了「決定得想」就正犯，而不必再考慮失主是否作捨心。又如，在《根有律攝》的案例中，比丘以法律手段強取對方財產，若國王判比丘勝，則意味着失主被迫失去了園林，成為既定事實，也意味着比丘這時得心決定，則直接判比丘正犯，而不再考慮失主是否捨心已斷。

此外，在「物離本處」和比丘「得心」均無法確定時，則有必要考慮失主的「捨心」綜合來判。《僧祇律》中，盜船、盜馬、盜牛等案例中，在失主追趕的情況下，比丘並未完全控制所盜物，則不能僅以比丘的得心來判。因為比丘的得想和失主的失想實際上是相互關聯的，當失主追趕不上而放棄追逐時，比丘得想才容易決定，這時判為正犯。《善見論》中，對於寄存的物品，當「比丘決定心得」，並且「物主作失心」，比丘得波羅夷。

在以法律手段強取的案例中，如果不是國王斷案，比丘勝訴的情況下，對方作決定捨心或對方不再上訴，則比丘正犯。而對於已經寄存的物品，在《五分律》中，當比丘不歸還時，只要失主作捨心，即為正犯。

（五）小結

按照上面的論述，盜行的究竟成犯，一般情況下以「物離本處」為準。若盜竊物品的具體場景（如盜竊時被發現而彼此追逐）或者盜竊方式（如不動產相關的盜竊行為）不適合用「物離本處」來判斷是否究竟成犯時，則以比丘得心成就為準。若僅比丘得心成就不足以判斷是否究竟時，則以比丘得心和失主捨心同時成立為準。具體判罰如下：

1. 若比丘事實上已得到財物，並產生決定得心，則究竟成犯；

2. 若比丘盜取他人物品，被物主追逐，在逃跑的過程中，比丘作得想且失主作失想時，究竟成犯；

3. 比丘盜取他人財物引起官司糾紛的情況：若比丘勝訴，且失主作捨心（或不再上訴）時，則究竟成犯；若比丘勝訴，但失主未作捨心（仍然會上訴），判偷蘭遮；若比丘勝訴，失主捨心未斷，但已經是終極判決，究竟成犯。

專題 5：不同盜物方式的價值結算

關於盜戒犯重的價值結算，諸律基本原則都是物品價值滿五錢犯波羅夷。但是偷盜加行形式多樣，對於一些特殊情況應如何結算五錢成犯需作進一步探討，下文就律典中相關的公案進行分析和總結。

（一）共盜的情況

比丘與人共盜時，結算的主要問題是，應該按共盜總值對比丘判罪，還是將偷盜總值分到每個人頭上之後再單獨算。

1. 按個人分別算

《十誦律》中有一個共盜而各自取物的公案：「又復諸比丘自相語言：『共作賊去來。』答言：『隨意。』相語言：『當少少取，莫令具足。』取已合眾人物欲分，物滿五錢，諸比丘生疑：『我等將無得波羅夷耶？』以是事白佛，佛言：『隨人取物離本處計直。』」這個公案中，是按照各自取物離本處時所盜錢數分別結算。

《十誦律》的另外一個共盜公案：「『若暗處有衣，四比丘以盜心俱取，得波羅夷不？』佛言：『不得，得偷蘭遮；若分割取，直五錢已上，得波羅夷；若不直五錢，得偷蘭遮。』」這裏是按分割後個人所得分別結算。

《十誦律》這兩個公案的共通點是，各比丘所盜錢財對個人分別結算而不是按整體算。產生按離本處時各自取值和按分得兩種算法的原因，應該是前者為各自取物的情況，已經具備分別結算的區分條件；後者為共取一物，則要等到個人分得財物後才能計算。

《摩得勒伽》記載的公案：「『若暗夜中有衣，四比丘共偷取，得何罪？』答：『物未分，偷羅遮；分已，各滿，波羅夷；不滿，偷羅遮。』」[1]《根有律攝》：「多人同契偷彼一衣，隨受分時，計直成犯。」[2] 即《摩得勒伽》、《根有律攝》中是按照最後各自所分得的錢數判罪。

2. 按共盜總值算

《四分律》中共盜的公案明確是按偷盜總值算：「時有眾多比丘，

1　《摩得勒伽》卷 8，《大正藏》23 冊，612 頁中欄。
2　《根有律攝》卷 2，《大正藏》24 冊，536 頁中欄。

方便遣一人取他物，得五錢，若過五錢。彼疑，佛言：『一切波羅夷。』」下面這個公案進一步明確是按離本處時的總額而不是按最終個人所得結算：「時有眾多比丘，方便遣一人盜他物，即往取五錢，若過五錢，得減五錢，彼作是念：『我等得減五錢，不犯波羅夷。』佛言：『依本取物處，直五錢，波羅夷。』」這個公案明確不按所分得錢數判罰：「時有眾多比丘，方便遣一人，取五錢，若過五錢，還共分，各得減五錢，彼作是念：『我等得減五錢，不犯波羅夷。』佛言：『通作一分，盡波羅夷。』」

除了《四分律》以外，《僧祇律》、《巴利律》、《善見論》也是按照共盜的總錢數判罪，而不依最終每人分得多少錢判罪。《僧祇律》記載：「若二比丘暗處盜幡，俱不相知，各從一頭解繩收攝，共合中間，相問：『汝是誰？』怖畏捨幡而走，得偷蘭罪；此二比丘互相問時各言：『偷幡。』便共盜取，滿者，波羅夷。」《巴利律》記載：「爾時，眾多比丘謀取一物後，分配之。彼等每人分配〔所得〕不滿五摩沙迦，彼等曰：『我等非波羅夷。』以此事白世尊。『諸比丘！汝等犯波羅夷。』」《善見論》記載：「眾多比丘作是言：『我等共往某鄉某處相與共偷。』諸伴悉同而去，一人入取物，物離本處，悉得波羅夷。」[1]

3. 分析

上述兩種結算方式，按照個人所得判罰，更容易給人鑽漏洞，因為只要多叫人共盜就可以不犯重。因此，建議如《四分律》等按總量判罰。

（二）教他取中的命令鏈

在前面辨相部分已經提到，無論是自取還是教他取，滿五錢，

---

1 《善見論》卷9，《大正藏》24冊，739頁下欄。

教者、被教者都犯波羅夷。除了這個基本原則之外，律典中還有一些特殊公案，提供了關於自作、教他偷盜情況判罪的補充信息。

《巴利律》記載了一種「命令鏈」的情況，即輾轉傳話教最後一人盜竊，則最後一人偷盜完成時，命令鏈上的比丘全部得波羅夷，如文：「甲比丘令乙比丘語丙比丘，令丙比丘語丁比丘言：『丁比丘去取某物！』甲比丘突吉羅。乙比丘若告丙比丘者，突吉羅；取者應諾，則甲比丘偷蘭遮。丁比丘取其物者，四比丘俱波羅夷。」如果傳話過程中，傳話對象發生錯誤，則命令鏈上直接導致最後實際行盜比丘進行偷盜的相關比丘才犯波羅夷，如文：「甲比丘令乙比丘……乃至……『……去取某物！』甲比丘突吉羅。乙比丘若告其他者，突吉羅；取者應諾，突吉羅；彼取其物者，甲比丘不犯也，令者〔乙比丘〕及取者波羅夷。」

《善見論》記載：「有四比丘，一是師、三是弟子，欲偷六摩娑迦，師語弟子言：『汝人各偷一摩娑迦，我偷三。』第一弟子言：『和尚偷三，我偷一，汝二人各偷一。』餘二人展轉相教亦如是，師自偷三錢，偷蘭遮；教三弟子偷，亦偷蘭遮。何以故？自偷異、教人偷異，是故二偷蘭。」[1] 此公案中存在另一種形式的命令鏈，鏈上每一環節都偷盜一錢，則師作為命令的發起人，需要為鏈上所有的行為負責，故按鏈上的總數三錢結罪，判偷蘭遮。另外，在此公案中，師自盜三錢和指使弟子盜三錢被視作單獨行為（「自偷異、教人偷異」），分開結罪，各得一個偷蘭遮。根據前面共盜的討論，實際情況中，應該看是否屬於「共盜」的範疇，若是共盜，則應該按照共盜總額對所有參與的比丘判罪。

根據上述《巴利律》和《善見論》中的判決方法，可以得出一個更為普適的判罰方法：命令鏈上的比丘自作、教他同責，按鏈上的盜竊總額判罪；如果中間存在命令傳遞失誤的情況，則按照相關比丘在

1 　《善見論》卷9，《大正藏》24冊，739頁下欄。

該命令鏈上傳遞的有效命令所導致的失竊價值結罪。

（三）一次完整偷盜行為的界定——分次取、多處取等情況

1. 分次取的情況

《巴利律》中，比丘分次一點點將一瓶酥吃光，如文：「爾時，一比丘見酥瓶而飲一小量。彼生悔心……乃至……『比丘！非波羅夷，乃突吉羅。』」《善見論》記載有類似公案：「若比丘盜心取酥未滿一分，然後生悔心：『後我不更作。』至明，更偷心取不滿一分。復悔心後誓不作。如是展轉偷盡一器，不犯重，得突吉羅、偷蘭遮。又有比丘如是偷酥，日日止取一匙，而不捨心，取滿一分便犯重。」[1] 可以推斷，比丘分次取在《巴利律》、《善見論》中不判重，是因為比丘每次偷盜後捨盜心，因此每次單獨結罪；若不捨盜心，則多次取被視為一次整體偷盜行為而按盜物價值總量結罪。和《巴利律》、《善見論》不同，《十誦律》中對多次取的情況則是對每次取都單獨結罪，如文：「問：『頗比丘取五錢離本處不犯波羅夷耶？』答：『有，若一時取一錢離本處。若二，若三，若四，不一時取五錢，不犯。』」

2. 多處取的情況

《善見論》中記載了多處取算作一次完整偷盜行為的公案：「有一人五店，店安一摩娑迦，眾多比丘遣一比丘往五處取，最後處得波羅夷」、「種種物置多處，有五人各有一店，眾多比丘遣一比丘取，最後離本處，眾多比丘犯重罪」。[2] 這兩個公案雖然屬多次（處）取，但整體是一次統一預謀規劃的偷盜行為。

無論是分次取還是多處取的具體判罰，要先分析「一次偷盜行為」

1　《善見論》卷 10，《大正藏》24 冊，741 頁下欄。
2　《善見論》卷 9，《大正藏》24 冊，739 頁下欄。

的定義。如果一系列的盜竊行為屬於統一計劃而分步執行的情況，則應該將這一系列行為看作「一次完整的偷盜行為」；從犯緣的角度講，「一次偷盜行為」即是同一發起心（盜心）驅動的系列行為。相應地，最終應該根據系列行為所盜物價值相加之總數進行結罪。應該説《巴利律》、《善見論》的判決方式要比《十誦律》更合理，否則統一謀劃的多次少量取而積少成多的偷盜情況將永遠不犯波羅夷。隨着現代社會的經濟活動日趨電子化、資訊化運作，這種情況將愈來愈容易出現。

（四）總結

對於不同方式的偷盜行為，五錢的計算也有差異，根據上面的律典公案，可以總結出如下判罰原理：

1. 共盜的情況，應按照偷盜總價值對每個參與的比丘判罪；

2. 教他取的情況，如果存在命令鏈，那麼鏈上的比丘自作、教他同責，並按鏈上的盜竊總額結罪；如果中間環節存在命令傳遞失誤的情況，則按照比丘在該命令鏈上傳遞的有效命令所導致的失竊價值對其判罪；

3. 多次（包括多處）取的情況，若是由同一盜心推動，則應被視為同一次偷盜行為，按多次取的盜物總數來結罪。

專題 6：黑暗心

（一）對黑暗心的兩種理解

《四分律》的「毗尼增」部分對「賊心」有五種描述，即「黑暗心、邪心、曲戾心、不善心、常有盜他物心」，後代律師多藉此來解釋「盜心」。律典文本中缺少對「黑暗心」的直接解釋，《行事鈔》中借用了《僧祇律》的一個故事，把「黑暗心」定義為：「謂癡心愚教，生可學

迷，隨作結重。《僧祇》『寺主』，即是其事。」[1]《戒本疏》中對「黑暗心」的解釋與此類似：「謂癡心也。愚於教行，不肯修學，故於盜境，生可學迷。」[2]

為了便於理解，這裏先簡單解釋一下「可學迷」和「不可學迷」的含義。「迷」通指人的無知或糊塗。所謂的「可學」與「不可學」，是對戒法而言。戒法可以學習，以消除僧眾對戒律的無知，即「可學」；而所面對的境界千差萬別，則無法通過學習來消除各人對外境認識的無知或偏差，即「不可學」。通俗的理解是，某比丘由於對盜戒一無所知，肆意妄為而犯盜，這種情況有盜心要判重，屬於「可學迷」；如果比丘對盜戒的戒相都相當熟悉，結果對境迷忘，而誤把別人的東西取走，這種情況由於沒有盜心，判無罪，屬於「不可學迷」。

由此，「黑暗心」的定義，用現代的語言可以轉述成：在對盜戒無知的情況下起盜心。但是後人在學習戒律時，往往依文解意，直接理解成對戒律的無知即是盜心。因此造成現實中，涉事比丘即使沒有任何盜心，仍然可能被判正犯盜戒的情況。這導致不少比丘在處理公共財物時產生很多不必要的恐懼心理。另外，加上《大方等大集經》等經典記載，僅有阿羅漢或須陀洹比丘才有資格來執掌財物[3]，這更讓執事比丘在承擔中承受較大的心理壓力。實際上這種直白的解讀忽略了一個重要的前提，即「黑暗心」只是描述「盜心」的一種情況，所以對「黑暗心」更準確的理解應該是：對盜戒無知的情況下有盜心。

以上對「黑暗心」的兩種理解，其核心差異在於有無盜心。盜戒所治罰的偷盜行為，根本上屬於十惡業的範疇，究其源頭必然有偷盜

1　《四分律刪繁補闕行事鈔校釋》，711 頁。

2　《四分律含注戒本疏行宗記校釋》，566 頁。

3　《大方等大集經》卷 34，《大正藏》13 冊，238 頁下欄。

的主觀動機和意樂。而這種動機和意樂通於十惡業的「盜心」，不應當由於戒律的制定而予以隨意變化或擴展，否則不僅缺乏明確的律典依據，而且很容易導致判罰原則上的矛盾和情理上的相違。

（二）無知無盜心是否應當判重

道宣律師在「黑暗心」定義中提到的「《僧祇》『寺主』，即是其事」，《僧祇律》記載如下：「若比丘作摩摩帝，塔無物，眾僧有物，便作是念：『天人所以供養眾僧者，皆蒙佛恩，供養佛者便為供養眾僧。』即持僧物修治塔者，此摩摩帝得波羅夷。若塔有物，眾僧無物，便作是念：『供養僧者，佛亦在其中。』便持塔物供養眾僧，摩摩帝用者，得波羅夷。」

一般情況下，這個故事很容易被理解為：一個執事比丘，在沒有塔物而有僧物的時候，由於不了解盜戒戒相，無知地認為「供養僧也是由於蒙受佛的恩德，所以供僧和供佛都一樣」，於是拿僧物去修塔，結果被判波羅夷；而在有塔物沒有僧物時，認為「佛也算僧數」，於是拿塔物去供僧使用，也被判重。

這一解讀中，執事比丘犯盜是由於不了解三寶物不能隨便混用，理所當然地認為將財物用到了他覺得需要的地方。換而言之，整個案例中，執事比丘不存在任何「盜心」──他不僅沒有任何盜取財物的動機，也絲毫沒有侵損財物的意圖。如果將這一結論推而廣之，導致的結果是：由於「黑暗心」這一「無知即犯盜」的定義，而忽略了「盜心」這一前提，使盜戒成為一個不需要考量犯戒比丘的主觀心理，只要滿足其他幾個客觀犯緣即可以取消比丘資格的「陷阱」，這無疑是非常不合理的。

有無「盜心」，是盜戒判定、治罰當中至關重要的一個因素，這在《四分律》和其他律典中都有豐富的案例可以證明。其中大量案例在判

罪前，佛陀均會明確詢問對方是以「何心」偷盜，如果該比丘「無盜心」，則判其「無罪」，或只結方便罪，諸律中沒有見到比丘「無盜心」結重的情況。這與《行事鈔》在闡述盜戒「明有盜心」中「盜由心結，不望境之是非」的結重原則也是相違的，而且與南山律一貫的圓通大乘，簡明心相的風格亦不相符。由此可知，無知而判盜是不合理的。

（三）無知有盜心的重讀

不難推測，上文《僧祇律》中的摩摩帝其實是知道三寶物不該混用的，但並不清楚這一行為會犯盜或結重，所以「師心自用」地「便作是念」，以自欺欺人的方式來為自己開脫，並互用了三寶物。在此過程中，摩摩帝是有盜心的，即知道物品各有所主，為一己之私而擅自挪用，其中有明確侵損財物的動機，因此被判重。

這種理解在《四分律疏飾宗義記》解釋「黑暗心」時，所引用《僧祇律》的另一個故事中能夠得到印證：「有一比丘摩訶羅出家，不善戒行，有比丘語言：『長老共作賊來。』摩訶羅言：『我本在家初不作賊，我今出家云何作賊？』彼比丘言：『汝不欲作賊者，汝但守門，當與汝分』。摩訶羅念言：『我不作賊與我等分，何以不去？』答言：『可爾。』即俱共去，使摩訶羅守門。彼比丘便入，盜心觸物時，二俱得越比尼罪；若動彼物時，二俱得偷蘭罪；若離本處，滿者，二俱得波羅夷。」文中摩訶羅比丘由於「不善戒行」，很明顯其對於為「彼比丘」守門犯盜這一事實是無知的，但同樣可以很清晰地看出摩訶羅比丘是有侵損財物之心的：「我不作賊與我等分，何以不去。」因為他對戒法的無知，促使其作出配合他人偷盜的行為，所以當其他犯緣具足時，判重也是非常符合情理的。

此外，如果回歸《僧祇律》本身的行文語境的話，上文所引用的三個案例全部出自盜戒中關鍵詞部分關於「十三種分齊物」的「賊分

齊」條目下。其中通篇討論的主題是要如何處理賊的物品，所以「摩摩帝」的案例中可能出於行文的簡省，而略去了對摩摩帝比丘盜心的直接表述。另一方面，也因為摩摩帝起了盜心，其挪用的物品才成了「賊物」，因此該案例被編入「賊分齊」的條目下。這種推斷似乎也更符合原典的語境及行文的邏輯結構。

（四）「黑暗心」的解讀

綜上所述，「黑暗心」更準確的定義應該是：對盜戒無知的情況下有盜心，而不是對戒律的無知即算作「盜心」。實際上，「無知即盜心」的觀點忽略了道宣律師解釋「黑暗心」時暗設的一個重要前提，即「黑暗心」是「盜心」的一種，是對盜戒無知的情況下有盜心，而不是單純地要用無知來取代盜心。

（五）綜合分析

無知即盜心的解讀雖然強化了學習盜戒戒相的重要性，但所引發的後果卻是不容小覷的。對混用三寶物的嚴厲治罰在特定的歷史時期是必要的，但是也需要謹慎看待這種強調將帶來矯枉過正的過失。無知即犯盜這一判罰原則，不僅對執事的承擔意樂有着極大的傷害，還可能會造成比丘無心卻被判犯盜的冤案。中國刑法在對盜竊罪的判罰上，都要求疑犯主觀上必須有非法佔用所盜物這一犯罪目的，並積極追求這一目的。可見世間法律對於觸及重大刑罰的問題時，都會慎重考量對方主觀上的犯罪目的，來嚴格限制治罰的範圍，以免發生違背情理的情況。而戒律中，對於涉及到比丘身分的「大盜戒」更不應該忽略犯戒動機。

《善見論》中提及眾僧於判罪起諍事時，對律師的要求是：「見波羅夷罪相，莫道言汝得波羅夷。何以故？初波羅夷淫欲、虛誑妄語其

相易現，殺、盜二戒其相難知，因細而得，從細而解，是故莫向狐疑人道：『汝得波羅夷罪。』」並且不輕易說對方犯重的原因是「佛出世難得，出家亦難得，受具足戒甚難」[1]。可見在判重結夷的事情上需要非常審慎。而對殺、盜二戒的審判，更是要慎之又慎。對於一個因承事三寶而無知犯盜的比丘而言，他被取消比丘資格，甚至因此而遭滅擯，且今生再不得受戒修行，這樣的結果絕不符合佛陀制戒的本懷，亦非祖師們的本意。

正確理解「黑暗心」的內涵，不僅使盜戒的判罰更為合理，亦有助於保護比丘承擔三寶事業的意樂和發心。尤其是要在當代實現大乘佛教所追求的莊嚴國土、利樂有情的宏大願景，必然需要大量的僧才去從事和承擔廣大的佛教事業。再者，對於經論中只有聖者才堪作執事的要求，當代僧眾應當更多地將之視其為一種警策和勉勵，切不可望文生義；否則倘若找不到證果的聖人，那公共財物是否就絲毫觸碰不得，而要任由佛教事業荒廢？這種對經文偏狹的理解，更容易助長和養成比丘少事少欲的二乘習氣，進而導致退失根本的大乘發心。這無論是對於個人的福慧增上與修行解脫，還是對佛教的長久住世，都是一種莫大的損失。

專題 7：賊復奪賊

一些律典中記載了一種比較特殊的犯盜情況──「賊復奪賊」，指的是比丘的財物被賊盜走，如果比丘又將物品奪回來，就有可能犯盜。

---

1 《善見論》卷 6，《大正藏》24 冊，717 頁中欄。

（一）律典中的相關公案

按照不同的判罰方式，相關公案分成如下幾類：

1. 賊得或「決定屬賊」奪回犯重

《四分律》記載：「時有比丘，他盜取物，而奪彼盜者物，疑，佛言：『波羅夷。』」這個公案可有兩種理解：一種是比丘從盜賊手中奪取了盜賊偷來的物品，這種情況若以盜心取當然應該判重；另一種解讀為比丘奪回自己被賊盜去的物品，即「賊復奪賊」的情況。這裏對比丘判波羅夷，但是對此判罰的依據並無具體的說明。

《鼻奈耶》中有兩個相關案例。第一個案例是：「佛在舍衛國與大比丘俱，從拘薩羅來至舍衛國薩羅槃園間遇賊，彼賊或以王力，或以村力捕得，奪彼賊衣鉢還比丘。彼比丘各懷疑意：『我不成棄捐不受婆？』以事白世尊。世尊告：『若比丘，在賊許，以力奪衣，為成棄捐不受。若王力、村力奪與者，不成棄捐不受（以不口告故，若言而奪，不受）。』」第二個案例是：「一比丘從拘薩羅來，道中為賊所剝。彼比丘以親里力而還奪賊衣鉢。奪已，比丘便懷疑意：『我不成棄捐不受婆？』彼比丘以事白佛。佛告：『賊已得，不可以力奪。若以力奪、教他奪，為成棄捐不受。若比丘與直贖，得取。』」可見，該律中，只要「賊已得」財物，比丘就不可以主動奪回，否則犯盜；如果比丘用財物贖回該物，或是有其他勢力奪回物品還給比丘，則不犯。

《十誦律》中也有兩個相關案例。第一個案例是：「有賊捉弟子將去，和上還奪取，和上疑：『我將無得波羅夷耶？』以是事白佛，佛言：『若決定屬賊，得波羅夷；若未決定，無罪。阿闍梨近行弟子亦如是。』」第二個案例是：「有賊捉一比丘將去，還自盜身走來，生疑：『我將無得波羅夷耶？』以是事白佛，佛言：『自偷盜身無罪。』」可見，只要人或物「決定屬賊」，比丘再奪回來就犯盜；除非是比丘自己被綁架，可以「自偷盜身」，從賊手中逃脫，不犯。該律公案中「決定屬賊」

的條件，強調的是賊對所盜物品財產權的概念，但是如何判斷為「決定屬賊」，並無詳細的信息。

2. 比丘無捨心奪回不犯重，有捨心奪回犯重

《僧祇律》中，「大盜戒」的「賊分齊」部分記載了幾個「賊復奪賊」相關的公案。第一個公案是：「有比丘在道行，為賊所劫，賊少比丘多。時諸比丘自相謂言：『今此賊少，我等人多，當共合力，還取本物。』即便相與，共捉磚石，追逐彼賊，並遙罵言：『弊惡罪賊，我等自可剃除鬚髮，汝復謂我剃去手腳？』時賊恐怖，便放衣鉢，各自散走。彼比丘若未作失想者，還取本物，無罪；已作失想而還取者，便為賊復劫賊，滿者，波羅夷。」第二個公案是：比丘被賊劫奪後躲到林中，賊藏物後離開了，比丘趁機取回自己的物品，「是比丘若先不作失想，還取本物者，無罪；若作失想，不應取，若取者，便為賊復劫賊，滿者，波羅夷」。第三個公案是：比丘被賊劫後一直跟着賊，到近聚落處比丘覺得比較安全了，就決定恐嚇盜賊取回自己物品。如文：「比丘念言：『是賊已近聚落，必不害我，當恐怖之。』即語賊言：『汝等謂我無所恃耶？我當白王及諸大臣知汝為賊。』若恐怖得者，無罪。」第四個公案是：「有比丘失衣鉢物，若未作捨想，後知處，應從彼索，索者不犯。若已作捨想，後雖知處，不應從索，索者得，越比尼罪。若先生心言：『後若知處者，當從索取。』如是索取者，無罪。」可見《僧祇律》中以比丘是否作失想為能否奪回己物的判斷依據：先不作失想，奪回無罪；若作失想，奪取可能犯波羅夷（第四個公案稍有不同，作捨想索取，結突吉羅）。

《五分律》中有兩個案例：「有一比丘為賊所剝，諍得衣物，生疑問佛。佛言：『不犯。』」「復有比丘為賊所剝，已入賊手，或已持去，後追奪得，生疑問佛。佛言：『汝心捨衣未？』答言：『未捨。』佛言：『未捨不犯，已捨便犯。』」第一個公案與《僧祇律》中「恐嚇得」的案例

相似。第二個公案中，佛陀明確是依據比丘的捨心來判罪，比丘只要不作捨心，即可奪回而不犯盜。

《根有律雜事》中有兩個相關的公案。第一個公案是，比丘衣物被賊劫奪，後來碰到賊在賣其所盜物品，比丘把賊嚇走之後，取回了自己的物品，懷疑自己犯戒，如文：「苾芻各各自取衣鉢隨處而住，作如是念：『此等諸物更合取不？』苾芻白佛，佛言：『不應驚彼，其所劫者即是彼物。』」第二個公案中，比丘被賊劫奪，馬上就捨棄自己的物品，佛陀告誡比丘不要隨便就作捨心：「苾芻失物不應造次即作捨心，乃至其賊心未安隱，作屬已心來見時應取。」[1]《根有律攝》記載：「被賊偷物，已作捨心，重奪彼財，准數成犯。被他盜去，若作捨心即是屬他，不應重奪。是故苾芻被他盜時，不應倉卒輒為捨意，後見應取。」[2]這裏明確説明只要比丘「作捨心」物品就「屬他」，物權就屬於別人了，再奪回就犯盜。隨後告誡比丘被盜後不應輕易作捨心：「是故苾芻被他盜時，不應倉卒輒為捨意，後見應取。」藏傳《苾芻學處》中，「若盜賊盜己物，心未作捨，未向彼説法，或與價，而強取回」[3]，犯惡作。可以看出，根有律一系的律典有隨歷史不斷簡化判罪過程的現象，但總體看來，該律認為比丘沒有捨心即可取回己物（《根有律雜事》對此的記載相對模糊，第一個公案強調賊奪後物品歸賊，但是並未明確是否判波羅夷）。

綜上所述，諸律對「賊復奪賊」的判罪可以分為兩類，二者採取的視角不同，第一類站在賊得物的角度看待問題，第二類從比丘的主觀心態來考察：

1　《根有律雜事》卷 17，《大正藏》24 冊，285 頁中欄至下欄。

2　《根有律攝》卷 2，《大正藏》24 冊，537 頁上欄。

3　《苾芻學處》，《宗喀巴大師集》卷 5，55 頁。

（1）《四分律》、《鼻奈耶》中，只要賊得到了財物，比丘奪回就犯波羅夷。《十誦律》中，財物「決定屬賊」的情況下，比丘奪回，犯波羅夷。

（2）《五分律》、《根有律攝》中，被賊劫走或偷去的財物，比丘只要不作捨心，奪回，不犯；如果比丘已經有了「捨心」，奪回財物，犯波羅夷。《僧祇律》與這兩部律相似，不同點是與「捨心」對應的內容為「失想」；若非強從賊處奪回，而是以「索取」的方式取得，則即使已作捨心，也只犯突吉羅。藏傳《苾芻學處》中，比丘不作捨心而強取，犯突吉羅。

（二）《行事鈔》中對「賊復奪賊」的分析

在《行事鈔》中，「賊復奪賊」的情況被分為「不現前盜」和「對面現前奪」兩類場景進行討論。

對於「不現前盜」的情況，《行事鈔》中解釋説：「物主護心義弱，取者得想決徹。主雖有心不捨，後見此物，不得奪取。以離地屬賊義成，若奪犯重」、「縱自心不捨，前人決定，取者正成盜損，不得奪之。若先捨者，無主物故，亦不合奪，舉離屬於後取」。[1] 即如果盜賊背地裏偷取，這種情況下《行事鈔》的觀點認為盜賊得想明確，不管被偷的比丘是否有捨心，都不應再取回。

對於「對面現前奪」的情況，《行事鈔》又進一步分為兩種情況：

1.「由守護義強，奪者猶預，得想未定。本主心弱，而未捨者，亦得追奪」，意思是對面奪時，賊得想未定，若物主不作失想，此時可以追奪。[2]

1　《四分律刪繁補闕行事鈔校釋》，697 頁至 698 頁。

2　《四分律刪繁補闕行事鈔校釋》，697 頁至 698 頁。

2.「若已作失想，不問奪者決定不決定，後還取者，便為賊復奪賊物，並由決屬賊故。縱不失想，而賊心決取無畏，亦是屬賊，不合追奪」[1]，即如果物主已作失想，則不管賊得心是否確定，都不能奪回。

從上可以看出，《行事鈔》中對「賊復奪賊」的判罰，本質上是按照比丘捨心和盜賊得心兩個要素來決定的：賊心決定得想或者比丘已作捨心，比丘即不能重奪己物；賊心不定且比丘不作捨心，比丘才能重奪。「不現前」和「對面奪」兩種情況的分類，主要是為了推斷賊心決定與否。

《行事鈔》中採用賊得心和比丘捨心雙重判罰維度，綜合了律典相關公案的不同判罰角度。不過就其得出的具體判罰結論而言，和某些律典的記載並不完全一致。比如《行事鈔》在「不現前奪」和「現前奪」中都提到了《僧祇律》，但實際上該律的幾個公案並未提到賊得心的問題，只是説比丘不作「失想」即不犯。第二個公案中，賊「藏衣鉢覆著一處，而復於道更劫餘人」，比丘「見彼藏物，伺賊去後便取衣鉢」，更可以説是賊得心確定而比丘不作捨心的情況，若按《行事鈔》的結論則應判重。另外，《五分律》中無捨心即不犯的公案在《行事鈔》中也未見提及（《根有律攝》較《行事鈔》成文晚，暫時不論）。

從戒律行持和判罰的角度看，比丘對自己的捨心能有所把握，但是賊的得心卻很難判斷。因此，比丘只要奪回己物便有犯盜的可能性，實際結果基本上是比丘就不敢追奪了。另外，即使比丘追回原屬自己的物品，因為無從知曉賊到底有沒有「得想」，所以實際判罪的原則便也形同虛設。可見若以盜賊得心作為判罰的首要因素，執行時會碰到困難。

---

1 《四分律刪繁補闕行事鈔校釋》，698頁至699頁。

實際上，現代社會司法力量的覆蓋廣度和保護強度與古代社會不可同日而語。現在的賊偷盜物品之後，不太可能心安理得地認為物品真的已經歸屬自己了，必然還是心有不安；也就是說賊人在現代因緣下很難做到得心確定。在這種情況下，按照《行事鈔》的判罰框架，奪回是否犯重其實也要看比丘是否已作捨心。

（三）奪衣戒的啟示

《四分律》「奪衣戒」的緣起故事中，跋難陀強行奪回自己之前送給其他比丘的衣，為何不犯盜？

面對跋難陀索衣時，從受衣比丘不肯相還的反應來看，他明顯得心決定，如文：「比丘語言：『以見與衣，不復相還。』時跋難陀瞋恚，即前強奪衣取，比丘高聲言：『莫爾！莫爾！』」因此，如果按對方的得心來判罰，跋難陀應該犯盜了。另有一種解讀是，受衣比丘因為違背了承諾，對跋難陀有虧欠，導致其得心不強，跋難陀才沒有犯盜。拋開律典中受衣比丘得心決定的文字描述不談，若按照這種邏輯，盜賊直接違背法律劫奪財物，其得心應該更弱才對。因此，從「奪衣戒」來看，若對方得心決定，比丘奪回物品即判波羅夷是不能成立的。

實際上，在「奪衣戒」中，跋難陀送衣服給受衣比丘時是有前提條件的，該比丘後來沒有滿足該條件，因此衣服的所有權並沒有真正發生轉移。這種情況有點類似於現代的商業合約，如果對方沒有履行合約中的規定義務，合約自然不會生效。因此，跋難陀奪衣的時候衣服仍屬跋難陀，跋難陀被判捨墮是因為其瞋心而不是盜心。

可以說「奪衣戒」是以物品的所有權歸屬而不是對方的得心來判是否犯盜的。「奪衣戒」的場景雖然與「賊復奪賊」的情況不同，但是其中反映出的判罪原理和「大盜戒」應該是一致的。

（四）綜合分析和取捨

綜合各律典的公案和前面的分析，可以看到對「賊復奪賊」的情況存在兩種判罰思路和方法：一種側重於對物權歸屬的判斷，比如《十誦律》的「決定屬賊」；另一種是將比丘捨心作為判罰的依據。物權歸屬和比丘捨心不是截然獨立的，兩者結合起來才能獲得一個完整的角度。

「大盜戒」的所對境是有主物或是他護物。「賊復奪賊」情境中對物權歸屬的判定，關係到所對境這個關鍵犯緣是否滿足。由比丘被判波羅夷的幾個律典公案，可以推斷其都是從物權轉移這個角度來判罰的，例如《鼻奈耶》的「在賊許」、「賊已得」，《十誦律》的「若決定屬賊」等，都屬這種情況。然而，對於所有權的判斷需要考慮時代、地域等因緣的不同。賊奪即成賊物，包括人被奪也成賊物的情況，這或許反映了古印度特定時期地域法律的覆蓋程度，以及人權、物權保護的實際狀況，但在當今世界的絕大部分地區就無法成立了。

在「『大盜戒』中有主物的兩個要素」專題中，已經提到「大盜戒」對世間物權的規定是給予承認的。基於這一點，可以說「賊復奪賊」的情況下物權還是屬於比丘，賊對所奪財物沒有所有權；其實也正是基於這一點，律典公案中比丘通過各種手段（如乞得、恐怖得、請人方便要回、官府奪還等）取回物品的做法才具有合法性。

在此基礎上，比丘若對被盜物品作捨心，即放棄了對該物的所有權和執著，物品就轉成「他物」。物權屬性的轉換決定了戒律行為的抉擇，此時比丘就不能再去奪回已成「他物」的物品，奪取即成「不與取」；這也是《僧祇律》、《五分律》、《根有律攝》、藏傳《苾芻學處》等規定比丘無捨心可取、有捨心不能取的原因。假如盜賊主動歸還，或者警方幫忙追回物品，比丘取之則不犯盜，因為不屬「不與取」，可以看作是別人贈無主物與己。

此外，現實可能出現賊奪物後過去時間比較久的情況，此時比丘

的捨心可能要更多地根據其實際行為來判斷：如果比丘一直持續追索該物，說明捨心未斷；若是中間放棄了追索，則可以認為其已經有捨心。

（五）在行持中體現戒律精神

雖然比丘不作捨心回奪不犯波羅夷，但這並不意味着律書鼓勵比丘遇到被劫奪的情況時隨便奪回被盜財物。從律典的多個公案中可以明顯看出，佛陀並不贊成強奪的行為。現代比丘應該從中體會佛陀和前代律師的慈悲提醒：一方面，回奪就意味着和盜賊發生正面衝突，很有可能會危及比丘自身的安全；另一方面，本着離欲和不執着外物的精神，對於不是特別重要的物品，比丘不妨捨去，捨去的時候可作贈送想，這樣或能減輕盜賊的業道罪。當然，律典公案中側重指個人物品層面，如果三寶物被盜，因之影響到佛教相關事業的開展，比丘不能輒作捨心，應嘗試做更多努力追回財物；如果確實要作意捨去，應當由相關決策人員集體商定決議。

對於實在不能捨去的物品，無論是個人物還是三寶物，比丘應盡量利用各種可能的善巧方便索回，比如律典中所載為盜賊講法開導，乃至給予他們一定的財物以換回所盜物品，避免發生直接衝突。最後，如果不得已需要藉助外力解決，比丘也要對盜賊抱有慈悲精神，比較好的做法是請護持居士來通過司法渠道報案處理。如果不做上述的努力而一味強奪，則可能有種種過患，比如和盜賊發生進一步衝突，可能為自己乃至寺院帶來後患，同時也有損比丘和平寬恕的形象。因此，結合律典公案對這種情況判突吉羅罪。

（六）總結

綜上所述，對於「賊復奪賊」行為的判罰，參考《僧祇律》、《五分律》、《根有律攝》、藏傳《苾芻學處》等律典的觀點：

1. 只要比丘未起捨心，便可以追回財物，不犯波羅夷；但如果可以更善巧地取回被盜物（比如通過協商討回），卻一味強奪，得突吉羅；

2. 如果比丘生起捨心，被盜物品即成他物；之後再見到而奪回，便屬「賊復奪賊」，犯波羅夷。

專題 8：騙取犯盜

盜心騙取財物的行為犯盜戒，這在大多數律典中都是共許的。如《四分律》記載：「或以言辭辯說誑惑而取，初得波羅夷。」《善見論》記載：「若欺誑心，治不中用物為好，或以假色易取人物，對面欺人，此是大賊。」[1] 藏傳《苾芻學處》中的盜戒加行也提到了「書信誑取」[2]。

諸律對於一些妄語騙取相關公案的判罰有所不同，下面按照事件性質的相似性，將這些公案分類，並稍作分析。

（一）僧分物

對於騙取僧分物的情況，《鼻奈耶》中判波羅夷，如文：「比丘食處而受兩分，下直五錢，為成棄捐不受（言二人犯妄言）；及請飯兩分亦如是。」這裏「食處受兩份」應該是僧團內部的食物分配，後句「請飯」應該是檀越請僧應供的情況。

《巴利律》提到兩個公案。第一個公案判波羅夷：「一比丘分配眾僧衣時，以盜心易籌而取衣。彼生悔心……『……波羅夷。』」第二個公案是在眾僧分配食物時，比丘謊稱為另一比丘留一份，這種情況不犯盜，犯「小妄語戒」，得波逸提罪：「爾時，一比丘分配飯於僧眾時，

1 《善見論》卷 10，《大正藏》24 冊，741 頁中欄。
2 《苾芻學處》，《宗喀巴大師集》卷 5，53 頁。

言：『與他〔比丘〕之分。』而欺取〔另一不在比丘之分〕。彼生悔心⋯⋯乃至⋯⋯『比丘，非波羅夷，故意妄語故，波逸提。』」

藏傳《苾芻學處》中，比丘分物時用欺詐手段取不應得物，判波羅夷：「若數籌時盜數，若塗改號碼等，若在前聚已數，又至後聚復數，若在前後任何一聚審已被數、自賴說未數，或於自己名分不自在之利養、自謂自在，或他未令取、自即往取，皆惡作罪；由彼等因緣將得物時，粗罪，已得物時，他勝罪。」[1]

上述《巴利律》中第一個公案為盜心易籌，實際上是盜取了原來籌主的一分，因此判波羅夷。至於該律第二個公案中比丘多領一分食物不犯盜，可能是因為正常情況下僧團對食物的守護意不強；根據之前討論的有主物犯根本的兩個條件——所有權和執著，[2] 這種情況下所犯境上不圓滿。但是在饑饉年代，少量食物即意味着一個生命能否得以維繫，此時物主的守護意就很強，若騙取，應該判波羅夷。這一點參照該律其他公案可知，如：「爾時，一比丘於舍衛城饑饉之時，以盜心取商人一把米。彼生悔心⋯⋯『⋯⋯波羅夷。』」

（二）檀越請食

對於騙取檀越請食的情況，《鼻奈耶》中判波羅夷。如前文所述：「比丘食處而受兩分⋯⋯為成棄捐不受⋯⋯請飯兩分亦如是。」

《十誦律》判波羅夷：「若比丘，檀越請僧，食次未至，自言：『我應去。』故妄語，得波夜提；若遣使，若與信，若遣疏，得突吉羅；若是食，隨計直犯。」

《僧祇律》判偷蘭遮：「有檀越飯僧，有一比丘自食己分，復迎一

1　《苾芻學處》，《宗喀巴大師集》卷 5，54 頁。
2　見專題「『大盜戒』中有主物的兩個要素」。

分。益食人問言：『長老為誰取分？』答言：『我取。』『食者誰分？』復言：『我分。』時比丘言：『汝犯波羅夷罪。』諸比丘不了，往問長老比丘。長老比丘言：『有不應得而取，但有主與故，得偷蘭罪。』」

藏傳《苾芻學處》中，如前所述「或於自己名分不自在之利養、自謂自在，或他未令取、自即往取」，按此應判波羅夷。

綜上所述，《鼻奈耶》中判罰較嚴格，結波羅夷，並不考慮其他因素。《十誦律》、藏傳《苾芻學處》中的公案情境都是比丘沒有輪到自己去而違犯僧次的騙取，這等同於將他人應得之份竊取過來，因此判波羅夷。《僧祇律》中屬妄語奪取，但是如長老言「有主與故」，檀越本已發心供養，對多出的一份食物並無守護意，這可能是《僧祇律》判偷蘭而不判重的原因。除了上述公案，百眾學中「以飯覆羹戒」也屬於檀越請食的情況，比丘通過覆藏行為，實質上騙取了更多的羹，不判犯盜的原因，也在於檀越已經發心供養，對羹並無很強的守護意。

（三）冒領檀越給他人的供養

對於冒領檀越供養他人物品的情況，《僧祇律》判偷蘭遮。佛涅槃後，有商人自恣請比丘尼隨意取物。一比丘尼常代其師從商人處取物。一次，該比丘尼「不稱師名，又不自稱，直言：『須油』」，商人於是把油交給她，她便自己受用，沒有交給其師。後來此比丘尼懷疑自己犯盜，長老比丘尼言：「雖隱覆取，檀越與故，犯偷蘭罪。」

《十誦律》有兩個類似公案，均不犯盜，而是犯「小妄語戒」，得波逸提罪。第一個公案，一估客（即商人）允許施越比丘尼從自己這裏隨意索取食物。旁邊有一個比丘尼聽到此事後，詐稱施越比丘尼需要五升胡麻油，從此檀越處取走自用。兩位比丘尼因此產生爭執而白佛，佛問取油比丘尼以何心取，比丘尼答：「我以施越名字取。」佛陀說：「不得波羅夷，但故妄語，得波夜提。從今日不得詐稱他名取，若

取犯罪。」第二個公案，一估客允許福德比丘從自己這裏隨意索取食物。福德比丘的弟子為了試探估客是否真心供養，便詐稱其師需要五升酥，並將酥全部供養給福德比丘食用。後來福德比丘與估客交談過程中知道了此事，他認為弟子犯盜，便以此事白佛，佛陀說：「不得波羅夷。故妄語故，得波夜提。」第一個公案中比丘尼「以施越名字取」，佛陀應該是判斷她不是盜心，故不犯盜。第二個公案中，比較明確是試心，不是盜心。

《五分律》中也有類似的公案，亦不犯盜，犯「小妄語戒」，得波逸提罪。旃荼修摩那比丘尼的弟子到檀越家，詐稱其師生病，騙取「三種藥粥」自食。事發後，旃荼修摩那比丘尼認為弟子犯盜，弟子為自己辯駁道：「我實不偷，於和尚作同意取耳。」佛陀對此的判罪是：「不以盜心，不犯；得故妄語，波逸提罪。」這裏不判盜的原因，可能是弟子認為檀越供養之物已屬和尚，而作意「於和尚作同意取」，盜心不具足。

《巴利律》中，類似公案的判罰結果是不犯盜，犯「小妄語戒」，得波逸提罪。偷蘭難陀比丘尼的弟子詐稱師名，從檀越家騙取食物自己食用，事後該弟子生悔心而懷疑自己犯盜，佛說：「非波羅夷，故意妄語故，波逸提。」

《四分律》的類似公案不犯。某甲比丘有一個檀越，乙比丘欲前往此檀越家，便問甲：「我打算到你檀越家，到時候該說什麼？」甲答：「隨汝說。」於是，乙到檀越家說甲需要五十兩石蜜，檀越便給了乙，乙隨後吃掉了這些石蜜，沒有交給甲。後來兩人因此發生爭執，前往白佛，佛陀並沒有判乙比丘有罪，只是告誡諸比丘：「不應作如是語，應說言：『說是語是。』」

《根有律》中類似的公案判不犯。該公案和《十誦律》的第二個公案較為相似：有一賣香童子允許世羅比丘尼從自己這裏隨意索取物品，

後來世羅比丘尼生病，有一個少年比丘尼為了試探賣香童子，便詐稱世羅比丘尼向他索油，少年比丘尼隨後用這些油治好了世羅比丘尼的病。後來世羅比丘尼知曉此事後與她對質，取油比丘尼疑悔，諸比丘將此事白佛。佛陀問少年比丘尼以何心取油，比丘尼回答「試心」，佛陀言：「若作試心，此苾芻尼無犯。」這裏也是沒有盜心的情況。

綜合上述公案，對於比丘（比丘尼）冒領檀越發心供養其他比丘（比丘尼）物品的情況，諸律都沒有判波羅夷，而且大多數律典都沒有判犯盜，而是判波逸提。《十誦律》、《五分律》、《根有律》中明確冒領者不是盜心犯，另外幾部律典中沒有足夠的信息判斷冒領者有無盜心。另外，比丘冒領得來的財物，或自用（《十誦律》、《五分律》、《巴利律》），或還用於原主（《十誦律》另一個公案），但是都判妄語波逸提。因此，是否自用與判罰結果之間看不出有直接聯繫。

以上公案的情節都比較類似，而且諸部廣律中均有記載，可能源自佛陀親自判罰的同一個公案，故對諸律判罰的共性部分應盡量加以採納。諸律對此公案都沒有判犯波羅夷，應該是因為諸律都有一個共同的前提假設，即檀越對該物已經發心供養，守護意不強。

（四）詐稱他名取他人物

《十誦律》中，誑語取的情況，滿五錢，判波羅夷，如文：「又問：『常入出檀越家，比丘語婦言：「汝夫與我爾所物。」得何罪？』答：『若詐稱夫語，故妄語得波夜提；若得物直五錢已上，入手，得波羅夷；若減五錢，偷蘭遮。』」《根有律攝》中，類似公案的判罰結果同《十誦律》，滿五錢犯重，如文：「夫實不言，苾芻妄說，從彼妻索，隨得物時，犯有輕重。」[1]

---

1 《根有律攝》卷 2，《大正藏》24 冊，536 頁中欄。

《善見論》記載：「若上座以氈寄檀越，年少比丘以盜心，詐往上座檀越家誑言：『上座教我來取氈。』若寄夫夫與、寄夫婦與、寄婦夫與，隨氈入比丘手，一一波羅夷。」[1]

如上公案均屬詐稱他名取他人物，結果都判波羅夷。其中，雖然有的公案並未直接說明取物者是否有盜心，但從公案自身場景來看，應該都是以盜心取。

（五）總結

根據前面的討論，對於比丘騙取的情況，建議作如下判決：

1. 一般情況下，盜心騙取他人物品，隨值結犯（包括僧分物或者檀越供養物等場景中，通過易籌、故意違反僧次等進行騙取的行為）；

2. 若騙取物主守護意不強的物品，以非盜心騙取，判突吉羅；有盜心，判偷蘭遮；此外，兩種情況均另結故妄語波逸提。

專題 9：討價還價騙

在現實生活中買賣雙方商討價格，有時買方會以欺騙的方式來故意壓低價格，以達成交易。假如買方是一個比丘，在討價還價時欺騙賣方（比如提供一個會影響對方決策的虛假信息），以此壓低價格買入商品，這種行為是否犯盜呢？

（一）盜心的判斷

在此過程中有無盜心是判斷比丘行為是否犯盜的關鍵。如何判斷有無盜心？假設比丘認為物品的合理價格為 J1，然後比丘使用欺騙手

---

1 《善見論》卷 9，《大正藏》24 冊，738 頁上欄。

段將價格壓低到最終成交價格 J2。如果 J2<J1，則盜心成立，因為此時比丘明確了知自己使用了欺騙手段，並將對方的部分應得利益轉移到了自己手中，即差價 (J1-J2) 部分。如果 J2≥J1，說明比丘只是利用了不當手段去趨近自己認為的合理價位，這種情況屬於討價還價，其動機不屬於盜心。

實際的市場合理價格或者商家的心理價位，不是判斷比丘有無盜心的關鍵因素，一般情況下比丘對這些信息也不一定了解。

（二）所盜價值的估算

比丘認為物品的合理價格為 J1，實際上該物品的市場合理價格為 Jm，二者之間可能存在偏差。前述差價 (J1-J2) 不能代表商家的實際損失，而應該用 (Jm-J2) 來代表商家的損失，更符合市場運作的規則。

此外，還要考慮第三個因素，即商家自己認可的心理價位（Js）。商家買賣物品，一般都有預設的心理價位，低於這個價位就不願意賣了。根據前面專題的定義[1]，「大盜戒」中「有主物」的內涵包括了物主對物品的所有權和執著兩個方面的因素，這個心理價位 Js 即對應於商家對物品的執著，也即對物品的守護意。也就是說，如果最終成交價 J2 大於或等於 Js，那麼商家對該物品的成交就可以接受。這種情況下，儘管比丘使用不當手段，其整個交易行為也不能歸類成「盜他物」。

如果商家受到比丘提供的虛假信息影響，不情願地以低於 Js 的成交價 J2 達成了交易，這種情況該怎麼判定呢？此時要看 Js 的合理性。一般情況下 Js 應該依據市場合理價 Jm 來進行調整，商家開出的價格

1　見專題「『大盜戒』中有主物的兩個要素」。

也不能隨意偏離 Jm。[1] 假設 Js 遠高於 Jm，則商家的價格認知脫離現實，並不受到世間物權規則的認同和保護。在這種情況下，商家的損失還是應該按照市場公認的合理價位 Jm 來計算，即 (Jm-J2)。相反，假如 Js 低於 Jm（實際上這種情況完全可能發生，比如商家有特別的渠道以低價進貨，或由於特別的原因需要以低價快速售貨等），此時商家的損失即以 (Js-J2) 來定。也就是説，商家的損失是由 Jm 和 Js 中的較小值與成交價 J2 比較而得，即 (min{Jm, Js}-J2)（按此，Js>J2>Jm 的情況下商家損失為零）。

（三）總結

綜上所述，比丘用欺騙手段壓價達成交易是否犯盜，首先需要看是否有盜心。而盜心取決於比丘對商品合理價的認知，若用不當手段將成交價壓低到心裏的合理價以下，即有盜心。

在有盜心的情況下，用於判罪的價值計算方法為：

1. 如果成交價高於或者符合商家心理價位，所盜價值為零；

2. 如果成交價低於商家心理價位，則所盜價值為物品的市場合理價和商家心理價位中的最小值減去成交價（若是負值，則所盜價值為零）。

按照上述算法，所盜價值為零則判突吉羅，其他情況按值判罪，滿五錢成犯。

1　如《中華人民共和國價格法》規定：「第二章，第七條，經營者定價，應當遵循公平、合法和誠實信用的原則。第八條，經營者定價的基本依據是生產經營成本和市場供求狀況。」

專題 10：損財是否為盜？

關於損財是否為盜，諸律說法不一。依據各律典判罪的不同，大體上可分為以下幾類：

（一）判波羅夷

《四分律》記載：「『若作減損意⋯⋯自斷壞，若教人斷壞，自破，若教人破，若燒，若埋，若壞色，是犯不？』佛言：『一切波羅夷。』」「時有比丘與白衣家有怨，彼決他田水棄之，令田毀廢。彼疑，佛言：『波羅夷。』」「時有比丘搖他梨果墮，欲令損減，佛言：『直五錢，波羅夷。』」由此可知，該律中作「減損意」損財，犯波羅夷。

《十誦律》中亦有類似的案例。有比丘向居士索要蘿蔔而被拒絕，便「以咒術力，咒令乾枯」，以此破壞居士的蘿蔔。佛言：「應計是蘿蔔直。若具足，得波羅夷。」即按照損毀蘿蔔的價值計算，若足五錢，便犯波羅夷。

《根有律攝》記載：「若遭旱時，決彼堤水，將入己田，令他不熟，至實成就，准價得罪。或時遭澇，泄水下流，故損他苗，亦計直成罪。」在此例中，若是為了利己而損人，滿五錢，犯波羅夷。

《善見論》中，「若人故掘地作坑，擬取豬、鹿、麞、獐等眾獸」，假如比丘以盜心「壞坑及諸張具」則會犯重。

（二）判偷蘭遮

《十誦律》中，比丘若以「快心」損壞他人的財物，如獵師做的鹿弶，捕鳥師張布的細網或籠鳥車等，犯偷蘭遮。這裏的「快心」應該是一種快意損毀他人財物的心理。此外，律文還記載：「『若諸人有五寶，若似五寶，藏在地中，若比丘以咒術力，若藥草力，若破壞，若

變色，破他利故，得何罪？』答：『得偷蘭遮。』」

《摩得勒伽》中，若因「憎嫉彼故」而「取象、馬、駱駝、牛、羊」或「殺取肉」，均得偷蘭遮；若是為了「使彼生惱」而「解放」這些畜生，亦得偷蘭遮[1]。這裏都是因瞋心而作出令他人損財的行為。另外，有比丘對不與自己供養的居士起瞋心，「以咒術枯殺蘿蔔」而損其財，佛判偷蘭遮。

《五分律》中，比丘若「瞋他故，或燒其家，或燒其田穀財貨」，得偷蘭遮罪，乃至「瞋故，破壞他物，亦如是」。

《根有律》中，若比丘在盜物時，「作如是念：勿令此物屬汝、屬我」，而將他人的財物破壞或藏起來，犯偷蘭遮。

《根有律攝》中，比丘「若得物已，即便毀壞，令彼失財，不入己」，或「偷寶等掘地埋之，意令損壞」，均得偷蘭遮。

藏傳《苾芻學處》中，如果比丘「自無得心」而損壞他人的財物，犯偷蘭遮；如果「借他人物，無愛惜心而受用」，犯偷蘭遮。

可見，以上諸律，比丘在以瞋心、嫉妒心、快心等無盜心的情況下損他人財物，得偷蘭遮。

（三）判突吉羅

《僧祇律》中，比丘「壞彼水器」，或「以杖打水器破」，或「沉彼船，若破彼船，若放隨流去」，因「以惡心故」，均得越毗尼罪。

《巴利律》中，對於容器裏的「酥、油、蜜、石蜜」，價值「五摩沙迦或值五摩沙迦以上」，若「打破之，或棄之，或燒之，或使之不得飲用者」，得突吉羅。《善見論》中，「若不作盜心，但以瞋恚心故」而破壞他人的財物，犯突吉羅；但是比丘隨後應該償還主人的損失，「若

1　《薩婆多論》卷 8，《大正藏》23 冊，613 頁下欄。

不還，得波羅夷」。

《十誦律》中，「有諸獵師作鹿弶」，比丘「以憐愍心壞，得突吉羅」。《根有律攝》中，對於「弶罥網罩所繫有情，及賊偷牛繫之於柱」，比丘懷悲憫心解縛，得突吉羅。藏傳《苾芻學處》中，若比丘以悲憫心放走獵人陷阱中的獵物，犯突吉羅。

（四）不犯

在《四分律》的盜戒緣起中，佛陀教諸比丘破壞緣起比丘的瓦房，比丘於是前去破壞，為何大家沒有犯盜？原因可能在於諸比丘是以恭敬心奉行佛陀的命令而破壞了緣起比丘的瓦房，而不是以惡心，如律中記載：「汝無有過，亦不憎汝。我向受世尊教，故來破汝屋耳。」另外，被打破的物品是比丘非法蓄有。如《善見論》記載：「若比丘多聞知律者，見餘比丘所用不得法，即取打破，無罪。物主不得作是言：『大德已破我物，應還我物直。』」此外，《根有律攝》記載：「若於河津船處授受財物，極須存意，不應輒放，令物損失；若損，應酬直，異此無犯。」即比丘若是無意損壞，則不犯。

（五）小結

綜上所述，《根有律攝》以及《善見論》中均是盜心損財，過五錢得波羅夷。《四分律》中，以「減損意」損財，得波羅夷。而大多數律典中以惡心損物的情況判為偷蘭遮，如《十誦律》、《摩得勒伽》、《五分律》、《根有律》、《根有律攝》以及藏傳《苾芻學處》；又如《僧祇律》和《巴利律》則判為突吉羅。此外，以慈憫心損物的情況，亦得突吉羅罪。即非盜心損財的情況均不正犯盜戒。實際上，盜心損財與惡心損財存在較大的不同，前者實際上是盜取其他財物的加行方便，如「比丘盜心，壞坑及諸張具」，目的是得到獵物。那麼其毀壞物品的行為應

視為偷盜，根據損毀的價值判罰。而以惡心損壞他人物品，雖然也造成了物主的損失，但盜心不具足，因此不正犯。

對於這種情況，《善見論》的判罪在實踐中具可取之處：以瞋心損財犯突吉羅，事後不償還，才犯波羅夷；對於他人使用的不合法物，比丘出於利益對方之心而打破，不犯。相對而言，《善見論》較《四分律》等其他律典的判罰似乎更靈活，而且所適用的範圍也比較廣；《四分律》中非盜心而損財的情況判重則過於嚴格，而《善見論》中「應計多少還直」的治罰措施，一方面能夠給真心悔過的比丘以悔改的機會，同時也考慮到補償物主的損失。因此，可借鑒《善見論》的觀點，若損毀後不補償則按值結罪，最重可得波羅夷罪。由此，對於無意損壞的情況判為不犯較為合理，但該比丘應當賠償物主損失。

此外，在實際生活中還會遇到一種情況——浪費，從廣義上來講，這也屬於損財的一種。那麼浪費僧團的公共物品是否犯盜呢？律典中並沒有給予一個明確的標準。使用僧團公有財物時，惡意浪費，可判突吉羅，比丘個人財物則不犯。僧團正常地淘汰破舊或老化、過期物品是合理的。正常使用中的消耗並不會引發譏嫌，不屬於犯戒。無意的浪費也不屬於犯戒。不必因為害怕浪費而過度緊張，甚至做出不合常理的節約行為，這樣反而會引發譏嫌，帶來潛在的危險。

綜合上面的分析，對損財相關的行為可以做如下的判決：

1. 盜心損財，按值結罪；

2. 瞋心（快心、減損意等）損財，偷蘭遮；無意損財，不犯。這些情況若須賠償應賠；不賠犯盜，按值結罪；

3. 慈心損財，犯突吉羅；

4. 為護僧制或保護他人修道等目的，在僧團決議和指授下，損壞、沒收比丘的不法物品，不犯；

5. 惡意浪費公共財物，突吉羅；個人財物，不犯。

專題 11：慈心救有情是否犯盜？

若比丘以慈悲心救有情，如果對賊或獵人造成損失，是否結罪，以及如何結罪？各部律典對此的記載略有差異，下面分別從慈悲心救人和救畜生兩個方面進行分析：

（一）慈心救人

1. 犯

《摩得勒伽》：「有比丘共行弟子賊所捉，彼盜將來，便生疑悔。乃至佛言：「若屬彼已將來，事滿波羅夷。不滿，偷羅遮。界內亦如是。」

《五分律》記載：「時十七群童子為賊所抄，父母啼哭懊惱。畢陵伽婆蹉乞食見之，問其意故，具以事答。畢陵伽婆蹉即入定觀，見賊將著阿夷羅河洲上，便以神足取還，各著其家閣上，語其父母言：『勿復啼哭，汝兒今皆還家，重閣上戲。』後疑問佛，佛言：『不犯。得突吉羅罪。』」

2. 不犯

《四分律》記載了這樣的案例：居士的兩個小兒被賊盜走，畢陵伽婆蹉用神通將小兒救回，少欲比丘認為他奪走賊物，應該犯盜。畢陵伽婆蹉生疑問佛，佛問畢陵伽婆蹉以何心取，畢陵伽婆蹉回答説：「慈心取，無有盜意。」佛説：「無犯，而不應作如是事。」

《根有律》、《根有律攝》中也有類似的記載，並且都明確説明是因為慈悲心救人，所以判為不犯。《根有律》中，大目犍連為童子教授佛法，後童子被賊劫去。大目犍連便作是念：「此之童兒我若不救，子與父母皆生離苦，不敬信人聞而心悦，其敬信者或生退轉。往來之者被賊將去，誰復更肯入逝多林？我今宜可速現神力取彼童兒。」遂以神通力奪回童子。佛言：「目連苾芻作如是心現神力者，無犯。」《根有

律攝》記載:「尊者畢鄰陀婆蹉取外甥兒,及護寺家淨人意,為悲憫現其神力,或咒術力取,悉皆無犯。」

除了上述明確說明慈悲心救人不犯的案例,在其他律典中還有「因神通取不犯」的案例。如《十誦律》中記載了五個以神通救人的公案:

(1)耶舍長老見給孤獨長者的兩個小兒將被賊所劫奪,作是念:「此兒可愍,無所知故,當為是賊傷害劫奪。」遂以神通力「起四種兵」嚇走了群賊,佛言:「現神通力取,無罪。」

(2)一比丘見給孤獨長者的兩個小兒將被賊所劫奪,作是念言:「是兒可愍,無所知故,為賊所傷害劫奪。我新誦咒術,可試誦救是小兒,有驗以不?」於是誦咒化現四種兵嚇走了群賊。佛言:「若誦新咒術取,無罪。」

(3)估客入海,船隻被龍所捉。有估客是目連弟子,遂祈求目連救助。長老目連以天眼見,化作金翅鳥嚇走惡龍,挽救了估客。佛言:「若以神通力救,無罪。」

(4)估客被賊所圍,有估客是目連弟子,一心祈求目連救護。目連尊者以天眼見,遂施展神通化現四種兵嚇走群賊。佛言:「若神通力救,無罪。」

(5)長老畢陵伽婆蹉以神通救回被賊奪走的小兒,佛言:「若以神通力救,無罪。」

《摩得勒伽》除了前述判波羅夷或者偷蘭遮的公案,另外也有目犍連入禪定現神通從龍和賊處救人的記載,而佛說「神足力故,不犯」。

《巴利律》記載:檀越的兩個小兒被賊劫走,長老畢陵伽婆蹉以神力救回,佛言:「諸比丘,神通者於神通力之境地者,不犯也。」

《善見論》記載:「比丘以神通力觀檀越家,見檀越兒為賊將去,比丘以神通力往取,不犯。」

如上案例中,佛明確開許比丘以神通力救人,雖然未直接提及慈

悲心的問題，但從故事背景中明顯能夠看出緣起比丘是以慈悲心救人。

（二）慈心救畜生

1. 犯

《四分律》記載：「有賊繫牛在樹，牛見比丘泣淚，比丘慈念便解放去。比丘疑，佛問言：『汝以何心？』答言：『以慈心，無盜意。』佛言：『無犯，不應作如是事。』」此處意思應該是指此比丘不犯盜，而以後不能再這樣作。

《十誦律》中，有賊繫牛在樹後離開，比丘以憐愍心將牛解放，隨即心疑：「我將無得波羅夷耶？」於是以此事白佛，佛言：「不得波羅夷，得突吉羅。」

《摩得勒伽》：「諸賊偷牛入阿練若處，繫置便去。諸比丘往至彼處，見已即解放，便即生悔。乃至佛言：『不犯波羅夷，犯突吉羅。』」

《五分律》記載：「有阿練若處比丘，見獵師得生鹿，繫已捨去，比丘以憐愍心解放，生疑問佛。佛言：『不犯。然不應於他物方便放之，犯者突吉羅。憐愍心放他一切眾生，亦如是。』」

《根有律攝》記載：「弶胃網罩所繫有情，及賊偷牛繫之於柱，盜心解時，離處成重；懷悲愍者，得惡作罪。」

藏傳《苾芻學處》記載：「又若自無得心……或他所捉之鹿等，為他放走，皆得壞他物粗罪。若以悲愍心放走者，惡作罪。」

2. 不犯

《巴利律》記載：「爾時，一比丘將桎縛之野豬，以慈悲心而放之。彼生悔心……乃至……『比丘！汝存何心乎？』『世尊，我以慈悲心也。』『比丘，以慈悲心者，不犯也。』」

《善見論》記載：「取豬被繫者……若以慈心解放，無罪，應還直。」「若他狗嚙野豬，比丘以慈心驅打狗，放豬無罪，若主責直，應還，若

不還犯罪。」這裏強調如果物主索償，則比丘應按值賠償。

藏傳《苾芻學處》記載：「或他所捉之鹿等，為他放走，皆得壞他物粗罪。若以悲愍心放走者，惡作罪。如是若為供佛等而盜，亦惡作罪。若他所捕之鹿等，以修得之神通放走，無罪。」即若以損財目的而放走他人的獵物，得偷蘭遮；若是以慈心放，得突吉羅，進一步若以神通力放則無罪。

上述都是比丘直接動手解救動物的情況，律典中還有比丘間接救護畜生的公案，都不犯盜。《十誦律》記載了獵物來入寺內，比丘不與獵人的公案，如文：「有諸獵師，逐鹿走入僧坊，是獵師來求鹿，諸比丘不與。獵師久不得，便還去。諸比丘生疑：『我將無得波羅夷耶？』是事白佛，佛言：『無罪。』」「有一獵師，以毒箭射鹿，鹿走入僧坊。獵師來求，比丘不與，獵師言：『是鹿被毒箭，必當死。』比丘言：『死便死，不得與。』獵師久不得便去，去未久鹿便死。諸比丘不知云何？是事白佛，佛言：『應還歸獵師。』」《五分律》中類似情況下，比丘則用方便語支開獵師以保護畜生，如文：「有阿練若處比丘，見野豬被箭走來，共相語言：『當莫導見。』獵師尋至，問比丘：『見我所射豬不？』答言：『何處有豬？是誰豬？無有豬。』後作是念：『我言無豬，將無得藏豬罪？』生疑問佛，佛言：『不犯。若有如是因緣作餘語破其問，皆無罪。』」

（三）分析和結論

關於救人是否犯盜戒，在律典中之所以成為一個需要辨析的問題，應該與古印度的社會背景有關，在當時的奴隸制社會，人可以被作為商品來買賣。現代國際社會已經不承認人口買賣的合法性，不再存在人作為一種貨品，物權隸屬於他人的情況。若比丘救回被賊劫持的人卻被判犯盜，這將和現代人權思想及國際公約相背離。因此，比

丘救回被賊劫持的人不犯盜。

有主的動物是屬於主人的財產，其物權受到各國現行法律所保護。如果比丘救護動物的行為造成了物主的損失，可能會被追究法律責任。從世間的角度來看，放走動物的行為確實妨害和干涉到世間物權，對動物主人也有所損惱，借鑒大部分律典的判罰標準，此類情況判突吉羅較為合理。另外，採納《善見論》的治罰措施，比丘要賠償物主的損失，這樣做不容易引起物主和社會大眾的譏嫌，也不會與社會法律相衝突；而對於不受法律保護的盜獵野生動物的情況，則不需要考慮賠償。

此外，對於前面公案中出現的神通力因素，存在一個如何來看待的問題。首先，慈心救有情不犯重的根本原因在於比丘行為的發起心是慈心而非盜心。其次，運用神通力能避免比丘與盜賊發生正面衝突，保證比丘自身的安全。古印度比丘過着遊方生活，特別是阿蘭若比丘，他們在面對盜賊威脅時自我保護能力弱。另外，公然和盜賊起衝突也有可能給其他比丘帶來一定的危險。這應該就是律典中比較強調神通力的原因，從中也可以體會出佛陀和古代律師對比丘的慈悲心。對於現代社會來講，由於物權內涵的變化和法律對人身安全保護的普遍提升，已經不需要強調神通因素，比丘應從律典公案中吸納的是自我保護的意識。

綜上所述，對於慈悲救護有情的情況可以作如下判決：

1. 比丘慈心救人，不犯；

2. 比丘慈心救畜生，突吉羅。對於有主動物，對方若索賠，比丘應按值賠償。若屬於偷獵等非法行為，則不用賠償。

專題 12：盜畜生物是否犯重？

　　關於盜畜生物如何結罪的問題，諸律的記載差異較大，其判罰從波羅夷到不犯都有律典文證。對於現代的比丘而言，這種問題或許很少見，但是從中理解不同律典之判罰意趣，體會佛陀制戒之法理的角度，在今天繼續探討盜畜生物的命題，還是很有意義的。

（一）波羅夷

　　《鼻奈耶》記載：「師子竹園外殺鹿食肉飲血而眠，餘殘。若比丘取食，是師子覺已，求而不得，遍求鳴吼。……佛告：『若比丘，師子所食殘，下直五錢而食，為成棄捐不受。』」

　　《四分律》：「時去寺不遠有村，諸鼠往村中取胡桃來，在寺內成大聚。六群比丘以盜心取食。彼疑，佛言：『波羅夷。』」

　　《根有律攝》：「若是人物，傍生所偷，人想取之，亦得本罪。」

　　《十誦律》也記載，盜有主人的畜生之物，波羅夷。如文：「諸有主鳥奪野鳥取，比丘以偷奪心奪是有主鳥，波羅夷。」

（二）偷蘭遮

　　《根有律》記載，鳥將人的物品銜走，比丘作鳥物想而偷盜，犯偷蘭遮。

　　《根有律攝》記載：「若盜傍生物，得窣吐羅。」

　　《十誦律》記載，盜無主人的畜生之物，如「若有野鳥謂諸鷹鷲銜是物去，比丘以偷奪心奪是鳥取」，得偷蘭遮。

　　《五分律》的第五分之七調伏法記載：「有比丘於鼠穴中得千兩金囊，盜心取，生疑問佛。佛言：『屬鼠物不犯，得偷羅遮罪。若盜心奪鳥獸物亦如是。』」

（三）突吉羅

《十誦律》中，比丘偷盜無主畜生物有兩種不同的判罰。如文：「有一比丘破雕巢……佛言：『從今日不應取雕巢煮染，若取，得突吉羅。』」「虎殘骨肉不應取，若取，得突吉羅，何以故？虎於肉不斷望故。若師子殘肉可取，何以故？斷望故。」

《薩婆多論》記載：「一切鳥獸食殘，取，突吉羅。師子殘，無罪。」即盜取畜生還有執著的物品，犯突吉羅；盜取畜生沒有執著的物品，無罪。

《摩得勒伽》記載：「有比丘經行處生樹，烏鵲樹上作巢。比丘取用作薪，烏作聲，精舍鬧亂。乃至佛問阿難，阿難廣說上事。乃至佛言：『不應取烏鵲巢，取者突吉羅。』」

《五分律》之第一分初波羅夷法記載：「畜生物，不與取，皆突吉羅。」與七調伏法中的判罰不同。

藏傳《苾芻學處》記載：「若壞取有鳥住守之巢……皆惡作罪。」[1]

（四）不犯

《四分律》記載有兩個關於盜畜生物是否犯重的案例。第一個是守園人破壞鳥窩而得「碎帛」和「金」，持來與比丘，佛言：「鳥獸無用，無犯，而不應受如是物。」第二個案例和前一個類似，不同點為：所破的是鼠穴，所得的是「藥」和「碎帛」。

《僧祇律》中，鳥銜的肉掉到比丘鉢裏，比丘取食，長老比丘認為「畜生無屬」，也就是無罪。

《巴利律》記載：「眾多比丘下耆闍崛山時，見虎之殘食……乃至……見豹之殘食……乃至……見鬣狗之殘食……乃至……見狼之殘

---

1 《苾芻學處》，《宗喀巴大師集》卷 5，55 頁。

食，〔以此〕煮之……『諸比丘，於畜生物者，不犯也。』」但律中並未提到畜生是否對殘食還有執取的問題。

《善見論》中，取畜生物不犯。此外，還記載有教導比丘該如何取畜生物的方法，如文：「若師子，若虎殺鹿及牛而食，比丘不得奪取。何以故？虎狼瞋心，恐殺比丘。若食竟，比丘驅去，然後取。」

（五）分析

由上可知，關於盜畜生物的情況，諸律中存在着從不犯到波羅夷的多種判罰觀點。從諸律記載來看，這些差異源於盜物情境的不同。而除了諸律間的判罰觀點有所不同之外，還存在同一律典前後判罪不一致的情況。比如，《五分律》中既有對盜畜生物判突吉羅的記載，又存在某些判偷蘭遮的公案。

而較為關鍵的是犯重的問題，有四部律典對此判波羅夷，其他律典均不正犯。其中，《十誦律》、《根有律攝》記載的判重公案，實際上所盜畜生物都是有主物，比丘是從物主邊結罪而犯重；而盜屬畜生物均不正犯。《鼻奈耶》中的判重記載，就令人有些費解。與其同一部派的《十誦律》、《薩婆多論》中也有類似「師子殘食」公案的記載，但都判為不犯。另外，其他律典如《巴利律》、《善見論》中對於畜生殘食亦判為不犯。《鼻奈耶》中常會出現戒條與其他律典戒條差異較大的情況，因而，《鼻奈耶》中判重的觀點可暫作一個特例來參考。

有所爭議的是《四分律》中比丘盜老鼠物的公案，可能存在兩種結罪方式：一種是於老鼠邊結罪；另一種則從「村人」邊結罪，才犯重。關於該公案的解讀，涉及到盜畜生物是否犯重的問題，應當從更多的角度來分析，如《四分律》中盜畜生物的總體判罰原則、文本語境、前後文聯繫，乃至盜戒判罰原理等角度。

首先，在《四分律》盜戒的判罰中，盜取屬於「二足眾生」、「四

足眾生」及「多足者」的畜生物，其犯重的前提均為「眾生有主者」，也即是從人邊結罪。其次，從上下文來看，緊跟着此公案的是一個「從人邊結罪」的公案。如文：「時去祇桓不遠，有獵師安機發捕鹿，機中有死鹿。六群比丘以盜心取食，疑，佛言：『波羅夷。』」這個公案中表述得很清楚，比丘盜心拿了捕鹿機中的死鹿，而死鹿屬於獵人，所以比丘從獵人邊結波羅夷罪。這兩個公案結構幾乎一致，均是先交代離寺不遠有「村」或有「獵師」，而從所盜物來看都有無主物的嫌疑，一個是畜生物，一個是死亡的畜生，但一個屬於「村」，一個屬於「獵師」。犯戒主體和能犯心也相同，都是「六群比丘以盜心取」；加行描述也相同，都是盜取；判罰結果都是波羅夷。從盜戒判罰的一般原則來看，這兩個公案的性質幾乎相同。但是，在第二個公案中，更能明確體現佛陀判重的理由，就是從人邊結重。由此，也可以推斷，與其類似的比丘盜老鼠物公案，同樣是從「村人」結重，而非老鼠。

再者，從盜戒的判罰原理分析。他物的定義包括兩個方面：物主對資財的所有權和物主對所有權的執著。如果有人偷了物主的物品，只有物主產生捨心，才意味着放棄了對物品的所有權以及執著，該物品才能為偷盜者所有。老鼠盜取了村人的核桃，村人很可能還不知道，也就不會產生捨心，因而從人邊結重才合理。另外，《行事鈔》記載：「有解：非望畜生，還望本主，以鼠盜疑豫未決，望人猶是本主，故還就人結重。」[1] 意謂老鼠的盜心不定，是從人邊結重。

這種解讀方式也能夠與其他律典會通。屬人的畜生物，從人邊結罪，《根有律攝》和《十誦律》都有明文記載。其中《根有律攝》更是提到「若是人物，傍生所偷，人想取之，亦得本罪」，即上文解讀中，只要六群比丘在盜核桃時，認為核桃屬於村人，就構成人想結罪。

1　《四分律刪繁補闕行事鈔校釋》，707 頁。

綜上所述，盜畜生物的判罰總結為：盜有主畜生物，從人邊結罪，結波羅夷；盜無主畜生物，則結偷蘭遮或突吉羅；盜畜生殘食或無用物，則不犯。

專題 13：盜畜生的究竟成犯

《四分律》中盜有主畜生，規定離本處時犯波羅夷；方便欲取，犯偷蘭遮。不過和一般物品不同，由於畜生具有自主活動能力，需要對離本處作進一步的辨析。《四分律》對此沒有更明確的解釋，而其他律典中則有一些更具體的描述，這裏按照律典中對畜生的分類進行梳理。

（一）無足眾生

對於盜無足畜生，《四分律》、《巴利律》只簡單地講盜滿五錢判波羅夷。

《十誦律》記載：「若穿器取蟲直五錢，波羅夷。」這裏的「穿器取蟲」應該是指取蟲後，蟲離開了所在的器皿。《僧祇律》中，畜生的全部身體出器皿則算離本處：「舉篋持去，未波羅夷；若出蛇離篋，滿者，波羅夷。……若盜瓶中蛇，蛇尾未離瓶口者，未波羅夷；若頭尾都離，滿者，波羅夷。」該律又規定蛇和篋一起盜離本處即犯根本，如文：「若欲蛇、篋合盜者，擔去離本處，滿者，波羅夷。」《善見論》中的判罰與之類似，畜生離開器皿即犯，如文：「蛇在函中，比丘盜心，以蝦蟆餌之，或手牽出離函，隨直多少結罪。」

《善見論》記載了水中盜魚的情況：魚上鉤或入網，偷蘭遮；舉離水面，波羅夷；魚跳出網外上岸，從岸上取離本處，結波羅夷。如文：「若比丘以盜心鉤取，或網取，或安魚笱，魚未入，突吉羅；魚入者，偷蘭遮；若舉魚離水，波羅夷；若魚跳出網上岸，偷蘭遮；從岸上取離

處，隨直多少結罪。」如果挖掘小池引魚進入小池取之，也犯波羅夷，如文：「若比丘盜心欲取魚，池大，捉不能得，掘作小池引魚令入，若魚入小池，突吉羅；若從小池取魚，捉不得，魚還入大池，偷蘭遮；若魚未至小池，亦偷蘭遮；若從瀆中及小池中取離處，隨直多少結罪。」

綜上所述，若盜器皿中的無足畜生，畜生的身體全部離開器皿時成犯；或者不取出畜生，連帶器皿離本處時，成犯。若盜水中的無足畜生，離開所在的水體時，成犯。

（二）兩足畜生

對於籠中的畜生，以畜生離開籠子時，成犯。如《十誦律》：「若穿籠取鳥，直五錢，波羅夷。」《僧祇律》記載：「若比丘盜心，取鳥內手籠中，得越比尼罪；挽一腳出，偷蘭罪；兩腳出，翅尾未出籠口，未波羅夷；離已，滿者，波羅夷。」《善見論》中，攜籠而去成犯，如文：「若孔雀在籠，若盜心偷孔雀，而合籠將去，隨分多少得罪。」

對於地上的兩足畜生，有以雙足離本處成犯，也有按離開原來所在區域成犯。如《僧祇律》記載：「誘去，若刀杖驅，舉一足偷蘭罪，舉兩足波羅夷。若小可擔負者，若觸，越比尼罪；若動，偷蘭罪；若離本處，滿者，波羅夷。」《巴利律》記載：「『我欲以步誘導之』，如是想而移第一腳者偷蘭遮，移第二腳者波羅夷。」《善見論》記載：「若孔雀在地，比丘盜心取他人孔雀，若捧孔雀一一身分，未離地，得偷蘭遮；若盡舉身分悉離地者，得波羅夷罪。……若孔雀在園中食，以盜心驅出孔雀過門，得重罪；盜心捉孔雀擲園外，得波羅夷罪。若孔雀在聚落中，盜心驅出聚落界，得波羅夷。」

特殊情況如盜空中的兩足畜生，比如《善見論》中鳥在空中的情形，如文：「若捉牽尾離頭處，得波羅夷。傍牽左翅過右翅，得波羅夷，上下亦爾。若孔雀於空中下就比丘一一身分住，若在右手，比丘

以盜心，迴還左手離本處，得波羅夷；若自飛度，不犯。」

　　若盜水中的兩足畜生，只要畜生離開物主所屬區域（水域、岸邊等），即犯波羅夷。如《十誦律》中，偷有主鳥，離水即犯波羅夷；將有主池中的鳥沉入水底，犯偷蘭遮；將無主池中的有主鳥沉入水底，則犯波羅夷。如文：「有主池中諸有主鳥，比丘以偷奪心取是諸鳥，波羅夷。若選擇時，偷蘭遮；選擇已，取五錢直，波羅夷。若沉著水底，偷蘭遮；若舉離水，波羅夷。復有無主池中諸有主鳥，比丘以偷奪心取，波羅夷。若選擇時，偷蘭遮；選擇已，取五錢直，波羅夷。若沉著水底，波羅夷；若舉離水，亦波羅夷。」其中，將鳥沉入有主池水底，因為尚未離開物主的所有權區域，所以沒有判波羅夷。《薩婆多論》中的判罰和《十誦律》基本相同，增加了流水中以及水域和岸邊同屬一主情況下的判罰。如文：「若流水中捉鳥住，令後水過前頭，亦名離本處。」「若水是一主，岸上地是異主，若曳上岸，名離本處。若地與水同是一主，縱令上岸，不名異處。」

　　綜上所述，盜兩足畜生的究竟成犯：一種是畜生身體離開所在區域時成犯（籠中，園中，聚落界，主人的水域、岸邊等）；另一種是畜生雙足離地時成犯（誘行舉足、舉捧離地等），還有空中等特殊情況。不取出畜生攜籠而去的情況，按通常的離本處結犯。

（三）四足畜生

　　對於盜籬牆、廄內等區域內的四足畜生，畜生離開原來所在區域時成犯。如《鼻奈耶》中，畜生跑出籬柵坑陷或圍牆時成犯：「時彼村籬柵及塹牆壁，圍彼牧象、馬、駝、牛、驢，以繩連繫。若比丘，畜生中盜解其繩而度籬柵，波羅夷；度塹，棄捐；度桓牆，成棄捐不受；若出牆外，為成棄捐不受。」《十誦律》中，畜生四腳全部出籬障外時成犯：「若在牆壁、籬障內，比丘以偷奪心驅出，過四蹄，波羅夷。」

《僧祇律》中，畜生身體未全部離開門時，結偷蘭遮；完全離開門，波羅夷。如文：「垣牆分齊者，象廄、馬廄、駝廄，驢牛羊欄，蘆蔔園、菜園、瓜園、甘蔗園，若比丘盜心，取彼象，象舉一足乃至四足度廄門，身分未離門者，偷蘭罪；身分離門，波羅夷。」《善見論》中，出門成犯：「若象在廄，或繫腹，或繫頸，或繫四足，若解縛離本處，若不繫驅出屋外，若在外驅出門……隨一一離處，波羅夷。」

盜空地處的四足畜生，分幾種情況，趕入柵欄內成犯，如《鼻奈耶》：「若外空澤中，驅來入牆，為成棄捐不受；入塹，為成棄捐不受；入柵內，為成棄捐不受。」《善見論》中，聚落（空地）上的畜生，若趕出聚落界成犯；若在野外，則離四足即犯，如文：「若在聚落驅出聚落界，若在阿蘭若處，驅行離四足處，若眠驅起，隨一一離處，波羅夷。」

未明確說明所在區域的情況，有按離見聞處（或至不見處）成犯，如《根有律攝》：「或群處盜，或繫處盜，齊不見處，犯他勝罪。」《僧祇律》記載：「若比丘盜心，若以鹽，若以草誘他馬將去，離見聞處，波羅夷。」也有按四足離本處成犯，如《僧祇律》：「若比丘欲盜象，若牽，若驅，舉一足乃至三腳，偷蘭罪；四足離本處，滿者，波羅夷……若小可全擔者，若觸，得越比尼罪；若動者，偷蘭罪；若離本處，滿者，波羅夷。」

《十誦律》、《僧祇律》還記載了取肉成犯的案例，如《十誦律》：「殺已取肉，直五錢，波羅夷。」《僧祇律》記載：「若比丘割肉擲籬外，未波羅夷；比丘出籬外，擔肉離地，滿者，波羅夷；若就欄中食肉，滿者，波羅夷。」

綜合上述，對於盜四足畜生的情況，律典中出現了四種判罪標準：一者，足離本處成犯；二者，身離所屬區域成犯；三者，離見聞處（或至不可見處）成犯；四者，取肉成犯。

（四）多足畜生

《巴利律》中，足離本處成犯，如文：「『我欲以步誘導之』，如是想，每移步，步步偷蘭遮；移步畢者，波羅夷。」《善見論》記載：「多足眾生者，百足、蜈蚣、蚰蜒，若一舉腳九十九，偷蘭遮，若舉最後一腳，隨直多少結罪。」

《十誦律》記載了畜生身離所屬區域成犯的案例，如文：「多足處者，蜈蚣、百足、蛣蜣，有人舉著器中，比丘偷奪心取，波羅夷。若選擇時，偷蘭遮；選擇已取五錢直，波羅夷。若穿器取蟲，直五錢，波羅夷。」

綜合上述，盜多足畜生的情況分為兩類：一種是足離本處成犯，另外一種是身離所屬區域成犯。

（五）總結

律典中對盜畜生的究竟成犯劃分比較細緻，判定方法也不盡相同，在實踐中可參考最切合當下實際狀況的方法來進行判罰。

綜合律典公案，建議可按如下規則進行判罰：

1. 若比丘直接舉離畜生，按全部足離本處成犯；

2. 若畜生在器皿中、籠中等器物內，按畜生全身出器物成犯。若將畜生連同器物拿走，按通常的離本處成犯；

3. 若畜生在有可識別界線的守護區域內（如廄內、柵欄內、聚落內、池中等），按畜生出離該區域範圍時成犯（出門、出界等）；

4. 若畜生在沒有明確界線的守護區域（如野外等），按至不見處或離見聞處成犯；

5. 其他情況可以按足離本處成犯；

6. 若殺死畜生取肉，隨值成犯。

專題 14：佛物分類及轉用佛物的判罰

諸律中，雖然沒有明確記載佛物的分類，但是有不少關於佛物的使用規定，具體有以下幾種類型：

（一） 佛物的使用

1.可供禮敬供養

在佛物中，有一類專門用於供養佛「骨骸」而造的佛塔、廟等物，如《譬喻經》記載：「佛之荼毗竟，收集其骨骸，如斯諸人天，建造佛塔婆。」[1] 此類佛塔物，不屬於僧物，如《五分律》記載：「除佛、辟支佛塔，餘塔長物，聽作四方僧用。若此塔後須，取四方僧物還之。」[2] 並且其他人都不可用，如《四分律》記載：「如佛塔廟，一切世間諸天龍神、梵天、沙門、婆羅門、諸天及人，無有能用者。」[3] 這也反映出佛塔廟的特殊性。

《行事鈔》中提到的「佛受用物」，包括「堂宇、衣服、床帳等物，曾經佛用者，著塔中供養，不得互易」。佛受用物主要作為佛的法身來供養，而「置爪髮塔中，供養法身」[4]。比如，現在僅存的佛舍利等，作為佛法身存世的象徵，供人們禮敬供養。同樣，佛像也具有同樣的屬性和功能。

2.可賣出、放貸、借出或支付報酬

①可以賣出的佛物

《薩婆多論》記載：「若塔地花，不得供養僧、法，正應供養佛。

1　《譬喻經》卷 3，《大正藏》29 冊，86 頁上欄。

2　《五分律》卷 26，《大正藏》22 冊，176 頁上欄。

3　《四分律》卷 40，《大正藏》22 冊，856 頁下欄。

4　《四分律刪繁補闕行事鈔校釋》，677 頁。

此花亦得賣取錢，以供養塔用。若屬塔水，以供塔用。設用有殘，若致功力是塔人者，應賣此水以錢屬塔，不得餘用，用則計錢。」[1] 從中可以看出，比丘可以將作為佛物的「花」、「水」賣出，但是由此得到的利益，還是應該歸於佛物。

《僧祇律》中也有類似記載：「若花多者，得與花鬘家，語言：『爾許花作鬘與我，餘者與我爾許直。』若得直，得用然燈、買香以供養佛，得治塔。若直多者，得置著佛無盡物中。」[2] 此律允許比丘將作為佛物的「花」賣掉換錢，所得錢財可以用來買燈、香等物品供佛；如果錢特別多，還可以入佛的「無盡物」中。結合上文「於此無盡物中，若生息利」[3] 分析可知：這裏的「無盡物」是指本金，比丘可以將這些錢貸給他人，以此收取利息，所得的利息應該也是佛物。

②可以借貸的佛物

《十誦律》記載，佛物可以借給比丘使用，或者放貸收取利息，但是所借比丘需要償還，放貸收入也要還入佛物。如文：「有一住處，舊比丘屬塔物自貸用。是比丘死，諸比丘不知當云何？是事白佛，佛言：『衣鉢物還計直輸塔，餘殘僧應分。』」[4] 從這裏可以看出，此律允許比丘借佛物使用，但是要歸還。還有：「毗耶離諸估客，用塔物翻轉得利供養塔，是人求利故欲到遠處，持此物與比丘言：『長老，是塔物，汝當出息令得利供養塔。』比丘言：『佛未聽我等出塔物得利供養塔。』以是事白佛，佛言：『聽僧坊淨人，若優婆塞出息塔物得供養塔。』」[5] 這裏可借貸的主要是屬佛塔物。

---

1 《薩婆多論》卷3，《大正藏》23冊，521頁中欄。
2 《僧祇律》卷33，《大正藏》22冊，498頁中欄。
3 《僧祇律》卷10，《大正藏》22冊，311頁下欄。
4 《十誦律》卷61，《大正藏》23冊，467頁下欄。
5 《十誦律》卷56，《大正藏》23冊，415頁下欄。

《根有律攝》記載：「若病人貧無藥直者，師主知識等應為辦之，或施主邊求，或用僧伽物，或窣睹波物，或幡蓋等莊嚴之具，依價賣之以供藥直。若後病差，應償，若無力者，不還無犯。大師之子是父財故。」[1]若為了治病的需要，這裏允許比丘將佛塔物、幡蓋等借給病比丘當藥費，如果病比丘治癒後無力償還，也可以不還。

《優婆塞戒經》記載：「出家菩薩若畜在家弟子……病時當為求覓所須，瞻病之時不應生厭。若自無物，應四出求；求不能得，貸三寶物，差已，依俗十倍償之。」[2]這裏規定可以「貸三寶物」用來給俗家弟子看病，但是病好之後，需要十倍償還。

③可作工資支付

《善見論》記載：「若檀越布施園，為華、香、燈供養塔像及修治僧房，得取少直賃人守園，若無果直者，得用佛物迴賃人。」從此內容可以看出，居士供養果園用於「華、香、燈供養塔像及修治僧房」，即同時供佛和供僧。因此，對於聘請的守園人，可以用果園的產出支付其報酬，如果果園沒有產出，則可以用佛物作為報酬支付給守園人。

④可以施予侍者或守塔人

《四分律》記載：「彼不知供養塔飲食誰當應食。佛言：『比丘，若沙彌，若優婆塞，若經營作者，應食。』」[3]「供養塔飲食」指的是供養佛塔的飲食，此律允許比丘、沙彌、優婆塞等守護、料理佛塔的人食用。《善見論》中也有類似記載，對於供佛的食物，「若有侍佛比丘得食；若無侍佛比丘，有白衣侍佛，亦得食」[4]。

1　《根有律攝》卷8，《大正藏》24冊，569頁中欄。

2　《優婆塞戒經》卷3，《大正藏》24冊，1046頁下欄。

3　《四分律》卷52，《大正藏》22冊，957頁上欄。

4　《善見論》卷17，《大正藏》24冊，795頁上欄。

（二）佛物分類總結及互用

根據各律典中所載關於佛物的使用情況，綜合借鑒諸律中有關佛物的內容，並結合實際，可將佛物分為三類：

1. 佛受用物

（1）用於供佛的髮、爪、舍利而造的佛塔、廟等，供人禮敬供養；

（2）用於禮敬供養的佛像，為佛像所用的衣、物、幡蓋、寶物等，專為供養佛像而建的塔、佛堂等，以及專用於塑造佛像的專款。

佛受用物，不可毀壞，也不可轉賣，也不能挪作屬佛物或獻佛物；如果以盜心故意將佛受用物轉為其他兩種佛物，犯偷蘭遮。但如果佛像過於破舊，無法使瞻仰者繼續產生信心，此時可以存善心處理。如《大智度論》記載：「如畫作佛像，一人以像不好故破，一人以惡心故破；以心不同故，一人得福，一人得罪。」[1]而從佛像上拆下來的有價值的材料，轉賣成錢後，收入還是應該歸入佛受用物中。

2. 屬佛物

除佛受用物及供佛的食物外，其他所有供佛的物品和錢財均為屬佛物。比如：供佛的香、花、燈、具、寶物等；用於供佛的園林、果園及其所有附屬設施、牲畜等；專門用於清理、維護佛塔及佛像的物品用具等；供佛的錢財。

原則上，屬佛物之間可以互相轉換，並可以轉為佛受用物，以塑造、修補新舊佛像；但是不可以盜心轉為獻佛物，否則犯偷蘭遮。[2]若將施主有明確供養意向的屬佛物互轉，得突吉羅。在必要的情況下，可將屬佛物借貸、賣出，但所得錢財仍需用於屬佛物，也可以用於支付守園人的報酬。

1　《大智度論》卷 63，《大正藏》25 冊，506 頁上欄。

2　《大般涅槃經》卷 7，《大正藏》12 冊，405 頁下欄。

3. 獻佛物

主要包括供養佛的飲食。獻佛物在供佛之後，可以分給守護佛殿的比丘、居士食用。獻佛物可以轉作佛受用物和屬佛物。

在實際生活中，比丘應當妥善地對佛物進行分類，並按照三種佛物轉用的規定合理使用。如果比丘在無盜心的情況下轉用了佛物，不犯盜戒。另外，在一些特殊情況下，如比丘生病時急需用錢，必要時可以借用佛物為其治病，比丘康復以後，需要償還所借佛物；如果實在無力償還，則不勉強，這也是戒律慈悲精神的體現。此外，若供佛的油富餘，但是花、香等供品又缺乏的情況下，可借鑒《僧祇律》中的做法，將同類多餘佛物轉賣以換取其他佛物，更好地供佛。供佛的多餘錢財，也可存入銀行進行無風險的儲蓄規劃，所得利息入佛物。

在使用佛物時，如果施主有明確供養意願，原則上不能互用不同佛物。如施主用於塑造阿彌陀佛像的錢財，比丘卻用來塑造藥師佛像，有違施主本心，這在《善見論》中結突吉羅罪，如文：「檀越……欲供養此像，迴與彼像，悉突吉羅罪。」[1]《根有律攝》也有相關記載：「若房、廊、簷、宇、門、戶、椽、梁等，違施主本心，迴作餘事，或非其處，亦惡作罪。或於尊像移此作餘及莊嚴具，悉皆有犯。若暫借用者，無犯……報施主知、隨他許者，無犯。」[2]如果施主沒有明確意願，則可以根據《僧祇律》中的公案靈活處理。

專題 15：盜佛物應如何結罪？

關於盜佛物的結罪情況，諸律判罰標準不一。後文就律典中的公

1　《善見論》卷 15，《大正藏》24 冊，779 頁上欄。
2　《根有律攝》卷 7，《大正藏》24 冊，566 頁下欄。

案和經論相關的記載，作一些梳理和分析。

（一）律典和相關經論記載

1. 有守護主情況的結罪

《十誦律》記載：「有一比丘盜佛圖物，生疑：『我將無得波羅夷耶？』是事白佛，佛言：『若有守護者，應計直。若具足，得波羅夷。』」「又問：『若盜佛舍利得何罪？』答曰：『偷蘭遮。若尊敬心作是念：「佛亦我師。」清淨心取，無罪。』」可以看出該律的判罰原則是：如果佛物有守護主，滿五錢判波羅夷；若無守護者，結偷蘭遮罪；若清淨心取，不犯。

《摩得勒伽》記載：「佛舍利有主，若為自活偷，滿，波羅夷；不滿，偷羅遮。若增惡取，彼我俱無，偷羅遮。若為供養故：『佛是我師，我應供養。』滿五錢，突吉羅。」即對有守護主的佛舍利：盜心取，波羅夷；損心取，偷蘭遮；敬心取，突吉羅。又：「問：『若人廟中物、支提物，若白衣家中莊嚴具，若比丘偷心取，得何罪耶？』答：『若有主守護，滿，波羅夷；不滿，偷羅遮。』」比丘若盜有守護主的佛物，按值結罪。

《根有律攝》記載：「盜設利羅、世尊馱都，有人守護，意欲供養，作大師想者，犯惡作罪。若作衒賣求財利心而盜取者，得他勝罪。」即比丘盜有守護主的佛物，按值結罪；若供養心取，犯突吉羅。

《優婆塞戒經》記載：「若偷佛物，從守塔人主邊得罪。」[1]

從以上律典的記載中可以推斷，對於有守護主的佛物，按值結罪。

2. 對施主結罪

《鼻奈耶》記載：「優波離復白世尊：『佛塔寺綵幡蓋，若比丘不與

1　《優婆塞戒經》卷 6，《大正藏》24 冊，1069 頁上欄。

取，是誰棄捐不受？』世尊告：『若佛塔寺物，取者，為成棄捐不受，聲聞塔亦爾。謂檀越施與塔寺，斷彼施主福，為成棄捐不受。盜塔寺物入地獄。』」即比丘盜佛物是對施主結盜戒根本罪。

3. 對佛結罪

《成實論》記載：「問曰：『若人於塔寺、眾僧所奪取田宅等物，從誰得罪？』答曰：『雖佛及僧於此物中無我所心，亦從得罪。以是物定屬佛僧，於中生惡心，若劫，若盜，是故得罪。』」[1] 雖然佛無我所心，但是佛物的歸屬權仍屬佛陀，所以盜佛物從佛得罪。

《大毗婆沙論》也支持這一觀點：「問：『若盜如來窣堵波物，於誰處得根本業道？』有說亦於國王處得，有說於施主處得，有說於守護人處得，有說於能護彼天、龍、藥叉、非人處得。如是說者，於佛處得，所以者何？如世尊言：『阿難當知，若我住世，有於我所恭敬供養，及涅槃後乃至千歲，於我馱都如芥子許恭敬供養，我說若住平等之心，感異熟果平等平等。』由此言故，世尊滅度雖經千歲，一切世間恭敬供養佛皆攝受。」[2]

4. 未明確說明結罪對象

《僧祇律》中沒有直接記載盜佛物如何結罪，但是從一些相關記載中，可以分析出此律對盜佛物的判罪原則：

（1）如文：「若佛生處、得道處、轉法輪處、阿難大會處、羅睺羅大會處、般遮於瑟大會處，是諸大會處種種莊嚴，懸繒幡蓋及眾寶鈴。若比丘盜心，取幡，解繩一頭，未波羅夷；解兩頭已，滿者，波羅夷……若此比丘作是念：此莊嚴塔物，取者大罪。」

（2）如文：「有人供養菩提樹，七寶莊嚴，金銀珠鑷，種種幡花，

1　《成實論》卷 8，《大正藏》32 冊，304 頁下欄。
2　《大毗婆沙論》卷 113，《大正藏》27 冊，585 頁上欄。

金繩連綿，金鎖懸鈴，博山金光，以用供養。若比丘盜心，取彼諸物，滿者，波羅夷。」

（3）如文：「若塔有物、眾僧無物，便作是念：『供養僧者，佛亦在其中。』便持塔物供養眾僧，摩摩帝用者，得波羅夷。」

在第（1）、（2）段中，比丘偷盜的分別是「莊嚴塔物」和「供養菩提樹」的七寶等物，都犯波羅夷罪。雖然這裏沒有明確說明，但是「繒幡蓋及眾寶鈴」等眾多物品用來莊嚴「佛生處、得道處、轉法輪處」等佛入滅前的行迹，這些物品也是用來供養和感念佛陀的「莊嚴塔物」，自然是屬於佛物。再者，佛陀是坐在菩提樹下成道的，佛教徒為了追思佛陀，所以才供養菩提樹「七寶莊嚴，金銀珠鑷」等諸多物品，這些物品當然也是佛物。而第（3）段中，摩摩帝（執事比丘）將佛物轉作僧用，使佛物遭到了損失，所以犯盜戒根本罪。

《薩婆多論》記載：「若盜佛像，為供養故，無罪。若為得錢、轉賣得錢，偷蘭遮……若盜舍利，偷蘭遮。」

藏傳《苾芻學處》中，偷盜「佛入無餘涅槃以後之物」，犯「粗罪」，即盜取佛涅槃後的佛物，犯偷蘭遮罪。

《大般涅槃經》記載：「若有長者造立佛寺，以諸花鬘用供養佛，有比丘見花貫中縷，不問輒取，犯偷蘭遮，若知、不知，亦如是犯。若以貪心破壞佛塔，犯偷蘭遮。」[1] 即規定盜佛物犯偷蘭遮。

（二）分析和結論

從上可以看出，《十誦律》、《摩得勒伽》、《根有律攝》和《優婆塞戒經》中，盜有守護主的佛物，對守護主按值結罪。《鼻奈耶》中，對施主邊按值結罪。《成實論》、《大毗婆沙論》中都說明盜佛物是對佛

1　《大般涅槃經》卷 7，《大正藏》12 冊，405 頁下欄。

結罪，但未說明結何罪。其他律典沒有說明對誰結罪，其中《僧祇律》中按值結重，《大般涅槃經》、《薩婆多論》、藏傳《苾芻學處》中犯偷蘭遮。

可以看出，諸律典中只有《鼻奈耶》記載盜佛物是損了施主的福，而且還要「入地獄」，但是這種從施主邊結罪的判罰有待商榷。可以做個類比，施主供養物品給甲比丘，則物品的歸屬權轉移給甲比丘；若乙比丘從甲比丘處偷走此物，偷的就是甲比丘的物品，按常理應向甲比丘結罪。同理，對於施主供佛的物品，從佛邊結罪也更為合理。

考慮到佛滅度後的「佛物」在通常情況下會有守護主，並且他們負有守護責任，對佛物是有執著心的。因此，在有守護主的情況下，參照《十誦律》、《摩得勒伽》、《根有律攝》等，從守護主邊按值結罪是比較合理的判罰。若無守護主，則從佛邊得罪，按《十誦律》、《薩婆多論》、藏傳《苾芻學處》等，判偷蘭遮。

此外，《十誦律》、《薩婆多論》、《摩得勒伽》、《根有律攝》、藏傳《苾芻學處》，對以清淨心或供養心取佛物的情況，判不犯或突吉羅。對於這類行為適當開緣或者判輕，有一定的合理性；而結合現實緣起，判突吉羅較為合適。

綜上所述，盜佛物可以作如下的判罪：

1. 若有守護主，比丘對守護主結罪，滿五錢判波羅夷；
2. 若無守護主，比丘對佛結罪，判偷蘭遮；
3. 若非為牟利、惡心等，而以供養心取，判突吉羅。

需要注意的是，在現代社會，無論是寺廟裏的佛物，還是私人收藏的佛物，都有守護主：前者寺院是守護主，後者物品主人是守護主。

專題 16：法物分類及轉用法物的判罰

（一）律典中關於「法物」的記載

《根有律》中關於「法物」的記載：「問言：『誰物？』答言：『一是佛物，二是法物，三是僧物。』報言：『我復寧知佛法僧事，但須與稅方任前行。』久住稽留，取其稅直放之而去。遂至室羅伐城，心生追悔，白諸苾芻。苾芻白佛，佛言：『此人無犯，不應但作此語云是三寶物。』」

《根有律攝》中也有幾處提到「法物」。比如在分配亡比丘財物時，「珍寶珠玉分為二分：一分入法；一分入僧伽。法物可書佛經並料理師子座」。又如：「聞有難事將欲至時，無淨人可得，若僧伽物，若窣睹波物，若法物，應自掘坑密藏舉已當去。」「若有金銀及成未成者、貝齒諸錢，並分為三分：一、佛；二、法；三、僧。佛物應修理佛堂及髮爪窣睹波；法物用寫佛經，料理師子座；僧物現前應分。若更有餘物，准此應分。」[1]

《薩婆多論》中有兩段「施法」相關的內容，如文：「凡為施法，應令心定口定，施福既深，又易分別。若施佛者定言與佛。若施法者應好分別：若施法寶口必令定，若施經書口亦令定，若施說法、誦讀經人口亦使定。」「若直言施法，分作二分：一分與經，一分與讀誦經人。」[2]

（二）法物的種類

從律典的記載可以看出，法物（或者施法物）可用於佛經的書寫，

1　《根有律攝》卷 7，《大正藏》24 冊，568 頁上欄；卷 6，《大正藏》24 冊，560 頁下欄。
2　《薩婆多論》卷 5，《大正藏》23 冊，534 頁中欄、下欄。

料理獅子座、法寶、經書，以及用於贊助說法、誦經的活動，等等。可以推測，「法物」概念的出現，是因為後世居士們出於對法的信仰和恭敬，供養財物指定用於法供養相關的物品和活動。為了規範和方便管理法供養相關的財物，律師們構建了「法物」的概念。

結合律典記載和現代實際，「大盜戒」語境中的「法物」按照用途可以分為以下幾種財物：

1. 用於製作和流通法的載體：如印刷佛經、製作電子佛經（包括光碟、相關網站製作和運營），以及保存和流通等周邊用途（如裝經書的箱函，運輸等）；

2. 用於供養法的載體：各種供養和莊嚴具（包括料理表法的獅子座）；

3. 用於弘法相關活動：比如請比丘講法、誦經，舉辦法會等。

（三）法物相關的判罪

以法物中的佛經為例，律典中比丘盜取佛經都是按值結罪。如《四分律》記載：「時有比丘盜他經，作是念：『佛語無價，應計紙墨直。』彼疑，佛言：『汝以何心取？』答言：『以盜心取。』佛言：『取五錢，離本處，波羅夷。』」《十誦律》記載：「又問：『若盜經卷得何罪？』答曰：『隨計價直犯。若不直五錢，偷蘭遮。』」《薩婆多論》記載：「盜經，不問供養、不供養，計錢得罪。」《根有律攝》記載：「或盜經書，皆計直犯罪。」據此可以類推，比丘盜取法物都是按值結罪，離本處，滿五錢，波羅夷。

其次，法物的使用需要尊重施主的供養意願，秉持專款專用的原則。如果比丘將法物在上述三個法物種類間隨意互轉，可作如下判罰：若以盜心轉用，犯偷蘭遮；如不以盜心，而是因疏忽等轉用，犯突吉羅；如果將法物在同一類物品間互轉（如施主供養錢財印《四分律》，

而比丘卻用此財物印了《五分律》），參考《行事鈔》的判罰，犯突吉羅罪；若施主同意轉用，不犯。但是，如果是轉用法物去印了非佛教的典籍，則屬盜法物，應按值結罪。

在法物的具體管理上，如果施主是以一般意願供養法物，沒有具體指明供養物用於哪一種法物，那麼可以將此財物用於上述任何一類與法相關的用途。如果施主指定供養具體弘法活動的財物有剩餘，數額大的可以徵詢施主意見進行處理，數額小的可以存入相關賬戶以便將來用於類似用途，或者事先與施主確認好相關事宜。

專題 17：僧物的分類和管理原則

僧物的分類和管理是寺院管理非常重要的一部分。由於僧物本身的複雜性，對戒律規定的理解和管理實踐歷來有不少容易產生疑慮的地方。同時，僧物的管理在不同時代和地域也會面臨不同的問題，因此需要對傳統的僧物管理模式進行梳理和校對，保證其既符合戒律的精神又能更好地適應現實需求。

（一）僧物管理的原則

佛世時，比丘並不從事物質生產，其生活所需都來自信眾的供養和布施。僧物管理的本質，就是將施主的供養按照其意願，以特定形式轉化為比丘生活所需的整個過程。

從律典的記載和現實情況看，施主的供養意願一般可分為兩種情況：第一種情況，施主希望物品直接分給特定範圍的比丘個體為其所用；第二種情況，施主並不希望將供養物品直接分給比丘，而是由寺院進行管理，持續地按需供給相關比丘，或者用於寺院的建設和發展。這兩種情況分別稱之為「可分」和「不可分」。辨別僧物的可分與不可

分，是對僧團相關執事的基本要求，如《四分律》記載：「有五法應差分房舍、分臥具：若不愛、不瞋、不怖、不癡、知可分不可分。」

從律典的記載中可以總結出僧物管理的基本原則為：1. 現前僧物應分；2. 四方僧物不可分。施主決定了供養物是入四方僧物還是分給現前僧，因此這兩條原則也是施主意願的直接體現。

同時，律典中記載有重物和輕物兩類物品。哪些物品屬於重物，哪些屬於輕物，後文將用律典的相關記載進行說明；要而言之，可以作為比丘隨身衣鉢資具的物品為輕物，而不動產、家具、車輛、建築材料、工具等屬重物。在此基礎上，律典描述了按照物品輕重屬性來進行僧物處理的一般方式，即重物不可分，應入四方僧物，輕物現前僧可分。如《十誦律》記載：「輕物者，可分物，是故名輕物；重物者，不可分物，是故名重物。」不過，輕重物的劃分界限存在一定的模糊性，也可能存在既適合入四方僧物又可以分給現前僧的物品。尤其在現代，物品種類繁多，具體物品屬於重物還是輕物需要具體分析。因此，對於「重物不可分、輕物可分」這種一般處理方式，應該按照戒律精神作更廣義的理解，即適合作為公用物品的可以入四方僧物，適合作為比丘個人資具的可以分給比丘。下文重物不可分、輕物可分的類似表述，都按此廣義內涵進行理解。

但需要澄清的是，重物不可分、輕物可分只是一般情況下的處理方式。傳統上往往將此理解為必須遵守的處理方式，這是不完全準確的。供養物是否可分還是應當取決於施主本人的意見。如果施主的意願與此不同，應該按照施主的意願進行處理。例如《僧祇律》中，如果施主要把重物分給比丘或者把輕物入四方僧物，此時應該按照施主的意願進行，如文：「檀越施僧床褥、俱褊……如是重物，應入四方僧，其餘輕物應分。若檀越言『一切盡分』，應從檀越意分；若言『一切施四方僧』者，不應分。」

綜上所述，施主作為供養人，決定了物品的供養對象。因此，按施主意願處理僧物是僧物管理的首要原則。在處理相關僧物的過程中，若有疑問，應盡可能向施主詢問清楚後按其意願而行。如《根本說一切有部尼陀那目得迦》[1]記載：「爾時佛在室羅伐城。時有長者，施僧尼二眾食，復以財物奉施二眾。諸苾芻等不知云何應分其物？以緣白佛，佛言：『應問施主，隨語而分。』」在施主意願不能確認，或者施主聲明寺院可自行處理等情況下，則可按照重物入四方僧物、輕物現前僧可分的方式進行處理。

（二）僧物的類型

下文對於不同類型的僧物，主要從幾個方面進行分析：1.物品是否可分；2.物品的服務對象（或所有權歸屬）；3.所有權的轉化過程；4.物品的使用方式；5.物品自身類型。

1. 現前僧物

若施主希望將供養物直接分給比丘個人，即是現前僧物，在有些律中也被稱為「現前僧應分物」。如《四分律》記載：「現前僧大得可分衣物，諸比丘不知云何，往白佛，佛言：『聽分。』復不知云何分，佛言：『應數人多少，若十人，若二十人，乃至百人為百分，若有好惡當相參分。』」

只要施主的意願是要將物品分給現前僧，則必須將物品分給相關比丘，如《摩得勒伽》記載：「若施現前僧，現前僧應分。」「現前僧物應分」是現前僧物管理的最主要原則。分物後物品的所有權從施主直接轉給比丘個人，之後比丘即可隨自己意願使用該物品。

可分物是適合分給比丘作為個人的物品，因此可以推斷可分物一

1　《根本說一切有部尼陀那目得迦》卷7，《大正藏》24冊，442頁下欄。

般都屬輕物。《僧祇律》記載了多種現前僧物的類型，如文：「復有四種物隨語應屬現前僧，何等四？我施衣、衣直、物、物直，是名四種物屬現前僧。復有十種得應屬現前僧，何等十？時藥、夜分藥、七日藥、盡壽藥、死比丘物、施住處、大會、非時衣、雜物、請食。」律典中關於分亡比丘物的記載也記錄了不同類型的輕物，主要類型就是比丘的衣鉢資具。比丘可蓄用的物品種類顯然又有一定的時代性，因此除了律典中常見的衣鉢等傳統資具，還需要按照戒律精神判別哪些新事物也屬於可分物的範疇。總之，衣鉢資具、藥、食物等各種適合比丘個人使用的物品都可以作為現前僧物分給比丘。

現前僧物的複雜性主要在於分物對象的多樣性。律典中施主供養對象的形式是非常多樣化的，如《十誦律》中「布施有八種」[1]，《五分律》中「九種得施」[2]，《巴利律》中有「八施」[3]，都是這種多樣性的體現。

常見的施物對象如限定分給界內比丘。如《五分律》記載：「界得施者，施主言：『施此界內僧。』是名界得施。」《巴利律》記載：「境界施與者，應分配於界內所有比丘。」《善見論》記載：「若人言布施界內眾僧，比丘應問：『界有多種，施何物界？』答言：『不知。』但言施界內眾僧，隨界內眾僧多少皆得。」

又有限定施物對象為實際出現在施主分物現場的比丘。如《五分律》記載：「現前僧得施者，施主對面施僧，是名現前僧得施。」當今

---

1 《十誦律》卷 28：「佛語比丘：『布施有八種。何等八？一、界布施；二、依止布施；三、制限布施；四、給得布施；五、僧得布施；六、現前得布施；七、夏安居得布施；八、指示得布施。』」《大正藏》23 冊，200 頁中欄。

2 《五分律》卷 20：「爾時諸比丘有衣鉢餘物，欲以施僧，白佛，佛言：『九種得施，皆聽施僧：一者，界得施；二者，要得施；三者，限得施；四者，僧得施；五者，現前僧得施；六者，安居僧得施；七者，二部僧得施；八者，教得施；九者，人得施。』」《大正藏》22 冊，138 頁下欄。

3 《犍度》卷 8：「諸比丘，有八事得衣，謂：境界施與，有約施與，告示施食而施與，施與僧伽，施與兩僧伽，施與住雨安居僧伽，指定施與，施於人也。」《漢譯南傳大藏經》3 冊，400 頁。

常見的施主現場供齋發放供養就類似這種「對面施僧」的情形。

又有限定供養安居僧的情況。如《十誦律》記載：「得迦絺那衣，施物應屬安居比丘，餘比丘不應分，是故名受。」又如《五分律》記載：「安居僧得施者，施主言：『施此安居僧。』是名安居僧得施。」

又有將施物對象限定為指定地理區域內比丘的情況。如《十誦律》記載：「有檀越言：『是衣與耆闍崛山中，若毗婆羅跋首山中，若薩波燒持迦波婆利山中，若薩多般那舊河山中。』白佛：『是衣誰應受？』佛言：『是衣何處示？示處應受。是為示得布施。』」又如《善見論》記載：「若人言布施師子洲、閻浮利地洲，布施二洲眾僧，隨有眾僧，多少應中半分。」

無論是面向界內僧、對面僧、安居僧，還是面向指定區域內的比丘，都是確定分物對象的不同方式。這些方式的共同點是都依託於地理邊界，可以說這是在古代交通和資訊科技條件限制下的自然選擇。在新的時代條件下則可能出現新的界定供養對象的方式，比如不一定是地理空間概念上的「現前」，網絡空間概念的「現前」也可以構成一個有效的分物對象集合。

因此，「現前僧」的真正內涵，是指施主供養意願之內實際能夠以各種形式「現前」參與分物的所有比丘。換而言之，分物時「現前」是各種形式「現前僧」的共同特徵。上述界內僧、對面僧、安居僧、特定區域比丘等，都是「現前僧」的某種形式。

「現前僧物」即為具有確定分物對象（即「現前僧」）的應分物。從本質上看，「現前僧物」是專門為分物而安立的僧物管理概念。實際上並不存在一個穩定或者長期的「現前僧物」，可分物都應該按照施主意願直接分給相應比丘。物品的所有權是從分物前的施主物直接轉化成分物後的比丘個人物。與之相比，「四方僧物」則具有穩定、長期的實體性內涵，施主物在供養之後就變成了寺院實際管理的「四方僧

物」。這是現前僧物和四方僧物的一個重要區別。

2. 四方僧物

四方僧物不可分，為十方比丘所共有，不過物品的所有權並不直接轉給比丘個體，而是由寺院進行整體管理並按需分配，持續地服務十方比丘。

整體上看，四方僧物分為可借用的非消耗品和可領用的消耗品兩大類：前者包括土地房舍等不動產類、林木綠植、臥具、家具、車輛、各類工具、器皿等（這些一般被認為是重物），以及其他種類的非消耗品；後者則包括藥物、食物等消耗品。

比如《四分律》記載了四種四方僧物：第一種是「僧伽藍、僧伽藍物、房舍、房舍物」，即不動產類；第二種是「盆瓶、甕、釜、鑊、斧鑿、燈台諸雜重物」，屬工具器皿類；第三種是「繩床、木床、大褥、小褥、臥具、雜物」，屬於臥具類；第四種是「林木、竹、草、花、果、葉」等。其中果、葉等屬於消耗品，其餘屬於非消耗品。

《十誦律》記載：「一切田地、一切房舍、一切床榻臥具、一切細車、一切粗車、半莊車、步輿車不應分。」另外，除一些可分器物之外，「一切鐵物」、「銅物」、「石物」、「瓦物」、「水精物」、「角物」、「皮物」等不應分。又：「僧伽藍地、房舍地、僧伽藍房舍、床、臥具，是名不可分。」

《僧祇律》記載的非消耗品，如：「檀越施僧床褥、俱執、氍氀、枕氈……是中床褥、俱執、枕氍氀，如是重物應入四方僧，其餘輕物應分。」還包括「一切銅器、一切木器、竹器、一切瓦器。……瓦器者，從大甕乃至燈盞，是名瓦器。床臥具及種種餘物，是名重物」。

《五分律》記載：「四方僧有五種物不可護、不可賣、不可分。何謂五？一、住處地；二、房舍；三、須用物；四、果樹；五、華果。一切沙門釋子比丘皆有其分，若護，若賣，若分，皆犯偷羅遮罪。」

其中，前四種即屬非消耗品，「花果」則屬消耗品。

《巴利律》記載：「五者何耶？僧園及僧園之地也，此為第一不可捨物，不得捨與僧伽、別眾或人，即捨與非捨與，捨與者，墮偷蘭遮。精舍及精舍之地也，此為第二……床、小床、褥、枕也，此為第三……銅甌、銅壺、銅甕、銅盤、小斧、鉞、鋤、鍬也，此為第四……蔓、竹、們叉草、草、土、木具、土具也，此為第五。」

《根本說一切有部尼陀那目得迦》記載：「佛言：『有四種物不應分。云何為四？一者，四方僧物；二者，窣睹波物；三者，眾家供病之藥；四者，口腹之物。若有分者，咸得惡作。』」[1]其中藥物和食物即屬於消耗品。

對於非消耗性的公共物品，比丘可以按照寺院管理規定借用。日常生活中僧團分配給比丘居住的僧房、比丘從庫房領用的臥具等，本質上都是比丘借用的四方僧物。對於消耗品，比丘可以按需領用。按照寺院管理規定以及物品屬性的不同，比丘領用的物品或可轉成個人物品，由比丘個人隨意支配和使用，但也有可能會要求若有剩餘則應歸還僧團，重新並入四方僧物。例如庫房的食物屬四方僧物中的消耗品，若有特別需要，如差旅中使用，則可按規定酌量領用；而寺院中日常的打板用齋實質上也是一種比丘領用食物的方式。又如比丘患病可以到藥房按需領用相關藥物。

3. 群體僧物

除了四方僧物和現前僧物這兩種基本僧物類型，實際上還存在着一種常見的供養形式，即信眾會指定供養某一特定的僧團。按照施主的不同意願，這種供養又可分為兩種情況，一種是施主希望將供養物直接分給該僧團現前的所有比丘，這種情況實際上屬於「現前僧物」中

1　《根本說一切有部尼陀那目得迦》卷 10，《大正藏》24 冊，454 頁中欄。

供養指定比丘的情形，故不需要作進一步討論，下面也不再單獨提及這種現前僧物。第二種情況是施主不直接將供養物分給僧團現前的比丘，而是希望將供養物作為僧團資產，由僧團妥善管理和使用，服務該僧團現在和未來的比丘，或者用於寺院建設、法會活動等。這種僧物從供養物的使用形式來看與四方僧物大致相同，不過其目標群體限定為某一特定僧團。僧團屬於社會學意義上的一種群體形式，因此可以稱之為「群體僧」。按團體規模的不同，群體僧可以是單個寺院的僧團，也可以是跨地域的統一的組織化群體。這種「群體僧」對應的僧物形式即可稱之為「群體僧物」。

從所有權的角度看，群體僧物的所有權歸僧團群體所有，僧團現在和未來的比丘都可以受用此群體僧物。群體僧物的使用方式則與四方僧物是一致的——不可分但是可以按需使用或者領用。

群體僧物，是施主多樣化供養意願的一種體現，也和佛教僧團形態的歷史變遷有關。在佛世及印度佛教早期，比丘僧團屬於當時各種沙門群體中的一個單一宗教團體。當時古印度民眾不分宗教，普供各種出家人以培植福報，這是很普遍的宗教行為。比如所謂的「福德舍」[1]或者「施一食處」就是這種無差別供養出家婆羅門和各宗教沙門等所有出家人的場所。隨着佛教的發展，僧團逐漸獲得更多信眾的支持，皈依佛教的信眾很自然地又會發心供養所有佛教出家人。因此，在古印度，信眾供養四方僧的觀念深入人心，這與上述古印度的宗教文化傳統有很大關係。而隨着佛教進一步的傳播和發展，僧團又開始從最初的大一統僧團分流為不同的派別，各部派之間不共住、不共利養的情況也逐漸產生，這樣就形成了歸屬部派而非四方僧的僧物，即實際

1　《十誦律》卷 12：「佛在舍衛國。爾時憍薩羅國諸居士作福德舍，若有沙門、婆羅門來是中宿者，諸居士往迎問訊、禮拜，湯水洗腳，蘇油塗足，給好床褥臥具、氊褥、被枕，明日與香美前食、後食、怛鉢那，恭敬供養。」《大正藏》23 冊，89 頁中欄至下欄。

上的群體僧物。這種現象也存在於今天南傳佛教國家的宗派佛教形態之中。

佛教在中國則處於和古印度不同的宗教文化生態當中，故其發展軌迹又有自己獨有的特點。最初中國沒有像古印度那樣的各種出家群體，因此也就沒有普供各種出家人的宗教文化土壤，更無法以這種宗教文化促進「四方僧」這個觀念在信眾心目中深刻地形成。後來中國佛教在一定程度上逐漸形成四方僧觀念，主要還是受律學思想傳播的影響，四方僧的觀念屬於僧團內部規定的外延。而從中國佛教僧團的形態來看，一方面它雖然受印度律學思想的影響形成了四方僧團的類型，但與此同時，另一方面很重要的一點是，它又在中國傳統社會宗法思想的影響下形成了代代傳承的群體僧團。與此同時，由於政治和文化原因，中國比丘多依叢林而住，不以乞食為生，流動性較小。寺院成為周邊信眾的信仰中心，本地僧團對周邊信眾具有跨越世代的持續影響。在諸多因素的影響下，中國佛教信眾的供養行為往往都是供養特定僧團，整體而言，其作意供養四方僧的觀念相對較弱。《戒本疏》記載，「如今諸俗，以供養僧，無問衣、藥、房、具，並同現前僧也」[1]，即反映出這種佛教僧俗關係的形態在中國歷史上由來已久。

在這樣的情況下，漢地的寺院逐漸形成了兩種類型，即四方僧團對應的十方叢林和群體僧團對應的集體性質的寺院。四方僧物和群體僧物這兩種不可分僧物，在現實社會中即對應着以上兩種不同的寺院類型。十方叢林屬四方僧所有，十方叢林的僧物即是四方僧物；集體寺院是僧團群體所有，對應的僧物即為群體僧物。

簡要言之，群體僧物是四方僧物和現前僧物之外第三種基本的僧物類型。群體僧物的形式，一方面是施主供養意願的體現，另一方面

1　《四分律含注戒本疏行宗記校釋》，533 頁。

也是由歷史延續而成就的習慣。由於這種僧物類型的普遍性，明確界定其屬性，對於有效的僧物管理具有重要的實踐意義。

從施主角度來說，如果施主在供養前對寺院性質已經有所了解，這種情況僧物歸屬就很清晰。施主若欲供養十方叢林，物品即入四方僧物；若供養集體寺院則入群體僧物。對於寺院性質不了解的施主，僧團如果有條件，可以向施主說明僧物的性質問題，然後由其自行決定是否繼續供養及說明明確的供養意願。

（三）略談僧物的其他來源

施主直接供養和布施為僧物的主要來源，這也是本專題討論的主要範疇。不過僧物還可能有其他的次要來源。

比如律典中記載較多的亡比丘物。比丘亡故之後留下的物品，其歸屬權屬於僧團，「比丘若死，其鉢衣之主乃僧伽也」[1]。僧團對亡比丘物的具體處理，按照諸律的規定，重物依亡比丘所在僧團的性質入四方僧物或群體僧物，輕物則現前僧應分。因此，亡比丘物是依託於現有的僧物分類框架來處理，自身不構成單獨的僧物類別。

此外，寺院在僧物管理的時候可能會有合理的內生性價值增長，這在特定歷史時期是比較普遍的現象，比如寺院的「無盡藏」、「質庫」等形式，在現代經濟條件下也有資產增值的情況。這種僧物增值的情況一般只出現於四方僧物或者群體僧物，因為現前僧物都是直接分給比丘個人的。對於這些在僧物管理過程中自然增值的資產，原則上增值部分由哪種類型的僧物所生，還是歸屬該種類僧物。

總之，其他來源的僧物也可以用前面討論的僧物分類體系和管理原則來管理。

1　《犍度》卷 8，《漢譯南傳大藏經》3 冊，394 頁。

（四）總結

僧物的管理，一方面要符合律典的相關規定，另一方面又要能適應在新的社會經濟環境或者技術條件下產生的新變化。僧物的分類體系應盡可能地保證名目的簡明和管理上的實用性。根據本專題的論述，僧物可分為現前僧物、四方僧物和群體僧物三種基本類型。這三種僧物可以從五個方面來區分：1.是可分物還是不可分物；2.僧物的服務對象（或者說所有權的歸屬）；3.物權的轉化過程；4.物品的使用方式；5.物品自身類型。如下表所示：

表 2-1　現前、四方、群體僧物的區別

僧物類型	可分與否	對象	物權轉化過程	物品屬性	使用方式
現前僧物	應分	現前僧	從施主物直接轉化成比丘個人物	適合作為個人資具的物品，包括律典記載的輕物	隨比丘處理
四方僧物	不應分	四方僧	從施主物變成四方僧物，由寺院管理	非消耗品（包括重物和其他物品）和消耗品	非消耗品借用，消耗品領用
群體僧物	不應分	群體僧	從施主物變成群體僧物，由寺院管理	非消耗品（包括重物和其他物品）和消耗品	非消耗品借用，消耗品領用

其中，現前僧物泛指所有具有確定分物對象的應分物，包括但不限於傳統的界內現前僧物。現前僧物本質上是為分物過程而安立的一個管理概念，具體操作中最關鍵的是要按施主意願，準確界定實際可以參加分物的比丘個體範圍，如界內現前僧、安居僧、其他特定群體等等。

不可分僧物分為兩類，即四方僧物和群體僧物。其中四方僧物

是施主供養四方僧的不可分物，群體僧物是施主供養特定僧團群體的不可分物。四方僧物和群體僧物在現實中分別對應十方叢林和集體寺院兩種寺院類型的不可分物，施主供養時，在條件允許的情況下可以為其說明僧物的性質，供其決定明確的供養意願。通常所謂的「常住物」，實質上按照寺院的性質，分別是指四方僧物或者群體僧物。

僧物管理的首要原則是按照施主意願而行，由施主自行決定其供養物歸屬哪種僧物類型，包括物品是否可分、應該分給誰或者誰可以受用，等等。因此，上面表格中三種僧物和物品屬性之間的對應關係，只是一般情況下的處理方式，若施主意願不符合此對應關係，則應該按照施主意願分配和管理供養物。施主意願不明確或者願意委託寺院處理的情況下，可按照此一般處理方式，適合作為公共物品的供養物入四方僧物或群體僧物，適合作為比丘個人資具的分給現前僧，若兩者皆可的則由寺院管理方酌情決定。

專題 18：僧物轉用的規定和判罰

（一）轉用四方僧物

1. 個人盜用四方僧物

《鼻奈耶》：「尊者優波離：『若眾僧物，眾僧所須，彼比丘不與取，是誰棄捐不受？』世尊告：『眾僧物難賞，若檀越與財物，彼功德斷，是故棄捐不受。』」

《十誦律》：「問：『頗有比丘取多物不犯波羅夷耶？』答：『有，若取眾未分物是。若盜木器，應隨計直犯。』」從律典中可知，這裏的「木器」屬於不可分的四方僧物，因此該律中盜四方僧物是隨值結罪的。

《五分律》：「有比丘盜心貿僧好物，生疑問佛。佛言：『貿直五錢犯。』」

《巴利律》：「爾時，一比丘以盜心取僧眾之臥床。彼生悔心……『……波羅夷。』爾時，一比丘以盜心取僧眾之椅子……乃至……僧眾之褥……枕……門板……窗扇……梁。彼生悔心……『……波羅夷。』」

《善見論》：「若聚落外有寺，賊難、惡獸難，比丘走入聚落，有客比丘來入寺，見飲食及果，以盜心而食，隨直多少結罪。」「禪房為初，眾僧無人守護，牆壁崩倒，若有盜心取柱種種材具，盜心取柱種種材具，隨直多少結罪。何以故？眾僧物，或時有眾僧，或時無眾僧，若於深野中有賊起，眾僧捨寺避去，亦如前說。若借用無罪。」

《四分律》中，比丘個人「自入」四方僧物，犯偷蘭遮，如文：「世尊以此因緣集比丘僧，告言：『此四分物，是四方僧物，不應分、不應自入、不應賣買，亦非僧所賣，非眾多人乃至一人所賣。若彼僧、眾多人、一人，自入己，若分，若賣買者，不成自入、不成分、不成賣買，犯偷蘭遮。』」[1]

《薩婆多論》：「若盜僧物五錢以上，得重偷蘭；四錢以下，得輕偷蘭，而報罪甚深。」

《摩得勒伽》：「『如佛所說，若取五錢，波羅夷。頗有比丘取眾多錢不犯耶？』答：『有，若取大眾共物，偷羅遮。』」

在藏傳《苾芻學處》中，比丘個人盜用四方僧物也判偷蘭遮，如文：「如上所說支分中，若四支有缺，如盜無主寶藏等，或自己物，或與自共財親里及僧眾物……或佛入無餘涅槃以後之物……或已作熟之飲食價值滿足，或是人物、價值不滿，盜者皆得粗罪。」

綜上所述，對於個人盜四方僧物的情況，律典中有兩種判罰：《鼻奈耶》、《十誦律》、《五分律》、《巴利律》、《善見論》中，滿五錢犯波羅夷；《四分律》、《薩婆多論》、《摩得勒伽》、藏傳《苾芻學處》中，

1　《四分律》卷 50，《大正藏》22 冊，943 頁下欄。

犯偷蘭遮。

　　傳統上按照《行事鈔》的判罰，盜四方僧物犯偷蘭遮，其算法是將所盜總額除以四方僧人數，所得平均數將不滿五錢，故判偷蘭遮。如《行事鈔》：「盜亡比丘物，若未羯磨，從十方僧得罪輕（謂計人不滿五，但犯偷蘭）。」[1]不過在道宣律師晚期所著的《量處輕重儀》中，他也認為這種算法有所不妥，如文：「有人言：『盜僧物者，唯結偷蘭。由體遍四方之僧，乃錢不滿五，故也。如律中：時有比丘，盜分僧物以為四分，但結偷蘭者。文成證也。』餘則謂之不然。……時有知事比丘，以僧物為佛法兩用。佛言：『波羅夷。』此豈望四方而通方便也？必若疑於四方常住交雜重輕者。又彼文云：『假使能集十方僧共分此物，亦不得也。』故知通望一僧總為一主，畢竟無分此物也，如何約數言可分之？」[2]本專題認為這種情況按隨值結罪的原則判罰比較合理，除了有律典依據，偷盜四方僧物應該按照一次整體偷盜行為結罪。[3]

2. 四方僧物轉成現前僧物

　　《四分律》中，分四方僧物（即將四方僧物轉成現前僧物），犯偷蘭遮，如文：「僧伽藍、僧伽藍物、房、房物，此是第一分四方僧物，不應分、不應自入、不應賣買，若僧，若眾多人，若一人，不得分、不得自入、不得賣買。若僧，若眾多人，若一人，若分，若自入，若賣買，不成分、不成自入、不成賣買，犯偷蘭遮。第二、第三亦如是。第四分中果、葉聽分，若花上佛，餘者同上。」[4]

　　四方僧物轉現前僧物的例子，又如《四分律》比丘尼戒中，檀越布施比丘尼財物以建造說戒堂，比丘尼思維「比丘尼衣服難得，應具

1　《四分律刪繁補闕行事鈔校釋》，658 頁。
2　《量處輕重儀》卷 2，《大正藏》45 冊，848 頁上欄至中欄。
3　見專題「不同盜物方式的價值結算」。
4　《四分律》卷 50，《大正藏》22 冊，943 頁下欄至 944 頁上欄。

五衣，我今寧可持此物貿衣共分」，便將財物換取衣物共分。但佛陀判比丘尼犯尼薩耆波逸提罪，比丘則犯突吉羅，如律文：「若比丘尼，知檀越所為僧施異，迴作餘用者，尼薩耆波逸提。……比丘，突吉羅；式叉摩那、沙彌沙彌尼，突吉羅，是謂為犯。不犯者，若問主用隨所分處用；若與物時語言：『隨意用。』不犯。」[1]《五分律》和《十誦律》中也有這條比丘尼捨墮戒，如果檀越同意轉用則不犯；但《十誦律》與《五分律》中沒有提到比丘轉用結什麼罪。

《僧祇律》中，即使集僧也不能將四方僧物轉用，否則犯突吉羅。如文：「爾時，諸比丘以僧田地或借人，或賣，或自私受用。諸比丘以是因緣往白世尊。佛告諸比丘：『從今日後，眾僧田地不得借人、不得賣、不得私受用，正使一切集僧亦不得借人、不得賣、不得私受用。若集僧借人、賣、私受用者，越毗尼罪。』」[2]

《根本說一切有部尼陀那目得迦》：「時諸苾芻共相議曰：『諸具壽，我等不以飲食為難。然支伐羅現今闕乏，此有食直，宜共貨之以充衣服，各自乞食以濟饑虛。』……佛言：『有四種物不應分。云何為四？一者，四方僧物；二者，窣睹波物；三者，眾家供病之藥；四者，口腹之物。若有分者，咸得惡作。』」[3]

從上述律典公案中可以看出，如果將四方僧物轉成可分物，有判偷蘭遮的，也有判突吉羅的。綜合諸律作如下判罰：如果比丘是以盜心將四方僧物轉成可分物，犯偷蘭遮；如果不以盜心轉，犯突吉羅。另外需要指出的是，這種羯磨法本身並不合法，相應決議並不生效，僧物的屬性並不因此而真的發生轉變，如《四分律》：「若僧，若眾多人，

1　《四分律》卷24，《大正藏》22冊，729頁下欄。
2　《僧祇律》卷27，《大正藏》22冊，443頁下欄。
3　《根本說一切有部尼陀那目得迦》卷10，《大正藏》24冊，454頁上欄至中欄。

若一人，若分，若自入，若賣買，不成分、不成自入、不成賣買。」[1]

3. 異地轉用四方僧物

《十誦律》記載：「有一比丘，持四方眾僧物移著餘坊，心生疑：『我將無得波羅夷耶？』是事白佛，佛言：『不得波羅夷，得突吉羅。』」《摩得勒伽》記載：「共住比丘盜心取四方僧物，度與餘寺，尋便生悔。乃至佛言：『不犯波羅夷，犯突吉羅。』」[2]《根有律攝》記載：「若此寺物，有偷盜心移向彼寺，得惡作罪。」

四方僧物體通十方，從一寺轉到另一寺，其體性並沒有發生改變。但是僧團對四方僧物有守護、管理的義務和職責，隨意乃至以盜心將四方僧物轉到其他地方，有過失，故結突吉羅罪。

（二）轉用現前僧物和群體僧物

現前僧物有固定的物主（即現前僧），轉用現前僧物應按照物主是否同意的原則來執行。如果現前僧和合允許，將現前僧物轉成其他僧物或者轉給其他人，不犯。否則會因侵犯現前僧所有權而犯盜，過五錢結波羅夷。

轉用群體僧物的判罰參考四方僧物。在一些特殊情況下如饑荒、戰亂等，群體僧和合同意，可以轉用群體僧物於特定用途。

（三）轉用僧物的開緣

四方僧物中的非消耗品和消耗品，在一些特殊時期能夠互相轉用。比如饑饉時重物可轉成食物。如《善見論》：「若檀越為作房舍施眾僧……若饑儉時，眾僧作白羯磨，為飲食難得，眾僧三衣已足，今

1　《四分律》卷 50，《大正藏》22 冊，943 頁下欄。
2　《摩得勒伽》卷 4，《大正藏》23 冊，587 頁下欄。

且迴以食用，令眾僧得安樂，若眾僧和合，食用無罪。若檀越為三衣施，若眾僧無房舍，作白羯磨迴以作房舍，眾僧和合用，無罪。若檀越布施重物作房舍，應作房舍。若饑儉時，眾僧飲食難得，或病，或值國土荒亂，比丘捨寺、餘方寺舍果樹無人主領，若如此者，重物得作食用，為護住處故。又寺中房舍多，無人修治敗壞，應留好者，餘粗敗得壞，賣為食用，為護住處故。」即在饑饉時為了保證比丘的生存，或者為更好地保護寺廟住處等特殊情況下，可以僧羯磨開緣轉用僧物。當然，如果原施主同意的話可直接轉用。

另外，如果貧病比丘無錢治病，可以借僧物治病，若無力償還，不犯。如《根有律攝》記載：「若病人貧無藥直者……或用僧伽物，或窣睹波物，或幡蓋等莊嚴之具，依價賣之，以供藥直。若後病差，應償；若無力者，不還無犯……身亡之後所有喪事，若亡者無物，用僧伽物。」[1] 律文沒有明確說明這裏指的是哪種僧物，按理三種僧物都可以使用。

（四）總結

綜上所述，對僧物的轉用可作如下判罰：

1. 四方僧物

（1）比丘盜用四方僧物入己，過五錢結波羅夷；

（2）比丘盜心把四方僧物轉成現前僧可分物，結偷蘭遮；不以盜心，結突吉羅；

（3）將一個寺院的四方僧物轉為其他寺院的四方僧物，得突吉羅罪；

（4）在饑荒、戰亂等特殊因緣下，經過眾僧和合同意後，四方僧物的非消耗物和消耗物之間可以轉用，如為保證比丘生存可將重物轉

1　《根有律攝》卷 8，《大正藏》24 冊，569 頁中欄。

成食物；如果無因緣隨意轉用，得突吉羅罪。

2. 現前僧物

經現前僧允許，轉用現前僧物，不犯；如果未經現前僧允許而以盜心轉用，過五錢結波羅夷。如果只是無意混用，犯突吉羅，但須事後徵得同意，如果現前僧不同意則須補還。

3. 群體僧物

轉用群體僧物的判罰和開緣，同四方僧物。

4. 開緣

如果病比丘無錢治病，可以借取如上三種僧物治病；若無力償還，不犯。

僧物轉用結罪看似複雜，原理卻比較明確，即不能侵犯物主的所有權。比丘在處理僧物時，需要清楚僧物的所屬，如法如律地處理。但也沒有必要過分擔心犯盜，因為僅在有盜心的情況下才會犯盜；如果沒有盜心而只是無意混用，則不會正犯盜戒。此外，四方僧物轉用的特殊開緣，體現了戒律的靈活性，這是為了僧團正常運轉、住持佛教的需要，但絕不是說只要僧團和合通過就可以隨意轉用。

專題 19：三寶物轉用的規定

本專題側重研究佛物、法物、僧物之間轉用的規定和判罪。對各項的盜用和內部不同類別之間的轉用，以對應的專題分別加以闡述。

（一）律典記載與分析

1. 轉用佛物

①佛物和僧物有別

由於對佛與僧的關係有不同的看法，不同部派的律典對待佛物和

僧物也有不同的處理方式。《四分律》中，瓶沙王想要以迦蘭陀竹園施佛，佛告王言：「汝今持此竹園，施佛及四方僧。何以故？若如來有園、園物、房舍、房舍物、衣、鉢、尼師檀、針筒，即是塔，諸天、世人、魔，若魔天、沙門、婆羅門所不堪用。」該律中佛令瓶沙王「施佛及四方僧」，表明了佛超然於僧團的地位，強調佛物的獨立性，將佛物用於其他任何人、非人等都是不允許的。

而《五分律》中則有不同的看法。㮈女以園施佛，白佛言：「我修此園本欲為福，今奉世尊，願垂納受。」佛則說：「但以施僧，我在僧數。」又摩訶波闍波提以衣施佛，如文：「時摩訶波闍波提瞿曇彌聞王此唱，即與五百釋女前後圍繞，持二新衣出到佛所，頭面禮足，白佛言：『世尊，我自織此衣，今以奉上，願垂納受！』佛言：『可以施僧，得大果報。』復如上白，佛言：『可以施僧，我在僧數。』」這兩個案例體現出了此律中對佛與僧之間關係的認識：佛在世時，佛是僧團的一名成員，那麼供養僧的物品當中自然有佛的一份。公案中施主欲供佛，佛應該是出於對僧團整體的考慮，讓比丘們有充足的供養，所以令施主轉而供養僧，從這裏可看出佛世時佛物和僧物有別。

佛在世時供養佛物是佛直接受用，如《薩婆多論》：「佛在世時，飲食、衣服及餘供養，常受一人分。」「佛若在世時，若施主言供養佛，則色身受用。」佛滅度後，人們對佛陀的敬仰和懷念，或是心中有所祈求，進而發心造塔廟或塑像，乃至發心供養幢幡、香、花、燈具等。因此，無論是佛世時還是佛滅度後，無論是從歸屬權還是護施主意的角度，佛物與僧物都應當區別對待。

②佛物轉用為法物或僧物

佛物與法物、僧物各自具有不同的歸屬。寺院的佛物雖然一般都是由僧團管理，但並不屬於僧，一般不能轉作僧物使用。同樣，出於對施主發心和意願的考慮，佛物也不能轉用作法物。如果將佛物轉為

法物或者僧物，作如下判罰：若是盜心轉用，犯偷蘭遮；非盜心（如由於疏忽等）轉用，犯突吉羅。

另一方面，佛物和僧物之間的臨時借用是允許的，但之後須歸還。如《僧祇律》：「若塔無物、僧有物者，得如法貸用，但分明疏記言：『某時貸用，某時得當還。』若僧無物、塔有物者，得如法貸用亦如是。彼知事人若交代時，應僧中讀疏分明付授，若不讀疏，得越比尼罪。是名貸用。」同樣地，臨時借用的規則也應適用於佛物轉為法物的情況。

2. 轉用法物

法物使用的基本原則是尊重施主意願和專款專用。比丘盜法物犯波羅夷。[1] 如果將法物轉為佛物或者僧物，可以參考轉用佛物的判罰方式：盜心轉，偷蘭遮；非盜心轉，突吉羅。

3. 轉用僧物

僧物分為三種基本類型：四方僧物、現前僧物與群體僧物。[2] 因為三種僧物各自有物主，在此分別討論轉用這三種僧物的情況。

一般情況下現前僧物應分，特殊情況下若需要轉成佛物，只要屬現前僧的所有比丘都同意，便可以轉作佛物。

四方僧物中的果樹林木所產出的花、果，可以拿來供佛。如《四分律》：「此四分物，是四方僧物⋯⋯果葉聽分，若花上佛。」《十誦律》也有類似的記載：「從今日僧園中樹華，應取用供養佛塔及阿羅漢塔。」《毗尼母經》中，屬於四方僧物的樹木可以在僧和合同意後轉作佛物，如文：「若僧地中有好樹，眾和合得用作佛塔、僧房，不和不得。」《薩婆多論》中，在僧團和合的情況下，僧地可用於建設佛塔，如文：「若

1　見專題「法物分類及轉用法物的判罰」。
2　具體分類見專題「僧物的分類和管理原則」。

僧和合，聽四方僧地中作塔，得作；若不和合、不聽，不得作。」概而言之，四方僧物所產出的花、果等可以轉用為佛物，四方僧物中的樹木等可轉為佛物，僧地可用於建造佛塔。

比丘若不以盜心（如由於疏忽等）將僧物轉成佛物，犯突吉羅。

僧物轉用為法物的情況與佛物的處理相同。

（二）結論

綜上所述，三寶物之間的轉用需要遵循如下規則：

1. 轉用佛物的情況：佛物一般不可以轉用為法物或僧物；特殊情況下，如遇到佛物充足而僧物匱乏時，可以借用佛物，為僧所用，但須作明確記錄，同時白眾說明借用和歸還的時間；

2. 轉用法物的情況：按照和佛物類似的方式處理；

3. 轉用僧物的情況：現前僧，相應僧物可以轉成佛物或者法物。四方僧物中所產出的花、果等可用作佛物；在僧團和合同意的情況下，四方僧物中的樹木、僧地等可用於佛物。集體僧物和四方僧物的處理方式相同；

4. 從具體判罪看：若比丘以盜心轉用三寶物入己，犯波羅夷，具體結罪情況見相關專題。如果比丘以盜心將三寶物互轉，犯偷蘭遮；如果不以盜心，輕忽而轉，犯突吉羅；若是無意（如不知具體情況）或無知（如尚未學三寶物相關規定）而轉，不犯。

從實踐角度來看，如今信眾在寺廟中做供養時，一般存在兩種情況：第一，施主沒有明確指定供養對象，這種情況下可認為施主允許寺廟自行處理供養物，寺院可以按照實際需要妥善使用；第二，施主明確指定了供養對象，此時需要尊重施主的意願來使用供養物，若比丘明知其意而故意以盜心轉用，就會犯盜戒。

七、總結

（一）諸律差異分析

1. 緣起差異

（1）結構差異

《四分律》有一個本制。《鼻奈耶》、《十誦律》、《根有律》與《四分律》相同。《五分律》、《巴利律》有一個本制和一個隨制。《僧祇律》有一個本制和兩個隨制。

（2）情節差異

《四分律》中，緣起情節為一位比丘擅長陶藝，其草屋被人毀壞後，他為安全起見，便用泥土做了一間瓦屋。世尊看到瓦屋後便令其他比丘將其打破。於是比丘以國王的名義從守材人那裏取用了國家的重要木材。國王知道後，因為其比丘身分的緣故，只對其進行了呵責而沒有予以治罰。對此諸大臣表示不滿，其中不信樂佛法者則十分譏嫌比丘。頭陀比丘報告佛陀後，佛陀便制定此戒。

除《僧祇律》外，其他律典與《四分律》差別不大。《僧祇律》與《四分律》的主要差異在於：一者，緣起比丘造瓦屋是由於其所建房屋被其他比丘佔用；二者，木匠大臣當時並不知道緣起比丘取走了木材；三者，律中加入了七段本事因緣。《鼻奈耶》中沒有比丘造瓦屋的情節。《十誦律》、《巴利律》中均提到比丘安居造屋的情節。《鼻奈耶》、《僧祇律》、《五分律》、《根有律》、《巴利律》中均提到緣起比丘的住房被人再三地毀壞或佔用的情節。

《僧祇律》、《五分律》、《巴利律》三部律典的隨制中，都有關於在阿蘭若處不與取犯戒的情節：《僧祇律》中比丘拿了浣衣女的衣，被

其追至僧伽藍索衣；《五分律》是比丘以盜心取空地有主、無主物，取後又懷疑自己犯戒；《巴利律》為六群比丘取阿蘭若處洗衣人的衣服，並聲稱佛陀不制偷阿蘭若處的東西，被諸比丘發現並譏嫌。《四分律》的本制中沒有關於阿蘭若處不與取的情節，而在戒條中有「若閑靜處」的表述，這可能是在整理過程中對情節的一種精簡。從緣起情節的完整性考慮，有必要將這一情節作為隨制補充到《四分律》的緣起故事中。三部律典的隨制中：《五分律》的情節過於簡略，不夠具體；《僧祇律》和《巴利律》的情節都是在阿蘭若處偷衣服，但《僧祇律》中又有與之相關的本事因緣，略顯繁瑣；比較而言，《巴利律》的隨制情節敘述清晰，體量適中，較為可取。

（3）結論

本戒仍以《四分律》的本制為準，另補充《巴利律》中在阿蘭若處不與取的隨制情節。

2. 戒本差異

總體而言，諸律的戒本在內容上差異不大。主要的差異集中在對應《四分律》「若在村落，若閑靜處」、「盜心」及治罰盜賊的方式這幾處的表述上。

首先，對應《四分律》的「若在村落，若閑靜處」，《鼻奈耶》較諸律少了「閑靜處」的內涵，梵文《有部戒經》則完全沒有與之對應的內容。至於這一差異產生的原因，可以從《五分律》、《巴利律》的緣起中略窺一二。這兩部律典在本制的戒條中並沒有「若在村落，若閑靜處」的表述，導致有比丘鑽漏洞而犯戒。於是在隨制的戒條中增加了「若由村落或阿蘭若」或類似的約束。如果制戒過程確實如此的話，那麼梵文《有部戒經》中缺少這一部分的描述，以及《鼻奈耶》中僅有「於村落城郭」限定的原因，很有可能是因為這些戒本中記錄下來的是

第一次本制的內容。

　　其次，《十誦律》、《十誦比丘戒本》、《僧祇律》、《僧祇比丘戒本》以及梵文《説出世部戒經》、梵文《有部戒經》和藏文《根有戒經》中都缺少「盜心」的相關內容，很有可能是由翻譯漏譯所致。梵文、巴利文中對應「盜心」的語詞可以理解為「偷盜者的意圖」，也可以是「物品被盜取的方式」，其本身指代的意義就存有爭議。所以，如果意義是前者，則和《鼻奈耶》中「有盜意」的內涵更為接近；如果是後者，則與《十誦律》、《僧祇律》中「物不與偷取」、「不與取」的內涵更為接近。

　　最後，在處罰方式的表述上，相比其他律典，《十誦律》、《十誦比丘戒本》和《解脱戒經》中多出了「輸金罪」或「罰財」、「與種種苦」。

　　為了讓戒條的文意更為清晰，將《四分律》中「若在村落」的「村」字，依《四分僧戒本》、《十誦律》、《僧祇律》、《五分律》、《根有律》等，改為「聚」字，變成「若在聚落」，以與後面的「若閑靜處」相對。對於《四分律》中的「不與」，為使意思更為完整，依《根有律》的表述，補上主語和賓語的成分，改為「他不與物」。同樣根據《根有律》，將《四分律》的「隨不與取法」改為「如是盜時」，使文意更加明了。其後像「若為王、王大臣」這樣有字重複的地方，為了保證語言流暢，依《新刪定四分僧戒本》將後一個「王」字改為「及」。為便於理解，據《僧祇律》、《五分律》等，在「汝是賊」的前面補入一個「言」字，來提示後續的內容為引用的語言。

3. 辨相差異
（1）所犯境

　　《四分律》中，所犯境為滿五錢的有主物或他護物，結波羅夷罪；不滿五錢，結偷蘭遮罪。除《薩婆多論》、《巴利律》外，其他律典與

《四分律》基本一致。《薩婆多論》中，三錢及以下，輕偷蘭；四錢，重偷蘭。《巴利律》中，一摩沙迦以上，五摩沙迦以下，結偷蘭遮；一摩沙迦以下，結突吉羅。

盜非人所護物，《四分律》中不犯，《根有律攝》中則結偷蘭遮罪。盜非人所屬物，《四分律》中未提及對此的結罪情況；《巴利律》、《善見論》中不犯，如《善見論》中，「所以無罪，此是應化物故」。部分律典記載非人也會有執著和瞋恨心，如《十誦律》：「黑阿難大勇健，欲往奪金鬘；欲到，神便怖之，是比丘心驚毛豎，猶故不畏，降伏此神，奪金鬘持去」。比丘這樣做很容易損惱非人，同時也可能會給自己帶來災患。因而多數律典判為偷蘭遮，如《五分律》、《根有律攝》、藏傳《苾芻學處》、《十誦律》、《薩婆多論》以及《摩得勒伽》等均結偷蘭遮罪。其中，《十誦律》和《摩得勒伽》中又規定若不滿五錢，結突吉羅。因此，從戒律的精神出發，依據《十誦律》等的判罰較為合適：盜非人所護物、非人所屬物，滿五錢，結偷蘭遮罪；不滿五錢，結突吉羅。

《四分律》中，盜畜生可用之物，結波羅夷罪；若屬畜生不可用物，不犯。《鼻奈耶》的記載與《四分律》略有差異，滿五錢即犯重，沒有提及物品對畜生是否有用；《根有律攝》中結偷蘭遮罪；《根有律》中，滿五錢，得偷蘭遮，不滿五錢，得突吉羅；《十誦律》及藏傳《苾芻學處》中結突吉羅罪；《薩婆多論》和《五分律》中既有判偷蘭遮，也有判突吉羅；《巴利律》、《善見論》中不犯；《僧祇律》中則沒有明確的判罪。由此可見，諸律對盜畜生物的判罰差異較大，從波羅夷到無罪都有，乃至於同一部律中記載了兩種判罪，但多數律典的判罰還是傾向於不犯根本。從現實來看，結合前文盜畜生物專題的分析和結論，建議依據《十誦律》和藏傳《苾芻學處》等，將盜畜生物判突吉羅比較合適。

（2）能犯心

《四分律》中，發起心為盜心，波羅夷。藏傳《苾芻學處》中對發起心的解釋更加詳細——「為自活命故，欲令其畢竟離他屬自，此心相續未斷」，這裏要求盜心持續到究竟才正犯本戒。《毗尼母經》沒有此戒的發起心記載。而其他律典的發起心與《四分律》相同。不過，雖然諸律沒有明確規定盜心需持續到究竟，而從「盜心取」來看，在最終「取」時是有盜心的。由此可知諸律的判罰實際上也需要盜心持續到究竟。因此，若比丘盜心中斷，則不應判為正犯。

在實際的判罪過程中，也存在一些特殊情況。假如比丘教他盜，隨即後悔，但這時被教者可能還在繼續實施偷盜行為。如《巴利律》中，若「一比丘於他比丘令『取某物』者，突吉羅。彼令已，心生後悔，而不言『勿取』」，則先前教他盜的比丘仍會正犯。若比丘「心生後悔，言『勿取其物』」，那麼即使被教比丘「取其物」，先前教他的比丘也不正犯。可見，比丘採取的加行能否阻止最終的盜行，並不是判罪的依據，而主要在於以此來判斷比丘盜心是否中斷，因此，《巴利律》此判法在本質上仍是依比丘盜心持續為準。

關於比丘為自己盜的情況，諸律皆犯波羅夷。若比丘主動為他人盜，《摩得勒伽》、《根有律攝》、藏傳《苾芻學處》中犯偷蘭遮。此外，藏傳《苾芻學處》中，為三寶盜，犯突吉羅。

對於有主物作無主想取，《四分律》判不犯，如「糞掃想」無犯；《僧祇律》也是判不犯；《十誦律》中，「無所屬想」取，無罪，但佛陀教誡「若見物，應好思量已取」；《薩婆多論》中結突吉羅；《根有律攝》、《善見論》中無犯；而藏傳《苾芻學處》中，有主物作無主想取，得偷蘭遮，從無主想可以看出，不與取時沒有盜心。因此，借鑒多數律典的觀點，有主物作無主想取，無罪。

他物作己物想取，《十誦律》、《摩得勒伽》、《根有律攝》、《巴利

律》、《善見論》記載無罪，其中《善見論》還要求「若物主責，應還；若不還者犯重罪」，此判罰可以借鑒。

有主的畜生物作主人物想盜，《根有律》、《根有律攝》中都結波羅夷。畜生物雖然為畜生所用，但有主的畜生本身都屬於其主人所有，如果作主人物而盜，則與一般的盜人物並無區別。因此，該判罰也是合理的。

（3）方便加行

《四分律》中，以「自手取、看取、遣人取」中的任一種方式不與取，都結波羅夷罪。如《十誦律》、《薩婆多論》、《五分律》中，「教他人」也正犯本戒。另外，以種種方便如破村，壞他空地、田園、水池等而取；或依仗勢力威逼、脅迫；或以言辭辯說誑惑而取；或以咒術取；或幫助在家人偷稅；為他人代寄物品時盜；分地時，移動標相等：均結根本罪。除了在盜的方法上稍有差異外，諸律中對於盜的行為方式與《四分律》基本一致。

《根有律》記載有「言訟取」，就是通過打官司的手段盜取他人物，得波羅夷罪；另外，通過「期處、定時、現相」的方式不與取，亦犯根本罪。《根有律攝》中，「博弈偷子、迷惑取物」也正犯此戒。藏傳《苾芻學處》中，通過「書信誑取」，得波羅夷罪。這些加行方式在現實生活中也可能遇到，因此對我們的實際行持具有很重要的指導意義。

（4）究竟成犯

《四分律》中，以「物離本處」為究竟成犯的標準；藏傳《苾芻學處》與諸律差異較大，純粹從心判犯，以「得心成就」與否來判斷。《僧祇律》、《五分律》、《根有律》、《根有律攝》、《巴利律》、《善見論》中，兼具從心判和從物判兩種情況，對於一般情況是從物判犯，少數情況是從心判犯。其他律典與《四分律》相同，詳見前文「盜戒之究竟成犯」專題內容。

（5）不犯

《四分律》中提到賊以所偷物來供養比丘，比丘雖知，受取不犯。《根有律攝》記載：「若掌庫人自為賊意盜取他物，施與苾芻，施想受者，無犯。若賊盜他物，為恐怖故，持施苾芻，此不應受；若作還彼主心受之，無犯。」由此不難看出，相較《四分律》，《根有律攝》中對比丘接受賊盜物方面的分析要更加細緻、全面，也更符合我們的實際行持。尤其是賊盜物之後「為恐怖故，持施苾芻」的情況，很可能是賊正在被相關部門追捕，由於擔心而把盜物給予比丘，這時如果比丘接受該物，不但容易給自己招來禍患，還可能影響到僧團。因此，《根有律攝》的記載值得參考。

再者，《四分律》、《五分律》等多數律典未提到命難的開緣，而《鼻奈耶》、《十誦律》、《善見論》中提到特殊情況的命難開緣。《鼻奈耶》、《十誦律》中，若交稅處有「賊」、「飢餓」、「險道」等難緣，比丘為在家人指示其他的道路逃稅過關，不犯。《善見論》：「若比丘將物至官稅處，卒有水火賊難，各驚走四出不受稅，比丘委去，不犯。」遇到難緣時，若比丘還到關稅處交稅，則可能被賊洗劫，或許還會因此而喪命。這樣也不符合佛制戒的精神，所以這種情況可以參考《善見論》等的開緣。如果比丘覺得內心不安，或可在難緣過後再補稅，這樣似乎更符合實際的行持。

4. 諸律內部差異

各律典中，此戒的緣起、戒本以及辨相三部分相符。

（二）調整文本

通過以上諸律間觀點同異的對比與分析，文本在《四分律》的基

礎上作如下調整：

1. 緣起

（1）本制

佛在羅閱城耆闍崛山時，檀尼迦比丘擅長陶藝，當他的草屋被打柴人毀壞後，為安全起見，他便用泥土燒製了一間瓦屋。世尊看到後便令其他比丘將其打破，並做了製瓦屋結突吉羅罪的規定。檀尼迦比丘於是以國王的名義從守材人那裏取用了國家的重要木材。國王知道後，因為其比丘身分的緣故，只對其進行了呵責卻沒有予以治罰。諸大臣對此表示不滿，不信樂佛法的居士則對比丘十分譏嫌。頭陀比丘知道後嫌責檀尼迦比丘，並將此事報告佛陀，佛陀因此制戒：「若比丘，若在聚落，他不與物，盜心取，如是盜時，若為王及大臣所捉，若殺，若縛，若驅出國，言：『汝是賊、汝癡、汝無所知。』是比丘波羅夷，不共住。」

（2）隨制

六群比丘取阿蘭若處洗衣人的衣服，並聲稱佛陀不制偷阿蘭若處的東西。諸比丘發現後譏嫌，並報告給佛，佛因此增制本戒，將「閑靜處」納入戒條。

2. 戒本

若比丘，若在聚[1]落，若閑靜處，他不與物[2]，盜心取，如是盜時[3]，

1　「聚」，底本作「村」，據《四分僧戒本》、《十誦律》、《十誦比丘戒本》、《僧祇律》、《僧祇比丘戒本》、《五分律》、《彌沙塞五分戒本》、《解脫戒經》、《根有律》、《根有戒經》、《根有律攝》改。

2　「他不與物」，底本作「不與」，據《根有律》、《根有戒經》、《根有律攝》加。

3　「如是盜時」，底本作「隨不與取法」，據《根有律》、《根有戒經》、《根有律攝》改。

若為王及 [1] 大臣所捉，若殺，若縛，若驅出國，言 [2]：「汝是賊、汝癡、汝無所知。」是比丘波羅夷，不共住。

3. 關鍵詞

（1）聚落：被籬柵、圍牆或房屋等隔離而形成的居住區域；

（2）閑靜處：「聚落」之外的空曠處；

（3）盜心：以偷盜的動機；

（4）不與：物品屬於他人，他人沒有同意給予。

4. 辨相

（1）犯緣

本戒具足六緣成犯：一、有主物或他護物；二、作有主想或他護想；三、有盜心；四、對方未與而取；五、滿五錢；六、離本處，成犯。

（2）辨相結罪輕重

①有主物或他護物

盜人所有物或人守護物，波羅夷。

盜非人所護物或非人所有物，偷蘭遮。

以盜心放有主的畜生，波羅夷；以慈悲心放，不犯，但應賠償物主相應損失，否則結突吉羅罪。

②有主想（或他護想）

有主物作有主想而盜，滿五錢，波羅夷；不滿，偷蘭遮。若作無主想，不犯。

有主物作有主疑，無主作有主想或疑而盜，滿五錢，偷蘭遮；

---

1 「及」，底本作「王」，據《新刪定四分僧戒本》改。

2 「言」，底本闕，據《僧祇律》、《五分律》、《彌沙塞五分戒本》加。

不滿，突吉羅。

此人想取彼人物，波羅夷；非親厚而誤作親厚意想取，突吉羅。

於他物作己物想取，無罪，但知道後應歸還於物主，若不還，滿則波羅夷。

屬人的畜生物作主人物想盜，結波羅夷罪。

③有盜心

若以盜心取，波羅夷。

比丘遣他人盜，若在盜得之前，比丘盜心決定已斷（可根據比丘悔心後的表現，作為盜心斷的參考依據），之後無論被遣者是否盜得，比丘結偷蘭遮。

④對方未與而取

自手取，與人合伙取（這種情況下，未必是比丘親自動手，比如為賊看風、偵察、謀劃，與賊共期等），遣人取（包括以言語、書信、暗語等各種方式遣人），教人取，波羅夷。

依仗勢力威逼，脅迫；或以言辭辯說誑惑而取；或以咒術取；或自偷稅，幫助他人偷稅；借他物品或為他人代寄物品時不還；分地時，移動標相；以打官司盜取；分物時，違規操作等，皆波羅夷。

⑤滿五錢

物品的價值依據物所在處的價值為準，若滿五錢正犯，不滿則犯偷蘭遮。

對於多次偷盜的情況，若每次偷完後盜心即斷，後來又起盜心而偷，則不應累計，而應以每次所盜錢數分別結罪；若每次偷完後盜心未斷，仍欲繼續盜，則應將多次偷盜的數額累加，以總錢數結罪。

⑥離本處

對於一般情況的偷盜，物離本處，犯波羅夷。

⑦犯戒主體

比丘、比丘尼若犯，波羅夷；式叉摩那、沙彌、沙彌尼若犯，突吉羅，滅擯。

與學沙彌若犯本戒亦結波羅夷罪，並且滅擯，不可再次與學。

⑧不犯

與想取，己有想、糞掃想、暫取想、親厚意想、無盜心取，不犯。

賊偷食物來供養比丘，比丘雖知，作施想受取，不犯；若賊盜物後因為恐懼而施予比丘，則比丘不應受；若為了還給主人而受，不犯；受取後，若主人來索取，應還於對方。

若關稅處有賊難、水火難等難緣時，收稅者四散驚走，比丘直接過關不犯，可在難緣過後再補稅。

物品的守護主將物給比丘，比丘取，不犯。

最初未制戒，癡狂、心亂、痛惱所纏，不犯。

（3）「專題」判罪總結

①概念界定

A. 他物：物主對資財具所有權和物主對所有權存有執著心。只有兩個條件同時具足，比丘盜他物才犯根本罪。

B. 黑暗心：盜心的一種，即存有盜心並且對戒法無知。

C. 賊復奪賊：比丘的財物被賊盜走，如果比丘又將物品奪回來，比丘就可能成了「賊」，這種情況下也有可能會犯盜戒。

D. 五錢：「錢」實際是「磨灑」或「摩沙迦」的意譯，代表了不同的貨幣單位，並非指古代的「錢」。再者，諸律中「五錢」的規定，是佛陀據當時國家法律判「重罪」的標準而制定的。如《薩婆多論》：「五錢成重罪者，佛依王舍國法結戒故，限至五錢得波羅夷。如是各隨國法依而制罪。觀律師意，欲以後義為定。」各律典對「五錢」有不同的解讀，但是根據律典對「五錢」內涵隨時代因緣和地域不同而變

化的特性，以及「五錢」依國法而確定的依據，可知亦應用當今「國法」來確定得波羅夷罪的判罰標準。如果比丘所盜物品的價值達到了國法的「重罪」標準，即犯盜戒根本罪。在實際行持中，可依《行事鈔》所載「判罪宜通，攝護須急」的原則指導實踐。而至於實際的判罪，僧團應該依據佛陀制戒的「重罪」原則，把握當前各自不同的現實緣起，根據當前國法確定判罪標準。

E. 佛物：可分為三類。

佛受用物：可分為兩類，一類是用於供佛的髮、爪、舍利而造的佛塔、廟等，供人禮敬供養；另一類是用於禮敬供養的佛像，為佛像所用的衣、物、幡蓋、寶物等，專為供養佛像而建的塔、佛堂等，以及專用於塑造佛像的專款。

屬佛物：包括除佛受用物及供佛的食物外，其他所有供佛的物品和錢財。比如，供佛的香、花、燈、具、寶物等，用於供佛的園林及其所有附屬設施、牲畜等，專門用於清理、維護佛塔、佛像的物品用具等，供佛的錢財。

獻佛物：主要包括供養佛的飲食。

F. 法物：可以按照用途分為以下幾種財物。

用於製作和流通法的載體，包括印刷佛經、製作電子佛經（包括光碟、相關網站製作和運營），以及保存和流通等周邊用途（如裝經書的箱函、運輸等）；

用於供養法的載體，包括各種供養和莊嚴具（包括表法的獅子座）；

用於弘法相關活動，包括請比丘講法、誦經、舉辦法會等。

G. 僧物：包括三種類型。

現前僧物：具有確定分物對象（即「現前僧」）的應分物。衣、鉢、資具、藥、食物等各種適合比丘個人使用的物品都可以作為現前僧物分給比丘。

四方僧物：為十方比丘所共有的不可分物。可以分成兩類，即可借用的非消耗品和可領用的消耗品。前者包括土地房舍等不動產類、林木綠植、臥具、家具、車輛、各類工具、器皿等一般被認為是重物的物品，以及其他種類的非消耗品。後者則包括藥物、食物等消耗品。

群體僧物：是施主供養給特定僧團群體的不可分物。由僧團作妥善管理和使用，用於服務該僧團現在和未來的比丘，或者用於寺院建設等。所有權歸僧團集體所有，僧團現在和未來的比丘都可以受用此群體僧物。群體僧物的使用方式和四方僧物是一致的，不可分但可以按需使用或者領用。

②盜戒相關判罪總結

A. 物品有守護主情況下的結罪對象

如果物品沒有守護主，或雖有守護主而守護主不須賠償的情況，比丘僅對物主結罪。如果物品有守護主，且守護主需要全款賠償的情況，比丘僅對守護主結罪。

如果物品有守護主，且守護主需要作部分賠償的情況，比丘同時對守護主和物主結罪。雖然物主和守護主各有損失，但是這種情況屬於同一發起心和加行的單一偷盜行為，因此也應該按照物品總價值計算，而不是對兩者單獨計值結罪。

B. 究竟成犯的判斷標準

一般情況下，盜行的究竟成犯以「物離本處」為準。若盜竊物品的具體場景（如盜竊時被發現而彼此追逐）或者盜竊方式（如不動產相關的盜竊行為）不適合用「物離本處」來進行判斷時，以比丘得心成就為究竟成犯。若僅比丘得心成就不足以判斷，則以比丘得心和失主捨心同時成就為究竟成犯。具體判斷標準如下：

若比丘從事實上得到財物，產生決定得心，則究竟成犯。

若比丘盜取他人物品，被物主追逐，逃跑的過程中，比丘作得想

並且失主作失想時，究竟成犯。

比丘偷盜引起官司糾紛的情況：若比丘勝訴，且失主作捨心（或不再上訴）時，究竟成犯；若比丘勝訴，但失主未作捨心（仍然會上訴），犯偷蘭遮；若比丘勝訴，失主捨心未斷，但已經是終極判決，究竟成犯。

C. 不同盜物方式的價值結算

共盜的情況，對每個參與的比丘按照偷盜總價值判罪。

教他取的情況，如果存在命令鏈的情況，鏈上的比丘自作、教他同責，並按鏈上的盜竊總額判罪。如果鏈上中間環節存在命令傳遞失誤的情況，則按照比丘在該命令鏈上傳遞的有效命令導致的失竊價值判罪。

多次（包括多處）取的情況，若是由同一盜心推動，則為同一次偷盜行為，按所盜總價值進行判罪。

D. 賊復奪賊

若比丘物品被賊盜取，只要比丘捨心未斷，便可以追回財物，不犯；但如果可以更善巧地取回被盜物（比如通過協商討回），卻一味強奪，得突吉羅。

如果比丘生起捨心，被盜物品即成他物，比丘再奪回即犯盜，滿五錢則波羅夷。假如盜賊主動歸還財物，或者警方主動追回物品還給比丘，取之不犯。

E. 騙取如何判罪

一般情況下，盜心騙取，隨值結犯，滿「五錢」成重。

對於物主守護意不強的物品（如檀越請食），以非盜心騙取，犯突吉羅；有盜心，犯偷蘭遮。

F. 討價還價時欺詐如何判罪

比丘若用欺騙手段殺價，將成交價壓低到比丘自己認為的合理價

以下，即屬盜心騙取。具體判罰如下：

如果成交價高於或者符合商家心理價位，所盜價值為零，比丘得突吉羅罪。

如果成交價低於商家心理價位，所盜價值為物品的市場合理價和商家心理價位中的最小值減去成交價（若是負值則所盜價值為零），滿五錢成犯。

G. 損財

盜心損財，按值結罪。

瞋心（快心、減損意等）損財，偷蘭遮；無意損財，不犯。這些情況若須賠償則應賠；不賠犯盜，按值結罪。

慈心損財，犯突吉羅。

為護僧制或保護他人修道等目的，在僧團決議和指授下，損壞、沒收比丘的不法物品，不犯。

惡意浪費公共財物，突吉羅；若是自己的個人財物，不犯。

H. 慈心救有情

比丘慈心救人，不犯。

比丘慈心救畜生，突吉羅；對於有主動物，對方若索賠，比丘應賠償。

I. 盜畜生物

盜有主畜生物，從人邊結罪，犯波羅夷；盜無主畜生物，則按價值結偷蘭遮或突吉羅；若是畜生殘食或無用物，則不犯。

J. 盜畜生的究竟成犯

一般情況下，若比丘直接舉畜生離本處，按全部足離本處成犯。

若畜生在器皿中、籠中等器物內，按畜生全身出器物成犯；若將畜生連同器物拿走，按通常的離本處成犯。

若畜生在有可識別界線的守護區域內（如廄內、柵欄內、聚落內、

池中等），按畜生出離該區域時成犯（出門、出界等）。

若畜生在沒有明確界線的守護區域（如野外等），按至不見處或離見聞處成犯。

若殺死畜生取肉，隨值成犯。

③三寶物相關

A. 盜三寶物入己

若比丘盜佛物，有守護主，對守護主結罪，滿五錢，犯波羅夷；無守護主，對佛結罪，犯偷蘭遮；若非為牟利而以供養心取，犯突吉羅。

若比丘盜取法物，按值結罪，滿五錢，波羅夷。

若比丘盜用四方僧物、群體僧物或者現前僧物入己，滿五錢，結波羅夷。

B. 三寶物之間轉用

轉用佛物的情況：一般情況下，佛物不可以轉用為法物或僧物。特殊情況下，如遇到佛物充足而僧物匱乏時，可以借用佛物，為僧所用；但須作明確記錄，同時白眾說明借用和歸還的時間。

轉用法物的情況：按照和佛物類似的方式處理。

轉用僧物的情況：經現前僧許可，可以將現前僧物轉成佛物或者法物；四方僧物中所產出的花果等可用作佛物，樹木、僧地在僧團和合同意的情況下也可用於佛物；群體僧物和四方僧物的處理方式相同。

從具體判罪看：如果以盜心將三寶物互轉，犯偷蘭遮；如果比丘不以盜心，輕忽而轉，犯突吉羅；若是無意（如不知具體情況）或無知（如尚未學三寶物相關規定）而轉，不犯。

C. 三寶物內部轉用

a. 佛物內部轉用

佛受用物，不可毀壞，也不可轉賣，也不能挪作屬佛物或者獻佛物；如果以盜心故意將佛受用物轉為其他兩種佛物，犯偷蘭遮。但如果

佛像過於破舊，無法使瞻仰者繼續產生信心，此時可以存善心處理，不犯。而從佛像上拆下來的有價值的材料，轉賣成錢後，還是應該入佛受用物中。

原則上屬佛物之間可以互相轉換，並可以轉為佛受用物，以塑造、修補新舊佛像；但是不可以盜心轉為獻佛物，否則犯偷蘭遮。若是有明確施主意的屬佛物互轉，得突吉羅。在必要的情況下，可將屬佛物借貸或賣出，但所得錢財仍需用於屬佛物。

獻佛物在供佛之後，可以分給守護佛殿的比丘、居士食用。獻佛物可以轉作佛受用物和屬佛物。

如果比丘在無盜心的情況下轉用了佛物，不犯盜戒。必要時可以借用佛物為病比丘治病。此外，若供佛的油用不完，但是花、香等供品又缺乏，可以將同類多餘佛物如供佛的油轉賣，換取其他匱乏的花、香等佛物，以便更好地供佛。供佛的多餘錢財也可存入銀行，進行無風險的儲蓄規劃，所得利息入佛物。

在使用佛物時，如果施主有明確意願，佛物原則上不能互用。如施主供養錢財塑阿彌陀佛像，但是比丘卻用這些錢塑藥師佛像，屬於違施主意，犯突吉羅。如果報施主知，並得到施主允許，無犯；如果施主沒有明確意願，則可以靈活處理。

b. 法物內部轉用

法物的使用需要尊重施主的供養意願，秉持專款專用原則。

如果將法物在不同法物種類間互轉：若以盜心轉，犯偷蘭遮；如不以盜心而是因疏忽轉用，犯突吉羅。

如果將法物在同類內互轉（如施主供養錢財印《四分律》而比丘卻用此財印了《五分律》），犯突吉羅罪；若施主同意轉用，不犯。

如果是轉用法物去印了非佛教的典籍，則應按盜法物論處，計值結罪。

c. 僧物轉用

四方僧物：

若比丘以盜心把四方僧物轉成現前僧可分物，結偷蘭遮；若不以盜心，突吉羅。

若比丘將一個寺院的四方僧物轉為其他寺院的四方僧物，得突吉羅罪。

在饑荒、戰亂等特殊因緣下，四方僧物的非消耗物和消耗物之間，經過眾僧和合同意後可以轉用，如為保證比丘生存，可將重物轉成食物。如果無因緣隨意轉用，得突吉羅罪。

現前僧物：

如果未經現前僧允許而以盜心轉用，過五錢，結波羅夷。

如果只是無意混用，犯突吉羅，但須事後徵得現前僧同意，如果不同意則須補還。

經現前僧允許，轉用現前僧物不犯。

群體僧物：

轉用群體僧物的判罰和開緣，同四方僧物。

八、現代行持參考

當今的比丘，面對比佛世時更複雜的環境、更多的誘惑與考驗，需要特別重視對「大盜戒」的持守。盜戒的戒相雖然繁雜，但也不用過於緊張，只要注意防護不起盜心，就不會正犯此戒。本文僅從以下四個方面給出一些原則性的建議。

（一）公私分明

在涉及公共財物時，應該依據戒律，按照大眾認可的制度、規約處理。未經僧團的允許或違背僧團的規定，而用公款、公物滿足個人的需要等，均屬於盜戒所攝。另外，在常住物的使用方面，如果惡意浪費、毀壞常住物，也屬於「損財盜」的範疇。

（二）三寶物互用

三寶物互用，是指比丘將原本有指定供養對象的物品（如供佛物等），挪作他用（如用作供僧）。而這裏的挪作他用是指在明知道某些物品有專屬的供養對象時，仍然將其挪用，比丘在這種情況下有明確的盜心。由於盜戒的嚴重性，加上後代律師們的過度強調，僧團中逐漸出現了一些極端的觀點：認為即使在不知道的情況下挪用三寶物也犯盜，這導致很多比丘因為怕犯戒而不敢承擔僧團的執事；或者走向另一個極端，為了承擔執事而完全不學戒律，不顧戒律的要求，導致處理供養物時率性而為的錯誤結果。

而在現實中，一般情況下信眾並沒有一個特定的供養對象，比如專門的供僧或供佛。因此，僧團可以根據實際需要，集體決策確定供養物的具體用途。而如果施主有明確的供養意願，在使用這種款項時就應專款專用，不能任意將其挪作他用，否則會有互用的過失。不同的專款應該單獨記賬，不應混雜。如果出現某些突發事件，可以在僧團允許的範圍內，暫時借用其他款項，事後如數歸還。

由此可見，僧團的成員只要能夠了解盜戒的相關戒相，特別是三寶物的定義、互用等問題，便可在對待具體事項時如理抉擇，避免因不明戒相而不敢承擔執事，或是走向反面，對戒律完全擱置不顧，這兩者都偏離了佛陀制定本戒的意趣。

對一些比較嚴苛或難以滿足的布施要求，不宜輕易許諾或接受。例如有信眾堅持要以昂貴的珠寶等供養佛像且不得他用，此善舉固然值得隨喜，但寺方也需考量自身的管理水平能否確保這些珠寶的安全，輕易接受珠寶的話可能會帶來額外的人事和行政開銷，甚至因此引發事故。總之，寺方在為信眾提供廣植福田的種種方便，盡可能滿足信眾要求的同時，還要結合寺院實際情況量力而行。

（三）獨立自主

盜戒不僅涉及比丘個人層面的戒律行持，也涉及寺院層面的財務管理。在遵守戒律的基礎上，有條件的寺院應按照相關的法律法規，取得宗教活動場所的法人資格，確定財產的歸屬，在寺院內部管理和對外活動中都做到財務獨立自主、權責清晰。這樣可以避免或減少寺院與外部產生一些不必要的財務、產權糾紛，對相關比丘而言，也屏蔽了涉及盜戒的一些外緣，避免他們被捲入諍訟。

（四）新問題的應對

根據佛陀制戒的原則，犯根本罪的條件參考了所在國家法律判「重罪」的標準，將其定為五錢。現今社會各國的法律與佛世時有很大不同，再加上佛世時的「五錢」已經無法換算成今日的貨幣價值。因此，在盜戒的相關判罰上，需要通達戒律、了解社會的律師根據所在國家或地區的相關法律規定來進行裁定。

另外，與佛世時的實物資產不同的是，現今資產的持有方式愈來愈多元化，出現了各種類型的虛擬資產。商業交易活動也更多地從實體資產的交換轉向虛擬資產的交換。因此，盜戒所涉範圍也擴大而包含現在的虛擬資產。比丘如果在網絡上利用不同手段騙取他人的虛擬財產，同樣會犯盜。當然，比丘也要防範他人的網絡詐騙。

總之，在持守盜戒方面當今時代對僧人提出了更高的要求。我們一方面需要回歸原典，學習並把握戒律的原則和精神；另一方面，也需要根據現實情況，參照國家現行法律法規和管理制度，不斷適應時代緣起的需要。

03

大殺戒

一、緣起

（一）緣起略述

《四分律》只有一個本制。佛陀在毗舍離時，對比丘們講說不淨觀，讚歎修行不淨觀的好處。婆裘園的比丘精勤修習後，「厭患身命，愁憂不樂，求刀欲自殺，歎死，讚死，勸死」。有一個叫作勿力伽難提的比丘，受這些厭世比丘們的僱傭，將厭世比丘殺害。勿力伽難提有時一天內殺害六十位比丘，造成此地比丘人數大減，居士見到園中死屍狼藉震驚、譏嫌。佛陀得知後，教比丘們修習阿那般那三昧，比丘們按此修習，證得三昧安樂而住。佛陀隨後集僧，呵斥婆裘園中自殺、教人殺、讚歎殺的諸比丘，並因此制戒。[1]

諸律緣起差異比較：

1. 制戒地點

《四分律》、《僧祇律》[2]、《五分律》[3]、《巴利律》[4] 中，制戒地點都為「毗舍離」，《鼻奈耶》[5] 為「跋署村（金剛）跋渠沫江（秦言槃曲）」，《十

1　《四分律》卷 2，《大正藏》22 冊，575 頁下欄至 577 頁中欄；卷 56，《大正藏》22 冊，980 頁中欄至 983 頁上欄。

2　《僧祇律》卷 4，《大正藏》22 冊，253 頁下欄至 257 頁下欄。

3　《五分律》卷 2，《大正藏》22 冊，7 頁上欄至 9 頁上欄；卷 28，《大正藏》22 冊，184 頁上欄至中欄。

4　《經分別》卷 1，《漢譯南傳大藏經》1 冊，92 頁至 117 頁；《附隨》卷 1，《漢譯南傳大藏經》5 冊，50 頁。

5　《鼻奈耶》卷 1，《大正藏》24 冊，855 頁上欄至 857 頁上欄；卷 2，《大正藏》24 冊，857 頁中欄至 858 頁上欄。

誦律》[1]為「跋耆國跋求摩河」，《根有律》[2]為「廣嚴城勝慧河側娑羅雉林」。

2. 緣起比丘

《四分律》、《鼻奈耶》、《十誦律》、《五分律》、《根有律》、《巴利律》中，緣起比丘都為「修不淨觀比丘」，《僧祇律》為「看病比丘」。

3. 緣起情節

《鼻奈耶》的本制與《四分律》類似，另有四個隨制，分別是：病比丘自殺，佛因此制戒，但是看病比丘慈悲看護，判其不犯；比丘牽涉軍事殺人；提婆達多違戒，被比丘尼告誡，因起瞋心而殺比丘尼；目犍連被外道殺害後，二弟子為師復仇殺外道。

《十誦律》有一個本制，故事情節與《四分律》類似。

《僧祇律》有一個本制和三個隨制。本制情節為看病比丘受病比丘委託，將病比丘殺死；第一個隨制情節為看病比丘僱人殺死病比丘；第二個隨制情節為看病人教病比丘自殺；第三個隨制情節與《四分律》類似，不過殺害六十比丘的是鹿杖外道。

《五分律》有一個緣起，一個本制和四個隨制。緣起情節為諸比丘修不淨觀厭患身體，「其中或有自殺，展轉相害，或索刀、繩，或服毒藥」。本制情節與《四分律》類似，不同之處在於殺害六十比丘者為彌鄰旃陀羅，佛陀沒有說「數息觀」，佛陀據此制自手殺人得波羅夷罪和

1　《十誦律》卷 2，《大正藏》23 冊，7 頁中欄至至 11 頁上欄；卷 52，《大正藏》23 冊，381 頁中欄至 382 頁上欄；卷 58，《大正藏》23 冊，435 頁中欄至 438 頁中欄；卷 59，《大正藏》23 冊，438 頁中欄至 439 頁上欄。

2　《根有律》卷 6，《大正藏》23 冊，652 頁下欄至 658 頁中欄；卷 7，《大正藏》23 冊，658 頁中欄至 663 頁下欄；卷 8，《大正藏》23 冊，663 頁下欄至 668 頁下欄。

自殺得偷蘭遮罪。其餘四個隨制分別為：看病比丘提供自殺工具給病比丘，導致病比丘自殺；看病比丘教獵人殺病比丘，被獵人呵責；看病比丘讚死，勸病比丘自殺；比丘讚死，教白衣自殺。

《根有律》有六個緣起（因涉事比丘無殺心，佛陀未制戒），分別為：看病比丘因過失語，導致病比丘慚愧服毒而死；比丘安排無智慧人照看病比丘，導致病比丘被殺；比丘作意等待病比丘死後取用其鉢，諸比丘告其不應為鉢而生惡心，該比丘慚愧心悔；比丘作意等待病比丘死後取用其衣，諸比丘告其不應為衣而生惡心，該比丘慚愧心悔；比丘於墮胎事心生隨喜；比丘向病中岳父稱讚其功德，說其死後必得升天，致其尋死。第七個故事與《四分律》類似，而地點在廣嚴城，殺害六十比丘者為鹿杖沙門，佛據此制「大殺戒」，是為本制。後面另有八個開緣。

《巴利律》有一個本制，與《四分律》類似，不同點在於殺害六十比丘者是鹿杖沙門。該律還有一個隨制：六群比丘覷覦生病優婆塞的妻子，欲令優婆塞快點死亡，於是稱讚其功德大，死後當升天，優婆塞信此而尋死。

另外，記載修不淨觀比丘厭生求死故事的律典中，《四分律》、《鼻奈耶》、《十誦律》、《僧祇律》、《五分律》、《巴利律》都提到世尊教比丘們修安那般那三昧的情節，而《根有律》中沒有提到。

（二）緣起比丘形象

《四分律》中的緣起比丘，一是婆裘園中修不淨觀的諸比丘，二是殺害六十個厭世求死比丘的勿力伽難提比丘。

諸比丘聽佛讚歎不淨觀的教導後，「以無數方便習不淨觀，厭患身命，愁憂不樂，求刀欲自殺，歎死，讚死，勸死」，乃至以利養相奉，

求人殺己：「大德，斷我命來，我以衣鉢與汝。」勿力伽難提比丘堅固邪見大開殺業後，「其中比丘欲愛盡者，見勿力伽難提，心不怖懼，身毛不豎」，可見諸比丘求死心切。這些比丘都是學修精進之人，可惜正見不足，導致其追求死亡之邪執行為。

勿力伽難提比丘為衣鉢而殺害第一個比丘後，暫生悔恨。但天魔勸誘，讚其殺人有大功德，令其「悔恨即滅」。勿力伽難提比丘為增長功德更策動殺心，主動入園找求死比丘，受託將其一一殺害，造下大惡業。勿力伽難提比丘的行為，反映他缺乏最基本的正見，更有貪圖財物，片面追求所謂的「功德」等心理弱點，從而被邪魔欺騙造下重業。

《鼻奈耶》的本制中，緣起比丘的形象特點和《四分律》基本相同。

《十誦律》記載：「爾時，或有比丘發心欲死、歎死、求刀自殺，或服毒藥，或有自繫，或投高崖，或有比丘轉相害命。」相比《四分律》，該律中諸比丘的行為有所「升級」，多了「轉相害命」。《五分律》、《根有律》、《巴利律》的本制因緣中，修習不淨觀比丘的形象與此相同，都有互害的情節。

《僧祇律》的本制中刻畫了看病比丘在病比丘久治不癒的情況下，厭棄病者和不耐苦的形象，如律文：「看病比丘心生疲厭，便語病比丘言：『長老，我看病久，不得奉侍和上、阿闍梨，亦不得受經、誦經、思惟、行道。長老疾病既久治不可差，我亦疲苦。』」可見看病比丘的慈悲心不足，善行經不住時間的考驗。看病比丘的厭煩心理最後發展到急於擺脫負擔，隨順病比丘求死的願望，最終親自動手殺之，其漠視生命的程度可見一斑。律文中未見看病比丘事後生起悔心主動告白的描述，而是由其他比丘向佛告發而制戒。

（三）犯戒內因

諸律的本制故事中，《四分律》中諸比丘缺乏正知見是其犯戒的主要原因。勿力伽難提比丘除了沒有正見，更有求功德的貪心，所以才會無所顧忌地殺人。《鼻奈耶》、《十誦律》、《五分律》、《根有律》、《巴利律》中緣起比丘的犯戒主因，都和《四分律》相同。《僧祇律》本制中看病比丘不耐疲苦而殺病比丘，主要原因是其沒有慈悲心，對別人的生命麻木。

綜上所述，對佛法沒有正知見、貪求功德、缺乏健全的生命觀和足夠的慈悲心等，是緣起比丘犯本戒的內因。

（四）犯戒外緣

《四分律》中，諸比丘修習不淨觀產生偏執是其犯戒的主要外緣；勿力伽難提比丘殺死六十個比丘，另有天魔干擾的外緣。諸律相應故事中緣起比丘犯戒的外緣，與《四分律》相同。

《僧祇律》中，病比丘久治不癒，本身也有厭世的念頭，這是看病比丘行殺的外緣。

（五）犯戒後的影響

諸律中緣起比丘犯戒後最大、最直接的影響是比丘數量急速減少。《鼻奈耶》、《十誦律》、《僧祇律》、《五分律》、《根有律》、《巴利律》中都有類似記載：緣起比丘自相殺害，斷人命根，比丘僧人數變得稀少。

比丘犯殺戒的行為，導致居士對佛法的信心產生動搖，乃至對僧

團失去信心，令他們不再相信這樣的僧團是值得依靠、供養和恭敬的對象。《四分律》記載，緣起比丘自相殺害，園中「死屍狼藉，臭處不淨，狀如塚間」，居士們對此感到非常震驚，並譏嫌道：「此園中乃有是變，沙門釋子無有慈愍、共相殺害，自稱言：『我修正法。』如是何有正法，共相殺害？此諸比丘，猶自相殺，況於餘人。我等自今，勿復敬奉、承事、供養沙門釋子。」隨即在村落中輾轉相告，不再允許比丘棲止往來，居士們見園中穢惡不堪，也不再往來。其他律典沒有記載居士譏嫌的內容。

《巴利律》中，六群比丘的行為遭到優婆塞的妻子和其他人的譏嫌非難，如律文：「彼婦譏嫌非難：『此等沙門釋子，不知恥、不持戒、打妄語⋯⋯彼等無沙門行、無梵行，彼等破沙門行、破梵行⋯⋯彼等對我夫讚歎死之美，我夫因彼等而死也。』其他諸人亦譏嫌非難：『⋯⋯彼等離梵行，彼等對優婆塞讚歎死之美，優婆塞因彼等而死。』」

（六）佛陀考量

《四分律》中，佛陀得知情況後首先採取的行動就是教比丘修習阿那般那三昧[1]，對治他們修不淨觀帶來的副作用。採取這種緊急糾錯措施後，佛陀馬上集僧制戒。至於佛陀對制戒的考量，如《善見論》：「何以世尊廣制此戒？為未來世惡比丘故。」[2]

獲得人身、出家修道，對解脫輪迴是至關重要的條件。《薩婆多論》記載：「人中有三歸、五戒、波羅提木叉戒故。又沙門四果多在人中得，佛與辟支佛必在人中得漏盡故也。是以害人波羅夷，餘道不得

1　阿那般那三昧：數息觀，一種佛門禪定修行的法門。
2　《善見論》卷 11，《大正藏》24 冊，751 頁中欄。

波羅夷。」[1] 佛陀在此戒的所犯境中，獨對人結波羅夷，對其他道的眾生結輕罪，就是出於這方面的考慮。如此制戒可以警醒後世比丘珍惜身命，從而保證比丘個人修行的持續，以及僧團的良好運作和佛法的長久延續。

世間之事變化無常，人無法完全掌控，比丘在日常的生活、營作中，也有可能會誤傷人命。對此，《四分律》中的觀點是，一切沒有殺心的致死行為都不犯波羅夷。其他律典均與《四分律》觀點一致。佛陀這樣制戒，讓後世比丘在意外發生後，能夠保全自己的比丘身分，繼續用功辦道；否則，比丘會缺乏基本的安全感，不容易安心修行，對於僧團的事務也會避而遠之，這樣僧團的延續和佛法的傳承都會發生問題。

但這並不意味着比丘在日常生活中就可以輕忽而行。對於由比丘的主觀疏忽或不善巧而導致的他人死亡，佛陀還是制定了輕罪，以警醒比丘應當處處謹慎而行。《根有律》的前幾個緣起故事中，對佛陀的這些考慮作了生動的描述。比如：

佛陀告誡，不應在病人前說令病人可能情緒激動而求死的話，或者說令病人聞已樂死的話，應說善巧語言，如《善見論》：「慎勿讚死，正可說言：『長老持戒具足，莫戀着住處及諸衣物、知識、朋友，但存念三寶，及念身不淨，三界中慎莫懈怠，隨壽命長短。』」

佛陀告誡比丘，應當安排有智慧的看病人看護病者，如律文：「然諸苾芻不應令無智人為看病者，必有他緣須自出外，於不善解看病之人當可教示：『勿令病者非理損害，墮水火、食諸毒、持刀斧、墮崖塹，或升高樹、食所忌食，皆應遮止，無令因此而致傷害。』若苾芻令無智人瞻視病者，又不善教，棄而出去，得越法罪。」

1　《薩婆多論》卷 3，《大正藏》23 冊，518 頁中欄。

在另一個故事中，寺院屢遭賊擾，比丘嚇唬驅趕賊但是不小心把賊打死了。佛陀説：「然諸苾芻不應作如是心打彼身上，其所擲物可在傍邊或於背後，欲令恐怖作驚呼聲。若苾芻作如是心打彼身者，得越法罪。」可見佛陀對於如何自衛都作了詳細的指導，讓比丘在保衛自己和不過度傷害對方之間保持平衡。

在子比丘催促父比丘趕路不小心致其死的故事中，佛陀説：「我今為諸行路苾芻制其行法。若道行時見疲極者，當與按摩解勞，為擎衣鉢及諸資具，能去者善；若不能去當可先行，至住處已，洗鉢請葉，觀察無蟲可為請食。不能來者，持食往迎，勿令絕食，若在非時送非時漿。道行苾芻如我所制，不依行者，得越法罪。」對團體出行時應如何相互照顧，佛陀亦作了詳細指導。

佛還告誡比丘，不能為得衣財而期待病比丘死，如律文：「佛告諸苾芻：『……諸苾芻不應為衣生此極惡旃荼羅[1]心，起此心者，得越法罪。』」

這些諄諄教導充分體現了佛陀的慈悲和善巧，以及對他人的愛護之心。佛陀也是以此告誡後世比丘，沒有殺心縱然不犯重罪，但比丘還是應時時以慈悲心待人，愛護他人身命，觀待他人需要，謹慎身語意而行。

綜上所述，佛陀在制定「大殺戒」時候，主要的考量都是為比丘建立正確的生命觀，使他們愛惜自、他身命，保證比丘個人修行解脱，避免外界譏嫌，從而使僧團良好運作，佛法長久住世。

另外，諸比丘是在修習不淨觀後產生了厭世情緒，以至於自殺或互殺。佛陀是一切智智，神通廣大，難道沒有預見教習不淨觀會產生

1　《高僧法顯傳》卷1：「舉國人民悉不殺生，不飲酒，不食蔥、蒜，唯除旃荼羅。旃荼羅名為惡人。」《大正藏》51冊，859頁中欄。

這麼嚴重的後果？從《薩婆多論》和《善見論》的記載來看，佛陀這樣做是為了隨順緣起。[1] 這些比丘在過去世都曾造下重業，於今「此惡業至，諸佛所不能救」，因此必然會死亡。修不淨觀僅是一個緣，即使沒有修習不淨觀，因為惡業成熟而感果，他們也會死亡。由於宿世的因緣，他們通過修習不淨觀產生厭離心，反而能在死後轉生善趣，乃至再來佛前聞法證果。另一方面，不淨觀本是善法，佛陀當眾宣教，並非所有人都能修習成功，也要看各種因緣條件，如果有人修偏，就會產生問題。

（七）文體分析

《四分律》有一個因緣和兩個譬喻，《鼻奈耶》中有五個因緣、五個譬喻和一個本事，《十誦律》有一個因緣和兩個譬喻，《僧祇律》有四個因緣，《五分律》有五個因緣和一個譬喻，《根有律》有七個因緣、兩個本事、三個祇夜和九個伽陀，《巴利律》有兩個因緣和兩個譬喻。

1　《薩婆多論》卷 3：「問曰：『佛一切智，何故教諸比丘令得如是衰惱？若不知者，不名一切智。』答曰：『佛一切等教，爾時不但六十人受不淨觀，佛法教無有偏，但受得利有多有少，故無咎也。佛深知眾生根業始終，必以此法因緣，後得大利。云六十比丘，迦葉佛所受不淨觀法，不能專修，多犯惡行，命終入地獄中。今佛出世，罪畢得生人間，墮下賤家，出家入道，以本緣故，應受此法。既命終已，得生天上，於天來下，從佛聽法，得獲道迹。以是因緣，佛無偏也。』」《大正藏》23 冊，518 頁上欄。《善見論》卷 10：「以天眼觀往昔，有五百獵師，共入阿蘭若處殺諸群鹿，以此為業。五百獵師墮三惡道，於三惡道，受諸苦惱，經久得出。昔有微福，得生人間，出家為道，受具足戒，五百比丘宿殃未盡，於半月中更相殺害，復教他殺，如來見已，此惡業至，諸佛所不能救，是故如來因此半月入靜室。於五百中，有凡人及須陀洹、斯陀含、阿那含、阿羅漢道，此諸聖眾生死有際，餘凡人輪轉無際，是故如來為諸凡人說不淨觀。因不淨觀故，厭離愛欲，若其命終，得生天上，若不離愛欲，死不生善處。佛自念：『此五百比丘隨我出家，因我故得生善處，是故我今當慈悲此等，為說不淨觀令生善處，本不教死。』」《大正藏》24 冊，744 頁中欄至下欄。

諸律的因緣以對話、心理描述為主。總體而言，情節、場景、人物形象描述清晰、細緻，在人物對話的描寫上着力較多。《僧祇律》則相對簡約。

　　《鼻奈耶》中，譬喻的運用比較突出，使得讀者對相關人物的經歷感同身受。比如對比丘修習不淨觀後厭身不淨的譬喻描寫，如文：「譬如壯夫端正無雙，以諸珍寶瓔珞其身，隨時澡浴，香熏塗身，頭著寶冠及花鬘飾，身被天衣，不受塵土，手腳柔軟，髮紺青色，鬚髭奮吒，為人中最。若以死蛇及狗、死人青膖膿爛食不盡段段異處、便血塗染臭處不淨，以此三屍瓔此人頸，人甚穢惡，眾惱集會，還自慚愧，何時當早脫此患去？」又如病比丘向世尊訴說自己的病苦，連用四個譬喻，如文：「譬如世尊！有力之人以索纏頭，此人如是頭苦痛痛疼。如是世尊！我頭痛疼亦如彼人無異。以是故，不堪忍漿粥，無有消化，但有增無損，覺增不覺損。譬如世尊！有力之人手執利刀頭而鑽頂上，如是頂上患苦疼痛。我今頭痛，世尊！亦爾，但覺增無損。譬如世尊！有力之人執刀刺牛腹，患此腹疼痛不可言。我今如是，腹疼痛亦如彼。譬如世尊！有兩健人捉一羸者，各持手腳於火坑上轉旋，此人疼痛不可言。我今，世尊！身如是。」

　　相對於其他律典，《根有律》中對故事的描述不惜篇幅，從而使故事更具完整性，文學性也更強，對話和心理描寫亦更加細膩。本律文體的特別之處在於，一是運用本事來講述比丘的宿世因果。二是運用偈頌文體，或是用來對因緣故事情節作總的概括，以便於讀者憶持，如「兩足牟尼能說教，令諸弟子恐怖賊，口出驚喚善防身，五百群寇皆奔散」；或用於人物對話中進行說理，如父辭世前寬慰兒子時說此伽陀「積聚皆銷散，崇高必墮落，合會終別離，有命咸歸死」；或是在戒條的犯相說明中用偈頌幫助歸納，如「有時以內身，或用於外物，或內外二合，是名為殺相」。

從戒條在本制和隨制因緣中的演變，可以看出諸律故事的結構特點：《四分律》、《十誦律》、《根有律》的戒條都在本制中一次制定完成；《僧祇律》、《巴利律》中，隨制對本制的承接、補充性很明確，戒條的演進邏輯很清晰；《鼻奈耶》中，本制和隨制之間看起來比較獨立，戒條的演進性不明確；《五分律》的情況介於中間。

二、戒本

《四分律》中，本戒的戒本為：「若比丘，故自手斷人命，持刀與人，歎譽死，快勸死：『咄！男子，用此惡活為？寧死不生。』作如是心思惟，種種方便歎譽死；快勸死；是比丘波羅夷，不共住。」

（一）若比丘，故自手斷人命，持刀與人

《四分律》作「若比丘，故自手斷人命，持刀與人」，意思是：如果比丘故意親手斷除他人的性命（或）拿刀給別人（令別人斷除其他人的性命）。

與《四分律》相似：

《四分僧戒本》[1]、《四分律比丘戒本》[2] 作「若比丘，故自手斷人命，持刀授與人」。相比《四分律》多了「授」字。

《新刪定四分僧戒本》[3] 作「若比丘，故斷人命，持刀與人」。與《四分律》相比，少了「自手」。

與《四分律》有部分差異：

《僧祇律》、《僧祇比丘戒本》[4] 作「若比丘，自手奪人命，求持刀與殺者」。

梵文《有部戒經》[5] 作 "Yaḥ punar bhikṣur manuṣyaṃ svahastena

1　《四分僧戒本》，《大正藏》22 冊，1023 頁下欄。

2　《四分律比丘戒本》，《大正藏》22 冊，1015 頁下欄。

3　《新刪定四分僧戒本》，《卍續藏》39 冊，263 頁中欄。

4　《僧祇比丘戒本》，《大正藏》22 冊，549 頁上欄。

5　Georg von Simson, *Prātimokṣasūtra der Sarvāstivādins Teil II*, Sanskrittexte aus den Turfanfunden, XI, p. 164.

saṃcintya jīvitād vyaparopayec chastraṃ vainam ādhārayec chastrādhārakaṃ vāsya paryeṣayed"，意思是：任何比丘，故意親手奪取人的生命，（自己）持刀劍給（別人）或是給他求手持刀劍的人。

梵文《根有戒經》[1] 中對應「若比丘，故自手斷人命」的這一部分是通過藏文戒本重構的，因此不參與比較。僅比較後一部分的內容"Śastraṃ vainām ādhārayec chastradhārakaṃ vāsya paryeṣeta"，意思是：（自己）持刀劍（給別人），或是給他求手持刀劍的人。

巴利《戒經》[2] 作 "Yo pana bhikkhu sañcicca manussaviggahaṃ jīvitā voropeyya, satthahārakaṃ vāssa pariyeseyya"，意思是：任何比丘，故意奪取人的生命，或者給他尋找持刀的人。

梵文《說出世部戒經》[3] 作 "Yo puna bhikṣuḥ svahastaṃ manuṣyavigrahaṃ jīvitād vyaparopeya śastrahārakaṃ vāsya paryeṣeya"，意思是：任何比丘，親手奪取人形的生命，或是給他求手持刀劍的人。相比《四分律》少了「故」的內涵，並且以「人形」對應《四分律》中的「人」。

與《四分律》差異較大：

《鼻奈耶》作「若比丘，若人、人形之類，自手念斷其命，若持刀，若使他持」。

《十誦律》作「若比丘，若人，若人類，故自奪命，若持刀與」，《十誦比丘戒本》[4] 作「若比丘，若人，若似人，故自手奪命，若自持刀與，若教人持與」。

1　Anukul Chandra Banerjee, *Two Buddhist Vinaya Texts in Sanskrit*, Calcutta: The World Press, 1977, p. 14.

2　Bhikkhu Ñāṇatusita, *Analysis of the Bhikkhu Pātimokkha*, p. 31.

3　Nathmal Tatia, *Prātimokṣasūtram of the Lokottaravādimahāsāṅghika School*, Tibetan Sanskrit Works Series, no. 16, p. 7.

4　《十誦比丘戒本》，《大正藏》23 冊，471 頁上欄。

《五分律》、《彌沙塞五分戒本》[1] 作「若比丘，若人，若似人，若自殺，若與刀，藥殺，若教人殺，若教自殺」。相比《四分律》及其他律典，這裏比較突出的一點是增加了對「藥殺」情況的表述。

《解脫戒經》[2] 作「若比丘，若人，若似人，故自手斷其命，若自持刀，或求持刀」。

《根有律》、《根有戒經》[3]、《根有律攝》[4] 作「若復苾芻，若人，若人胎，故自手斷其命，或持刀授與，或自持刀，或求持刀者」。

藏文《根有戒經》[5] 作 "ཡང་དགེ་སློང་གང་མི་འམ་མིར་ཆགས་པ་ལ་བསམས་བཞིན་དུ་རང་གི་ལག་དར་དེ་སྲོག་བཅད་དམ། དེ་ལ་མཚོན་བྱིན་ནས། དེ་ལ་མཚོན་ཚོལ་བ་གཅེར་ཏམ།"，意思是：任何比丘，自己故意殺了人或成為人形的胎兒之生命，或給予武器或持武器的人。

（二）歎譽死，快勸死

《四分律》、《四分僧戒本》、《四分律比丘戒本》作「歎譽死，快勸死」，意思是：讚歎死（的美好），勸導他人趕快死掉。

與《四分律》相似：

《新刪定四分僧戒本》作「歎譽死，快勸死」。

《鼻奈耶》作「勸他使死，若稱譽死」。

《十誦律》作「教死，歎死」，《十誦比丘戒本》作「若教死，若讚死」。

《僧祇律》、《僧祇比丘戒本》作「教死，歎死」，《解脫戒經》作「教

1　《彌沙塞五分戒本》，《大正藏》22 冊，195 頁上欄。
2　《解脫戒經》，《大正藏》24 冊，660 頁上欄。
3　《根有戒經》，《大正藏》24 冊，501 頁上欄。
4　《根有律攝》卷 3，《大正藏》24 冊，537 頁下欄。
5　麗江版《甘珠爾》（འཇང་ས་ཏམ་བཀའ་འགྱུར）第 5 函《別解脫經》（སོ་སོར་ཐར་པའི་མདོ）3b。

死，讚死」。

《根有律》、《根有戒經》、《根有律攝》作「若勸死，讚死」。

梵文《說出世部戒經》作 "Maraṇāya cainaṃ samādāpeya，maraṇavarṇaṃ vāsya saṃvarṇeya"，意思是：勸導（別人）死亡，或是（對別人）讚歎死亡的美好。

梵文《根有戒經》作 "Maraṇāya vainaṃ samādāpayen maraṇavarṇaṃ vāsyānusaṃvarṇayet"，意思是：勸導（別人）死亡，或是（對別人）讚歎死亡的美好。

巴利《戒經》作 "Maraṇavaṇṇaṃ vā saṃvaṇṇeyya, maraṇāya vā samādapeyya"，意思是：或者讚歎死亡的美好，或者勸導（他人）死亡。

藏文《根有戒經》作 "དེ་འཆིར་བཅུག་གམ། དེ་ལ་འཆི་བའི་བསྔགས་པ་བརྗོད་གྱུང་ཅང་སྟེ།"，意思是：指使其死亡，或是對其讚歎死亡（美好）。

與《四分律》有部分差異：

《五分律》、《彌沙塞五分戒本》作「譽死，讚死」。這裏僅有讚歎死亡的內涵，並沒有勸導他人死亡的意思。

與《四分律》差異較大：

梵文《有部戒經》中沒有與之對應的內容。

（三）咄！男子，用此惡活為？寧死不生

《四分律》、《四分僧戒本》、《新刪定四分僧戒本》、《四分律比丘戒本》作：「咄！男子，用此惡活為？寧死不生。」意思是：「哦！男子，（你）這樣罪惡的活着有什麼用？寧願去死掉也不要活着。」

與《四分律》相似：

《僧祇律》作：「咄！男子，用惡活為？死勝生。」《解脫戒經》作：「如是說：『咄！男子，用此不善惡活為？死勝生。』」

《十誦律》作：「作如是言：『人用惡活為？寧死勝生。』」《十誦比丘戒本》作：「若如是語：『咄！人用惡活為？死勝生。』」《僧祇比丘戒本》、《五分律》、《彌沙塞五分戒本》作：「咄！人用惡活為？死勝生。」

《根有律》、《根有戒經》、《根有律攝》作：「語言：『咄！男子，何用此罪累，不淨惡活為？汝今寧死，死勝生。』」

《鼻奈耶》作：「或作是語：『咄！此男子用此苦生為？汝生不如死。』」

梵文《說出世部戒經》作 "Ō hambho puruṣa kiṃ te iminā pāpakena durjīvitena dhigjīvitena, mṛtaṃ te jīvitāc chreyo Ō iti"，意思是：「說：『哦，（你這個）人啊，你這樣罪惡、困苦、恥辱的活着有什麼用啊？你死了比活着更好。』」

梵文《根有戒經》作 "Evaṃ cainaṃ vadet -- hambho puruṣa kiṃ tava pāpakenāśucinā durjīvitena (mṛtaṃ te bho puruṣa jīvitād va) ram iti"，意思是：「如此讚歎說：『哦，（你這個）人啊，你這樣罪惡、骯髒、困苦的生活有什麼用？你死了比活着更好。』」

梵文《有部戒經》作 "Evaṃ vainaṃ vaded dhambhoḥ puruṣa kiṃ tavānena pāpakena durjīvitena mṛtaṃ te jīvitād varam iti"，意思是：「如此讚歎說：『哦，（你這個）人啊，你這樣罪惡、困苦的生活有什麼用？你死了比活着更好。』」

藏文《根有戒經》作 "དེ་ལ་འདི་སྐད་ཅེས་ཀྱི་མི་ཁྱོད་འཚོ་བ་སྡིག་པ་མི་གཙང་བ་ངན་པ་འདིས་ཅི་ཞིག་བྱ་ཀྱི་མི་ཁྱོད་གསོན་པ་བས་ནི་སྙིན་ཞེར་ཞིག་"，意思是：「煽動而說：『你活着是罪惡、骯髒和卑劣的，你活着有何用啊！不如死了更好。』」相比《四分律》多了「卑劣的」內容。

巴利《戒經》作 "Ambho purisa, kiṃ tuyh 'iminā pāpakena dujjīvitena? Matan-te jīvitā seyyo ti"，意思是：「（說：）『喂，男子，你這個是多麼悲慘而糟糕的生命啊！死對你來說比活着更好。』」

（四）作如是心思惟，種種方便歎譽死，快勸死；是比丘波羅夷，不共住

《四分律》、《四分僧戒本》、《四分律比丘戒本》作「作如是心思惟，種種方便歎譽死，快勸死；是比丘波羅夷，不共住」，意思是：內心以這樣的作意思維，用種種的方式來讚歎死亡（的美好），勸（他人）趕快死掉；此比丘得波羅夷罪，不應與（其他比丘）共住。

與《四分律》相似：

《新刪定四分僧戒本》作「作如是思惟，種種方便歎譽死，快勸死；是比丘波羅夷，不共住」。

巴利《戒經》作 "Iti cittamano cittasaṅkappo anekapariyāyena maraṇavaṇṇaṃ vā saṃvaṇṇeyya, maraṇāya vā samādapeyya; ayam-pi pārājiko hoti, asaṃvāso"，意思是：有這樣的想法和意圖，通過種種的方式讚歎死亡的美好，或者勸導（他人）死亡；這也是波羅夷，不共住。

與《四分律》有部分差異：

《鼻奈耶》作「彼人心從此心作是念，無數方便勸他使死，若稱譽死；設使此人就死者，如是比丘，棄捐不受」。

《十誦律》作「隨彼心樂死，種種因緣教死、歎死；死者，是比丘波羅夷，不應共住」。《十誦比丘戒本》作「隨彼心樂死，種種因緣教死、讚死；是人因是事死，是比丘得波羅夷罪，不應共事」。

《僧祇律》作「如是意、如是想，方便歎譽死快、令彼死；非餘者，是比丘波羅夷，不應共住」。《僧祇比丘戒本》作「作是意、作是想，方便歎譽死快；因是死，非餘者，是比丘波羅夷，不共住」。

《五分律》、《彌沙塞五分戒本》作「作是心隨心殺，如是種種因緣；彼因是死，是比丘得波羅夷，不共住」。

《解脫戒經》作「隨彼所欲心所憶念，無量種種教死、讚死；彼人

因是事死，是比丘得波羅夷，不應共住」。

《根有律》、《根有戒經》、《根有律攝》作「隨自心念，以餘言説勸讚令死；彼因死者，此苾芻亦得波羅市迦，不應共住」。

梵文《説出世部戒經》作 "Cittam alaṃ cittasaṃkalpam anekaparyāyeṇa maraṇāya vainaṃ samādāpeya maraṇavarṇaṃ vāsya saṃvarṇeya, so ca puruṣo tenopakrameṇa kālaṃ kuryān nānyena, ayaṃ pi bhikṣuḥ pārājiko bhavaty asaṃvāsyo, na labhate bhikṣūhi sārdhasaṃvāsam"，意思是：（有如此的）想法和思慮，以各種善巧方便來勸導（別人）死亡，或是讚歎死亡的美好，對方因為採取這樣的方式，而非其他（的方式）死亡，也是波羅夷罪，不共住，不再獲得與比丘眾一起共住（的權利）。

梵文《有部戒經》作 "Cittānumataṃ cittasaṃkalpitam anekaparyāyeṇa maraṇāya samādāpayen maraṇavarṇaṃ vāsyānusaṃvarṇayet sa ca tenopakrameṇa kālaṃ kuryād ayam api bhikṣuḥ pārājiko bhavaty asaṃvāsyaḥ"，意思是：內心（有）認同和思慮，以種種善巧方便來勸説死亡的美好，或是讚歎死亡的美好，由於（對方）以這樣的方式死亡，這個比丘得波羅夷罪，不應共住。

梵文《根有戒經》作 "Cintānumataiś cittasaṃkalpair anekaparyāyeṇa maraṇāya vainaṃ samādāpayen (maraṇavarṇaṃ) vāsya (anusaṃvarṇayet) sa ca tena kālaṃ kuryād ayam api bhikṣuḥ pārājiko bhavaty asaṃvāsyaḥ"，意思是：內心（有）認同和思慮，以各種善巧方便來勸説死亡的美好，或是讚歎死亡的美好，由於（對方）死亡，這個比丘得波羅夷罪，不應共住。

藏文《根有戒經》作 "སེམས་ཀྱི་འདོད་པ་དང་། སེམས་ཀྱི་ཀུན་ཏུ་རྟོག་པ་དག་གིས་རྣམ་གྲངས་དུ་མས་ དེ་འཆིར་བཅུག་གམ། དེ་ལ་འཆི་བའི་བསྔགས་པ་བརྗོད་དེ། དེ་ཡང་རྐྱེན་དེ་ནས་དུས་བྱས་ན། དགེ་སློང་དེ་ཡང་ཕམ་པར་གྱུར་པ་ཡིན་གྱི་ གནས་པར་མི་བྱའོ། །"，意思是：從心裏期盼和故意尋思種種手段，促使其死亡或對其讚歎死亡；如果對方因此死亡，則此比丘即是為他所勝，不應共住。

三、關鍵詞

（一）人命

　　對於「人命」，梵文《說出世部戒經》作"manuṣyavigraha"，該詞由兩部分組成："manuṣya"和"vigraha"。梵文《有部戒經》僅作"manuṣya"，和《說出世部戒經》中合成詞的前半部分相同，意思是：人（英譯：a man, human being）。而梵文《說出世部戒經》中的後半部分"vigraha"，有形象、體貌的意思。所以"manuṣyavigraha"整體的意思是：人形（英譯：one that has human form），內涵包括人和已具人形的胎兒。這一含義明顯要比梵文《有部戒經》中的表述更為寬泛。巴利《戒經》作"manussaviggaha"，該詞由"manussa"和"viggaha"兩部分組成，相應的詞意與梵文《說出世部戒經》一致，也是表述「人形」的內涵。藏文《根有戒經》作"མི་འབས་མེར་ཆགས་པ་"，即"མི་（人）འབས་（或）མེར་ཆགས་པ་（人身，形成人形）"，意思是：人或者形成人形的胎兒（英譯：human being, one that has human form）。《格西曲札藏文辭典》中對於"མེར་ཆགས་པ་（形成人形的胎兒）"有如下解釋：變成人形，成人。《戒經》記載：「成人謂於母胎中已得身、命、意諸根。」《律疏》記載：「於母胎中，經十八周以後，變成為人。」

　　《四分律》中，「人者，從初識至後識而斷其命」，即從心識最初入胎，至死亡前最後一念的整個過程定義為人命。《巴利律》記載：「人體者，於母胎由初心生起、初識現起乃至死，此間之物名為人體。」其內涵與《四分律》相同。

　　對應「人命」的內容，《五分律》中包括似人和人兩個部分，《根有律》、《根有律攝》中分為人胎和人。《五分律》記載：「入母胎已後

至四十九日，名為似人。過此已後，盡名為人。」《根有律》記載：「言人者，謂於母腹已具六根，所謂眼、耳、鼻、舌、身、意。人胎者，謂初入母腹，但有三根，謂身、命、意。」《根有律攝》記載：「言人者，六根已具。人胎者，謂託母胎有身、命、意根，由此是人同分所攝。」[1]儘管這三部律將「人命」分段描述，但其內涵與《四分律》相同。

另外，《僧祇律》記載：「人者，有命人趣所攝。」其他律典沒有對「人命」作相關解釋。

綜上所述，對於「人命」的詞源分析中，梵文《説出世部戒經》、巴利《戒經》以及藏文《根有戒經》中都包括人與已具人形的胎兒，而梵文《有部戒經》中有人的含義，但沒有明確包含胎兒。上述漢譯律典中都包括有命的人這一內涵，另外，《四分律》、《巴利律》中還強調從心識最初進入人類的母胎，便成為人命，直至死亡。《五分律》、《根有律》、《根有律攝》中則對人命進行分段描述，包括人和已具人形的胎兒，但其內涵與《四分律》相同。

（二）歎譽死

梵文《説出世部戒經》中對應的內容是 "maraṇa（死亡）varṇaṃ（美、功德）vāsya（或是）saṃvarṇeya（讚歎、稱譽）"，梵文《根有戒經》作 "maraṇa（死亡）varṇaṃ（美、功德）vāsyānusaṃvarṇayet（或是讚歎、稱譽）"，兩者的意思都是：讚歎死亡的美好（英譯：praises the beauty of death）。巴利《戒經》作 "maraṇa（死亡）vaṇṇaṃ（美、功德）vā（或）saṃvaṇṇeyya（讚歎、稱譽）"，意思和梵文本相同，即讚歎死亡的美好。

1　《根有律攝》卷 3，《大正藏》24 冊，537 頁下欄。

藏文《根有戒經》作"འཆི་བའི（死亡的）བསྔགས་པ（推崇，稱讚）བརྗོད（言語）"，意思是：説出推崇、讚歎死亡的言語（英譯：eulogises death, celebrates to him the praises of death）。

《四分律》中沒有相關解釋。

《五分律》中，「言死勝生，是名譽死、讚死」，即説死亡比活着更好。

《僧祇律》記載：「歎死者，言：『用惡活為？死則勝生。』」

《根有律攝》記載：「語謂欲令他死，行勸讚等，……若願死者，則讚歎令死。言『何用此罪累等』者，説：『壽存過重，死後福多。』言『不淨』者，託不淨成故。名『不淨惡活』者，勝人所棄故。……言『死勝生』者，欲令他歡喜故。……『以餘言説』者，非但説此，更以別言而相勸讚。」[1]

《巴利律》記載：「『讚歎死之美』者，示生之過患，讚死之美，言：『汝於此世死，身壞命終後，當生善趣天界，享受天上五欲之樂。』」

從上述各律的記述可以看出，「歎譽死」是引導人趣向於死，用生與死作比較，強調生命無意義、死亡殊勝的一種行為，各律典的內涵相同。

其他律典沒有相關解釋。

（三）快勸死

梵文《説出世部戒經》作"maraṇāya（死亡）cainaṃ（和）samādāpeya（教唆、慫恿）"，梵文《根有戒經》作"maraṇāya（死亡）vainaṃ（或是）samādāpayen（教唆、慫恿）"，巴利《戒經》作"maraṇāya

---

1　《根有律攝》卷 3，《大正藏》24 冊，537 頁下欄。

（死亡）vā（或）samādapeyya（教唆、慫恿）"。梵巴戒本的內容都可以翻譯為：勸導（別人）死亡（英譯：incites him to death）。藏文《根有戒經》作" དེ་འཆིར་བཙལ"，"དེ་འཆི（其死）"，"བཙལ（教唆；指使）"，意思是：教唆其死亡（英譯：instigates him to death）。

《四分律》中沒有明確的相關解釋。

《根有律》記載：「言勸死者，於三種人勸之令死，謂：破戒人、持戒人及以病人。」所謂勸破戒人死，即比丘為獲取破戒人的衣、鉢等物品，通過破戒人害怕繼續造惡業感苦果的心理而勸其自殺，如律文：「往彼作如是言：『具壽，知不？汝今破戒作諸罪業，身語意三常造眾惡。具壽，乃至汝命得長存者，所作惡業轉更增多，由惡增故，於彼長時受地獄苦。』若破戒者聞此語已，作如是問：『具壽，我今欲何所作？』彼便報曰：『應可捨身自斷其命。』」所謂勸持戒人死，即比丘為獲取持戒人的衣、鉢等物品，而勸持戒人自殺升天享福，如律文：「往彼作如是言：『具壽，知不？汝既持戒修諸善法，又能展手施、恆常施、愛樂施、廣大施、分布施。具壽，汝有此福必生天上。』若持戒人聞此語已，作如是問：『具壽，我今欲何所作？』彼便報曰：『應可捨身自斷其命。』」所謂勸病人死，即比丘希求病人的衣、鉢、資具等，而勸病人自殺以結束苦受。如律文：「往彼作如是言：『具壽，知不？汝既重病極受苦惱，汝若久存，病轉增劇，常受辛苦。』若病苾芻聞此語已，作如是問：『我今欲何所作？』彼便報曰：『應可捨身自斷其命。』」

《根有律攝》記載：「語謂欲令他死，行勸讚等，於不樂死則勸喻令死；若願死者，則讚歎令死。……『隨自心念』者，我勸他死當招福德。『以餘言説』者，非但説此，更以別言而相勸讚。」[1]

1　《根有律攝》卷 3，《大正藏》24 冊，537 頁下欄。

《巴利律》：「『以死勸導』者，言：『汝持刀，或汝服毒，或汝以繩絞死。』或言：『汝〔投〕池、淵、深坑。』」

綜上所述，上述諸部戒經與律典中「快勸死」的內涵一致，都是教唆、慫恿他人提前結束生命。

四、辨相

（一）犯緣

具足以下五個方面的犯緣便正犯本戒：

1. 所犯境

《四分律》中，所犯境是人，從初識至後識，即包括人和人胎。

《明了論》沒有本戒內容，下不贅述。其他律典的所犯境都和《四分律》相同。

2. 能犯心

（1）發起心

《四分律》中，發起心是殺心。藏傳《苾芻學處》[1]中，發起心是殺心持續不間斷，下至以饒益心欲殺。

其他律典與《四分律》相同。

（2）想心

《四分律》中，想心為人作人想。

《僧祇律》與《四分律》相同。

《十誦律》中，想心為人作人想、人作人疑、人作非人想。

《摩得勒伽》[2]中，有三處想心的記載：卷1和卷8中，人作人想殺，

1　《苾芻學處》，《宗喀巴大師集》卷5，56頁至58頁。

2　《摩得勒伽》卷1，《大正藏》23冊，568頁中欄、569頁中欄、570頁下欄至571頁上欄；卷4，《大正藏》23冊，589頁上欄至590頁下欄；卷8，《大正藏》23冊，613頁下欄至614頁中欄。

正犯；而卷 4 中，人作人想、人疑、非人想，均正犯。

《根有律攝》[1]中，想心為人作人想及疑。

藏傳《苾芻學處》中，想心為「於總於別不錯亂」，至於想心的具體內容，文中未作詳細說明。

此外，《四分律》中，想心為女作男想、男作女想，或此人作彼人想，均正犯此戒。《巴利律》中，想心為想彼而奪彼命或奪他命，均正犯此戒。

其他律典中沒有這方面的內容。

3. 方便加行

《四分律》中，方便加行是殺人，其中包括自己殺、教別人殺兩種情況。具體殺的方式有如下幾種：

（1）以手、瓦石、刀杖及餘物而殺，或者身作相殺[2]，令墮水火中，從上墮谷底，令象踏殺，令惡獸食、毒蛇螫；

（2）用藥殺，如給病人不適宜的藥，或雜毒，或過限與種種藥使死；

（3）設陷阱，如律文：「審知彼所行道必從是來往，當於道中鑿深坑，著火，若刀，若毒蛇，若尖橛，若以毒塗刺」；

（4）安放殺具，如律文：「先知彼人本來患厭身命，穢賤此身，即持刀、毒，若繩及餘死具置之於前」；

（5）通過口說或書信等方式讚歎殺，如律文：「或作是說：『汝所作惡無仁慈、懷毒意，不作眾善行。汝不作救護，汝生便受罪多，不

1　《根有律攝》卷 3，《大正藏》24 冊，537 頁下欄至 539 頁上欄。

2　身相殺：指比丘通過作出各種身體動作而殺人。需要說明的是，這裏的「身相殺」並不需要直接接觸對方的身體。例如，在懸崖邊，比丘揮舞肢體恐嚇對方，導致對方驚慌失足墜崖而死。

如死。』」

　　除《摩得勒伽》、《薩婆多論》[1]中未作明確説明外，其他律典所載殺人方式基本與《四分律》相同，只是具體內容的詳略稍有不同。其中藏傳《苾芻學處》、《毗尼母經》[2]兩部律典介紹的內容比較簡略，但也包含自己殺、教他殺兩方面；其他律典則比較詳細，現將諸律對此的不同點略述如下：

　　《十誦律》、《僧祇律》、《根有律》、《根有律攝》中還包括為別人指示危險的道路或處所來殺人的方式。如《十誦律》記載：「有比丘知是道中有惡賊、惡獸、飢餓，遣令往至此惡道中。」《根有律》記載：「驅使殺，若苾芻欲殺人，即遣其人向險難處而致死者。」

　　《鼻奈耶》、《十誦律》、《僧祇律》、《五分律》、《根有律》、《根有律攝》中還提到咒術殺人及起屍鬼殺人的情況。如《十誦律》記載：「有比丘以二十九日，求全身死人，召鬼咒屍令起，水洗著衣，著刀手中。若心念，若口説：『我為某故作毗陀羅。』」「斷命者，若比丘以其二十九日，牛屎塗地，酒食著中，然火已，尋著水中。心念、口説讀咒術言：『如火水中滅，某甲人命亦如是滅。』若火滅時彼命隨滅。」《根有律》記載：「起方便以指畫地，口誦禁咒，作如是念：『畫滿七數令彼命終。』」

　　《根有律》和《根有律攝》中還有用酒將人迷醉然後致死的情況。如《根有律》記載：「酒醉殺，若苾芻故心欲殺女、男、半擇迦等，與米酒令飲，因此致死；或令師子等食，乃至飢渴羸瘦，由此方便而致命終，得波羅市迦或窣吐羅底也，廣如上説；如米酒既爾，乃至根、莖、花、葉、果酒，或咒其酒，或以藥酒，飲令心亂癡無所識。由此方便

1　《薩婆多論》卷 3，《大正藏》23 冊，518 頁上欄至 519 頁上欄。

2　《毗尼母經》卷 4，《大正藏》24 冊，824 頁下欄至 825 頁上欄；卷 7，《大正藏》24 冊，839 頁中欄至下欄。

而致命終，或由醉故欲令王賊、怨家而斷其命，得波羅市迦或窣吐羅底也，廣如上說，是名以酒殺。」

《五分律》和《善見論》[1] 中還有以鬼神力和神通殺人的情況，如《五分律》記載：「隨心遣諸鬼神殺，是名作是心，隨心殺。」《善見論》記載：「神力者，以神通，如龍王、迦留羅、夜叉、天人、人王、龍王殺眾生，以眼視，或齧，或吐毒即死。」

藏傳《苾芻學處》中，除了「或自或教他發動身語不錯亂而行殺害」以外，還包括「以刀杖毒藥力殺；或以計謀令蹈死處；或以殺心指示被殺人所在處；或他人請問可殺否而自許可」。

另外，《四分律》還記載墮胎殺亦正犯，不管是通過給有孕之人咒食、咒藥食用，還是直接咒胎、按壓對方腹部等方式墮胎，都正犯本戒。《十誦律》中提到，墮胎殺和按腹殺都正犯：墮胎殺包括「與有胎女人吐下藥、灌鼻藥、灌大小便處藥，若針血脈，若出眼淚，若消血藥」，按腹殺有「使懷妊女人重作，或擔重物，教使在車前走，若令上峻岸」等。《薩婆多論》中提到墮胎殺和按腹殺正犯。《五分律》、《善見論》中，與藥墮胎和按腹墮人胎都正犯。《鼻奈耶》中，使用咒和按腹的方式墮人胎，均正犯本戒。《根有律》、《根有律攝》中，通過蹂躪母腹墮胎殺正犯本戒。《摩得勒伽》、《僧祇律》、《巴利律》只記載墮胎殺正犯，沒有提及更詳細的內容。

4. 究竟成犯

《四分律》中，究竟成犯是被殺者死亡。

其他律典均與《四分律》相同。

1　《善見論》卷 10，《大正藏》24 冊，743 頁上欄至 747 頁下欄；卷 11，《大正藏》24 冊，747 頁下欄至 754 頁下欄。

5. 犯戒主體

《四分律》中，犯戒主體是比丘，比丘尼同犯。

《五分律》、《根有律》、《根有律攝》、《巴利律》、藏傳《苾芻學處》均與《四分律》相同。

《十誦律》和《摩得勒伽》中，比丘、比丘尼和學悔沙彌均會正犯此戒。

其他律典中犯戒主體是比丘，未提及比丘尼的結犯情況。

（二）輕重

上文犯緣中已經提到的結罪情況，為免文繁下不贅述。

1. 所犯境

《四分律》中，若殺天、龍、惡鬼等以及畜生能變形者，結偷蘭遮；畜生不能變形者，結波逸提；自殺，結偷蘭遮。如：「若天子，若龍子，阿須羅子、揵闥婆子、夜叉、餓鬼，若畜生中有智解人語者，若復有能變形者，方便求殺，殺者，偷蘭遮；方便不死，突吉羅。畜生不能變形，若殺，波夜提；方便不殺，突吉羅。」其他未提及。

對於殺非人、鬼等眾生的結罪情況，如下律典和《四分律》相同，只是具體表述有所不同：

《五分律》中，若殺非人、殺鬼，結偷蘭遮。

《十誦律》中，若殺非人，結偷蘭遮。

《根有律攝》記載：「於人女腹有傍生胎及非人胎，故心墮者，便得粗罪。」「若害化形，亦得粗罪。」「若苾芻害彼屍鬼，得二粗罪。」

《巴利律》中，若殺夜叉鬼，結偷蘭遮。

藏傳《苾芻學處》中，「除畜生外殺餘非人，或變形，或不變形」，

均犯偷蘭遮罪。

《摩得勒伽》中，若殺化人，結偷蘭遮；若畜生懷人胎，若墮，結波羅夷；人懷畜生胎，若殺，結偷蘭遮。

《善見論》中，若殺鬼神、夜叉、天帝釋，結偷蘭遮罪。

關於自殺的情形，《摩得勒伽》、《五分律》、《根有律攝》、藏傳《苾芻學處》與《四分律》相同，結偷蘭遮。《善見論》與《四分律》不同。如《善見論》記載：「莫自殺身，殺身者，乃至不食，亦得突吉羅罪。」

除上述諸律共通的情況外，《根有律攝》中還記載：「於傍生腹知有人胎，或知人趣變作傍生，斷彼命時俱得本罪。」「若人被他害，由此緣故決定命終，餘命尚在，殺，得粗罪；不定死者，得他勝罪。」藏傳《苾芻學處》記載：「於彼無自在權之人，他來請殺而許可，是粗罪。」

2. 能犯心

（1）發起心

①殺心有無

《四分律》中，有故意的殺心，結波羅夷；無故意殺心，不犯。

藏傳《苾芻學處》中，殺心持續不間斷，下至以饒益心殺，結波羅夷罪。

其他律典基本都與《四分律》相同。

在以下幾部律典中還記載了一些雖非殺心亦會結罪的情況：

《十誦律》中，「若比丘戲笑打他，若死得突吉羅」。

《摩得勒伽》記載：「問：『若比丘戲笑打父，因是死，犯何罪？』答：『突吉羅。』」

《根有律攝》記載：「作戲笑心而為打拍，因斯致死，得惡作罪。」「有急難來，以身走避，情無悲愍排觸前人，無殺彼心，前人死者，便得粗罪；不死，惡作；若有殺心，得根本罪。」「若於病者無有殺心，

然所陳說令其樂死，或時持刀，或以繩索，不審思察安病人邊，或安毒藥，皆得惡作。」「苾芻行時低頭而去，觸殺前人，無心非犯。不應俯面而行，作損惱心，便得粗罪，殺心犯重。」「見他苾芻病將欲死，自己衣鉢更不修治，彼若身亡所有衣貲我當合得。此乃旎荼羅意，得越法罪。」

《巴利律》記載：「爾時，一比丘以試驗之意，與他比丘毒，其比丘死。彼心生悔恨……乃至……『比丘！汝存何心乎？』『世尊，我以試意。』『比丘，非波羅夷，乃偷蘭遮。』」

②殺心中斷

《根有律攝》、藏傳《苾芻學處》均記載有殺心中斷後不結根本罪的情況。如《根有律攝》：「先興方便遣殺他人，後起悔心不欲其死，前人雖死，但得窣吐羅。」藏傳《苾芻學處》：「若於彼被殺未斷命以前起悔心，或自與彼同時死，皆不成根本罪。」

《根有律》記載有類似的情況，比丘勸人自殺，之後心生後悔，又勸其不要自殺，如果對方不採納並自殺死亡，那麼勸人自殺的比丘結偷蘭遮罪，此時雖然對方是因比丘的第一次勸說而死，但比丘也不正犯。

而《巴利律》與上述幾部律典不同，僅產生了悔心還不足夠。比丘指使其他比丘殺人便犯突吉羅罪，之後如果產生了悔心，但若不告訴被教比丘「不可殺」，那麼在其殺人以後，教者和被教者均結波羅夷罪；反之，若是教者告訴被教比丘「不可殺」，但被教比丘仍將對方殺掉，那麼殺者結波羅夷罪，而教者只結突吉羅罪。

另外，《善見論》中，比丘挖坑準備殺人，隨即後悔而將此坑填起來，或者由其他一些原因而將此坑破壞，結突吉羅罪；若比丘以殺心寫假經書讚死，隨即後悔而將此書燒掉，結突吉羅罪。

（2）想心

《四分律》中，想心為「實人人想殺，波羅夷；人疑，偷蘭遮；人非人想，偷蘭遮。非人人想，偷蘭遮；非人疑，偷蘭遮」。女作男想或男作女想，或此人作彼人想，均犯波羅夷。

《十誦律》中，想心為非人非人想殺、非人中生疑殺，非人人想殺，均結偷蘭遮。

《根有律攝》中，若於非人作人想、疑殺，得粗罪；若人作傍生想，得惡作罪；作非人想，亦得惡作。

《巴利律》中，想心為想彼而奪彼命或奪他命，均犯波羅夷。

《摩得勒伽》中，有三處不同的想心判罪。卷1中，人作人想，犯波羅夷；「若異想殺，不犯」。卷4記載，「人，非人想殺，波羅夷。疑，波羅夷。非人，人想殺，偷羅遮。非人，非人想殺，偷羅遮。疑殺，偷羅遮」。而卷8記載：人作非人想，偷蘭遮；「若比丘疑人非人而殺人，偷羅遮」；於母作非母想，犯偷蘭遮；非母母想殺，偷蘭遮；非阿羅漢而作阿羅漢想殺，偷蘭遮；畜生作人想，偷蘭遮；人作畜生想，突吉羅。

藏傳《苾芻學處》中，「於總於別不錯亂」，犯波羅夷。

3. 方便加行

《四分律》記載：「時有眾多比丘，方便遣一人斷他命，中有一人疑而不遮，彼便即往斷命。疑，佛言：『一切波羅夷。』時有眾多比丘方便共斷他命，中有一人疑即遮，而使故往斷命。疑，佛言：『遮者，偷蘭遮；不遮者，波羅夷。』」

《十誦律》、《根有律攝》均記載，比丘故意不看護病人或與病人不適宜的食物和藥，導致病人死亡，結偷蘭遮。如《十誦律》：「看病比丘看視故，作是念：『我看來久，是病人不死不差，今不能復看，置令

死。』是看病人便不看故，病人便死……佛言：『不得波羅夷，得偷蘭遮。』」「是看病人到病人所言：『我為汝故求隨病藥而不能得，汝今趣得藥當服。』是病人趣得便服即死……佛言：『若趣與藥死者，得偷蘭遮；若與隨病藥死，無罪。』」《根有律攝》記載：「或看病者情生勞倦，或作惡意望彼貲財，或出忿言：『任汝死去，我不能看。』因致死者，並得粗罪。現有宜食，與不宜者，看病之人亦得粗罪；若無別可得者，無犯。」兩部律對於比丘無殺心，但有故意的行為而致他死的情況，均結偷蘭遮。如《十誦律》：「有一比丘食不消故，以厚衣被自纏裹坐一處。有餘比丘來喚言：『起！』答言：『莫喚我起，我起當死。』有餘比丘重喚言：『起！起！』便即死……佛言：『不得波羅夷，得偷蘭遮。』」此律還記載：「若比丘作方便，欲殺人而殺非人，得偷蘭遮。若比丘作方便，欲殺非人而殺人，得突吉羅。」《根有律攝》：「捺未熟癰死，便粗罪；熟者，無犯。」「病人報言：『莫扶我起。』強扶令起，若彼死者，得窣吐羅。」

《根有律》中，如果比丘先勸其他比丘死，後來比丘又收回勸言而勸其別死，那麼無論被勸比丘死不死，均結偷蘭遮。

《根有律攝》記載：「若見有情或被水漂、火燒，或時渴逼，不手接、不與水，見其欲死有力能救，或雖不願死，作捨受心而不救者，彼若命終，皆得惡作罪。」「見他授藥欲墮彼胎，不作遮止，得越法罪。」「以繩索縛人，或告官司斬他手足，並吐羅罪。」

《巴利律》中，比丘為他人提供殺人的方法，彼人因而致死，比丘也犯波羅夷。如律文：「一男子〔因罪〕被斷手足，於親戚家為親戚所圍繞。一比丘如是語諸人曰：『賢者，汝等欲彼死乎？』『然。大德，我等願之。』『若是，令彼飲酪漿。』遂令彼飲酪漿而致死。其比丘心生悔恨……乃至……『比丘，汝犯波羅夷。』」「一比丘行至刑場，對執刑者如是言：『賢者，勿使彼苦，一擊殺之。』『善。大德。』而一擊

奪命。彼心生悔恨……『比丘，汝犯波羅夷。』」

藏傳《苾芻學處》記載：「若發起心不具，如對於母或胎，隨欲殺一，不欲殺者死，欲殺者未死；以此為例，如於多數所殺中，隨欲殺一指令殺者，誤殺不欲殺者；或無殺心，截人支分；……或販賣人口；或捉得賊盜送往國王斷事處；若移動病人時，病人自呼將死，不聽信而強移動；或以輕視心，謂病亦可不為看護；或授人以不宜之飲食；或瘡癰未熟而割裂之；或閉他人於洞中；或以門扇夾擠他人令生煩惱者：皆粗罪。」

《薩婆多論》記載：「若遣使殺人，教彼人若來者殺，而受使者彼人去時殺者，比丘得輕偷蘭；若教刀殺而用杖殺，若殺此而殺彼，凡不如本教更異方便，盡輕偷蘭。」「若比丘善知星曆、陰陽、龜易，解國興衰、軍馬形勢，若以比丘語故征統異國，有所殺害兼得財寶，皆得殺、盜二波羅夷。」

《摩得勒伽》記載：「咒術仙藥咒他作畜生而殺，犯波羅夷。」此外，「欲殺此人而殺彼人，犯偷羅遮」。

《善見論》中，受教者不按時間殺或殺錯了人，殺者得波羅夷罪，教者不犯重罪。

《鼻奈耶》中還有以官勢殺人和參與戰爭殺人的記載，如：「比丘向官讒言，以官勢殺人者……」「拘薩羅界有諸比丘止住，此比丘數數鬥二國王，有比丘驛使送書，若導軍前殺人、教他殺，波羅移不受。」

4. 究竟成犯

《四分律》中，若被殺者死亡時，結波羅夷罪；若方便殺而不死，則結偷蘭遮罪。對此，除《鼻奈耶》、《毗尼母經》沒有犯輕罪偷蘭遮的記載以外，其他律典均與《四分律》相同。

另外，諸律中還記載了一些其他情況的究竟成犯，如下所示：

《五分律》記載:「比丘遣書令殺,彼作書,字字偷羅遮;書至彼,彼因是殺,死者,波羅夷。」「若比丘作是念:『我當殺彼人。』發心時,突吉羅;作方便時,偷羅遮;死者,波羅夷。」

《十誦律》記載,若比丘殺人,「彼因是死者,波羅夷;若不即死,後因是死者,波羅夷;若不即死,後不因死,偷蘭遮」。若比丘勸其他人死時,若死,波羅夷;不死,偷蘭遮;對方不接受,偷蘭遮;比丘心悔,收回語言,若對方接受或不死,比丘結偷蘭遮。

《僧祇律》中,若比丘殺人,準備時,得越毗尼罪;觸彼身殺時,偷蘭遮;因是死,非餘者,波羅夷。如律文:「塗藥殺者,若比丘欲殺人故,手捉毒藥時,得越比尼罪;塗彼身分,得偷蘭罪;彼因是死,波羅夷。」若比丘勸其他人死,對方接受其語時,是比丘得越毗尼罪;苦痛時,得偷蘭遮罪;若死者,波羅夷。若對方不接受比丘的勸死,比丘結一個越毗尼罪;在比丘走後,被勸人思維後又認為比丘的勸告有道理,於是又接受比丘的勸言而死,比丘結偷蘭遮罪。

《根有律》中,比丘殺人,若當時死,結波羅夷;後因此死,正犯;不死,得偷蘭遮。又比丘勸死時,若對方接受勸言而死,得波羅夷;不受勸,得偷蘭遮;若後比丘收回勸言勸其別死,則無論對方死不死,比丘均結偷蘭遮。又記載:「若苾芻有殺心,起方便欲殺女、男、半擇迦,以油麻芥子各一升置於臼中搗之,口誦禁咒,作如是念:『若臼中物搗,若成末令彼命終。』未末已來,彼命終者,此苾芻得窣吐羅底也;若碎成末,彼命終者,苾芻得波羅市迦。」

《根有律攝》記載:「言彼因死者,顯非餘事,但由勸死令他命斷,得波羅市迦;若不死者,得窣吐羅。先興方便遣殺他人,後起悔心不欲其死,前人雖死,但得窣吐羅。」

藏傳《苾芻學處》記載:「由彼因緣,乃至異時而死者,得本罪……從起殺心乃至未動身語,是應防護之惡作罪。動身語後,至未起正殺

加行，是加行之加行惡作罪。正起加行時粗罪。命斷時他勝罪。若於彼被殺未斷命以前起悔心，或自與彼同時死，皆不成根本罪。」

《薩婆多論》記載：「若遣使殺人，當教時，得輕偷蘭；使若殺時，此比丘得波羅夷。」「若為殺人作刀、杖、弓箭，突吉羅。若執刀欲殺人，發足，步步輕偷蘭；乃至未傷人已還，盡輕偷蘭。若刀著人，不問深淺，命未斷以還，重偷蘭；若死，波羅夷。」「若以刀杖欲殺人故，或杖打、刀刺，不尋手死，十日應死，後更異人打，即尋杖死。打死比丘得波羅夷，先打比丘得重偷蘭。」

《巴利律》中，比丘作殺人方便時，犯突吉羅；對方生起苦受而未死時，犯偷蘭遮；死去時，犯波羅夷。如律文：「『身讚歎』者，以身示相〔而言〕『如是死者，得財、得名譽、至善趣』者，突吉羅。依彼之讚歎〔而言：〕『我當死。』而生苦受，則偷蘭遮；死則波羅夷。」

《善見論》記載：「若作坑取鬼神，初作坑時及鬼神落中受苦，得突吉羅罪；若死者，偷蘭遮。」關於勸死，律文說：「此人知其讚歎時，得突吉羅罪，隨其讚取死，苦痛而不死，得偷蘭遮罪；若死，波羅夷罪。若此人不解其讚，餘人解而言：『我死必得生天。』即取死，讚者無罪。」又說：「若坑深，有人擔食糧落坑中不即死，後啖食盡必定死，無有出期，初落坑，作坑者已得波羅夷罪。若作坑本擬殺人，人不來而自誤落坑死，初作坑時，得突吉羅罪。」

5. 犯戒主體

《四分律》中，比丘、比丘尼犯本戒，結波羅夷罪；式叉摩那、沙彌、沙彌尼犯本戒，均結突吉羅罪，滅擯。

《摩得勒伽》、《五分律》與《四分律》相同，但沒有提到式叉摩那、沙彌、沙彌尼滅擯的問題。

《十誦律》、《根有律》、《根有律攝》、《巴利律》、藏傳《苾芻學處》

中，比丘、比丘尼犯本戒也結波羅夷罪，未提及下三眾的結罪情況。

另外，《十誦律》和《摩得勒伽》中提到，學悔沙彌殺人也犯波羅夷，而「本犯戒人、賊住人、本不和合人、污染比丘尼人」若犯本戒，結突吉羅罪。

《根有律攝》記載：「或於母等為殺方便，自在前死並得粗罪。」《摩得勒伽》亦記載：「若先作殺母方便已而自殺……自先死，後母死，偷羅遮。殺父、阿羅漢亦如是。」即比丘若先於被殺者死亡，結偷蘭遮罪，此罪並非是因母死而得，而是因殺害對方的行為而結「大殺戒」的前方便罪，當殺人者先死亡時就已經失去了比丘身分，所以最後在被殺者死亡時，殺人的主體不是比丘，不會產生戒罪。

在原理上與上述情況比較相似的還有一種情況。《薩婆多論》記載：「若二人相刺一時死，無犯戒罪，以受戒誓畢一形故。」藏傳《苾芻學處》亦記載：「自與彼同時死，皆不成根本罪。」這種情況下犯戒主體在究竟結罪的同時死亡，也是失去了比丘身分，所以不會產生戒罪。

《十誦律》有兩處提到了狂比丘的結罪問題，但二者內容互相之間有矛盾。該律中先提到：「比丘以殺心打人，是人未死頃，比丘若狂，若返戒，得偷蘭遮。」從這段文字來看，比丘發狂和捨戒是等同的，都不犯戒罪，此處的偷蘭遮罪，是比丘以殺心打人而結「大殺戒」的前方便罪。但在該律的另一處，則提到比丘發狂而殺人屬於正犯，如律文：「比丘狂以殺心打他，若是人死，得波羅夷。」對於兩者的矛盾之處，有一種可能的解釋：犯偷蘭遮的比丘發狂程度比較嚴重，完全失去了自我控制能力，所以犯輕；而後一處殺人犯重的比丘，其發狂程度較輕，還沒有喪失自我意識，所以犯波羅夷罪。

其他律典中，比丘犯本戒，結波羅夷，沒有提及比丘尼與下三眾結罪的情況。

（三）不犯

1. 能犯心不具足

據《四分律》記載，若無殺心，則不犯。如律文：「不犯者，若擲刀、杖、瓦石誤著彼身，死者，不犯。若營事作房舍，誤墮塹石、材木、椽柱殺人，不犯。重病人扶起，若扶臥、浴時、服藥時，從涼處至熱處，從熱處至涼處，入房、出房、向廁往返，一切無害心而死，不犯。」對此，其他律典基本與《四分律》相同，只是表述有些不同。如《鼻奈耶》記載：「若有慈悲喜護，隨意不逆病者，不有波羅移不受。」

《十誦律》記載：「若比丘病，父母來問訊，比丘經行倒父母上，父母若死，比丘無罪。又復比丘病，父母扶將歸家，比丘蹎蹶倒父母上，父母若死，比丘無罪。」

《摩得勒伽》記載：「若比丘欲斫樹而斫母死，不犯。如母，父、阿羅漢亦如是。」「若父母得重病，扶起扶行，因是死，不得波羅夷，不得逆罪。」

《五分律》記載：「不犯者，慈愍心、無殺心。」

《毗尼母經》記載：「若人作非人想殺者，不犯。」「於一切眾生上不起殺心……不犯。」

2. 犯戒主體不具足

《四分律》中，「最初未制戒，癡狂、心亂、痛惱所纏」四種比丘不犯。《五分律》、《根有律》與《四分律》相同。

《十誦律》記載：「先作無罪。」

《僧祇律》記載：「不犯者，狂癡、心亂，無罪。」

《毗尼母經》記載：「初未制戒時作，不犯。」

《巴利律》記載：「無知者、無識者、無殺意者，癡狂者、最初之犯行者，不犯也。」

五、原理

（一）「大殺戒」對貪瞋癡煩惱的約束

此戒為性戒。

在「大殺戒」中，殺生斷命可以多種形式呈現，貪瞋癡皆能引發殺業。有的從貪欲引發，如《四分律》中勿力伽難提比丘受僱於求死的比丘，為得衣缽而行殺，又如有一位比丘看到病比丘「多有財物」，比丘貪利而給他服用不宜之藥，導致病比丘死亡；有從瞋恚引發，如《鼻奈耶》中提婆達多不滿蓮華色比丘尼勸誡，拳打比丘尼頭而死；有從愚癡引發，如諸律中比丘修不淨觀修偏而自殺[1]。《善見論》記載：「殺戒因緣，或從身心起得罪，或口心作得罪，或用身心口得罪，此是性罪，身業、口業、害心苦受。」比丘對自己或他人生命的非法剝奪，佛陀無一例外地加以禁止。

（二）慈悲護生與業果的角度

凡有命者皆珍愛自己的生命，殺生害命是最大的罪行。對人來說，人命最寶貴，世人寧可失去一切也不願意失去生命。因此，在十惡業中，殺業列在第一位，五戒中殺戒也列在第一位。人在受戒時誓願不殺一切有情，就是於無量眾生上種下善因，所得功德果報最大。

1 　除了自殺，如《僧祇律》中比丘憐憫犯王法的罪人，請求典刑者給罪人痛快一刀，也屬於一種愚癡。《僧祇律》卷 4：「時有摩訶羅比丘不善知戒相，愍此罪人苦痛，語典刑者言：『此人可愍，莫使苦痛，汝持刀為作一瘡。』爾時魁膾答言：『如教。』便持利刀，為作一瘡。是摩訶羅比丘，得波羅夷。」《大正藏》22 冊，256 頁下欄。

如果比丘不持殺戒，不僅其他功德不能保持，而且將會因為殺生太多而感得現世恐怖，以及未來多病短命等種種果報。[1]《大智度論》記載：「諸餘罪中，殺罪最重；諸功德中，不殺第一。」

諸律緣起也記載，殺人者在受僱殺死比丘後，心中悔恨懊惱，認為自己造了很大的惡業，如《僧祇律》記載：「鹿杖外道殺比丘已，甚大憂惱，作是念言：『我今云何斷梵行人命？作是惡法，我命終後將無墮惡道入泥犁中？』」《四分律》中，勿力伽難提悔恨「無利非善」。而在《善見論》中，殺人者也懷着罪惡感走向河水邊：「我當往婆裘河洗除我罪。」[2]

佛法教導人應當慈悲護念一切有情，對一位比丘來說，殺動物尚且是罪，何況殺人？相比而言，殺畜生得波逸提罪，殺非人得偷蘭遮罪，殺人之所以罪更重，是因為五趣之中人趣最為殊勝，只有人才可以出家受戒，修行成就聖果。天人雖然福報很大，但不可以受戒，並非修道之器，而且殺天人的可能性也很小。《薩婆多論》記載：「問曰：『何以但害人得波羅夷？』答曰：『人中有三歸、五戒、波羅提木叉戒故。又沙門四果多在人中得，佛與辟支佛必在人中得漏盡故也。是以害人波羅夷，餘道不得波羅夷。』」

1　《瑜伽師地論》卷 60：「復次，若於殺生親近數習，多所作故，生那落迦，是名殺生異熟果。若從彼沒，來生此間人同分中，壽量短促，是名殺生等流果。於外所得器世界中，飲食果藥皆少光澤勢力，異熟及與威德並皆微劣，消變不平，生長疾病。由此因緣，無量有情未盡壽量非時中夭，是名殺生增上果。」《大正藏》30 冊，633 頁中欄至下欄。《大智度論》卷 13：「殺生有十罪，何等為十？一者，心常懷毒，世世不絕；二者，眾生憎惡，眼不喜見；三者，常懷惡念，思惟惡事；四者，眾生畏之，如見蛇虎；五者，睡時心怖，覺亦不安；六者，常有惡夢；七者，命終之時，狂怖惡死；八者，種短命業因緣；九者，身壞命終，墮泥梨中；十者，若出為人，常當短命。」《大正藏》25 冊，155 頁下欄。

2　《善見論》卷 10：「血流出者，血出污手、足及刀。往婆裘摩河者，世間有人言：『此河能洗除人罪。』鹿杖沙門念言：『我當往婆裘河洗除我罪。』」《大正藏》24 冊，744 頁下欄至745 頁上欄。

（三）殺人與自殺的心理防控

　　佛為比丘說不淨觀，讚歎修不淨觀可得大果利。[1]但是一些比丘因為前世所犯惡行或者殺業，[2]心靈被業主宰，行為被魔操控，不能趨向解脫。如諸律中記載，殺人者在魔的誘引下，殺死一個個比丘，甚至專門尋找那些「大德聲聞」、「得道果、無恐怖者」來殺害，可見其愚癡盲目。而魔以誘導他人行殺這樣一個形象出現，它許諾殺人者死後可以得到生天的福報，以及各種五欲的滿足。如《五分律》中，天魔蠱惑旃陀羅：「善哉！汝得大利，斷持戒沙門命，未度者度，福慶無量。天神記錄，故來告汝。」[3]在這裏，魔的聲音類似一種來自外部的誘導，在它的鼓動下，盲目的人會被操控，甚至可能犯下最嚴重的罪業。可見，人的心理具有不自主性，需要防範與警惕這種被外部力量誘導的殺人行為。

1　《薩婆多論》卷3：「得大果大利者，一、現漏盡結，二、不墮惡道，三、生天人中，四、善法增長，五、不墮下賤家。」《大正藏》23冊，518頁中欄。

2　《薩婆多論》卷3：「問曰：『阿難言者，問曰：佛一切智，何故教諸比丘令得如是衰惱？若不知者，不名一切智。』答曰：『佛一切等教，爾時不但六十人受不淨觀，佛法教無有偏，但受得利有多有少，故無咎也。佛深知眾生根業始終，必以此法因緣後得大利。云六十比丘，迦葉佛所受不淨觀法，不能專修，多犯惡行，命終入地獄中。今佛出世，罪畢得生人間，墮下賤家，出家入道，以本緣故，應受此法。既命終已，得生天上，於天來下，從佛聽法，得獲道迹。以是因緣，佛無偏也。』」《大正藏》23冊，518頁上欄至中欄。《善見論》卷10：「如來作如是敕。以天眼觀往昔，有五百獵師，共入阿蘭若處殺諸群鹿，以此為業。五百獵師墮三惡道，於三惡道，受諸苦惱，經久得出。昔有微福，得生人間，出家為道受具足戒，五百比丘宿殃未盡，於半月中更相殺害，復教他殺，如來見已，此惡業至，諸佛所不能救，是故如來因此半月入靜室。」《大正藏》24冊，744頁中欄。

3　《僧祇律》卷4：「爾時，天魔波旬常作方便增長諸惡，便於空中語外道言：『汝莫愁惱畏墮惡道，所以者何？汝今所作，脫人苦患，未度者度，功德無量。』」《大正藏》22冊，254頁中欄。《四分律》卷2：「時有一天魔知彼比丘心念，即以神足而來，在勿力伽難提比丘前，於水上立而不陷沒，勸讚言：『善哉，善哉！善男子，汝今獲大功德，度不度者。』」《大正藏》22冊，576頁上欄。《根有律》卷7：「時有天魔從水湧出，告梵志曰：『善哉！賢首，汝今所作多獲福德，汝於沙門具戒具德，未度者令度，未脫者令脫，未安者令安，未涅槃者令得涅槃，更有餘利得彼衣鉢。』」《大正藏》23冊，660頁上欄。

另外，主要有三種自殺者需要進行心理防衛和引導：破戒人、持戒人及病人。《根有律》中認為這三種人容易被誘導而自殺。第一種，破戒人，如《四分律》中比丘欲「捨戒墮下業」，因此而自殺。此類破戒人的恐懼表現在擔憂自己造惡業墮入地獄，如律文：「惡業轉更增多，由惡增故於彼長時受地獄苦。」第二種，持戒人，即那些自以為持戒修善，相信死後可以生天的人。第三種，生重病的人，這種人為病痛所困擾，缺乏周圍人的關愛，心理敏感、脆弱。這三種人具有如下幾種心理傾向：破戒的人不相信某些罪可以完全懺悔清淨；持戒的人執著自我，為了守戒而自殺，以為這樣做保全了戒體，但其實自殺恰恰是犯戒；[1] 生病的人被病痛所困擾，而病痛也容易腐蝕人的內心，以至於當其對醫治產生絕望時，選擇用自殺的方式來結束痛苦。總之，認識以上三種人們自殺的心理機制，及時發現其心理傾向，並做好相關防護，是比丘的首要工作。

（四）法理的視角

　　從法律的角度來講，殺人是最嚴重的罪行，佛教不僅不會違背世間法律的規範，而且佛陀的制戒要遠比法律嚴格。據《大方等大集經》記載，佛陀制定四根本戒是參照當時國法而制定。「斷他命根」是國法中的四重罪之一，殺人犯死罪。[2] 而戒律的特點是可以在遵守世間法律

1　義淨三藏稱此為「破戒求死」，《南海寄歸內法傳》卷 4：「凡燒身之類各表中誠，或三人兩人同心結契，誘諸初學詳為勸死。在前亡者自獲偷蘭，末後命終定招夷罪。不肯持禁而存，欲得破戒求死，固守專心、曾不窺教。」《大正藏》54 冊，231 頁下欄。

2　《大方等大集經》卷 24：「爾時，世尊告頻婆娑羅王：『大王，汝之國法何名大罪？何名小罪？』頻婆娑羅言：『世尊，我之國法有四重罪：一者，斷他命根；二者，偷至五錢；三者，淫他婦女；四者，為五錢故，大眾、王邊故作妄語。如是四罪，犯者不活。』佛言：『我今亦為未來弟子制是四重。』」《大正藏》13 冊，172 頁下欄。

的基礎上，治罰法律制裁不到，卻在僧團中出現的非法行為。比如，在官兵剿賊時，比丘利用官兵力量殺死自己仇恨的人，這樣雖然不犯國法，但是其比丘身分已經不能保持。[1] 提婆達多打死蓮華色比丘尼，儘管王子阿闍世庇護他，但他也會被趕出僧團。《阿毗達磨大毗婆沙論》中，印度北部有一個叫目迦的國家，該國傳統認為殺死衰老的父母不算犯罪，如文：「父母衰老及遭痼疾，若能殺者，得福無罪。」[2] 但從佛法角度來說，比丘若殺父母，將會犯逆罪[3]與波羅夷兩重罪。

（五）倫理的角度

在古印度，旃荼羅種姓的人才會從事受僱殺人的惡行，殺人是那些最凶惡、最卑賤的人才會去做的事。在佛教中，把從事殺生害命職

1　《鼻奈耶》卷 1：「比丘向官讒言、以官勢殺人者，波羅移不受。」《大正藏》24 冊，856 頁中欄。《十誦律》卷 52：「若人捉賊欲將殺，賊得走去，若以官力，若聚落力追逐是賊。比丘逆道來，追者問比丘言：『汝見賊不？』是比丘先於賊有惡心、瞋恨心，語言：『我見在是處。』以是因緣令賊失命，比丘得波羅夷。若人將眾多賊欲殺，是賊得走去，若以官力，若聚落力追逐，是比丘逆道來，追者問比丘言：『汝見賊不？』是賊中或一人是比丘所瞋恨者，比丘言：『我見在是處。』若得殺非所瞋者，偷蘭遮。」《大正藏》23 冊，381 頁下欄。

2　《阿毗達磨大毗婆沙論》卷 116：「又此西方有蔑戾車，名曰目迦，起如是見，立如是論：父母衰老及遭痼疾，若能殺者，得福無罪。所以者何？夫衰老者，諸根朽敗，不能飲食，若死更得新勝諸根，飲新暖乳。若遭痼疾多受苦惱，死便解脫，故殺無罪。如是等殺名從癡生，以迷業果起邪謗故。」《大正藏》27 冊，605 頁下欄。

3　違逆道理，罪大惡極之罪，稱為逆罪。逆罪將招致報應而入無間地獄受苦，故為無間業。逆罪，一般係指五逆罪而言。五逆罪加上殺阿闍梨、殺和尚，則成七逆罪，因犯此七逆罪者，不得受戒，故亦稱七遮罪。七遮罪，即出佛身血（傷害佛身）、殺父、殺母、殺和尚、殺阿闍梨（殺師僧）、破羯磨轉法輪僧（即以不正當之言論、行動，破壞教團之融和）與殺聖人等七種逆罪。慈怡編著：《佛光大辭典》5 冊，北京圖書出版社，2004 年 11 月，4328 頁上欄至中欄。

業的人稱為「惡律儀者」[1]，此種人將來會墮入惡趣。而《五分律》中，即使是從事殺生的獵師，也不願意受僱於比丘而殺人，如律文：「彼比丘走語獵師言：『此有比丘得重病，不復樂生。汝為斷命，可得大福。』獵師言：『若殺生得大福者，屠膾之人得大福耶？汝等比丘自言有慈悲心，今教人殺。教人殺與自殺，有何等異？』」獵師也認為自己的職業是罪惡的，對於比丘教他去殺人的行為尤其不能接受。

比丘不可殺人，勸導他人自殺也不可以。《五分律》記載，一位居士遭遇賊難，骨肉分離，非常苦惱。儘管如此，當比丘勸其自殺時，他表示不能認同：「我雖憂悲，不能自殺。何以故？在世遭苦，知修道業。」可見，每個人都愛惜自己的生命，在困難來臨時，人都會以一種強大的求生本能來渡過難關。自殺談何容易，讚死的人自己不自殺，他就陷入自己的悖論中了。何況自殺的人常常被認為不冷靜，在自殺的過程中難免後悔。《根有律》記載，一位比丘勸其生病的父親捨生就死，以得解脫，比丘言：「捨此苦身，當生善道，天堂解脫如隔輕幔。」於是其父讓女婢扼死自己，當死亡的痛苦緊迫逼來時，他雖心生悔意，但為時已晚，如律文：「長者被扼既急，便生悔心：『若波利迦[2]得重相放，斯為極善。』」所以，有時候即使是給他人實施安樂死，很可能對方死亡時並不比活着更「安樂」。

由上面的分析，我們可以得出此結論：身為比丘，不應教他殺人，

1　《薩婆多論》卷 1：「十二惡律儀者：一者，屠羊；二者，魁膾；三者，養豬；四者，養雞；五者，捕魚；六者，獵師；七者，網鳥；八者，捕蟒；九者，咒龍；十者，獄吏；十一者，作賊；十二者，王家常差捕賊人。是為十二惡律儀。」《大正藏》23 冊，510 頁上欄。《阿毗達磨大毗婆沙論》也說有十二種不律儀，其中，妙音尊者說：「若受上命訊問獄囚，肆情暴虐加諸苦楚，或非理斷事，或毒心賦稅，如是一切，皆名住不律儀者。」妙音尊者認為一些從政者，在執行法律時，若司法不公，貪贓枉法，欺壓善良，橫加賦稅，強奪民脂民膏等行為，都是住不律儀者，將來會墮入惡趣的。《大正藏》27 冊，607 頁中欄。

2　波利迦：婢女的名字。

不應贊同自殺，也不應協助他人導致最終的死亡等。無論是出家比丘還是在家人，認為死勝於生並且用行動毀滅自己或他人的生命，都違背人類基本的道德觀念，因此佛陀制定「大殺戒」，以維護最根本的道德價值。[1]

（六）「大殺戒」中呈現出的多種社會關係

1. 比丘與佛陀

從諸律「大殺戒」的各個緣起故事中，能看出佛陀和比丘的日常互動很密切。佛陀是僧團的導師和傳法者，是制戒和判罪的權威，同時又是慈悲和藹的長者。佛陀教授不淨觀、數息觀等法門，令比丘們證得聖果。在薄佉羅尊者的請求下，佛陀前去看望他，在病榻前佛陀親切問候尊者的病情：「堪忍漿粥、得消化不？體中苦痛疼有除降不？除降覺增覺損不？」佛陀作為導師，並不高高在上，而是表現得親切和藹。同時，世尊又是制戒和判罪的權威。諸律的各個緣起故事中，比丘們凡是做了某事，擔憂自己是否犯戒，總是會去請問佛陀，佛陀都一一作答。判完罪後，佛陀往往都會叮嚀幾句，告誡比丘以後在類似場景下什麼應該做、什麼不應該做等等，很有耐心。

總體而言，世尊在僧團中既是導師又是大家長。尤其是在「大殺戒」的緣起故事中，比丘死亡人數眾多，有可能引起社會爭議和世人關注，此時佛陀化解危機、處理問題的方式，又體現了佛陀引導僧團渡過難關的領導者本色。

1　Damien Keown, "Attitudes to Euthanasia in the Vinaya and Commentary", *Journal of Buddhist Ethics*, Vol. 6, 1999, p. 269.

2. 長病比丘與看病比丘

長病比丘常年臥牀不起，面臨兩個方面的煩惱：一方面是身體的疼痛[1]，另一方面是吃藥看病的繁瑣[2]。因此病比丘的內心有時候很脆弱，而作為看護照顧病者的比丘，時間長了也會產生疲厭心理，有時也會表現出埋怨的情緒。如《僧祇律》中，看病比丘心生疲厭，便語病比丘言：「長老，我看病來久，不得奉事和上、阿闍梨，不得受經誦經、思惟行道。長老疾病既久治不可差，我亦疲苦。」而病比丘在病苦與心苦的雙重壓力下，很可能產生輕生厭世的心理，進而採取種種方式結束自己的生命。

3. 比丘與女眾

《五分律》中舉了幾個例子，比丘與居士婦「欲心繫著」的情況下，比丘或者女人可能採取手段害死女人的丈夫。《四分律》中也提到有女人不滿於丈夫的凶暴或者厭棄生病的丈夫，同時對比丘懷有不切實際的幻想，為了滿足內心的淫欲，甚至在比丘沒有表示同意的情況下，便將丈夫殺死。這說明在古印度，比丘到居士家中乞食，男女之間容易發生情染，為避免姦情暴露，有時候會採取謀殺的手段隱瞞事實真相。諸律中還記載，一些女人找比丘索要墮胎藥，因為女人會趁其夫不在的時候與他人發生關係以致懷孕，所以要墮胎。比丘若同情其處境艱難，給女人提供墮胎藥，這種間接殺死胎兒的行為也犯根本罪。

1　甚至有修證功夫的比丘也面臨病苦的煩惱，《雜阿含經》裏，如「尊者阿濕波誓住東園鹿母講堂，身遭重病，極生苦患」，禪定功夫退失，對於出家都有「變悔」之心。《大正藏》2 冊，267 頁中欄。

2　《十誦律》卷 21：「佛種種因緣呵：『何以名比丘？諸惡病人與出家受具足，為煮飯、作羹、煮湯、煮肉、煮藥、湯漬治，出大小便器、唾壺。出入多事多緣，廢誦經坐禪，但念作事。是病人多，耆婆治不能遍，廢洴沙王急事。』」《大正藏》23 冊，152 頁下欄。

《根有律》中，已經證得了阿羅漢果的迦留陀夷尊者度化了一個女人。在迦留陀夷尊者說要出外遊行時，女人說：「聖者，幸可早歸。勿於他處久為留滯，令我愁憶。」說明聖者無意，但凡女情執很重，比丘應懷警惕，與女人保持距離。而在「非時入聚落戒」，迦留陀夷入居士家，女主人與盜賊有姦情，因害怕迦留陀夷知道了會告訴其夫，就聯合盜賊把迦留陀夷殺死。可見聖者雖已斷除煩惱，但是眾生的煩惱卻會給他帶來生命危險。

4. 比丘與外道

《僧祇律》記載，有外道奉事日月，在日蝕、月蝕的時候，群黨相逐，手執器杖來到比丘精舍，看到比丘後忿言：「是沙門釋子是阿修羅黨，今當殺之。」因為在印度神話中，阿修羅能以巨手覆障日月之光。外道因無知與迷信而認為日蝕、月蝕是比丘造成的，遂把比丘當作給他們造成威脅的仇敵，污衊比丘為「阿修羅黨」。當外道欲對無辜的比丘大開殺戒的時候，比丘們並未忘記佛陀不殺生的教導，不採取以暴易暴的手段進行報復，諸比丘言：「諸長老，不應害彼，亦不應加痛於人。如世尊說：『比丘，若賊怨家，若以鋸刀割截身體，爾時不應起惡心，口不應惡語加人，當起慈心、饒益心、忍辱心。』諸比丘當共思惟世尊《鋸刀喻經》，少作方便能行忍辱，然後但牢閉門戶，舉聲大喚恐彼外道。」

《鼻奈耶》中，尊者目犍連為外道所殺，其弟子馬師、弗那跋為師復仇，殺盡外道弟子，佛陀判他們犯波羅夷，將他們驅出僧團。為師復仇雖然是世間所承許的某種倫理價值，但是佛陀仍然制斷這種殺人的行為，通過戒律治罰那些犯重戒的比丘。

由上可知，佛陀不殺生的教導已經深入到比丘的個人意識之中，讓比丘對一切暴力都採取寬忍的態度。可以說，兩千多年以來，佛教

的非暴力及其所散發的和平氣息，使佛教能夠持續不斷地為世界帶來和平與安寧。

5. 比丘與軍人

《鼻奈耶》記載：「拘薩羅界有諸比丘止住，此比丘數數鬥二國王，有比丘驛使送書，若導軍前殺人、教他殺。」可見當時有比丘參與當地的軍事行動和政治鬥爭，也因此捲入戰爭的殺業之中。《薩婆多論》中，比丘的預測能力與軍事才能運用在軍事征伐中，給被征伐的國家帶來殺戮與盜竊的災難，比丘犯波羅夷，如文：「若比丘善知星曆、陰陽、龜易，解國興衰、軍馬形勢，若以比丘語故征統異國，有所殺害兼得財寶，皆得殺、盜二波羅夷。」戰爭中無情的殺戮與肆無忌憚的搶劫，暴露出人性中的醜惡。在世間人看來，身為比丘參與軍事殺伐，有違佛教慈悲的精神。而教唆別人殺和親自殺沒有區別，《俱舍論》記載：「軍等若同事，皆成如作者。」[1]

6. 比丘與親屬

《根有律》的一個緣起故事中，由於小軍比丘與兄長的宿業，彼此由親轉怨，比丘雖出家卻仍被其兄長轉世而成的毒蛇仇殺，展示了輪迴中親屬之間因為愛恨情仇，進而冤冤相報的慘劇。另外，還有故事提到，比丘出家成為三藏大法師，安慰病重的父親並為其宣說皈依與行善的功德，但是父親誤解了死後生善道的意思而自殺，繼母因此而怨恨此比丘。這說明比丘出家後，仍然可能受到家族業力的牽纏，在現實中也需要很謹慎地處理與親屬家族的關係。

1　《阿毗達磨俱舍論》卷 16，《大正藏》29 冊，86 頁中欄。

六、專題

專題1:「大殺戒」中犯戒主觀心理和方便加行的判罪組合

「大殺戒」作為涉及根本罪的性戒,和世間刑法所制約的犯罪行為有共通之處。本專題參考刑法理論中的分析方法,根據律典的公案,分析和總結「大殺戒」中相關犯戒行為如何判罰。

在刑法理論中[1],犯罪主體的主觀心理結構分為意識和意志兩部分:前者是關於主體認識和分辨事物的意識因素,後者即主體決定和控制自己行為狀態的意志因素。犯罪行為的成立,需要意識因素和意志因素同時成立;缺乏二者中的任何一種,罪過就不能成立。

現代刑法認為主體對犯罪結果的態度是區分其犯罪主觀心理狀態的關鍵因素,據此可判斷犯罪行為的屬性、判定罪過的種類。這方面有兩種不同的主要派別,即認識主義和希望主義。認識主義強調意識因素,以行為人是否認識其行為,尤其是結果,作為區分不同罪過的主要標準。這種主義主要被英美刑法所採用。希望主義則強調意志因素,以行為人對結果是否抱着希望的態度作為區分罪過的主要標準,主要被大陸法系採用。

中國刑法基本上是採用希望主義的判罪方法,在犯罪主觀的判斷上強調主體對結果的態度。比如對故意犯罪的定義如下:「明知自己的行為會發生危害社會的結果,並且希望或者放任這種結果發生,因而構成犯罪的,是故意犯罪。」文中的「明知」即意識因素,「希望或者

---

[1]   王世洲:《現代刑法學(總論)》,北京大學出版社,2011年9月,127頁至128頁。

放任」即意志因素。

（一）「大殺戒」的犯戒主觀和希望主義判罰原理

參考法理學的相關定義，根據律典的公案記載，可以對「大殺戒」的判罰規律作具體的分析和總結。

如前所述，刑法中如果意識因素不成立（比如主體有精神病的情況）則犯罪主觀不成立。戒律中的判罪也有類似認定，比如通用開緣「癲狂、心亂、痛惱」即規定了，如果比丘處在非正常的心智或者情緒下，對自身行為和行為結果不存在明確的認識，這種情況下其行為應判作不犯。為方便討論，下文論述都假設意識因素為「明知」的狀態，即比丘對自己的危害行為和可能的結果存在清晰的認識。

接下來看意志因素。首先，比丘有沒有希望對方死亡的殺心，是能否判其犯波羅夷的前提和關鍵依據。諸律戒本中類似「故斷人命」的字眼，描述了這種希望對方死亡的追求和主觀故意。如《四分律》戒本中的「故自手斷人命」，《十誦律》戒本中的「故自奪命」，《根有律》中的「故自手斷其命」，《鼻奈耶》中的「自手念斷其命」，《巴利律》中的 "sañcicca（故意地）"，梵文《有部戒經》、梵文《根有戒經》中的 "saṃcintya（故意）" 等。「大殺戒」的辨相中，也將比丘希望對方死亡的殺心定義為判波羅夷的要素。因此，從戒本和辨相中都可以看出，「大殺戒」的判罰屬於希望主義的觀點。

除了希望性的殺心，律典公案中還有一種情況，即犯戒主體在意志上並沒有希望對方死亡的殺心，但是在明知自己的行為可能會導致對方死亡的情況下，採取了放任的態度，繼續實施相關行為。如《十誦律》記載：「若人將眾多賊欲殺，是賊得走去，若以官力，若聚落力追逐，是比丘逆道來，追者問比丘言：『汝見賊不？』是賊中或一人，是

比丘所瞋恨者，比丘言：『我見在是處。』若得殺非所瞋者，偷蘭遮。」[1]
此公案中，比丘的主觀意志可以從兩個方面來看：對於其「所瞋恨者」，比丘懷有希望其死亡的殺心，因此採取了積極的行動告知追捕人相關信息；對於其「非所瞋者」，比丘能夠認識到自己的回答不可避免地會波及無辜，但是對此後果採取聽之任之的態度，在行為上還是積極回答追捕人的問題，在這種情況下比丘犯偷蘭遮。

上面這兩種不同的犯戒主觀意志，在此類比刑法中的名稱，分別稱之為「希望心」和「放任心」。「希望心」和「放任心」之間雖然有明顯的區別，但是兩者的共通點在於，主體對自身危害行為產生的後果都持可接受的態度；前者是直接的希望和追求，後者是聽之任之的放任態度。不難看出，除了「希望心」和「放任心」，主體還可以持有另外一類性質的意志狀態，即對自身行為可能產生的危害後果持排斥態度，如果條件允許，主體將選擇規避這種危害行為。這類非危害性的主觀意志不妨稱之為「不放任心」。這樣，「大殺戒」的判罰可以按照「希望心」、「放任心」、「不放任心」三種主觀意志情況分別考慮。

（二）「大殺戒」中犯戒主觀心理和方便加行的組合判罰

除了考慮主觀意志因素，「大殺戒」的判罰還要看主體所採取的方便加行。危害性行為可以分為兩種：一種是主體積極主動地實施危害行為，這裏稱之為「積極加行」；另外一種是「消極加行」，即主體本來可以採取某種行為避免危害的發生，卻選擇不實施這種行為。將三種主觀意志狀態和兩種方便加行組合，可以對大多數犯戒行為的性質和嚴重程度進行歸類和判斷。

就上節對犯戒主觀意志的討論內容來看，如果比丘以希望對方死

1　《十誦律》卷 52，《大正藏》23 冊，381 頁下欄。

亡的心，作了積極的方便加行，律典中判波羅夷；如果比丘並不是有
意追求對方死亡，但在明知自己的行為可能導致對方死亡的情況下，
仍然做了積極的方便加行，律典中判偷蘭遮。可簡單歸納為下列兩個
公式：

1. 希望心＋積極加行＝波羅夷

2. 放任心＋積極加行＝偷蘭遮

消極加行相關的律典公案，如《十誦律》記載，「有一比丘病久，
看病比丘看視故，作是念：『我看來久，是病人不死不差。今不能復
看，置令死。』是看病人便不看故，病人便死。是看病比丘生疑：『我
將無得波羅夷耶？』是事白佛，佛言：『不得波羅夷，得偷蘭遮。』」
該律中還有一個類似的公案：「有一比丘病，多有衣鉢財物，看病人瞻
視來久，作如是念：『我今不能復看，置令死，財物當入眾僧分。』更
不看故，病人便死。是比丘生疑：『我將無得波羅夷耶？』是事白佛，
佛言：『不得波羅夷，得偷蘭遮。』」以上兩個公案中，看病比丘都有
明確希望病比丘死亡的心，即「希望心」，卻都沒有採取積極的危害行
為，而是採取了「不看」的消極加行。作為對比，同樣是希望病人死
亡，《四分律》及大部分律典記載的公案有「非藥、雜毒」等主動危害
方式，即屬於積極加行。《摩得勒伽》有兩個和《十誦律》類似的公案，
判罰方式相同。《根有律攝》中類似的記載也做相同判罰，如文：「或
看病者情生勞倦，或作惡意望彼貨財，或出忿言：『任汝死去，我不能
看。』因致死者，並得粗罪。」因此，從這些律典公案可以看出，如果
比丘有希望對方死亡的心，為追求這個死亡的結果採取了消極加行，
這種情況下判偷蘭遮。可簡單歸納為：

3. 希望心＋消極加行＝偷蘭遮

從主觀心理的惡意程度看，「希望心」最高，「放任心」其次，「不
放任心」則為無惡意態度。從行為的危害性看，積極加行具有直接危

害性，消極加行具有間接危害性。這些犯戒主觀心理和方便加行兩個維度上的層遞關係，體現於上述三種判罰組合的輕重區別上。

作為合理的推演，如果是「放任心」和「消極加行」的組合，可以判突吉羅。這樣判罰也有律典公案的支持，如《根有律攝》記載：「見他授藥欲墮彼胎，不作遮止，得越法罪。」「若見有情或被水漂、火燒，或時渴逼，不手接、不與水，見其欲死有力能救，或雖不願死作捨受心而不救者，彼若命終，皆得惡作罪。」因此，可簡單歸納為：

4. 放任心 + 消極加行 = 突吉羅

如果比丘既不希望和追求對方死亡，也不是聽之任之的態度，此時比丘的主觀意志即是「不放任心」。在「大殺戒」辨相中，即比丘沒有殺心，不正犯殺戒。但是實際情形中比丘是否有微細過失，還要看具體情況。在特殊情況下，如果由於某些原因，比丘實施了和對方死亡相關的危害性行為，這種情況判突吉羅，可見：

5. 不放任心 + 積極加行 = 突吉羅

如果比丘沒有實施加害行為，對方純粹因為受客觀因素影響而死亡，這種情況判不犯，如下：

6. 不放任心 + 無危害加行 = 不犯

（三）綜合情境分析

上述主觀意志和方便加行的不同判罰組合，可以用來對實際生活中可能發生的情境進行判罰。下面略舉兩例以作說明。

情境 1. 懸崖救人

假設比丘在懸崖上拉住一位即將墜崖的人，後來比丘鬆開了手，導致對方墜崖死亡。表面上看似乎是比丘殺死了對方，但是比丘是否犯罪？犯什麼罪？這需要進一步看比丘的主觀心理和方便加行。

（1）如果比丘是希望性殺心，又有主動鬆手的積極加行，判波

羅夷；

（2）如果比丘是放任心，對對方生死感到無所謂，因此主動鬆手。這種即屬於放任心和積極加行的情況，判偷蘭遮；

（3）如果比丘努力地想把對方拉上來，但後來筋疲力盡無法繼續，為免自己也被拽下去，不得已而主動鬆手。這種情況即為不放任心和積極加行，判突吉羅。結突吉羅罪是由於比丘主動放手，在加行上有所虧損；

（4）如果比丘已經盡力，但實在無能為力，最後拽不住對方。這種即是不放任心和無危害加行的情況，不犯。類似於刑法上的規定，主體若「行為不能」，即主體沒有能力實施規避危害結果的行為，這種情況下對主體並不追責。

情境 2. 放棄治療

假設比丘直系親屬因重病住院，醫生說病人康復的可能性很小，繼續治療需要高額醫療費。比丘知道放棄治療，親屬的生命就會結束，但是不放棄又無法負擔高額醫療費。如果比丘最終選擇放棄治療，之後親屬死亡，從戒律的角度如何對其進行評判？

（1）如果比丘想讓病人早點死亡，並主動撤除病人的維生設備，最終導致病人死亡。這種情況即屬於希望心和積極加行，判波羅夷；

（2）如果比丘想讓病人死亡，於是不再支付醫療費，醫院不得已停止醫療。這種情況即為希望心加上消極加行，判偷蘭遮；

（3）如果比丘對病人的死亡持無所謂態度，但為了省錢，主動要求院方撤除病人的維生設備而停止醫療。這種情況即屬放任心和積極加行，判偷蘭遮；

（4）如果比丘對病人的死亡持無所謂態度，但為了省錢而不再支付相關費用，醫院不得已停止了醫療。這種情況即屬放任心和消極加行，判突吉羅；

（5）如果比丘已盡最大努力，但已經難以繼續提供醫療資金，院方因此停止醫療，或者親屬主動提出放棄治療。這兩種情況屬不放任心和無危害加行，判不犯。

（四）總結

「大殺戒」屬於「希望主義」的判罪方式，比丘若希望和追求對方死亡，即具有殺心，判為正犯。具體的判罪需要考量比丘主觀意志和方便加行的組合情況。比丘的主觀意志因素可分為「希望心」、「放任心」、「不放任心」三種，而危害性的方便加行分為「積極加行」和「消極加行」兩種。

下表是對不同組合的判罰建議：

表 2-2　「大殺戒」中犯戒主觀心理和方便加行不同組合的判罰建議

編號	主觀意志	方便加行	判罪	說明
1	希望心	積極加行	波羅夷	
2	希望心	消極加行	偷蘭遮	
3	放任心	積極加行	偷蘭遮	
4	放任心	消極加行	突吉羅	
5	不放任心	積極加行	突吉羅	因為疏忽、為自保等
6	不放任心	無危害加行	不犯	行為不能等

專題 2：沙彌任運

若比丘在沙彌時造作了根本罪的方便加行，受戒後，前面所犯惡行才達究竟，這種情況應當如何結罪？對比諸律，有不同判罰標準。

（一）律典公案

1. 判重

《十誦律》記載：「受具戒時盜心取是物，受戒竟離本處，得波羅夷。」「受具戒時」，比丘尚未完成受戒，身分還是沙彌，他以盜心取物，到「受戒竟」，也就是受戒完成成為比丘後，所盜物才離本處，這種情況判為波羅夷。該律中還記載了關於殺戒的類似公案，如律文：「受具戒時作殺人方便，受具戒已奪命，得波羅夷。」另外，還有從非親居士乞衣的類似公案，如律文：「頗有不受具戒人，從非親里居士、居士婦乞衣，得尼薩耆波逸提耶？」其中有一種情況為「未受具戒人乞，受具戒已得，得尼薩耆波夜提」，判罰標準同於盜戒。[1]

2. 判輕

《摩得勒伽》的記載與《十誦律》不同，若比丘「未受具戒時作方便，受具戒已取，偷羅遮」。比丘在未受戒，即沙彌時作方便，受戒之後才得到所盜物，這種情況不犯根本，只結偷蘭遮罪。此外，《摩得勒伽》中亦有從非親居士乞衣的公案，如：「如佛所說，若比丘非親里居士、居士婦邊乞衣，尼薩耆波夜提。頗有從非親里居士、居士婦乞衣不犯耶？」其中有一種情況為「未受具戒時乞，受具戒已得，突吉羅」，可見這並不正犯。[2]

《優婆塞戒經》記載：「若先遣信欲刑戮人，信遲未至。其人尋後發心受齋，當受齋時信至即殺。雖復一時，以戒力故不得殺罪。」[3]此中雖案中比丘不是沙彌，但其內涵與「沙彌任運」相似，表達了比丘因為受戒的原因而不得殺罪。

---

1 《十誦律》卷 52，《大正藏》23 冊，380 頁中欄、382 頁上欄；卷 53，《大正藏》23 冊，389 頁上欄。
2 《摩得勒伽》卷 9，《大正藏》23 冊，618 頁上欄至中欄。
3 《優婆塞戒經》卷 5，《大正藏》24 冊，1063 頁中欄。

（二）分析

如果不考慮受戒的因素，沙彌時所作的犯戒行為，在究竟成犯時均得突吉羅罪。之所以存在這樣的問題，其關鍵在於「受具戒」之後沙彌身分的變化。上述兩種判罰的差異也可以說是對「受戒」行為的不同解讀。

比丘戒的基本精神是斷惡修善，所謂受持戒法，可以理解為是對斷惡修善的一種誓願力。

1. 從業果的角度來看，這種誓願力可以讓之前的惡業不再相續，從而達到遮止惡業的目的。以殺戒來說，沙彌在受戒前有殺業（非五逆），受戒後要發願持守不殺戒，這種發願持守戒法的力量，就可以在一定程度上損減其往昔殺業。即使因為特殊原因，受戒前的殺業在受戒後究竟，因為有如理對治，其所感得的果報也會減輕。

2. 從戒律判罰的角度來看，這種誓願力也可以理解為是對「能犯心」的破壞。沙彌在造殺業時是一種殺心，但是到受具戒時經過受戒善法的洗禮，殺心已被遮止，先前的能犯心已經發生變化。如上文《優婆塞戒經》中「以戒力故不得殺罪」。《摩得勒伽》和《優婆塞戒經》中犯輕及不犯的判罰，其背後的原理是基於能犯心變化的考量。而《十誦律》中判重，則說明其判罰不考慮「受戒善法」的影響，即不考慮能犯心的變化，更重視事實上的「究竟」。

另外，《根有律》也有考慮能犯心變化而判輕的相關案例，比丘勸破戒人自殺，之後心生後悔，又勸其不要自殺，如果破戒人不採納後來的建議，堅持聽取前面的建議而自殺，「其勸死者亦得窣吐羅底也」。《根有律攝》也有記載：「先興方便遣殺他人，後起悔心不欲其死，前人雖死，但得窣吐羅。」

藏傳《苾芻學處》中，從唯識學的角度對此類問題描述得更為清晰，強調犯戒者的發起心必須「未間斷」。該律對殺心的定義是心裏生

起故意並且相續不斷的殺害之心，此「相續不斷」即從加行到究竟之間從未生起遮止殺生的動機。若殺人者雖故意殺人，但在他人命根未斷之前生起了悔心，遮止了故意將人殺死的念頭，也就是破壞了殺心的相續，這樣即使他人後來因傷重死去，殺人者也只得粗罪。

3. 從戒律精神及實踐的角度來看，關於上述問題，從心判的原則相對更符合「讓慚愧者得安樂」的制戒精神及實際行持。如果只以結果為準，一些出家前犯下特殊過失的比丘，就沒有了悔改的希望。比如比丘出家前因為無知，寫了勸殺的文章，若文章已廣泛流通，且有人因此文而造下殺業，如果從《十誦律》判，即使該比丘已懺悔、受戒，依然可能犯根本，這顯然不合理。反之，如果根據後一種觀點，只要他懺悔、受戒，就可以斷除戒罪，繼續修道，這更符合佛陀制戒的精神。

總之，涉及沙彌任運及能犯心相續的問題，雖然律典中有兩種不同記載，但是從戒律精神的角度出發，依《摩得勒伽》、《根有律》等律典，判輕更合理。

專題 3：死亡的界定

（一）死亡界定標準

人死後是否繼續存在？以何種方式存在？至今仍舊眾說紛紜，各種宗教和學說對此的不同看法影響着人們對死亡的認知。中國傳統中即有「氣」、「神」、「魂魄」等說法，而某些宗教中，也將人類的靈魂視為一種不朽的存在。在這樣的認知下，人的死亡實際上就被認為是「氣散」、「失神」乃至「魂魄分離」，死亡即是靈魂的永久離開，也意味着人體調節功能的喪失。此外，這些認識也廣泛地存在於民間信仰當中。然而，目前的科技尚無法從生理上證明靈魂的存在。因而，

將心的表現或意識活動，視作身體的一種副產品，或視為大腦的一種功能等看法也比較普遍。而以此判斷，死亡的標準主要是以心跳、呼吸等維生指數的停止為依據。比如，中國目前醫學和法律上仍以呼吸和心跳停止為判定死亡的標準。

隨着現代醫學技術的不斷發展，人們對於死亡界定標準的認識也在逐漸發生變化。在「哈佛標準」及其基礎上改進的腦幹死亡標準，則代表着腦幹反射和呼吸能力已不可恢復或完全喪失。隨着這種從心肺死亡到腦幹死亡標準的顛覆性概念出現，社會也產生了一系列法律、倫理、哲學與宗教等問題。由此也引發了諸如器官移植、基因工程、植物人狀態等種種涉及到倫理道德的問題。

佛教對於死亡的認識與「靈魂喪失」的說法有類似之處，但實際內涵卻與之有所不同。佛教並不認為有一個恆常不變的靈魂存在，這個所謂的「靈魂」，實際上是剎那變化的「心識」。只有「壽」、「暖」、「識」三者全具，一個存在才能說有生命徵象。如「唯異熟心由先業力恆遍相續執受身分，捨執受處冷觸便生，壽暖識三不相離故。冷觸起處即是非情，雖變亦緣而不執受」[1]，正是由於人在「將死時」，識「不能執受身故」，軀體才會逐漸變得冰涼。心識隨暖（體溫）而住於身體，死亡即是心識離開身體。

隨着心識對身體的放捨，心跳停止，人體循環漸息，還存在一個心識隨冷觸起而逐漸離身的過程。如《瑜伽師地論》記載：「作惡業者，識於所依從上分捨，即從上分冷觸隨起，如此漸捨，乃至心處。造善業者，識於所依從下分捨，即從下分冷觸隨起，如此漸捨，乃至心處。當知後識唯心處捨，從此冷觸遍滿所依。」[2]據此當知，在人失去

1　《成唯識論》卷3，《大正藏》31冊，17頁上欄。
2　《瑜伽師地論》卷1，《大正藏》30冊，282頁上欄。

意識之後，心識離體還需要一個過程，最後才從心處捨出。

在心識離開之後，人的身體仍舊餘勢未衰，栩栩如生，甚至相貌也會發生某些變化，這並非是心識作用。如《攝大乘論釋》中，「內種乃至壽量邊際，為能生因。外種能引枯後相續，內種能引喪後屍骸，由引因故多時續住」，此「引因」即是身體功能的暫時維持。「譬如射箭，放弦行力為能生因，令箭離弦不即墮落。彎弓行力為箭引因，令箭前行遠有所至」[1]，心識為能生因，隨「射箭放弦」而止，而身體隨後的變化則由引力所致。

因此，若以神識離體來判定死亡，可知即使人的大腦深度昏迷，但在心臟跳動乃至心臟剛剛停跳，尚有體溫的情況下，他並不一定已經死亡。

（二）器官移植

由於各種死亡標準的不同，導致人們對很多問題的看法也會產生分歧，比如器官移植的問題。依據現代醫學的觀點，理想的情況下，器官移植最好是在死者腦死之後、心跳呼吸停止之前進行，因為此時才能保證器官的最大生理活性。從腦死的標準來看，此時人因為腦死而導致其不可能再活過來，雖然他還有心跳和呼吸，但也只是一具活的屍體，沒有人的意識。因此，現代醫學觀點認為這種情況下可以進行器官移植。

然而，那些已經喪失大部分腦功能卻仍然能夠維持呼吸的病者若被判為死亡，也就意味着血液仍能循環、心臟仍舊跳動的身體成了屍體，這勢必會帶來一系列倫理道德問題。從佛教對死亡標準的判定來看，在「壽暖識」尚在時，即使病者的心臟已經停止跳動，也不能認

1　《攝大乘論釋》卷 2，《大正藏》31 冊，330 頁上欄、389 頁下欄至 390 頁上欄。

為他是真正意義上的死亡。

因此，佛教對於器官移植存在不同的認識，而大眾廣泛接受的淨土法門尤為重視人的臨終問題。《臨終舟楫》認為出家人死後「停龕一日，即行焚化」有違佛制。並引《眾經撰雜譬喻》的公案，如文：「道人言：『阿耆達王立佛塔寺，供養功德巍巍，當生天上，何緣乃爾也？』蛇言：『我臨命終時，邊人持扇墮我面上，令我瞋恚，受是蛇身。』」[1] 以此說明臨終時觸碰死者會給其帶來巨大的痛苦，導致死者產生極大的瞋心，因此會影響其死後的投生去向。並且《臨終舟楫》還認為「死似生蟹落湯，八苦交煎，痛不可言」[2]，所以淨土念佛法門往往勸諫人們在人死後短時間內，不可碰觸死者的身體，以免使其產生痛苦而引發瞋心，障礙往生。尤其對於凡夫而言，未必能夠抵禦這種痛苦。因此，從念佛往生的角度來講，對於器官移植應當慎重對待。

不過，人在心跳停止，且被醫學上判為死亡的情況下，是否還會感知痛苦，甚至因而障礙往生，亦存在不同的說法。一種觀點認為，死者周身已變冷的情況下，阿賴耶識已經捨離，依此生起的前六識的作用也隨之消失，因此人不會再感受到痛苦，如《瑜伽師地論》中「身無覺受，意識不爾」[3]，以及《大乘密嚴經》記載：「壽、暖及識若捨於身，身無覺知同於木石。」[4] 另一種觀點認為，阿賴耶識尚未完全捨離的情況下，死者在醫學上雖然已被判為死亡，但其周身未冷，意識狀態如《成唯識論》所言，「身心惛昧，如睡無夢極悶絕時，明了轉識必不現起」[5]，即此時人的前六識都不再現起，身體已處於深度昏迷和機能停

1　《眾經撰雜譬喻》卷 1，《大正藏》4 冊，535 頁中欄。
2　《勸修淨土切要》卷 1，《卍續藏》62 冊，421 頁中欄。
3　《瑜伽師地論》卷 51，《大正藏》30 冊，579 頁下欄。
4　《大乘密嚴經》卷 3，《大正藏》16 冊，742 頁上欄。
5　《成唯識論》卷 3，《大正藏》31 冊，16 頁下欄。

頓狀態，感受自然也就中止。而此時攝持身根的阿賴耶識只與捨受相應，如《瑜伽師地論》中「阿賴耶識相應受，一向不苦不樂無記性攝」[1]。又如《俱舍論》中「許唯意識中，死生唯捨受」[2]，此時「心在不苦不樂受中」[3]。可見，此時人應該不會感受到痛苦。

此外，從大乘佛教「四攝六度」的菩薩精神來看，捐獻器官正是利他的無畏布施，經典中也記載有菩薩布施身體的故事。因此，如果有人自願捐獻器官，是值得讚歎和鼓勵的行為，他也不會因此而墮入惡道。《大般涅槃經》中，「若有善男子、善女人，善能修治身、口、意業」，然在「捨命之時」，遭遇種種災難，比如「有親族取其屍骸，或以火燒，或投大水，或棄塚間，狐狼禽獸競共食啖」，其「心意識即生善道」[4]，並不會影響其往生善趣。《雜阿含經》中，佛用譬喻來說明人在生前修善而臨終遭受災難橫死，乃至色身損壞，忘失「念三寶」之心，依然不會墮落惡道。如文：「譬如大樹初生長時，恆常東靡，若有斫伐，當向何方，然後墜落，當知此樹必東向倒。汝亦如是，長夜修善，若墮惡趣，受惡報者，無有是處。」[5]可見，人臨終受報與其一生所修的善業相關。更何況捐贈者以利他之心，基於此無畏布施的善業，應當不會對往生產生障礙。反之，如果捐贈者是被迫捐獻，或其本人對捐贈事宜猶豫不決，或對自身尚存有較大的執著，又或者醫院移植程序本身不如法等，則應慎重考慮。

綜上所述，由於對死後世界的認知不同，造成人們對死亡標準的界定難以統一。除了主流的醫學觀點本身存在種種差異之外，認可「靈

1　《瑜伽師地論》卷 51，《大正藏》30 冊，580 頁中欄。
2　《阿毗達磨俱舍論》卷 10，《大正藏》29 冊，56 頁上欄。
3　《阿毗達磨俱舍釋論》卷 8，《大正藏》29 冊，213 頁中欄。
4　《大般涅槃經》卷 11，《大正藏》12 冊，431 頁中欄。
5　《別譯雜阿含經》卷 8，《大正藏》2 冊，432 頁中欄。

魂」、「心識」等存在的人對死亡標準的判斷也可能截然不同。佛教雖然並不承認有一個所謂不變的「靈魂」，但亦肯定了有一個相續不斷的心識通往來生。出於對死者的尊重和保護，應當在心識離體之前，給予死者最大的保護。至於器官捐贈，亦當提倡大乘佛教慈悲利他的精神，消除片面認識所產生的顧慮，同時也要捐贈者根據自身情況理性對待這個議題。

專題 4：責任歸屬在判罪中的運用

（一）律典中的案例和判罪分析

在比丘實施了足以威脅被害人生命的行為之後，直接導致了被害人的死亡，這時比丘殺人的行為達到究竟。但是，假如在比丘實施殺人的行為之後，又有第三方乃至更多其他的行為或因緣介入，最終導致被害人的死亡，則需要考慮死因的責任歸屬問題。由於應負責任的不同，也會導致判罪結果上的差異，在刑法學中，查明行為與其之後發生的現象之間的因果關係，也能夠成為行為人承擔刑事責任的客觀基礎。[1]

諸部律典中對此責任歸屬問題亦有探討。總的來看，可以分為「因是死」和「不因是死」兩種情況。

1. 因是死

在沒有其他因緣介入的情況下，被害人直接被比丘殺死，其責任歸屬明顯，屬於「因是死」的情況。比如《四分律》中，比丘教他自殺，導致「彼因此言故便自殺」，得波羅夷。《五分律》記載：「比丘遣書令殺。彼作書，字字偷羅遮；書至彼，彼因是殺，死者，波羅夷。」

1　《現代刑法學（總論）》，116 頁。

《十誦律》中，比丘「用手打他，若足，若頭，若餘身分」，或以「木、瓦、石、刀矟、弓箭，若木段、白鑞段、鉛錫段遙擲彼人」，或「為殺人故合諸毒藥，若著眼中、耳中、鼻中、口中」等種種方式，直接導致對方當場死亡，屬於「彼因死者」，因此正犯。

另一種情況，在比丘實施殺人的行為結束之後，被害人當時未死，但後來因此而死。假如其間也沒有其他外力因素導致被害者死亡的話，那麼比丘的迫害行為負有主要責任，這種情況下，律典中判為波羅夷。比如，《十誦律》記載：「若不即死，後因是死，亦波羅夷。」《善見論》記載：「若比丘有殺心，掘地作坑……復有人落坑，手腳折，不即死，又得出坑已，後因此而死，作坑者得波羅夷罪。」

無論是否「即死」，判比丘正犯的依據實際上是「因是死」。《僧祇律》記載：「是人因是死者，是比丘得波羅夷。」《根有律》記載：「彼因死者，此苾芻亦得波羅市迦。」這些記載明確說明，比丘實施殺人行為之後，若是由於比丘的原因直接導致被害人死亡，則比丘得波羅夷罪。因為這種情況犯緣完全具足，故結根本罪。

2. 不因是死

假如被害人當時未死，比丘殺人的行為已經結束，之後又有其他外力因素介入而導致被害人死亡。在這種情況下，比丘的迫害行為不構成主要責任，判罪的情況也會有所不同，這種情況屬於「不因是死」。比如，《十誦律》中給出一個判罪的主要原則，即「若不即死，後不因是死，偷蘭遮」。也就是說被害人當時沒有死，後來也不是因為比丘的行為而死，這時比丘得偷蘭遮罪。又如，《善見論》中舉出了一個實例，如文：「若比丘有殺心，掘地作坑……若為一切作坑，人墮死，得波羅夷……復有人落坑，手腳折，不即死，又得出坑已……若因餘因緣死，不犯。」此處的「後不因是死」和「因餘因緣死」是一個大的原則，強調被害人的死亡是由其他因緣所導致的，與比丘之前

的行為之間並不構成主要的因果關係。在這種情況下，比丘不負主要責任，故只結殺人的方便偷蘭遮罪。

此外，《僧祇律》記載：「有一比丘打婆羅門子垂死，便自思惟：『此人若死者，破沙門釋子法，今當求醫治之令差。』若更有異比丘語是比丘：『汝作何等？』答言：『我打是婆羅門垂死，我還自念：若當死者，破沙門釋子法，今欲求醫治之令差。』若異比丘言：『汝去覓醫，我為汝守之。』是打比丘去後，異比丘於後便竟其命。前打比丘，得偷蘭罪；後殺比丘，得波羅夷。」在該案例中，前「打比丘」將「婆羅門子」打至「垂死」，為「異比丘」殺人提供了便利條件，但「打比丘」生悔心找人醫治「婆羅門子」，說明其殺心中斷，並且「婆羅門子」後被「異比丘」打死，「打比丘」的行為並沒有究竟成犯，因此犯偷蘭遮。而「異比丘」殺人則是犯緣都具足，因此正犯波羅夷罪。又如《薩婆多論》記載：「若以刀杖欲殺人故，或杖打刀刺，不尋手死十日應死，後更異人打，即尋杖死。打死比丘得波羅夷，先打比丘得重偷蘭。」在該案例中，前比丘行為的因被後殺人者的行為所中斷，沒有達到究竟成犯，因此犯重偷蘭；後比丘的行為是被害人死亡的主要原因，前比丘則成了未遂的情況，因此對後比丘判波羅夷。

《根有律攝》中提到，若有人處於必死狀態，但尚未死亡，這時比丘將其殺死，結偷蘭遮罪。如律文：「若人被他害，由此緣故決定命終，餘命尚在，殺，得粗罪；不定死者，得他勝罪。」也就是說，這種情況下比丘雖然殺了人但並不結根本罪。《根有律攝》的這種判罰是其假定了一個前提，就是被害人已經進入必死狀態，後來的比丘無論打不打，被害人都會死。從責任歸屬的角度來看，被害人死亡的主要原因還是在於前打人者，因此，後來殺人的比丘不正犯。

（二）結論

從比丘起殺心並付諸行動，到被害人死亡，其間可能還有其他導致被害人死亡的、有目的的或偶然性的事件介入，這時候判罪的情況比較複雜。比丘的殺人行為是否應判根本罪，還需要對多個因素進行分析，以確定比丘是否應負主要責任。假如後來介入的事件成為導致被害人死亡的主要原因，那麼對比丘而言，原本被害人可能「因是死」的情況就轉變為「不因是死」，比丘的行為後果也就此中斷，不構成究竟成犯。因此在實際判罪時，應查明事件的主要責任歸屬，以避免誤判。

專題 5：從「人作非人想殺」看境想對諸律判罪的影響

「大殺戒」中，對所犯境不同的想心會影響最終的判罪，對此諸律的觀點有所差別。

以「人作非人想殺」為例，《四分律》記載了五種情況：「實人人想殺，波羅夷；人疑，偷蘭遮；人非人想，偷蘭遮。非人人想，偷蘭遮；非人疑，偷蘭遮。」「非人」是指人道以外的眾生，如天、阿修羅和畜生等其他眾生。其中的「人非人想，偷蘭遮」，意思是雖然被殺的是人，但並未判為波羅夷罪。《根有律攝》、《毗尼母經》、藏傳《苾芻學處》的判罪情況與《四分律》相同。如《根有律攝》記載：「若人作傍生想，得惡作罪；作非人想，亦得惡作。」《毗尼母經》中，「若人作非人想殺者，不犯」，此處的「不犯」是指不正犯波羅夷。藏傳《苾芻學處》中提到，「想不錯亂」才正犯。

而《十誦律》記載：「人作人想殺，得波羅夷。人作非人想殺，得波羅夷。人中生疑殺，得波羅夷。非人非人想殺，得偷蘭遮。非人

人想殺，得偷蘭遮。非人中生疑殺，得偷蘭遮。」其中，「人作非人想殺」，正犯波羅夷。《善見論》記載：「有一比丘來補羊處而眠，殺者言：『此是。』即殺，得波羅夷罪，不得逆罪。夜叉鬼神來補羊處，殺者而言：『此是。』即殺，得偷蘭遮罪，不得五逆罪。若羊，得波夜提罪。」即比丘將其他比丘作羊想殺，正犯波羅夷罪。這兩部律典對於「人作非人想殺」的情況均判波羅夷，與以上諸律的判罪不同。而且據其更為完整的律文可知：在《十誦律》、《善見論》中，無論比丘作何種想，只要其殺的是人，即正犯波羅夷；如果殺的是非人，則犯偷蘭遮或者波逸提。

《摩得勒伽》中有幾處相關記載，判罪不一。卷 1 記載：「人作人想殺，犯波羅夷。若異想殺，不犯。欲殺非人而殺人，不犯波羅夷。」卷 8 記載：「問：『若比丘母非母想殺，犯偷羅遮。非母母想殺，偷羅遮。非人想殺，偷羅遮。』」即人作非人想殺，不正犯波羅夷。然而卷 4 記載：「人非人想殺，波羅夷；疑，波羅夷。非人人想殺，偷羅遮。非人非人想殺，偷羅遮；疑殺，偷羅遮。」[1] 即人作非人想殺，正犯波羅夷。

其他律典未見相關記載。

綜上所述，《四分律》、《根有律攝》、《毗尼母經》和藏傳《苾芻學處》中的觀點為，比丘將人作非人想殺，不正犯波羅夷，這是因為對境的想心而影響最終的判罪。而《十誦律》、《善見論》中「人作非人想」並不影響結罪，只要比丘殺的是人，便結波羅夷罪，這是依據所犯境來判罪。判罪中的境想差別是律典的整體特徵之一，也反映了部派之間的差別。

1　《摩得勒伽》卷 4，《大正藏》23 冊，589 頁上欄。

專題6：墮胎犯殺

墮胎，又稱人工流產，指的是在胚胎或胎兒自己能存活之前，以切除或強制移出子宮的方式，終止懷孕狀態。關於墮胎的道德倫理以及合法性等問題在世界很多地方仍存在着激烈的爭論。

那麼從戒律的角度，怎麼看待墮胎問題？

(一) 律典的規定——墮胎即殺人

諸部律典中，對墮胎行為的認知和規定是一致的，即墮胎就是殺人。如果比丘或者比丘尼以殺心參與了墮胎行為，就犯波羅夷。

《四分律》記載：「時有婦人，夫行不在，他邊得娠，即往家常所供養比丘所，語言：『我夫不在，他邊得娠，與我藥墮之。』比丘即咒食，與之令食，彼得墮胎。比丘疑，佛問言：『汝以何心？』答言：『殺心。』佛言：『波羅夷。』」

《十誦律》記載：「若比丘為殺胎故作墮胎法，若胎死者，波羅夷。」

《僧祇律》記載：「欲墮胎，胎分乃至身根、命根墮者，波羅夷。」

《毗尼母經》記載：「從受母胎乃至老時斷人命者，皆得波羅夷。」

其他如《鼻奈耶》、《五分律》、《根有律》、《巴利律》中的表述均與上述諸律類似。

(二) 原理——對胚胎和「人」的認識

世間關於墮胎的倫理之爭中，各方就胚胎是否應被視為「人」這一焦點問題各執己見，發展出各自不同的立場。佛教對於這一點卻沒有疑問。諸律對墮胎行為做嚴格的判罰，是建立在關於生命的核心認識之上，即人的心識一入胎，一個人的生命體就形成了。

《四分律》的戒相描述中對「人」的定義為：「人者，從初識至後

識而斷其命。」定賓律師的《四分比丘戒本疏》對此的解釋為:「『初識』即是創入胎識,『後識』即是命終時識。」[1] 心識入胎後,即人的「初識」,此時作為生命個體的人就開始存在了。

《五分律》則提到「似人」的概念,即四十九日之前的胚胎狀態,如律文:「入母胎已後至四十九日,名為似人。過此已後,盡名為人。」《佛說胞胎經》中,佛這樣描述胚胎到四十九日的狀態,如文:「第七七日,其胎裏內於母腹藏,自然化風名曰回轉,吹之令變更成四應瑞,兩手曼、兩臂曼,稍稍自長柔濡軟弱。譬如聚沫乾燥時,其胚裏內四應如是,兩手、兩足諸曼現處。」[2] 可見此時四肢開始形成,能辨別是人類的形態了。

《十誦律》等解釋戒相時則聚焦於胚胎的更早期形態「迦羅羅」,如文:「乃至胎中初得二根者,謂身根、命根。迦羅羅時,以殺心起方便欲令死,死者,波羅夷。」《薩婆多論》記載:「乃至腹中初得二根者,始處緣時,父母精合識處其中,得身根、命根。爾時作因緣殺者,得波羅夷。」《善見論》也有詳細闡述:「眾生受人身者,從胎為初至老,是人身。初心者,初受生心,此語現五欲界,是故說初心,心與三無色陰共成。迦羅羅色者,此初立人身,名為迦羅羅。……『如油酥微滴,澄清無垢濁,迦羅羅初生,色澤亦如是。』如是極微細,以此為初,過去世人壽二千歲,迦羅羅次第長大乃至老死,此名為人身。斷命者,從迦羅羅時,或熱手搏之,或以手摩之,或以藥服之,如是種種方便斷使勿生,是名斷命。」

迦羅羅(梵語 "kalala",巴利語同),指父母之兩精初和合凝結者,又作迦羅邏、歌邏邏、羯羅藍、羯刺藍,為胚、胎之義,即投胎

1　《四分比丘戒本疏》卷1,《大正藏》40冊,469頁下欄至470頁上欄。
2　《佛說胞胎經》卷1,《大正藏》11冊,887頁中欄。

以後初七日間之狀態，此七日間即是受精卵的狀態。現代醫學關於七日期間的認識是，卵細胞從卵巢排出後的存活時間為二十四小時，精子進入卵細胞與卵子結合，完成受精，受精卵稱為合子，合子進行細胞分裂，六至七天後受精卵植入子宮。

《瑜伽師地論》中描述了「識」入胎和父母精血和合而成最初之生命體的情形，如文：「爾時父母貪愛俱極，最後決定各出一滴濃厚精血，二滴和合住母胎中合為一段，猶如熟乳凝結之時。當於此處，一切種子異熟所攝，執受所依阿賴耶識和合依託。云何和合依託？謂此所出濃厚精血合成一段，與顛倒緣中有俱滅。與滅同時即由一切種子識功能力故，有餘微細根及大種和合而生，及餘有根同分精血和合摶生。於此時中說識已住結生相續，即此名為羯羅藍位。此羯羅藍中有諸根大種，唯與身根及根所依處大種俱生。即由此身根俱生諸根大種力故，眼等諸根次第當生。又由此身根俱生根所依處大種力故，諸根依處次第當生。由彼諸根及所依處具足生故，名得圓滿依止成就。又此羯羅藍色與心、心所安危共同，故名依託。由心、心所依託力故，色不爛壞，色損益故彼亦損益，是故說彼安危共同。又此羯羅藍，識最初託處，即名肉心。如是識於此處最初託，即從此處最後捨。」[1]大意為：以「羯羅藍」為色與心、心所之共同安危之所依處，故稱為「依託」，此位即是心識之最初依託處；並且羯羅藍形成以後，從胚胎成型到人的出生、成長和死亡，存在於人的整個一期生命之中，並且具有與心、心所安危共同的重要意義。

無論是現代醫學，還是佛教經典，都向我們揭示了胎兒作為一個生命體在母體內生長、發育的圖景。現代醫學認為妊娠第二周合子成為胚胎，三至四周後心臟泵血，五至六周後呈現器官，第八周出現腦

1　《瑜伽師地論》卷 1，《大正藏》30 冊，283 頁上欄。

電波，手指和腳趾可以辨認，胚胎改稱為胎兒（《佛說胞胎經》的相關記載：「第八七日，其胎裏內於母腹藏，自然化風，名曰退轉，吹其胎裏現二十應處，十足指處、十手指處。」），十二至十六週出現胎動，十六至二十週可聽到胎兒的心跳，二十至四十週則體積增加，二十至二十八週成為可存活的胎兒（相應的，《佛說胞胎經》記載：「第十九七日，在胚胎中即得四根，眼根、耳根、鼻根、舌根，初在母腹即獲三根，身根、心根、命根。」），四十週即可分娩。

（三）避孕藥問題辨析

受孕必須具備一些條件。首先，需要有正常的排卵；其次，精子、卵子能夠相遇完成受精過程，形成受精卵；再次，受精卵要能夠在子宮內膜順利着牀。避孕藥一般就是針對這些條件進行人為調控以達到避孕的目的，其工作機制大約可以分為幾種。

1.抑制卵巢排卵：避孕藥通過抑制下丘腦和腦垂體的功能，使促卵泡激素和黃體化激素分泌減少，從而抑制卵巢中卵泡的生長發育，使卵巢不能排卵；

2.阻礙受精卵形成：藥物使得子宮頸黏液發生性狀改變，變得少而黏稠，不利於精子通過，以此阻止陰道內的精子進入子宮腔，這樣就阻礙了受精卵的形成；

3.阻礙受精卵着牀：使用避孕藥後可使子宮內膜自身發育不良，變得不適宜受精卵着牀，從而起到避孕作用。另外，避孕藥能夠干擾輸卵管的正常蠕動，加快受精卵移動速度，受精卵提前到達子宮腔時子宮內膜卻還沒有完全準備好，因此受精卵就不能着牀；

4.針對精子的避孕手段：避孕藥可以抑制精子與卵子結合的能力，達到避孕的目的。外用避孕藥則主要起直接抑制或殺死精子的作用。

從諸律以及《瑜伽師地論》對生命的描述和定義可知，心識最初

入胎，與受精卵和合，而成為人生命的開始。因此，如果使用的避孕藥使得受精卵死亡，按戒律都屬「殺人」，比如第三種阻礙受精卵着牀的避孕方式就屬於這種情況。

目前市面上的女性口服避孕藥物，如雌激素和孕激素的複方製劑以抑制排卵為主，小劑量孕激素以阻礙受精為主，大劑量孕激素以抗受精卵着牀為主。但是這種分類也只是相對而言，一種避孕藥的作用機制是綜合多環節和多方面的，且因其所含成分、製劑、劑量和用法的不同而各異。

常見的短效口服避孕藥正確使用的話，能很好地抑制排卵，但是藥物本身還是存在着阻礙受精卵着牀的功能，如受精卵已經形成，還是會受到藥物的影響。

特別要注意的是緊急避孕藥，主要有有兩類，第一類就是大劑量孕激素，利用了孕激素抑制、延遲排卵的作用和抑制子宮內膜的作用。在卵子尚未排出之前，這種單方孕激素類緊急避孕藥起到抑制或延遲排卵的作用，而在排卵後使用，能使子宮內膜的形態發生改變，阻礙受精卵着牀。第二類美服培酮，其成分是抗孕激素。每次服用十至二十五毫克美服培酮即可用於緊急避孕，服用一百五十毫克可終止四十九天內的妊娠，其實就是藥物流產。另外，從緊急避孕的使用情境來看，當事人往往並未預先採取有效的外部避孕措施，沒有做抑制排卵等先期準備，這種情況下服用緊急避孕藥物，實際效果很有可能就是使受精卵着牀受到阻礙。

結合上面的討論，在受精卵已經形成的情況下，女性口服避孕藥可能會殺死受精卵，緊急避孕藥更是如此。因此，從戒律行持的角度看，出家人不應建議在家人使用或向他們提供口服類避孕藥。《巴利律》中，比丘給婦人提供避孕藥以預防懷孕，結突吉羅罪。如律文：「爾時，一有兒之婦，如是對世交之比丘言：『大德，請與我避孕藥。』

『善！』……『突吉羅。』」這個公案對現代比丘是個很好的提醒。

（四）出家人應注意的問題

有時可能有信眾來找出家人諮詢是否應當墮胎的問題，在面對這種情況時，出家人的底線是不能建議和鼓勵別人墮胎。出家人牽涉到墮胎相關的事情中，若處理不慎，非常容易遭世人譏嫌。《四分律》、《五分律》都記載了佛世的一個公案，比丘尼幫婦人丟棄所墮胎兒而遭到大眾誤解和譏嫌，如《四分律》記載：「時有婦女，夫出行不在，於餘人邊得娠。彼自墮胎已，往語常教化比丘尼言：『我夫行不在，於餘人邊得娠。我已墮，汝可為我棄之。』答言：『可爾。』……即強奪取鉢，見鉢中有新墮胎，長者見已譏嫌言：『比丘尼不知慚愧，不修梵行，外自稱言：「我知正法。」如是何有正法？自墮胎而棄之，如似賊女、淫女無異。』」墮胎涉及殺、淫之業，若牽涉其中，對出家人清淨的形象有很大虧損，不可不慎。

專題 7：自殺

自殺，指的是個體有意識地運用直接或者間接手段令自己死亡的行為。對於比丘來說，自殺行為與戒律有什麼關係？比丘該怎樣看待自己的生命？本專題試圖對這些方面展開論述：首先，梳理律典中自殺方面的公案；然後據此做一般情況下自殺的結罪判定；接著，從律典的特殊自殺公案開始，藉助經藏的視角，來闡述佛教對於利他性自殺與證道相關自殺行為的看法；最後的綜述部分將根據律藏和經藏的觀點，結合現代實際情況，來闡述比丘應如何看待自己的生命。

(一) 諸律關於一般自殺的結論

首先，按照結罪的異同對諸律的公案進行分類和辨析，最後進行統一和歸納。

1. 判偷蘭遮的情況

《四分律》記載：「時有比丘欲休道墮下業，作如是念：『我於佛法中出家，不應作如是惡事。』彼上波羅呵那山頂，自投身，墮斫竹人上，彼死，比丘活。疑，佛言：『彼人死，無犯；方便欲自殺，偷蘭遮。』」[1]

《五分律》記載：「佛種種呵責……呵已，告諸比丘：『若自殺身，得偷羅遮罪。』」「病比丘言：『若當如是，雖有此苦，不能自殺。何以故？若自殺者，犯偷羅遮罪，又復不得廣修梵行。』」「有諸比丘不樂修梵行而不罷道，還就下賤，於高處自墜取死，墮下人上，下人死，己不死。生疑問佛，佛言：『汝以何心？』答言：『欲自墮死。』佛言：『彼死，無犯；作方便自殺，皆偷羅遮。』」[2]

《摩得勒伽》記載：「自殺，偷羅遮。欲殺他而自殺，偷羅遮。」

《根有律攝》記載：「敬法出家保命求脫，若自殺者，得吐羅罪。」

藏傳《苾芻學處》記載：「若於上諸支分中之事支不具，如除畜生外殺餘非人，或變形，或不變形，或為自殺跳懸巖等，皆粗罪。」[3]

上述公案雖然判罪結果相同，但是進一步去分析判罪的依據，則又有不同。

《四分律》、《五分律》等律典中，對這種自殺的情況只結方便罪，不成究竟。藏傳《苾芻學處》中，對殺戒的對象（事）定義為「是人，

---

1 《四分律》卷 56，《大正藏》22 冊，983 頁上欄。

2 《五分律》卷 2，《大正藏》22 冊，7 頁上欄至 9 頁上欄；卷 28，《大正藏》22 冊，184 頁上欄至中欄。

3 《苾芻學處》，《宗喀巴大師集》卷 5，56 頁。

非自己」[1]，所以「事支不具」，不犯根本罪。如《瑜伽師地論》記載：「云何殺生？謂於他眾生起殺欲樂，起染污心，若即於彼起殺方便，及即於彼殺究竟中所有身業。」[2]按此定義，「大殺戒」的正犯境本來就不包括比丘自身，所以自殺不成究竟。

2. 判突吉羅的情況

《巴利律》記載：「爾時，一比丘憂愁心碎，登耆闍崛山，於懸崖投身時，壓死一造籠師。其心生悔恨……乃至……『比丘，非波羅夷。然諸比丘不可自投身，若投者，突吉羅。』」

《善見論》記載：「淫欲亂心句中者，此比丘日夜思欲制其心，而不能制欲，還復自念言：『我持戒具足，何以捨戒還俗？我寧可取死。』是故上耆闍崛山頂投巖取死，而巖下有斫伐人，比丘墮時堆殺伐人，無殺心無罪。佛告諸比丘：『莫自殺身，殺身者，乃至不食，亦得突吉羅罪。』」

《善見論》中，比丘絕食得突吉羅罪，而《四分律》、《十誦律》、《摩得勒伽》、《五分律》、《巴利律》的類似公案中，佛都沒有談到絕食定罪的情況。

3. 判無罪的情況

《十誦律》記載：「問：『頗比丘奪人命不得波羅夷耶？』答：『有，自殺身無罪。』」[3]

該例中的「自殺無罪」，可能不是字面意義上的完全無罪。律典中有時提到「無罪」是有特定的上下文語境。比如這裏的無罪或可理解成不正犯波羅夷罪，但是不一定完全不犯其他罪。《十誦律》中，有關於

1　《苾芻學處》，《宗喀巴大師集》卷5，56頁。
2　《瑜伽師地論》卷8，《大正藏》30冊，317頁中欄。
3　《十誦律》卷52，《大正藏》23冊，382頁上欄。

佛陀判比丘損傷自己身體而結偷蘭遮的描述。[1]如果結合這一點來看，這種傷害嚴重程度更高的自殺行為若完全不結罪，則顯得不合理。

《十誦律》記載：「有一比丘病久，羸瘦脊僂，作是念：『我何用是活，今可自投深坑死。』即自投坑。坑中先有野干啖死人，比丘墮上，野干死，比丘脊便得直。是比丘生疑：『我將無得波夜提耶？』是事白佛，佛言：『無罪。從今日莫以小因緣便自殺。』」從字面上看，對於比丘的自殺行為，佛雖未判罪，卻持批判態度，禁止比丘因小事情自殺。

4. 判罪情況不明

《薩婆多論》、《僧祇律》、《根有律》、《毗尼母經》、《明了論》中，未見有關於佛陀對自殺治罪的描述，故情況不明。

5. 對一般自殺的結論

從上面的討論可以看出，諸律對一般自殺的結罪並不完全一致。作為當代比丘行持的標準，是否可以有一個相對統一的判罪依據？

本專題認為，對於一般的自殺結偷蘭遮罪是比較合理的判罰。

首先，這種判罰有《四分律》、《五分律》等律典的依據。其次，一般而言，社會大眾對比丘群體內心平和、寂靜的整體形象都有所認知，相應地也期待比丘應具備比一般人更優勝的德行和自控能力。另一方面，佛教珍惜生命、反對殺生的價值觀也比較深入人心。這種情況下，社會群體對比丘的行為往往有更高的期許。比丘若自殺，不僅

1　《十誦律》卷37：「佛在舍衛國。爾時有比丘起欲心故，自截男根，苦惱垂死。諸比丘以是事白佛，佛言：『汝等看是癡人，應斷異，所斷異。應斷者，貪欲、瞋恚、愚癡。』如是呵已，語諸比丘：『從今不聽斷男根。斷者，偷蘭遮。』復有比丘為作浴破薪故，毒蛇從朽木中出，齧比丘指。比丘作是念：『此毒必入身。』即自斷指，由是指擿。諸居士入寺中，見比丘擿指，作是言：『沙門釋子亦有擿指。』是中有比丘少欲知足行頭陀，聞是事心不喜，是事白佛。佛種種因緣呵責『云何名比丘，自斷指？』如是呵已，語諸比丘：『從今不應自斷指。自斷指者，突吉羅。』」《大正藏》23 冊，269 頁中欄。

會對佛教的形象產生嚴重的負面影響，而且可能引發一般民眾對比丘群體的懷疑甚至誹謗。同時對其所在僧團的管理、道友道心的安定、父母眷屬的情緒等，均可能產生相當大的衝擊和影響。從這些角度來看，比丘自殺直接與「令僧歡喜、令僧安樂住、令未信者生信、已信者增長」等佛陀的制戒意趣相違背。

（二）結合經藏的角度來看特殊自殺

上面討論了一般情況下比丘自殺的問題。然而，在佛教中自殺是一個複雜的話題，涉及到多方面的考量。律典和經論中有些相關的公案可以提供更多的角度來看待自殺這個問題。為與上面的一般自殺相區分，這些公案中的自殺行為姑且稱之為「特殊自殺」。一般自殺的目的和意樂，多是由於比丘在面對困境時不能克服而選擇自殺，而特殊自殺更多的是出於其他的原因和意樂。

1. 重病與自殺

《善見論》記載：「若比丘病極，若見眾僧及看病比丘料理辛苦，而自念言：『此等政為我故，辛苦乃爾。』自觀壽命不得久活，而不食、不服藥，善。」

按照前面的討論，《善見論》認為一般情況下的絕食自殺行為犯突吉羅。但在這裏，對於重病比丘的特殊情況又作了開緣。比丘病重，而且知道即使繼續治療，也不能長久活下去；同時，看護人在長久看護病人的情況下負擔重、有厭倦。這些條件滿足的情況下，比丘以拒絕無效醫療、絕食等消極行為讓自己生命自然終結，以免除旁人的苦惱，不得罪。

這種行為選擇背後所反映的佛教生命觀，可如此闡釋：「佛教不認為有一種道德義務是需要不惜任何代價地保存生命，或者在生命快要耗盡的時候延長生命。認識到死亡的不可避免是佛教教義的重要原

理。死亡不能被永遠阻止，佛教徒應時刻警覺，以便為死亡來臨的那一刻做好準備。因此，為了短短的一點時間而延緩不可避免的死亡，醫療其實提供不了多少幫助，而拒絕這種瑣碎的治療是合理的。」[1]

2. 證道與自殺

有一類特殊的自殺行為，是與證道聯繫在一起的。律藏中有兩個相關公案，如《善見論》記載：「又有比丘，我病極苦，我壽命亦盡，我道迹如在手掌，若見如此，不食死，無罪。」《鼻奈耶》中，佛陀看望病重的尊者薄佉羅時，尊者提出要自殺，佛陀確認尊者的修行境界後，沒有制止尊者自殺，後來還派比丘轉告尊者「死後能得解脫」。

律藏中的這兩個例子在《雜阿含經》中都有相關對應的公案。

佛陀看望病重的跋迦梨尊者時，尊者向佛陀表達了想自殺的願望：「世尊，我身苦痛，極難堪忍，欲求刀自殺，不樂苦生。」佛陀問了他一些關於五蘊的問題，尊者回答這些都是無常、苦，且對這些已經沒有貪欲。佛陀聽了後說：「若於彼身無可貪、可欲者，是則善終，後世亦善。」當晚有兩個天人來禮敬佛陀，並預言說跋迦梨尊者當得解脫。佛陀即派比丘告知尊者，尊者聽了之後不久，即執刀自殺。隨後世尊帶領諸比丘去見尊者遺體，並授記尊者已經不住「識神」，證得涅槃。[2]從故事情節的吻合度來看，跋迦梨尊者可能即是《鼻奈耶》中的尊者薄佉羅。《雜阿含經》中還有另一個類似的公案：闡陀尊者也是因病苦而自殺，佛陀說尊者死後不取後有，故其自殺沒有罪過。[3]

瞿低迦尊者修行時六度退轉，第七次證為不退轉，欲引刀自刎，證得涅槃。魔王波旬恐尊者死後得解脫，於是請佛制止尊者。佛陀說

---

1 Damien Keown, *Buddhism and Suicide: The Case of Channa*, *Journal of Buddhist Ethics*, Vol. 3, 1996, p. 8-31.

2 《雜阿含經》卷 47，《大正藏》2 冊，346 頁中欄至 347 頁中欄。

3 《雜阿含經》卷 47，《大正藏》2 冊，347 頁中欄至 348 頁中欄。

瞿低迦尊者已斷除愛欲，死後當得涅槃。隨後佛陀帶諸比丘去尊者自殺的現場，並為尊者授記：「如是堅固士，一切無所求，拔恩愛根本，瞿低般涅槃。」[1]

婆迦梨尊者病重，以刀自盡，得阿羅漢果。佛陀以天耳得知尊者自殺，攜弟子到尊者所在的精舍並授記尊者已得涅槃。[2]這個公案的爭議性在於，婆迦梨尊者與跋迦梨尊者、闡陀尊者不同，其自刎之前並未證得聖果，只是在自刎時思維如來功德、思維五蘊，然後才證果。

從以上公案中可以得出結論：如果修行人已經證得聖果，死後將進入涅槃（如跋迦梨尊者、闡陀尊者），或者尚未證果但是死後將證果（如瞿低迦尊者、婆迦梨尊者），在這些情況下自殺，不結罪。

不過，對於阿羅漢自殺的問題，換一個角度來看能夠得到更多的啟發。《彌蘭王問經》中，彌蘭王問那先尊者：「尊者那先，不感受苦受者何故不般涅槃耶？」長老言：「大王，對彼阿羅漢無愛好，無嫌惡。阿羅漢不落未熟之〔果實〕，賢者阿羅漢待成熟故。」[3]讓剩餘的生命自然凋落，如同讓果實自己成熟而落地一樣，這種做法或許更能保護大眾的信心。大乘菩薩道行者雖證道果，但仍駐留世間，以一切可能的手段利益眾生，也是很自然的態度和選擇。

3. 綜合：比丘如何對待自己的生命？

那麼，比丘應該以怎樣的見解和態度來看待自殺行為，乃至如何正確對待自己的生命？基於前面的討論，本專題的觀點概括如下：

不可輕易自殺，一般而言，自殺按律結偷蘭遮。佛法以解脫為目的，結束自己的生命並不能真正得到解脫，而只是讓下一世的輪迴提

1　《雜阿含經》卷 39，《大正藏》2 冊，286 頁中欄。
2　《增一阿含經》卷 19，《大正藏》2 冊，642 頁中欄至 643 頁上欄。
3　《彌蘭王問經》卷 3，《漢譯南傳大藏經》63 冊，72 頁。

前到來。被惡心、厭世、逃避等煩惱所驅動的自殺，不僅對後世的境況不利，而且又易養成不能直面生命困境的等流。

比丘因久病不治，為減輕他人負擔而自殺的行為，雖然從戒律來看無罪，但是考慮到相關的社會影響，也應該用消極的方法如停止使用醫療手段等形式，讓生命自然終止。不宜用自刎、上吊等方法來結束生命，否則容易引發社會譏嫌。最重要的是，重病比丘做出終止醫療的選擇，必須經過非常慎重的思考，確保自己是在內心平靜、如實判斷病情等前提下做出的選擇。要避免自己在內心脆弱的時候，片面放大自己的病情，過於擔心麻煩別人，而輕率做出此類選擇。從無限生命的角度看，自他緊密相連，應該互幫互助，因此當以開放的心態，樂於接受別人幫助，同時也可發願今後必當回報一切眾生對己的恩德。總之，比丘要對自己的生命負責，不輕言放棄，畢竟人身難得，佛法難聞，一息尚存，生命處處都有修習佛法的對境和悟道的契機。

專題 8：安樂死是否犯殺戒？

（一）安樂死介紹

1. 概念和分類

安樂死（euthanasia），一般是指針對深陷病痛無望治癒的病人採取的提前結束其生命的行為。在臨牀實踐上，（積極）安樂死都是經過醫生、病人或病人家屬的同意後才能進行，整個過程由專業的醫護人員操作，在操作上也會盡量減少病人的痛苦；在法律和倫理領域，對於安樂死問題一直存在較大的爭議。支持者認為這是一種符合倫理的做法，反對者則認為這有殺人或協助自殺的嫌疑。

按照不同的分類方法，安樂死有三種分類。

①「自願安樂死」與「非自願安樂死」

所謂「自願」，即安樂死對象自己願意或者希望安樂死。「自願安樂死」中，病人自己有能力要求安樂死，一般有兩種可能性：一是病危時，病人在意識清楚的情況下自己表達意願，另一則是病人事前預先作了意願聲明。「非自願安樂死」包含兩種情形：一是當事人沒有表示或無法表示意願的「無意願安樂死」（比如有嚴重生理缺陷的新生嬰兒），一是違反當事人意願之安樂死，也稱之為「強迫安樂死」。

②「直接安樂死」與「間接安樂死」

「直接安樂死」是以導致死亡為行為之直接目的。「間接安樂死」的概念則是由歐美法學界所引入，它主要是指那些必要的止痛或麻醉，但其副作用卻可能導致死亡。這種醫療行為的直接目的不是導致病人死亡，死亡只是它容忍的一種可能發生的「間接」結果。

③「積極安樂死」和「消極安樂死」

「積極安樂死」（或稱「主動安樂死」）是主動採取措施，結束病人生命，例如向病人注射致死藥物。「消極安樂死」（或稱「被動安樂死」）則一般指撤除生命延長或者治療措施，讓病人自然結束生命。

協助自殺（assisted suicide），指協助別人完成自殺，即通過一些特定方法，例如藥物或設備，促成可能已經沒有能力執行自殺行為的死亡意願者達到目的。協助自殺和安樂死不是完全等同的概念，不過從適用條件和目的來說有很多相同之處，本文對協助自殺也將作簡單討論。

2. 現狀

全世界範圍內，積極安樂死只在少數國家（比如荷蘭、比利時、盧森堡等）合法化，在大多數國家是不合法的。而消極安樂死在倫理上的爭議性要小很多，有更多的國家對消極安樂死非刑事化。

安樂死的必要性必須接受嚴格檢驗，例如有些病人是在神志不清

的狀態下要求安樂死；有些病人是出於長期患病而產生的病態心理而要求安樂死；有些病人是受病痛的折磨而一時難以忍受，衝動之下主動求死；也有些病人要求執行安樂死並不是由於病痛和心理的折磨，而是由於受到家人、環境或社會的影響，這些人在症狀減輕、疼痛緩解、環境變化時很可能會改變想法。以荷蘭為例，實施積極安樂死的必備條件[1]包括：(1) 患者必須面臨一個無法忍受、長期痛苦的未來；(2) 死亡請求必須是自願而且經過慎重考慮的；(3) 醫生和患者必須確信沒有其他解決方法；(4) 必須有一名醫生的意見，而且以一種醫學上適當的方式結束病人的生命。

協助自殺在大多數地區是不合法的，不過個別地區（比如瑞士，美國的俄勒岡州和華盛頓州等地區）允許某些條件下的醫生輔助自殺 (physician assisted suicide)。同樣地，醫生輔助自殺也有嚴格的條件和程序。根據華盛頓州《尊嚴死亡法》，年滿十八歲的病人需要經過兩位醫生診斷患有不可治癒的末期疾病，生命不到六個月，方有資格向有關部門提出申請。另外，病患必須分兩次提出口頭請求，每次請求相隔十五天，而且要在兩人見證下提出書面申請，其中一個見證人不能是患者的親屬、繼承人、看護醫生或與患者所住醫院有關的人員。在收到申請後，有關部門將派出四名醫生分別對病人的身心狀況進行評估。一旦得到許可，醫生為病人開出處方，病人必須自己服下致命藥物，旁人不得協助。

(二) 從戒律的角度認識安樂死

比較明確的一點是，積極安樂死的結果是終止病人的生命，從佛

1　托尼·霍普（Tony Hope）：《醫學倫理》（*Medical Ethics*），吳俊華等譯，譯林出版社，2015 年 9 月，7 頁。

教戒律的角度不應該提倡。

1. 慈心殺犯重的律典公案

安樂死的目的是免除當事人正在遭受的痛苦，支持者也是從這個角度出發支持安樂死的實施，認為這符合當事人的利益。免除病人痛苦是一種良善的動機。一般來說，以瞋恨心殺人判犯殺戒比較容易理解，那麼以善心來結束別人的生命，律典是怎麼判的？多部律典記載了慈心殺的公案，可以看出，律典中慈心殺也正犯殺戒。

《四分律》記載：「時去比丘尼寺不遠，有人被截手腳。有比丘尼持蘇毗羅去彼不遠而行，比丘尼作是念：『若以蘇毗羅洗彼瘡，或令早死。』即為洗之便死。佛問言：『汝以何心？』答言：『以殺心。』佛言：『波羅夷。』」

《十誦律》記載了一個類似的公案，但內容更詳細，如律文：「有一人被截手足著祇桓塹中，諸比丘尼為聽法故來到祇桓，聞是人啼哭聲，女人輕躁便往就觀，共相語言：『若有能與是人藥使得時死者，則不久受苦惱。』中有一愚直比丘尼，與蘇毗羅漿，是人即死。諸比丘尼語言：『汝得波羅夷。』是比丘尼言：『何以故？』答言：『汝若不與是人漿，是人不死。』是比丘尼生疑：『我將無得波羅夷耶？』是事白佛，佛知故問：『汝以何心與？』比丘尼言：『我欲令早死，不久受苦故與。』佛言：『是人死時，汝即得波羅夷。』」

《根有律》也記載了類似的公案，最後的結論是「若苾芻、苾芻尼作如是念：『由此藥故當令命終。』若因死者，得他勝罪」。

上述律典公案都屬慈心殺人，比丘尼為了幫助他人減輕痛苦，採用不同手段令其死亡，這與現代語境中的積極安樂死比較類似。具體而言，公案中比丘尼具備希望他人死亡的主觀願望，又採取了積極加行導致對方死亡，因此正犯「大殺戒」。

可以看出，雖然安樂死的動機是為了免除他人痛苦，但不管是良善的還是惡意的動機，只要比丘具備希望對方死亡的主觀意志，「大殺戒」的故殺心要素即成立，他就可能犯波羅夷罪。這是從戒律角度對積極安樂死的行為定性。

2. 從戒律角度看不同種類的安樂死

關於「自願安樂死」或是「非自願安樂死」，律典「大殺戒」的制戒緣起故事中，修不淨觀的比丘請別人來殺死自己，被請比丘殺死這類自願求死的人犯波羅夷，那麼殺死不自願的當然也正犯「大殺戒」。「大殺戒」的犯緣並不直接涉及到當事人的意願問題，所以當事人自願與否不會影響判罪。比丘對他人進行「自願安樂死」或是「非自願安樂死」應如何判罪，關鍵是比丘自己的發起心。在某些情況下，病人是自願還是非自願，可能也會制約比丘所能採用的方便加行。總之，可以明確的是，病患自願安樂死肯定不是比丘免於被判波羅夷的理由。

「直接安樂死」和「間接安樂死」的區別主要在於目的的不同。「直接安樂死」明確地以結束患者生命為目的，而「間接安樂死」的意圖並不是為了結束患者生命，而只是由於醫療技術上的限制，不得已容忍了醫療行為導致患者死亡的可能性。很明顯，比丘參與「直接安樂死」將可能正犯「大殺戒」，而「間接安樂死」由於不具備殺心則不會正犯殺戒。

「積極安樂死」和「消極安樂死」側重從方便加行的角度區分不同的安樂死行為。顧名思義，前者為積極加行，後者為消極加行。從戒律的角度看，比丘對他人施行安樂死時，不同的加行將導致不同的判罰結果。

對於協助自殺，由於希望對方死亡的心是明確的，行為上也為他人的死亡提供了工具和方便，因此協助自殺正犯「大殺戒」。

（三）具體情境分析

專題「『大殺戒』中犯戒主觀心理和方便加行的判罪組合」研究了犯戒主觀心理和方便加行的不同組合對結罪輕重的影響。安樂死情境中比丘是否犯殺戒，也可以參照其中的原則來判斷。下面按此對比丘在幾種安樂死情境中的可能行為進行判罪分析。

1.「積極安樂死」情境

病人癌症晚期，每天都要承受病苦的折磨。比丘起了惻隱之心，為讓病人免除痛苦，給病人服用大量安眠藥後導致病人死亡。

判罪分析：這種情況屬於典型的慈心殺人。比丘主觀上有希望病人死亡的心（雖然出發點是為了免除病人的痛苦），並採取了積極主動的行為，所以屬於希望心和積極加行的情形，判波羅夷。

2.「消極安樂死」情境之一

比丘的親屬身患絕症，遭受很大痛苦。比丘希望病人早日死亡，因此決定不再為病人提供後續醫療服務，病人因而去世。

判罪分析：這種情況屬於希望心和消極加行的組合，判偷蘭遮。

3.「消極安樂死」情境之二

病人身患絕症，繼續維持治療已經無法轉變病情，治療過程也很痛苦。病人不願再繼續維持治療，希望回家中度過生命中最後的時光，比丘隨順病人意願送其回家，一段時間後病人自然離世。

判罪分析：這種情況下比丘沒有主動追求病人死亡的希望心。不過度無效治療在現有醫療實踐中也屬合乎情理的選擇，比丘的行為也不屬於消極加行，而是無危害加行。因此，這種情況屬於不放任心和無危害加行組合，判不犯。

4.「間接安樂死」情境

比丘的直系親屬因病重而瀕臨死亡，遭受很大痛苦，醫生徵求比丘意見，是否給病人注射嗎啡以減輕痛苦，但同時也提醒比丘注射嗎

啡會降低病人呼吸的頻率和深度，可能（雖然不是在所有情況下）導致病人提前死亡。比丘再三考慮之後同意給親屬注射嗎啡，病人後來出現呼吸減緩的現象，經過一段時間後離世。

判罪分析：比丘同意注射嗎啡不是為了讓病人離世，而是要減輕病人的痛苦，因此比丘的主觀意志屬於沒有危害意圖的「不放任心」。從表面上看，比丘同意注射嗎啡和病人提前離世有一定關係，但是病人死亡的真正原因卻是不可挽回的病情所致。從技術層面上看，注射嗎啡不是必然會導致病人提前離世的情況，在現有醫療技術水平下比丘也沒有能力選擇其他更好的手段，故可以認為比丘同意注射嗎啡屬於「無危害加行」。這種不放任心和無危害加行的情況下，判不犯。

5.「協助自殺」的情境

病人知道自己時日無多，也忍受不了病痛的折磨，故向比丘表達想早點離開人世的意願，請求比丘幫忙準備適量的安眠藥。比丘同意了病人的請求，為病人購買了足量的安眠藥，病人自己服用後離世。

判罪分析：協助自殺的情況屬於希望心和積極加行的組合，比丘正犯波羅夷。

（四）總結

安樂死問題在醫學倫理和法律上都頗具爭議性。比丘如果被牽涉到相關情形中，應該謹慎對待，避免觸犯「大殺戒」。其中最根本的原則是比丘應把握好自己的動機，不能以希望病人死亡的心做出相關決策或採取相應行為。如有可能，盡量不要參與到涉及斷人命根的事情當中。

如何讓病人積極面對疾病、困厄，安詳度過人生的最後階段，佛教有豐富的理論基礎和實踐經驗。如果病人情況允許，比丘可以勸病人念佛、持咒，修行善法，或許能夠助其業消病癒，如果病人命盡也

有助於其往生淨土或人天善道。另外，比丘可以從佛法的角度開導病人及其家屬，讓他們能夠以積極坦然的心態面對疾病和死亡。

如果比丘自身病重想要安樂死，則屬於自殺的討論範疇。參考「自殺」專題的結論，如果比丘選擇積極安樂死，屬自殺行為，結偷蘭遮。如果醫療手段確實沒有可能挽回比丘生命，繼續維持治療只能給他人帶來極大的人力、財力負擔，那麼比丘要求停止醫療手段讓自己生命自然終止，則並不犯戒。

專題 9：自衛導致他人死亡是否犯「大殺戒」？

法律規定，在自己受到不法行為侵害時，若自衛對對方造成傷害，則不構成刑事責任。《中華人民共和國刑法（修正）》第 20 條第 1 款規定：「為了使國家、公共利益、本人或者他人的人身、財產和其他權利免受正在進行的不法侵害，而採取的制止不法侵害的行為，對不法侵害人造成損害的，屬於正當防衛，不負刑事責任。」

律典中也開許比丘在遭到侵害時，可以採取反擊等自衛措施。如《巴利律》中，若比丘「被任何事物所迫害，欲求逃脫而毆打」，不犯。又如《善見論》記載：「若虎、狼、師子乃至梵行難，以手打求脫，不犯。」[1]

進一步的問題是，如果比丘自衛過程中導致對方死亡，是否犯波羅夷呢？《十誦律》記載有這樣一則公案，如律文：「諸比丘先備防賊具，賊來已即入房舍，閉門下店，上樓閣上，作大音聲恐怖諸賊，擊鐘振鈴。有二比丘，暗中擲石恐怖，石墮殺賊。是兩比丘自相謂言：『我與汝俱放石，不知誰石殺賊？』即生疑：『我將無得波羅夷耶？』

1　《善見論》卷 16，《大正藏》24 冊，786 頁中欄。

是事白佛,佛言:『無罪。放石時應唱言:石下!石下!』」

《根有律》中,有賊想盜取僧團的揵稚、棒等器仗及衣服,守護的比丘發現後便取揵稚木打賊頭上,賊被木打,落梯而死。如律文:「彼有賊帥登梯而上。是時寺內有摩訶羅苾芻為守護者,見彼升梯便作是念:『此之頑賊劫我衣鉢令使露形,今若縱捨,還令我等露形而住,我當與彼現恐怖相。』即便除行取揵稚木打賊頭上,賊被木打,落梯而死。摩訶羅即便大喚:『有賊!有賊!』時諸苾芻便廢聽經,爭升上閣,問言:『賊在何處?』摩訶羅報曰:『於此寺邊升梯而上,我示驚怖並已逃奔。』諸人報曰:『令賊逃奔斯為甚善。』天曉開門,尋賊上處,便見賊頭流血而死。眾既見已,各懷驚怖,共相告曰:『前非遭賊,今是遭賊。由打殺人遂令我輩犯他勝罪。』時諸苾芻便生追悔,以緣白佛。佛言:『汝等無犯。』」

上述律典公案中,為保護僧團的利益不受賊人惡意侵犯,比丘採取了正當的自衛措施。雖然比丘有投石、稚木打賊等行為,但動機都只是想要恐嚇賊,並沒有殺賊的心,故佛判其無罪。因此,比丘在自衛過程中,若無殺心而不慎致對方死亡,不犯「大殺戒」。

不過,自衛過程中也可能發生自衛失當的情況。法律規定,只有正當自衛才是無罪的,需要承擔刑罰的自衛過當形式則屬於犯罪行為。對於自衛行為的限度,現代刑法學原則上認為「正當防衛必須是防衛違法供給所必要的」,「必要的防衛,是指適當的、在可選擇的防衛方法中最輕的、不會給防衛人帶來直接損害自身風險的防衛」。[1] 簡而言之,在保護自己不受傷害的前提下,正當防衛還應該考慮行為的必要性,盡可能使對對方的傷害最小化。

從戒律的角度來說,如果在自衛過程中,比丘起了殺心而故意將

1　《現代刑法學(總論)》,189 頁。

對方殺死，這種情況下殺心和積極加行的犯緣具足，比丘還是會正犯「大殺戒」而得波羅夷罪。因此，在實際情形中，比丘應當保證自己的主觀動機屬於自衛性質，不能被現前場景影響轉而變成主動殺心，行為上應當限制在必要的程度內，行為方式也應該符合社會道德規範的要求。

專題 10：被迫殺人的得罪問題

法律中有關於被脅迫犯罪的規定，如中國《刑法》第 28 條規定：「對於被脅迫參加犯罪的，應當按照他的犯罪情節減輕處罰或者免除處罰。」「被脅迫參加犯罪」，是指「行為人在他人對其進行精神強制，處於恐懼狀態下，不敢不參加的情況」。[1] 那麼從戒律的角度來看，如果在特殊情況下比丘被脅迫殺人，該如何判罪呢？

在被人脅迫的情形下殺人，被脅迫者一般不會真正希望第三者由此死亡。但是在事態的發展過程中，被脅迫者的心念有可能會被情境所轉而發生變化。如果被脅迫者後來產生了希望對方死亡的動機，最終又採取了積極方便加行導致第三方死亡，根據前面專題的討論，這種情況屬於希望心和積極加行的組合，應該判波羅夷。

在大多數情況下，被脅迫者被他人逼迫，屬於不得已起方便加行。他在加行過程中會有矛盾、愧疚、心存僥倖、不希望第三方因此死亡等心理，若外境逼迫消失，主體馬上會停止加行。這種情形下其主觀意願不是希望和追求對方死亡的「希望心」，因此不犯波羅夷，而犯偷蘭遮。

1　《現代刑法學（總論）》，206 頁。

七、總結

（一）諸律差異分析

1.緣起差異

（1）結構差異

《四分律》、《十誦律》有一個本制。《鼻奈耶》、《五分律》有一個本制和四個隨制。《僧祇律》有一個本制和三個隨制。《根有律》有六個緣起和一個本制。《巴利律》有一個本制和一個隨制。

（2）情節差異

《四分律》的緣起情節是修習不淨觀的比丘厭患身命，勿力伽難提比丘受這些厭世比丘們的僱傭，一一將其殺害，佛陀因此制戒。其他律典都有這一情節，與《四分律》相比，多了一些緣起和隨制，內容更為豐富。

《僧祇律》、《五分律》、《根有律》、《巴利律》都提到了比丘讚歎死亡，不同的是《五分律》中比丘讚歎死亡被病比丘呵責，《根有律》中比丘讚歎死亡不是該緣起故事重點刻畫的內容，《巴利律》中則是讚歎令居士死亡，犯戒對象不是比丘。

此外，《僧祇律》中提到看病比丘自己殺、請人殺病比丘的情節。《五分律》提到看病比丘提供工具和藥品給病比丘自殺的情節。《根有律》提到看病比丘責怪病比丘，令其懊惱服毒而死；請無知人照看病比丘；為求新鉢、新衣而盼病比丘早死；比丘隨喜墮胎等情節。

《四分律》的本制中雖然有比丘「求刀欲自殺、歎死、讚死、勸死」的表述，但從後面故事情節發展來看，只有比丘用衣鉢僱傭勿力伽難提比丘殺自己的細節，缺乏「求刀欲自殺、歎死、讚死、勸死」的相

關內容。而在其他律典中，除《十誦律》以外，都或多或少有與之相關的情節。因此，有必要補充一些相關內容，使《四分律》的緣起情節更加完善。此外，《僧祇律》中提到比丘「求持刀者」殺死病比丘，《五分律》記載有看病比丘提供藥品給病比丘自殺的情節，這些情節可作為典型的案例對協助他人自殺進行說明。因此，這兩個情節都可以補充到隨制之中。

（3）結論

綜上所述，本戒仍以《四分律》的本制為準，補充《僧祇律》中「求持刀者」的隨制情節，以及《五分律》中的三個隨制情節。

2. 戒本差異

諸部戒本的文義基本一致。其中，主要的差異體現在對犯戒對象的描述上，《四分律》、《四分僧戒本》、《新刪定四分僧戒本》、《四分律比丘戒本》、《僧祇律》、《僧祇比丘戒本》、梵文《有部戒經》、巴利《戒經》僅提到「人」，而《鼻奈耶》、《十誦律》、《十誦比丘戒本》、《五分律》、《彌沙塞五分戒本》、《根有律》、《根有戒經》、《根有律攝》、《解脫戒經》以及藏文《根有戒經》則在「人」之外又多出了「人形之類」、「人類」、「似人」、「人胎」等內容。

但是《四分律》、《僧祇律》廣律的辨相中都提到了「人胎」。因此推測前一類戒本中僅提到的「人」，應該是一種泛指的概念，實際包括了「人胎」的內涵。因此，為了使所犯境的內涵表述得更為明確，參考《鼻奈耶》、《十誦律》、《五分律》等戒本，以《根有律》等中「若人，若人胎，故自手斷其命」這一表述，替代《四分律》中「故自手斷人命」。

另外，為讓戒條的表述更為明確，依照《根有律》將《四分律》中「持刀與人」一句改為「持刀授與」。後面也依照《根有律》增加「求

持刀者」這一教他殺的情況。依《五分律》補入「藥殺」的情況。《四分律》中兩處「歎譽死，快勸死」都借鑒《根有律》分別改為「若勸死、讚死」和「勸讚令死」，使文意更加淺白易懂。《四分律》中「男子」這一泛稱，很容易讓人誤以為勸死的對方必須是男性，所以依照《十誦律》、《僧祇比丘戒本》等，將「男子」刪去。《四分律》中「作如是心思維」的「心」和「思維」是同義詞，為了簡化和避免歧義，依照《十誦律》、《五分律》等刪去「思維」，使之變成「作如是心」。在戒條羅列出種種殺害對方的方式之後，依照《五分律》，在《四分律》「是比丘波羅夷」的前面增加「彼因是死」這一究竟成犯的條件。

3. 辨相差異

各律典對本戒辨相內容的記載，在所犯境、方便加行、究竟成犯和犯戒主體方面的主要觀點都比較一致。僅在能犯心方面，各律典有一些差異。

（1）能犯心

①發起心

《四分律》中，正犯本戒的發起心是故意的殺心，即故斷人命之心；若沒有故意的殺心而將他人誤殺，不正犯本戒。其他律典都與《四分律》相同。

《根有律》、《根有律攝》、《巴利律》、《善見論》、藏傳《苾芻學處》這幾部律典在此基礎上還附加了產生悔心的情況。《根有律攝》和藏傳《苾芻學處》中，若比丘在殺人的過程中產生了悔心，便不結根本罪。如《根有律攝》記載：「先興方便遣殺他人，後起悔心不欲其死，前人雖死，但得窣吐羅。」藏傳《苾芻學處》記載：「若於彼被殺未斷命以前起悔心，或自與彼同時死，皆不成根本罪。」

而《巴利律》中，比丘指使其他比丘殺人之後，雖然產生了悔心，

但若不告訴被教比丘「不可殺」，那麼在目標被殺以後，教者和被教者均結波羅夷罪；反之，若是教者產生悔心之後，又告訴被教比丘「不可殺」，即使被教比丘將目標殺掉，也僅是被教比丘自己結波羅夷罪，教者只結突吉羅罪。這與上述兩部律典的記載有所不同，簡單地說，比丘只有既產生了悔心同時又採取了行動，才會不正犯；若僅產生了悔心而沒有加行，仍會正犯。

《根有律》中，比丘最初勸人自殺，之後心生後悔，轉而勸其不要自殺；如果對方不採納並自殺死亡，那麼勸人自殺的比丘應結偷蘭遮罪。《善見論》中，比丘最初挖坑準備以此殺人，之後生起悔心，將坑填起來，或者由其他一些原因將坑破壞掉，僅結突吉羅罪；若比丘最初以殺心寫假經書讚死，之後生起悔心，並親手將此書燒燬，僅結突吉羅罪。這兩部律典中的內容與《巴利律》的第一個判罪結果相似，比丘不僅產生了悔心，而且還採取了相應的行動，才不屬於正犯。對於僅有悔心而沒有加行的情況是否結罪，這兩部律典中都沒有提到。

從上述的內容來看，五部律典的共同點是比丘產生了悔心，殺心得到遮止，所以在最後都不結根本罪。而這五部律典的差別在於：《根有律攝》和藏傳《苾芻學處》中，比丘只要有悔心就不正犯，沒有提到需要有相應的加行；《巴利律》中提到，比丘僅有悔心還不夠，還需要採取相應的加行（即便所施加行未達預期效果）才不正犯。《根有律》和《善見論》中提到比丘有悔心的要素，但並未明確說明沒有相應的加行是否判罪。實際上，比丘是否採取加行，只是判斷其殺心是否中斷的一種方式，關鍵還是在於比丘是否有悔心而令殺心中斷。因此，在實際的判罰中應以比丘是否產生悔心為判罪的依據。

②想心

《四分律》中，本戒正犯的想心為人作人想，《僧祇律》、藏傳《苾芻學處》與《四分律》相同；《摩得勒伽》中有兩種想心的記載，此律

卷 1 和卷 8 中，人作人想正犯，而此律卷 4 中，人作人想、疑、非人想，均正犯；《十誦律》中，正犯的想心為人作人想、疑、非人想；《根有律攝》中，正犯的想心是人作人想、疑。此外，《四分律》中，女作男想或男作女想，或此人作彼人想均正犯此戒；《巴利律》中，此戒的想心為想彼而奪彼命或奪他命，均正犯此戒；其他律典中沒有這方面的內容。

對於《十誦律》中「人作非人想殺」犯波羅夷的問題，已有專題進行分析，此處不再贅述。除此以外，《四分律》、《摩得勒伽》、《僧祇律》、藏傳《苾芻學處》與《十誦律》、《根有律攝》的區別在於「人作人疑殺」是否正犯。《十誦律》和《根有律攝》對此均判為波羅夷罪，而《四分律》對此判為偷蘭遮罪。《僧祇律》和藏傳《苾芻學處》中僅提到「人作人想殺」結波羅夷罪，雖然沒有提到「人作人疑殺」如何結罪，但其含義也是這種情況不正犯。《摩得勒伽》則有兩種判法，人作人疑，此律的卷 4 判為波羅夷，而卷 8 判為偷蘭遮。

從實踐的角度來看，如果犯戒比丘對所殺對象是否是「人」心存疑慮，那麼他在殺人時內心就不堅定，殺人的意樂也就不強。而當犯戒比丘確定對方是人時，其殺人之心就是篤定的。這兩種心態不同，造業亦應該有輕重。這或許是《四分律》對「人作人想殺」判重，對「人作人疑殺」判輕的原因。而《十誦律》和《根有律攝》是依境判，沒有考慮上述想心對結罪的影響。對於「人作人疑殺」，依《四分律》判為偷蘭遮罪更為合理。

4. 諸律內部差異

《鼻奈耶》戒條中「無數方便勸他使死，若稱譽死」，在緣起中沒有與之相對應的記載；戒條中的「人形之類」，在緣起和辨相中沒有提到。《五分律》戒條中也有「若似人」的情況，亦為正犯；緣起中並未

提到，而辨相中將入胎四十九日之前的胎兒稱為「似人」。

（二）調整文本

通過以上諸律間觀點同異的對比與分析，文本在《四分律》的基礎上作如下調整：

1. 緣起
（1）本制
佛在毗舍離，對比丘們講說不淨觀，婆裘園的比丘們精勤修習後，厭患身命，愁憂不樂，欲捨命求死。勿力伽難提比丘受這些厭世比丘們的僱傭，一一將其殺害，至六十人，居士震驚、譏嫌。佛陀得知後，教比丘們修習阿那般那三昧，比丘們按此修習，證得三昧安樂而住。佛陀隨後集僧，呵斥比丘們之前求死的行為，然後制戒：「若比丘，若人，若人胎，故自手斷其命，是比丘波羅夷，不共住。」

（2）隨制
有病比丘痛苦難忍，看病比丘提供工具令病比丘死亡，針對這一情況，佛陀再次制戒：「若比丘，若人，若人胎，故自手斷其命，若持刀授與，是比丘波羅夷，不共住。」

有病比丘患病，久治不癒，意欲尋死。看病比丘即尋覓一名外道殺死病比丘。佛陀呵責了「教人殺」的行為，再次制戒：「若比丘，若人，若人胎，故自手斷其命，若持刀授與，若求持刀者，得波羅夷，不共住。」

有比丘得重病，苦不堪忍，看病比丘提供藥品，病比丘服用而亡。佛陀再次制戒：「若比丘，若人，若人胎，故自手斷其命，若持刀授與，若求持刀者，若與藥殺，得波羅夷，不共住。」

有白衣遭受賊難，骨肉分離，備受折磨，有比丘讚歎自殺能生天享福，不用再受痛苦，被白衣所譏嫌。佛陀因此呵責緣起比丘：「汝所作非法，自殺、讚死，有何等異？」並再次制戒。

2. 戒本

若比丘，若人，若人胎，故自手斷其命[1]；若[2]持刀授與[3]；若[4]求持刀者[5]；若與藥殺[6]；若勸死、讚死[7]：「咄[8]！用此惡活為？寧死不生」，作如是心[9]，種種方便勸讚令死[10]；彼因是死[11]，是比丘波羅夷，不共住。

3. 關鍵詞

（1）若人，若人胎：人或者人的胎兒，從心識最初進入人類的受精卵，便成為人胎；出生後，直至死亡（即心識離開身體），都稱作人；

（2）勸死：教唆、慫恿他人提前結束生命；

（3）讚死：讚歎死亡，用生與死作比較，強調生命的無意義和死亡的殊勝。

1　「若人，若人胎，故自手斷其命」，底本作「故自手斷人命」，據《根有律》、《根有戒經》、《根有律攝》改。

2　「若」，底本闕，據《十誦比丘戒本》、《五分律》、《彌沙塞五分戒本》、《解脫戒經》加。

3　「持刀授與」，底本作「持刀與人」，據《根有律》、《根有戒經》、《根有律攝》改。

4　「若」，底本闕，據《十誦比丘戒本》加。

5　「求持刀者」，底本闕，據《根有律》、《根有戒經》、《根有律攝》加。

6　「若與藥殺」，底本闕，據《五分律》、《彌沙塞五分戒本》加。

7　「若勸死、讚死」，底本作「歎譽死、快勸死」，據《根有律》、《根有戒經》、《根有律攝》改。

8　「咄」後，底本有「男子」，據《十誦律》、《十誦比丘戒本》、《僧祇比丘戒本》、《五分律》、《彌沙塞五分戒本》刪。

9　「心」後，底本有「思維」，據《十誦律》、《十誦比丘戒本》、《五分律》、《彌沙塞五分戒本》、《根有律》、《根有戒經》、《根有律攝》刪。

10　「勸讚令死」，底本作「歎譽死、快勸死」，據《根有律》、《根有戒經》、《根有律攝》改。

11　「彼因是死」，底本闕，據《五分律》、《彌沙塞五分戒本》加。

4. 辨相

（1）犯緣

本戒具足五緣成犯：一、對方是人；二、作人想；三、故意欲斷其命；四、實施殺人行為；五、對方命斷，成犯。

（2）辨相結罪輕重

①對方是人

殺人，正犯。

若比丘殺死天、龍、阿修羅、乾闥婆、夜叉、餓鬼以及能解人語或能變形的畜生等非人，結偷蘭遮。

若殺死不能變形的畜生，結波逸提罪。

②作人想

人作人想，女作男想或男作女想，或此人作彼人想，均正犯。

對人作非人想或人疑，對非人作人想或作非人疑，結偷蘭遮。

③故意欲斷其命

故意欲斷其命，正犯；非故意的意外情況，不犯。

若比丘以慈心而故意欲斷人命，亦正犯。

若比丘在殺人的過程中後悔，遮止了殺心的相續，之後無論對方是否死亡，均結偷蘭遮。

④實施殺人行為

若比丘以各種加行殺人，自己殺、教別人殺、讚歎殺、勸殺，乃至於為對方指示危險的道路或處所、提供殺人的方法而致死等，均正犯。

若比丘殺人時，失手錯殺了另外的人，結偷蘭遮。

若眾多比丘遣一人殺，其中有一比丘內心存疑，但沒有去遮止，被遣者將對方殺死，眾比丘及疑而未遮比丘均為正犯；如果內心存疑，並採取行動遮止，對方仍然被殺，此比丘結偷蘭遮罪，其他比丘結波

羅夷。

⑤對方命斷

若比丘興方便欲殺人時，便結偷蘭遮罪；若對方命終，即究竟成犯，結波羅夷罪；若對方未命終，結偷蘭遮罪。

⑥犯戒主體

比丘、比丘尼若犯本戒，均結波羅夷罪；若式叉摩那、沙彌、沙彌尼犯本戒，結突吉羅罪，滅擯。

與學沙彌若犯本戒，亦結波羅夷罪，並且滅擯，不可再次與學。

⑦不犯

最初未制戒，癡狂、心亂、痛惱所纏時，不犯。

（3）「專題」判罪總結

①概念界定

A.「大殺戒」的判罰，需要考察比丘的主觀意志和方便加行。其中主觀意志可以分成三種：

希望心：直接希望和追求對方死亡的殺心；

放任心：明知道自身行為會產生危害對方的後果，卻持放任態度；

不放任心：對自身行為可能產生的危害後果抱有排斥的態度，如果條件允許，將選擇規避這種危害行為。

B. 危害性的方便加行可分成兩種：

積極加行：犯戒主體積極主動地實施危害行為；

消極加行：犯戒主體本來可以採取某種行為避免危害的發生，卻選擇不實施這種行為。

C. 和安樂死相關的概念

積極安樂死：主動採取措施，結束病人生命，例如向病人注射致死藥物；

消極安樂死：撤除生命延長或者治療措施，讓病人自然結束生命；

協助自殺：通過特定方法（例如藥物或設備），促成可能已經沒有能力執行自殺行為的意願者完成自殺。協助自殺不完全等同安樂死。

D. 死亡界定

佛教以心識離開身體為死亡，心識隨暖（體溫）而住於身體。因此，當呼吸或心跳停止，但還有體溫時，不能算作死亡。

②主觀心理和方便加行的判罪組合

對於「大殺戒」的判罪需要考量比丘的主觀意志和加行方式的組合情況。從比丘的主觀意志來看，可分為「希望心」、「放任心」、「不放任心」三種，而加行方式可分為「積極加行」和「消極加行」兩種。具體判罪如表 2-3：

表 2-3　主觀心理與方便加行不同組合的判罪

主觀心理	積極加行	消極加行
希望心	波羅夷	偷蘭遮
放任心	偷蘭遮	突吉羅
不放任心	突吉羅	―

其中，不放任心和積極加行組合，如疏忽而為或者自保不得已而為之的情況。

現實生活中還有「不放任心」而且沒有實施危害行為，但又無法阻止危害發生的情況，這種情況下判不犯。

③墮胎犯殺

人的心識一入胎，一個人的生命體就形成了。所以，胚胎應被視作為人，墮胎就是殺人。如果比丘或者比丘尼以殺心參與了墮胎行為，犯波羅夷。

女性口服避孕藥有可能會殺死受精卵。因此出家人不應建議在家人服用或向他們提供口服類避孕藥，否則可能犯「大殺戒」。

④自殺如何判罪

一般情況下，自殺結偷蘭遮。若久病不癒，為減輕他人負擔而用消極的方法如停止醫療手段，讓生命自然終止，這種情況判不犯。如果已經證得聖果、死後將進入涅槃，或者尚未證果但是死後將證果的聖者自殺，不犯。

⑤安樂死相關

比丘希望病人死亡，以積極加行（如為病人服用安眠藥）為病人實施安樂死，正犯波羅夷。

比丘希望病人死亡，採取了給病人停止醫療的消極加行，判偷蘭遮。

比丘並不希望病人死亡，而隨順病人的願望停止醫療，判不犯。

比丘並不希望病人死亡，為減輕病人的極端痛苦，同意醫療機構為病人實施了有提前致死可能的醫療行為，病人若因此提前死亡，判不犯。

比丘協助病人完成自殺，殺心和方便加行具足，判波羅夷。

⑥沙彌任運

若比丘在受戒前做沙彌時犯了根本罪，而到受戒後，其之前所犯惡行才達究竟，則得偷蘭遮罪。

⑦按照主要責任歸屬判罰

從比丘起殺心並付諸行動，到被害人死亡，其間可能還有其他導致被害人死亡的、有目的的或偶然性的事件介入。比丘的殺人行為是否應判根本罪，還需要分析在導致受害者死亡的多個因素中，比丘是否應負主要責任。

如果比丘的殺人行為是導致受害者死亡的主要原因，判波羅夷；

假如後來介入的事件是導致被害人死亡的主要原因，比丘的行為後果被後者中斷，但方便加行成立，判偷蘭遮。

⑧自衛殺人相關

比丘在自身或是僧團利益受到侵害時，可以自衛。在自衛的過程中，比丘若無殺心而不慎導致對方死亡，不犯；如果在自衛過程中，比丘起了殺心而故意將對方殺死，得波羅夷罪。

⑨被迫殺人相關

在被脅迫殺人的情形下，被脅迫者屬於不得已而起方便加行，其主觀意願不是希望和追求對方死亡的「希望心」，判偷蘭遮；如果被脅迫者後來產生了希望對方死亡的動機，最終又採取了積極加行導致第三方死亡，判波羅夷。

八、現代行持參考

在古印度社會，僧團對僧事的自主性較強，王權較少干預出家沙門的群體事務。而現代社會是法制社會，法律對社會具有普遍的約束力，民眾的法制觀念也比較強。並且現代社會的通訊科技比較發達，通訊渠道多樣，覆蓋面廣，使得資訊的傳播無孔不入，特別是負面資訊，在很短的時間內，就會傳達給社會上相當多的人。在這樣的時代因緣下，比丘如果犯「大殺戒」，不僅要面臨僧團的滅擯處罰，更要接受國家刑法的制裁。而這類事件產生的社會影響，也絕不僅僅是制戒緣起故事中信眾譏嫌的問題，勢必造成極不利於佛教和出家人形象的社會輿論，影響信眾的信心，乃至引來外部勢力對佛教內部事務的強力干預，影響佛教的生存和發展。

從僧團管理的角度看，為杜絕此類事情的發生，需要建立完善的僧團管理和教育機制。嚴格規範出家剃度人員的考核機制和候選程序，密切關心比丘的身心健康，對修行過程中容易出現的問題加以預防並及時疏導解決。與此同時，也要建立相應的風險管理和應急機制。

從利世導俗的角度看，出家人應繼續宣揚佛教不殺生的主張以及眾生平等的慈悲精神。對社會上關於生命倫理的討論主題，如避免安樂死、墮胎、自衛殺人等（見相關專題），應當積極貢獻佛教的生命知識和精神資源，發出佛教自己的聲音，進而影響社會認知。

總之，比丘作為慈悲和道德修行的代表，只有在世俗倫理道德的基礎上做得更好，才能給民眾和信眾帶來更多的安全感和神聖感，這是正法久住的需要，也是弘法利生的需要。

04

大妄語戒

一、緣起

（一）緣起略述

　　《四分律》有一個本制和一個隨制。佛在毗舍離時，因值荒年，穀價昂貴，人民飢餓，比丘乞食難得，佛便令諸比丘在毗舍離城周邊隨宜安居。其中，選擇在婆裘河邊的僧伽藍中安居的比丘，為了得到食物，便往諸居士家說自己證得阿羅漢、有他心通等，同時也以此讚歎其他比丘。諸居士聽後便生起很大的信心，寧可自己不吃也要竭力供養這些比丘。因此，這些比丘在安居期間得到了比較充足的飲食，「顏色光澤、和悅，氣力充足」。在其他地方安居的比丘因飲食匱乏而顏色憔悴，形體枯燥，與在婆裘河邊安居的比丘形成鮮明的對比。安居結束後，諸比丘去見佛，佛陀得知婆裘河邊安居的比丘是以說上人法的方式騙取居士供養後，便呵責他們，並制戒妄說自己得上人法犯波羅夷。此是本制。

　　後來，有一比丘認為自己已經得道，便向人說。而後此比丘精進不懈，真實證得上人法，才知道自己先前所說不實，於是懷疑自己犯波羅夷。佛知道此事後，因此開緣增上慢的人不犯此戒。此是隨制。[1]

1　《四分律》卷 2，《大正藏》22 冊，577 頁中欄至 579 頁上欄；卷 56，《大正藏》22 冊，983 頁上欄至 985 頁下欄；卷 58，《大正藏》22 冊，996 頁上欄至中欄；卷 59，《大正藏》22 冊，1002 頁上欄。

諸律緣起差異比較：

1. 制戒地點

《四分律》中，制戒地點為「毗舍離獼猴江邊高閣講堂」，《鼻奈耶》[1]為「舍衛國祇樹給孤獨園」，《十誦律》[2]為「維耶離國」，《僧祇律》[3]為「舍衛城」，《五分律》[4]為「毗舍離」，《根有律》[5]為「薜舍離」，《巴利律》[6]為「毗舍離大林重閣講堂」。

2. 緣起比丘

《四分律》中，緣起比丘為在婆裘河邊的僧伽藍中安居的比丘，《鼻奈耶》為在跋渠末江水邊安居的比丘；《十誦律》、《五分律》、《巴利律》為在婆求摩河邊聚落安居的比丘，《僧祇律》為一「長老比丘」，《根有律》為在捕魚村安居的五百比丘。

3. 犯戒對象

《四分律》中，犯戒對象為在家居士，《十誦律》、《僧祇律》、《五分律》、《巴利律》與《四分律》相同。《鼻奈耶》為「諸長者」，《根有律》

1　《鼻奈耶》卷 2，《大正藏》24 冊，858 頁上欄至 860 頁中欄。

2　《十誦律》卷 2，《大正藏》23 冊，11 頁上欄至 13 頁下欄；卷 49，《大正藏》23 冊，356 頁中欄至下欄；卷 52，《大正藏》23 冊，382 頁上欄至 383 頁中欄；卷 59，《大正藏》23 冊，439 頁上欄至 442 頁下欄。

3　《僧祇律》卷 4，《大正藏》22 冊，257 頁下欄至 262 頁上欄；卷 29，《大正藏》22 冊，465 頁下欄至 466 頁上欄。

4　《五分律》卷 2，《大正藏》22 冊，8 頁下欄至 10 頁上欄；卷 28，《大正藏》22 冊，183 頁中欄、184 頁中欄至 185 頁上欄；卷 30，《大正藏》22 冊，191 頁上欄。

5　《根有律》卷 9，《大正藏》23 冊，668 頁下欄至 675 頁上欄；卷 10，《大正藏》23 冊，675 頁上欄至 680 頁中欄。

6　《經分別》卷 1，《漢譯南傳大藏經》1 冊，118 頁至 151 頁；《附隨》卷 1，《漢譯南傳大藏經》5 冊，50 頁。

為諸比丘的「親眷」，與《四分律》及其他律典有所不同。

4. 緣起情節

《十誦律》、《巴利律》有一個本制和一個隨制，其故事情節與《四分律》類似。

《鼻奈耶》有一個本制和兩個隨制。其中，本制情節與《四分律》本制類似。兩個隨制比較特別，並不是在本制基礎上的開緣或增制，更像是對某種特定情況的一個補充。第一個隨制是因一年少比丘到長者家自稱得上人法，長老比丘相勸不聽，佛知道後便制戒在長者家不能自稱譽得上人法。第二個隨制是講提婆達多得神足通，以此取得阿闍世太子的信任，使得阿闍世太子供養自己。後提婆達多因作念自己所得的供養已經超過佛陀，佛陀為何不讓眾僧到他那裏接受供養而失去神足通。之後提婆達多便去找佛陀，要求眾僧去他那裏接受供養，佛陀呵責他，並制戒——如果比丘「依俗禪起神足，及自稱譽言上人法」，犯波羅夷。

《僧祇律》有一個本制和一個隨制。其中，本制的主體情節與《四分律》類似，不同點在於佛陀呵責完說上人法的諸比丘後，又列舉了一位志性不定的比丘，起初不自稱譽得上人法時乞不到食物，後自稱譽得上人法時乞到食物的案例，並說他前世做狼「守齋」時就志性不定，以此勸導比丘堅持戒行，然後制戒。隨制情節也與《四分律》隨制類似。

《五分律》中，本制情節與《四分律》相似，但隨制情節除了《四分律》所述情節外，還有少聞比丘聽其他比丘講得道、未得道的標準，或看到經文之後才知道自己所說不屬實的內容。

《根有律》中，本制情節是五百比丘因到在家時所居住的捕魚村安居，但自己沒有學識，擔心親屬來問佛法，不知怎麼講，他們便互相

讚歎得上人法，佛陀知道後便呵責制戒，與《四分律》有所不同。該律的隨制情節與《四分律》亦有所不同，其隨制情節是有比丘因得到一點寂靜便認為自己證得阿羅漢，並向人言說，後因碰到女眾及煩惱境界才知道自己以前所說不實。

諸部律中，除《鼻奈耶》外，其他律典的制戒過程都是先制不能妄說過人法，又開緣增上慢人不犯。而《鼻奈耶》中沒有關於增上慢人開緣的記載，而是多了另外兩個公案：比丘在長者家說上人法，及通過修世俗禪得神足通說過人法，兩者同樣犯波羅夷。後面所制的兩種情況其實本制中已經包括。

另外，《十誦律》、《五分律》都記載因為當地值遇饑荒，乞食困難，佛陀讓比丘們到其他地方，如自己的親友、知識那邊安居，如《十誦律》記載：「時世饑饉，乞食難得，諸人妻子尚乏飲食，何況與乞人？佛以是因緣故集諸比丘，而告之曰：『……汝等比丘，隨所知識，隨諸親里，隨所信人，往彼安居，莫在此間以飲食故受諸苦惱。』」《五分律》記載：「時世饑饉，乞食難得，諸比丘入城分衛，都無所獲。爾時世尊告諸比丘：『汝等各隨知識，就彼安居。莫住於此，受饑饉苦。』」

（二）緣起比丘形象

《四分律》中，緣起比丘為了得到食物，說自己得上人法，是阿羅漢等，同時內心期望獲得居士讚歎、認可，如律文：「彼諸居士亦當稱歎我等：『此諸比丘真是福田可尊敬者。』」可見，緣起比丘為了滿足自己的欲望而不惜使用欺誑他人的手段，體現出其自私自利、貪圖利養的形象；並且緣起比丘還希望得到對方的稱讚，體現出其對名利的貪著。

《根有律》記載：「時諸苾芻共相謂曰：『我等少聞，未有學識，若諸親眷來相請問，我等云何為其說法？』『若彼來時，我等宜應更相讚歎：「汝諸眷屬大獲善利，汝聚落中得有如是勝妙僧眾於此安居。」』」可見，緣起比丘本身學識淺薄，但自尊心又強、好面子，因此便以說自己得上人法的方式欺誑親眷，以維護自己的形象，體現出緣起比丘內在的一種諂曲、不正直的心理狀態。

其他律典中緣起比丘的形象與《四分律》大致相同。

（三）犯戒內因

《四分律》中，因為飲食匱乏，所以緣起比丘為了得到較好的飲食供養而說大妄語。因此，其犯戒的內因是對於飲食供養的一種欲得之心，亦即內心的貪欲煩惱。其他律典中緣起比丘的犯戒內因與《四分律》相同。

（四）犯戒外緣

《四分律》中，緣起比丘犯戒的外緣主要是當時正逢饑荒之年，穀價昂貴，乞食難得。正是受這種現實客觀環境的影響，才促使其說大妄語而犯戒。

《鼻奈耶》、《十誦律》、《僧祇律》、《五分律》、《根有律》、《巴利律》中，緣起比丘犯戒的外緣與《四分律》基本相同。如《鼻奈耶》：「當於爾歲，人民饑餓，霜雹飛蝗食穀，乞求難得。」《十誦律》：「時世饑饉，乞食難得，諸人妻子尚乏飲食，何況與乞人？」

（五）犯戒後的影響

1. 對其他比丘的影響

《四分律》中沒有相關記載。

《鼻奈耶》中，緣起比丘的行為引起其他比丘的嫌責：「云何卿等以少臭食故，言是上人法？」「云何比丘，世尊無數方便說妄語之罪，不妄語者歎其德。」

《十誦律》中，緣起比丘也同樣受到其他比丘的呵責：「汝所作事非沙門法，不隨順道，無欲樂心作不淨行，出家之人所不應作。」

《根有律》中，諸比丘呵責緣起比丘：「云何汝等為貪飲食，實無上人法自稱得耶？」

《僧祇律》中，其他比丘聽聞緣起比丘犯戒之事後，並沒有呵責他，而是去問佛：「世尊，云何是長老比丘志弱無恆，輕躁乃爾？」佛因此為他們講了緣起比丘的本事因緣。可見，此律中緣起比丘的行為雖然對其他比丘也造成了一定影響，但相比《鼻奈耶》、《十誦律》等，他們在對待緣起比丘的態度上要顯得和善。

《五分律》、《巴利律》與《四分律》相同，沒有記載相關內容。

2. 對居士的影響

《四分律》中，諸居士聽到比丘說自己得上人法後，對其生起很大信心，因此把所有的飲食都拿來供養比丘。如律文：「時諸信樂居士信受其言，即以所有飲食，妻子之分不食，盡持供養諸比丘。」

其他律典中，居士知道比丘得上人法後，也如《四分律》中描述的那樣竭力供養比丘。如《十誦律》記載：「是居士得是信心已，今饑儉時乞食難得，乃能如先豐樂易得時，與眾僧作前食、後食怛鉢那。」《根有律》記載：「時俗諸人聞得果者咸生愛樂，於自父母、妻子、親

屬而不拯濟，於諸苾芻各以飲食共相供給。」

（六）佛陀考量

《四分律》記載：「爾時世尊即詣講堂，在大眾中坐，告諸比丘：『汝等當知，今時世穀貴，人民飢餓，乞食難得。汝等諸有同和上、同師、隨親友知識，各共於此毗舍離左右，隨所宜安居，我亦當於此處安居。何以故？飲食難得，令眾疲苦。』」由於當時饑荒，乞食困難，佛陀可能考慮到如果還像往常那樣眾多比丘集中在一起安居，會因為人多的緣故而導致乞食更加困難，如果將人分散開，乞食可能會相對容易一些。另一方面佛陀也考慮到比丘們如果隨自己的師長、師兄弟等一起安居，因為大家彼此相熟，又是親友關係，所以在安居期間能夠相互照顧，這對於得到飲食也有很大幫助。《根有律》記載的情況與《四分律》類似。

《僧祇律》中，當沒有妄說得上人法的比丘去見佛時，佛得知他們雖然衣食短缺但行事如法，便說：「出家人何能恆得世利？比丘當知，世間八法常隨世人，世人亦常隨世八法。何等為八？一、利；二、不利；三、稱；四、不稱；五、譽；六、毀；七、樂；八、苦。如是比丘，愚癡凡夫少聞少知，於正法中心不調伏，於賢聖法心未開解。若世利起，不善觀察是世利生即是無常磨滅之法。」這裏佛陀主要是讓比丘知道世間八法都是無常的，令他們不要執著於世間八法，更不要因為沒有得到好的衣食供養而感到失望與悲傷。這也是佛陀對比丘們很好的一種鼓勵與寬慰，因此佛陀說完後，「諸比丘聞佛所說皆大歡喜」。

《四分律》、《鼻奈耶》、《十誦律》、《五分律》、《根有律》、《巴利律》中，佛陀知道比丘通過妄說得上人法獲得飲食後，便呵責諸比丘，

並列舉了世間的種種賊，而妄說上人法的人是其中最大的賊，有的律典甚至說是世間、魔界、梵世、沙門、婆羅門、天人眾中最大的賊。如《四分律》記載：「時，世尊告諸比丘：『世有二賊：一者，實非淨行自稱淨行；二者，為口腹故不真實、非己有，在大眾中故作妄語，自稱言「我得上人法」。……自稱言「我得上人法」者最上大賊。何以故？以盜受人飲食故。』」《五分律》記載：「諸比丘，世間有五大賊：一者，作百人至千人主，破城、聚落，害人取物……五者，有惡比丘為利養故，空無過人法，自稱我得。此第五賊，名為一切世間天、人、魔、梵、沙門、婆羅門中之最大賊。」佛陀之所以要把妄說上人法的人定義為「最大賊」，其用意就是想通過與世間之賊的對比來說明妄說上人法這種行為的嚴重過患與危害性，以此讓弟子們生起畏懼之心，從而達到「後不再做」的效果。對於一般人而言，對一件事情的過患與危害認識得愈清楚、深刻，內心的畏懼感就會愈強烈，因而去做這件事的可能性就愈小，甚至不會再去做。而佛陀可能也是認識到了這一點，所以稱妄說上人法的人是最大賊，比殺人、偷盜的情況還嚴重，以此來警策弟子們不要再犯此戒。

除《鼻奈耶》外，其他律典中佛陀對於增上慢人均開緣不犯，其主要原因可能是增上慢人本身並沒有故意欺誑他人的心，只是在修行過程中出現了錯認消息的情況，而這也是一般人在所難免的。因為在修行上精進用功的人，一般比較容易產生與佛法相應的修行體驗，如得到一些禪定功夫，或者煩惱減少等，這時候比丘如果沒有正知見作為指導，很容易誤認為自己得了上人法，而其實並沒有得到。因此，出現這種情況也是情有可原，佛陀可能是基於這樣的考慮而開緣增上慢人不犯此戒。

（七）文體分析

　　《四分律》有兩個因緣。文字簡練，有較多的人物對話，另有兩處心理描寫。《五分律》與《四分律》基本相同。

　　《鼻奈耶》有三個因緣和四個譬喻。行文以客觀記述與人物對話為主，還有多處心理描寫。第二個因緣中有一個譬喻，是關於大、小龍象入泉水中唅食藕根的故事，由於藕根洗淨與不洗淨而導致兩種不同的結果，一方「氣力強壯歡樂不暴」，而另一方則「氣力轉微無復歡樂」，轉而相互殺害，以此來說明妄語取得供養會導致惡果。

　　《十誦律》有九個因緣、一個祇夜。九個因緣中關於制戒的有兩個，其餘七個是關於目犍連等說自己定中所見景象，佛說不犯大妄語的故事。在文字的記述方面，關於人物語言的描寫較多，也有多處心理描寫。祇夜的內容主要是佛陀開示妄說過人法的果報，如文：「比丘未得道，自說言得道，天人中大賊，極惡破戒人，是癡人身壞，當墮地獄中。」

　　《僧祇律》有三個因緣、一個譬喻、六個祇夜、九個伽陀、兩個本生，一個本事。其中一首祇夜：「若有出家人，持戒心輕躁，不能捨利養，猶如狼守齋。」說明持戒不能捨棄利養的弊端，很有教育意義。其中一個本生是講佛陀過去生為鸚鵡鳥時即能為其他鳥說世間八法，由此可見佛陀在因地時的善業功德。另一個本生中，佛一前生為海神，比丘時為一婆羅門，婆羅門蒙海神精勤方便而得大果報，而比丘此生又因佛而得阿羅漢果。本事是講比丘過去生為狼時就志性不定，以此來說明其現在志性不定與往昔的等流習氣有關。在文字敘述方面，也是關於人物語言的描寫較多，其中有佛陀的長篇開示。

　　《根有律》有七個因緣、兩個譬喻、五個祇夜、十二個伽陀、一個本事。其中關於制戒的因緣有兩個，其他五個因緣是關於目犍連給人

占卜，結果與事實不符，佛陀說不犯的故事。伽陀多數是說明佛法道理，富有教育意義，如：「假令經百劫，所作業不亡；因緣會遇時，果報還自受。」本事主要是關於摩竭魚受生為魚的過去世因緣，緣起比丘就是通過佛陀講述這一本事而發心出家的。

《巴利律》有兩個因緣、一個伽陀。其中關於制戒的因緣有兩個，另外又列舉了二十九個是關於結重罪、輕罪及不犯的一些特殊情況。伽陀的內容則是講妄說過人法的惡報，如：「未有言有者，一如詐欺師；以詐而得食，彼亦以盜得。外著袈裟衣，而不制惡法；惡者依惡業，隨業生地獄。」

除《鼻奈耶》外，其他律典中關於制戒的因緣之間有前後的邏輯關係。《鼻奈耶》中，三個因緣之間的邏輯性不強，均可以獨立存在。此外，《僧祇律》、《根有律》與其他律典最大的不同之處在於，這兩部律中運用了大量的偈頌，並增加了本生或本事故事。

二、戒本

《四分律》中，本戒的戒本為：「若比丘，實無所知，自稱言：『我得上人法，我已入聖智勝法，我知是，我見是。』彼於異時，若問，若不問，欲自清淨故，作是說：『我實不知不見，言知言見，虛誑妄語。』除增上慢，是比丘波羅夷，不共住。」

（一）若比丘，實無所知，自稱言：「我得上人法，我已入聖智勝法，我知是，我見是。」

《四分律》、《四分僧戒本》[1]、《新刪定四分僧戒本》[2]、《四分律比丘戒本》[3] 作：「若比丘，實無所知，自稱言：『我得上人法，我已入聖智勝法，我知是，我見是。』」意思是：「如果比丘，實際上並沒有證知，卻自己稱說：『我已經證得了超越凡夫的法，我已經進入聖者智慧超勝的狀態，我知道如此，我見到如此。』」

與《四分律》相似：

《十誦律》作：「若比丘，不知、不見，空無過人法，自言：『我得，如是知，如是見。』」

《五分律》、《彌沙塞五分戒本》[4] 作：「若比丘，不知、不見過人法、聖利滿足，自稱：『我如是知，如是見。』」

《僧祇律》作：「若比丘，未知、未了，自稱得過人法，聖知見殊

1　《四分僧戒本》，《大正藏》22 冊，1023 頁下欄。
2　《新刪定四分僧戒本》，《卍續藏》39 冊，263 頁中欄。
3　《四分律比丘戒本》，《大正藏》22 冊，1015 頁下欄。
4　《彌沙塞五分戒本》，《大正藏》22 冊，195 頁上欄。

勝：『我如是知，如是見。』」《僧祇比丘戒本》[1]作：「若比丘，未知、未見，自稱得過人聖法，知見殊勝：『我如是知，如是見。』」

《解脫戒經》[2]作：「若比丘，不知、不見上人法，無聖智見勝法，自稱言：『我知，我見。』」

《十誦比丘戒本》[3]作：「若比丘，空無所有，不知、不見過人法、聖利滿足，若知，若見，作是語：『我如是知，如是見。』」相比《四分律》及其他律典，這裏多出了「若知，若見」的表述。

梵文《有部戒經》[4]作 "Yaḥ punar bhikṣur anabhijānann aparijānann uttarimanuṣyadharmam alamāryaviśeṣādhigamaṃ jñānaṃ vā darśanaṃ vā pratijānīyāj jānāmīti paśyāmīti"，意思是：「任何比丘，沒有證知，沒有知曉過人的法、十分殊勝的特別修證，（自己）或知道或了解，（而）說：『我知道如此，我見到如此。』」

梵文《說出世部戒經》[5]作 "Yo puna bhikṣur anabhijānann aparijānann ātmopanāyikam uttarimanuṣyadharmam alamāryajñānadarśanaṃ viśeṣādhigamaṃ prātajāneya ita jānāmi ita paśyāmīti"，意思是：「任何比丘，沒有證知，沒有知曉，（而）宣稱自己擁有過人的法、十分殊勝的智慧和見地、特別的證悟，說：『我知道如此，我見到如此。』」

巴利《戒經》[6]作 "Yo pana bhikkhu anabhijānaṃ uttarimanussadhammaṃ attūpanāyikaṃ alamariyañāṇadassanaṃ samudācareyya: Iti jānāmi, iti

---

1　《僧祇比丘戒本》，《大正藏》22 冊，549 頁下欄。

2　《解脫戒經》，《大正藏》24 冊，660 頁上欄。

3　《十誦比丘戒本》，《大正藏》23 冊，471 頁上欄。

4　Georg von Simson, *Prātimokṣasūtra der Sarvāstivādins Teil II*, Sanskrittexte aus den Turfanfunden, XI, p. 164.

5　Nathmal Tatia, *Prātimokṣasūtram of the Lokottaravādimahāsāṅghika School*, Tibetan Sanskrit Works Series, no. 16, p. 7.

6　Bhikkhu Ñāṇatusita, *Analysis of the Bhikkhu Pātimokkha*, p. 36.

passāmī ti"，意思是：「任何比丘，沒有證得過人法，卻像這樣聲稱自己證得了殊勝的智慧和見解：『我知道如此，我見到如此。』」

與《四分律》有部分差異：

《鼻奈耶》作：「若比丘，不知、不見上人法：『我得諸德，我知，我見；善處無為，我知是，見是。』」

《根有律》、《根有戒經》[1]、《根有律攝》[2] 作：「若復苾芻，實無知、無遍知，自知不得上人法、寂靜聖者殊勝證悟、智見安樂住，而言：『我知，我見。』」

梵文《根有戒經》[3] 作 "Yaḥ punar bhikṣur anabhijānann aparijānann asantam asaṃvidyamānam anuttaramanuṣyadharmam alamārya viśeṣādhigamaṃ jñānaṃ vā darśanaṃ sparśavihāratāṃ vā pratijānīyād idaṃ jānāmīdaṃ paśyāmīti"，意思是：「任何比丘，沒有證知，沒有知曉，（自己）知道沒有過人的法、十分殊勝的、特別修證的見地，或是證悟安穩而住，（而）説：『我知道這個，我見到這個。』」

藏文《根有戒經》[4] 作 "ཡང་དགེ་སློང་གང་ཟོན་པར་མི་ཤེས་ཤིང་ཡོངས་སུ་མི་ཤེས་ལ་མེའི་ཆོས་བླ་མ་མཆོག་དང་། འཕགས་པ་དང་། བྱེ་བྲག་ཕྱེ་བ་དང་། ཤེས་པ་དང་། མཐོང་བ་དང་། རིག་པར་སློང་བ་མེད་ལ་མེད་བཞིན་དུ་འདི་ཤེས་སོ། །འདི་མཐོང་ངོ་ཤེས་ཁས་འཆེས་པ་ལགས། དེ་ལྟར་བ་བྱུང་བ་རྣམས་པར་དག་པར་འདོད"，意思是：任何比丘，沒有證知，沒有遍知，未得上人法，至極（寂靜）、聖者，殊勝證悟、智、見，已達成，也都是不存在的事，卻自稱這些「我知、我見」。

---

1 《根有戒經》，《大正藏》24 冊，501 頁上欄。

2 《根有律攝》卷 3，《大正藏》24 冊，539 頁中欄。

3 Anukul Chandra Banerjee, *Two Buddhist Vinaya Texts in Sanskrit*, p. 15.

4 麗江版《甘珠爾》（འཇང་བཀའ་འགྱུར）第 5 函《別解脱經》（སོ་སོར་ཐར་པའི་མདོ）3b。

（二）彼於異時，若問，若不問，欲自清淨故，作是說

《四分律》、《新刪定四分僧戒本》、《四分律比丘戒本》作「彼於異時，若問，若不問，欲自清淨故，作是說」，意思是：比丘（説了大妄語）之後，希望恢復清淨，無論別人問或不問，而這樣説。

與《四分律》相似：

《四分僧戒本》、《根有律》、《根有戒經》、《根有律攝》作「彼於異時，若問，若不問，欲自清淨故，作如是説」，比《四分律》多了一個「如」字。

《十誦律》作「後時或問，或不問，欲出罪故，便言」。《十誦比丘戒本》作「是比丘後時，若問，若不問，為出罪求清淨故，作是言」。《五分律》、《彌沙塞五分戒本》作「是比丘後時，若問若不問，為出罪求清淨故，作是言」。

《僧祇律》作「彼於後時，若撿挍，若不撿挍犯罪，欲求清淨故，作如是言」，《僧祇比丘戒本》作「彼於後時，若檢校，若不檢校犯罪，欲求清淨故，作是言」。《解脫戒經》作「彼於異時，若撿問，若不撿問，欲求清淨，作如是説」。

梵文《説出世部戒經》作 "So tad apareṇa samayena samanugrāhiyamāṇo vā asamanugrāhiyamāṇo vā āpanno viśuddhiprekṣo evam avaci"，意思是：這之後（這個比丘）被詢問或不被詢問，為了出罪求得清淨而這麼説。

梵文《根有戒經》作 "Sa pareṇa samayena samanuyujyamāno vā asamanuyujyamāno vā āpanno viśuddhiṃ prakṣyaivaṃ vaded"，意思是：過後他被詢問或不被詢問，為了出罪求得清淨而這麼説。

巴利《戒經》作 "Tato aparena samayena samanuggāhiyamāno vā

asamanuggāhiyamāno vā āpanno visuddhāpekkho evaṃ vadeyya"，意思是：在這之後的另一次集會時，受到了質問或者沒有受到質問，承認自己（犯戒），希望讓自己得到清淨而這樣說。

藏文《根有戒經》作 "ནས་དུས་གཞན་ཞིག་ན་དྲིས་གྱུང་རུང་། མ་དྲིས་གྱུང་རུང་འདི་སྐད་ཅེས"，意思是：此後某一時，若經質問或未經質問，希望讓自己得到清淨而這樣說。

與《四分律》有部分差異：

梵文《有部戒經》作 "So 'pareṇa samayena samanuyujyamāno vā asamanuyujyamāno vā evaṃ vaded"，意思是：過後他被詢問或不被詢問，而這麼說。相比《四分律》和其他律文，少了與「欲自清淨故」相對應的內容。

與《四分律》差異較大：

《鼻奈耶》作：「此比丘若於餘時，若有人問：『卿是阿羅漢非？』」

（三）我實不知不見，言知言見，虛誑妄語

《四分律》、《四分僧戒本》、《新刪定四分僧戒本》、《四分律比丘戒本》作「我實不知不見，言知言見，虛誑妄語」，意思是：我實際不知道說我知道，沒見到說我見到，（所說的）話語虛妄不實。

與《四分律》相同：

《解脫戒經》作「我實不知不見，言知言見，虛誑妄語」。

與《四分律》相似：

《十誦律》、《十誦比丘戒本》、《彌沙塞五分戒本》作「我不知言知，不見言見，空誑妄語」，《五分律》作「我不知言知，不見言見，虛誑妄語」。

《僧祇律》、《僧祇比丘戒本》作「長老，我不知言知，不見言見，

虛誑不實語」。《根有律》、《根有戒經》、《根有律攝》作「諸具壽，我實不知不見，言知言見，虛誑妄語」。

梵文《說出世部戒經》作"Ō ajānann evāham āyuṣmanto avaci jānāmi, apaśyan paśyāmīti| Iti tuccham mṛṣā vilāpam"，意思是：哦，大德，不知道的事我說知道，沒看見的事我說見到，這樣虛妄不實。

梵文《有部戒經》作"Ajānamāno 'ham avocaṃ jānāmīty apaśyann avocaṃ paśyāmīti tuccham mṛṣā vilapitam"，意思是：不知道的我說知道，沒見到的我說見到，說話虛妄不實。

梵文《根有戒經》作"Ajānann evāham āyu (ṣmanto) 'vocaṃ j(ānāmīty a)paśyāmīti riktaṃ tuccham mṛṣāvyapalapanam"，意思是：大德，我不知道的說知道，沒看到的（也是如此，我說話）虛妄不實。

巴利《戒經》作"Ajānam-evāhaṃ āvuso avacaṃ: jānāmi. Apassaṃ: passāmi. Tucchaṃ musā vilapin-ti"，意思是：大德，不知道的事我說知道，沒看見的事我說看見，我說了虛偽不實的妄語。

藏文《根有戒經》作"ཚེ་དང་ལྡན་པ་དག་བདག་གིས་ནི་མི་ཤེས་པར་ཤེས་སོ་ཞེས་སྨྲ། མ་མཐོང་བར་མཐོང་ངོ་ཞེས་སྨྲ་ཏེ། གསོབ་གསོག་བརྫུན་དུ་སྨྲས་སོ་ཞེས་ཟེར་ན།"，意思是：諸長老，我實無知無慧、沒看到，我說了虛偽不實的妄語。

與《四分律》差異較大：

《鼻奈耶》作「答言：『非，我無狀。前作是語，當淨其過。憶所作事，不知言知，不見言見，空妄語誑言。』不淨除過而故為者」。

（四）除增上慢，是比丘波羅夷，不共住

《四分律》、《四分僧戒本》、《新刪定四分僧戒本》、《四分律比丘戒本》作「除增上慢，是比丘波羅夷，不共住」，意思是：除非是增上慢（的情況），這個比丘得波羅夷罪，不應（與其他比丘）共同住在

一起。

與《四分律》相同：

《十誦律》、《僧祇比丘戒本》作「除增上慢，是比丘波羅夷，不共住」。

與《四分律》相似：

《僧祇律》、《解脫戒經》作「除增上慢，是比丘得波羅夷，不應共住」。《五分律》、《彌沙塞五分戒本》作「除增上慢，是比丘得波羅夷，不共住」。

《根有律》、《根有戒經》、《根有律攝》作「除增上慢，此苾芻亦得波羅市迦，不應共住」。

梵文《説出世部戒經》作"Anyatrābhimānāt, ayaṃ pi bhikṣuḥ pārājiko bhavaty asaṃvāsyo na labhate bhikṣūhi sārdhasaṃvāsaṃ"，意思是：除了增上慢（的情況），也是波羅夷罪，不共住，不再獲得與比丘眾一起共住（的權利）。梵文《有部戒經》作"Anyatrābhimānād ayam api bhikṣuḥ pārājiko bhavaty asaṃvāsyaḥ"，梵文《根有戒經》作"Anyatrābhimānāt ayam api bhikṣuḥ pārājiko bhavaty asaṃ vāsyaḥ"，意思是：除了增上慢（的情況），這個比丘是波羅夷罪，不應共住。

巴利《戒經》作"Aññatra adhimānā, ayam-pi pārājiko hoti, asaṃvāso"，意思是：除了增上慢的情況，這樣也是波羅夷，不共住。

藏文《根有戒經》作"མངོན་པའི་ང་རྒྱལ་མ་གཏོགས་ཏེ། དགེ་སློང་དེ་ཡང་ཕམ་པར་གྱུར་པ་ཡིན་གྱིས་གནས་པར་མི་བྱའོ།།"，意思是：除了增上慢的情況，此比丘是為他所勝，不應共住。

與《四分律》有部分差異：

《十誦比丘戒本》作「是比丘得波羅夷罪，不應共事，除增上慢」，此處以「不應共事」對應《四分律》的「不共住」。

與《四分律》差異較大：

《鼻奈耶》作「比丘波羅夷不受」。

三、關鍵詞

（一）聖智勝法

梵文《說出世部戒經》作"alamāryajñānadarśanaṃ viśeṣādhigama"，梵文《有部戒經》作"alamāryaviśeṣādhigama"，而梵文《根有戒經》作"alamārya viśeṣādhigama"。其中梵文《說出世部戒經》比其他兩部梵文戒經多出的部分為"jñānadarśana"，意為「智慧和見地」。剩餘的部分中，"alamārya"可以拆成"alam"（非常、充足的）和"ārya"（神聖、崇高），合起來即「特別神聖的」（英譯：truly noble）。"Viśeṣādhigama"又可以拆成"viśeṣa"（差別、殊勝）和"adhigama"（所證、證德、通達），組合起來的意思是「特別的修證」（英譯：specific attainment）。根據《佛教混合梵語詞典》中的注釋，這裏特指禪定（梵文：dhyāna）的證得。巴利《戒經》作"alamariyañāṇadassana"，一般認為由"alamariya"和"ñāṇadassana"兩部分組成。"alamariya"一詞和梵文"alamārya"相同，字面都是「非常崇高」的意思。"ñāṇadassana"則對應「知道和見到」。所以巴利文中"alamariyañāṇadassana"的意思是：知道和見到聖者的境地（英譯：knowing and seeing that is suitable for the noble ones）。

藏文《根有戒經》作"མཆོག（極，寂靜）དང（和，與，及）འཕགས་པ（聖者）དང（和，及）ཁྱད་ཞུག（殊勝）ཁོན་པ（證得）དང（和，及）"，意思是：至極（寂靜）、聖者、殊勝證悟（英譯：I am an elect. / I am a specialist.）。

對應《四分律》中的「聖智勝法」，《五分律》作「聖利滿足」，《僧祇律》作「聖知見殊勝」，《根有律》、《根有律攝》作「寂靜聖者

殊勝證悟、智見安樂住」，《巴利律》作「三智」。其他律典中沒有相關記載。

《四分律》中，對於「聖智勝法」沒有作進一步的解釋說明。

《僧祇律》中，證得四諦，以及天眼、天耳、他心、神足、宿命通都屬於聖知見。

《五分律》中，「於佛所說苦集滅道，已辦、已足，更無所求，是名聖利滿足」，意思是已經圓滿證得四諦法。

《根有律》記載：「寂靜者，謂是涅槃。言聖者，謂佛及聲聞。殊勝證悟者，謂四沙門果：預流、一來、不還、阿羅漢。智者，謂四智：苦智、集智、滅智、道智，及餘諸智。見者，謂四聖諦見。言安樂住者，謂四靜慮，是修非生。」

《根有律攝》記載：「言寂靜者，謂最妙也。言聖人者，於罪惡法能遠避故。殊勝證悟者，非由色力及以聰明，而能獲故。又釋云：『寂靜者，謂是涅槃，離眾煩惱故。殊勝證悟者，謂四果聖人。』言智見者，即苦法忍及苦法智，如次配之。……言安樂住者，謂能安住諸定地中所有功德。」其與《根有律》的解釋基本相同。

綜上所述，通過對「聖智勝法」的詞源分析，以及漢譯律典中的記載，可以看出，「聖智勝法」的內涵是指聖者證悟的智慧。

（二）增上慢

三部梵文戒本均對應 "abhimāna"，和巴利《戒經》中的 "adhimāna" 相同，都由前綴 "abhi"（超過）和 "māna"（自負、傲慢、自大）組合而成，意思是：過分自大（英譯：high opinion of one's self, self-conceit, pride, haughtiness）。藏文《根有戒經》作 "མངོན་པའི་ང་རྒྱལ"，意思是：過度驕傲自信。直譯為：明顯自大。《藏漢大詞

典》解釋為：無而為有，虛張聲勢的傲慢自得之心 [1]（英譯：excessive confidence）。

《四分律》中沒有對「增上慢」作明確的解釋，但在緣起中有相關記載：「爾時，有一增上慢比丘語人言：『我得道。』彼於後時精進不懈，勤求方便，證最上勝法。」這個案例中的「增上慢」的意思就是：比丘並未證得上人法，但是以為自己證到了，而向別人説。《十誦律》、《僧祇律》、《五分律》、《巴利律》中也沒有對「增上慢」作明確解釋，但從緣起中可知其含義與《四分律》相同。

《根有律》中，對「增上慢」一詞有明確的解釋，即「人實未證得，自謂已得」，意思是：（比丘）實際上沒有證得（上人法），但是以為自己已經證得。其含義與《四分律》相同。

1　張怡蓀主編：《藏漢大詞典》，民族出版社，689 頁。

四、辨相

（一）犯緣

具足以下五個方面的犯緣便正犯本戒：

1. 所犯境

《四分律》中，所犯境是「人」，即對一個自然人說上人法，正犯。藏傳《苾芻學處》[1] 比《四分律》多了一些對所犯境的要求，如文：「須是人，能言語，能解義，心住本性，非半擇迦及非二相，身平等住，與自身異。」

《鼻奈耶》和《明了論》中沒有關於此戒的辨相記載，而《善見論》[2] 的辨相只有關於發起心的記載，下不贅述。下文《鼻奈耶》所有的辨相內容均是從戒條裏面推論出來的。

其他律典的所犯境與《四分律》相同。

2. 能犯心
（1）發起心

《四分律》的辨相中沒有記載此戒的發起心，而分析戒本可知，本戒的發起心為「虛誑心」。「虛」指知道自己所說內容是虛妄的，「誑」即有誑騙他人之心。

1　《苾芻學處》，《宗喀巴大師集》卷 5，58 頁至 60 頁。
2　《善見論》卷 18，《大正藏》24 冊，800 頁中欄。

《摩得勒伽》[1]、《毗尼母經》[2]和《巴利律》中，發起心為「故」妄語的心，《根有律》為「妄心」，《善見論》為「發心欲妄」，而《薩婆多論》[3]則是「為利養名聞」之心。

藏傳《苾芻學處》中，發起心為「欲説自己具上人法之心未間斷」，即比丘想跟他人説上人法的心未斷，才正犯根本。這點在《四分律》及其他律典中則沒有具體説明。

除《根有律攝》[4]的發起心「妄心」是從關鍵詞中提取出來以外，其他律典與《四分律》的發起心同為「虛妄心」，都是從戒條裏面提取出來的。

（2）想心

《四分律》中，「人作人想」，正犯。

《十誦律》中，人中人想、人中人疑、人中非人想，皆正犯。其中，對於後面兩種情況《四分律》不正犯，與此律有所差異。

《根有律攝》中，人作人想、人作人疑，皆正犯本罪。其中「人疑」的情況《四分律》不正犯，與此律有所差異。另外，此律沒有提到人作非人想的情況。

藏傳《苾芻學處》中，「於總於別不錯亂」，此處的想不錯亂即人作人想的意思，與《四分律》相同。

另外，《巴利律》中提到了犯此戒所需具備的三個關於「想」的基本要素，即妄語前想「我將妄語」，妄語時想「我説妄語」，妄語後想「我已妄語」，如此律記載：「〔一〕彼於事前思：『我將語虛妄。』〔二〕

1　《摩得勒伽》卷1，《大正藏》23冊，571頁上欄至中欄；卷4，《大正藏》23冊，590頁下欄；卷8，《大正藏》23冊，614頁中欄至615頁中欄。
2　《毗尼母經》卷2，《大正藏》24冊，810頁上欄、812頁下欄；卷7，《大正藏》24冊，839頁下欄。
3　《薩婆多論》卷3，《大正藏》23冊，519頁上欄。
4　《根有律攝》卷3，《大正藏》24冊，539頁上欄至540頁中欄。

語時思：『我語虛妄。』〔三〕語已思：『我語虛妄已。』」這三個要素同時也指比丘在說妄語的前、中、後三個階段都清楚知道自己在說大妄語。在此律的辨相中，一般情況下無論是犯重還是犯輕，都要以這三點作為前提。如：「依三事言：『我得初禪。』如此故意妄語者，波羅夷。」「依三事言：『我得初禪，我已捨、除、脫、斷、離、出、棄貪。』如此故意說虛妄者，波羅夷。」對於此三事，《五分律》也有類似記載：「一者，先作是念：『我當虛說得過人法。』二者，當說時，作是念：『我今虛說得過人法。』復有三種得波羅夷，二如上說。三者，作是念：『我已虛說得過人法。』」此外，《四分律》及其餘律典中沒有明確提及，但依常理判斷，諸部律中這三事應是共通的。

《摩得勒伽》中，人作人想、疑，正犯此戒。《鼻奈耶》、《薩婆多論》、《僧祇律》、《根有律》、《毗尼母經》中沒有提到想心的內容。

3. 方便加行

《四分律》中，本戒的方便加行是稱說自己得「上人法」；對此，諸律相同。至於諸律關於上人法具體內容的差異，詳見本書「上人法」專題。

此外，《四分律》中，若通過遣使、書信、手印、作知相的方式使他人領解自己得上人法，也正犯。其中，「遣使」指通過派遣某個人向他人說自己證得上人法；「書信」指寫書信向他人告知自己證得上人法；「手印」指通過某種指環印章，表示自己證得了上人法；「作知相」指通過身體作某種行為、形相，表示自己證得了上人法。

除《四分律》外，其他律典中沒有提到通過以上幾種方式而正犯本戒的情況。

4. 究竟成犯

《四分律》中，若「說而了了」，或「前人知」，正犯。兩者意思相同，都是指對方準確理解比丘所說上人法的內容。《五分律》、《根有律攝》、《毗尼母經》、藏傳《苾芻學處》與《四分律》所記載的含義相同。

《十誦律》中雖然在辨相部分沒有定義究竟成犯，但文中有例證可以說明此戒的究竟成犯，如文：「有比丘，居士前自稱得過人法。是居士不解，居士言：『大德何所道？』比丘言：『置不須問。』是比丘生疑：『我將無得波羅夷耶？』是事白佛，佛言：『不得波羅夷，得偷蘭遮。』」從這個案例可知，此戒的究竟成犯為對方「解」時，如果對方「不解」，就不會正犯此戒。

《巴利律》中，只提到不隨心想說這種情況。如想說得初禪，而說得二禪等，此時需「對方承認」才正犯根本，否則只犯方便。

其他律典中沒有明確說明本戒的究竟成犯。

5. 犯戒主體

《四分律》中，犯戒主體為比丘，比丘尼同犯。《五分律》、藏傳《苾芻學處》與此相同。除此之外，其他律典中只提到比丘，未提及比丘尼。

另外，《十誦律》和《摩得勒伽》卷 8 中，學悔沙彌犯此戒，正結本罪。

（二）輕重

1. 所犯境
（1）對人

《四分律》中，若所對境是「人」，犯波羅夷。藏傳《苾芻學處》

對於「人」還有一些特別的要求，如上犯緣所述。其他律典與《四分律》相同。

《摩得勒伽》中，若對聾人、啞人、聾啞人、入定人說過人法，犯偷蘭遮。《根有律攝》中，若對方入定，或睡眠，或對無知人說，皆犯偷蘭遮。這幾種情況在《四分律》中並未提及。

（2）對非人和畜生

《四分律》中，若所對境是「諸天、阿修羅、乾闥婆、夜叉、餓鬼」等非人，或是「畜生能變形，有智」，犯偷蘭遮；若畜生不能變形，犯突吉羅。

《五分律》中，若所對境是「非人」，結偷蘭遮；若是「畜生」，結突吉羅。該律對非人的結罪情況與《四分律》相同。律中對於畜生並沒有分為能變形和不能變形兩種，只是說對畜生結突吉羅，這與《四分律》對不能變形畜生的結罪相同；但對於能變形的畜生，因為此律沒有提及，所以不能確定是犯偷蘭遮，還是犯突吉羅。

《十誦律》記載：「非人中生非人想，得偷蘭遮。」從中可以看出，對非人說大妄語，犯偷蘭遮。

除此之外，其他律典中沒有提到對非人、畜生說上人法的結罪情況。

2. 能犯心
（1）發起心

關於發起心正犯的情況如上犯緣所述。

《五分律》還記載了聞境有差，不合本意的判罪。如「自說得過人法，欲令人聞，而非人聞；又欲令非人聞，而人聞；又欲令人、非人聞，而無聞者」，均犯偷蘭遮。因為以上幾種情況的最終結果，與比丘內心預期的結果有所差異，導致此戒的犯緣不圓滿，所以不犯根本，

只結偷蘭遮。

（2）想心

《四分律》中，若人作人想，波羅夷；人作人疑，人作非人想，偷蘭遮；非人作人想，非人作非人疑，偷蘭遮。此外，若男前作女想，女前作男想，於此女前作彼女想，於此男前作彼男想，或者欲向此說乃向彼說，皆犯波羅夷。可見，只要比丘明確知道對方是人，無論男作女想，還是女作男想等，皆犯波羅夷。

《十誦律》中，人中生人想，人中生人疑，人中生非人想，皆犯波羅夷。其中，對於人中生疑和生非人想的情況，《四分律》中只犯偷蘭遮，不犯波羅夷，與此律的觀點差異較大。

此外《十誦律》記載：「非人中生非人想，得偷蘭遮；非人中生人想，得偷蘭遮；非人中生疑，得偷蘭遮。」其中，後兩種情況的判罪與《四分律》相同；而第一種情況在《四分律》中未提及，但根據其對非人結偷蘭遮的結罪情況來判斷，非人作非人想的情況應該也結偷蘭遮。

《根有律攝》中，若人作人想，或人作人疑，波羅夷。此外，若對非人說上人法時，作人想或疑，犯偷蘭遮。可見，該律對非人作非人想、疑的結罪情況與《四分律》相同。

《摩得勒伽》中，「於人人想，波羅夷；人非人想，波羅夷；疑，波羅夷。非人非人想，偷羅遮；非人人想，偷羅遮；疑，偷羅遮」。

藏傳《苾芻學處》中，想不錯亂，犯波羅夷。

另外，《四分律》中，自在靜處作不靜想，或不靜處作靜處想，口說言「我得上人法」，偷蘭遮。《根有律攝》中，若無人有人想，偷蘭遮。

最後，如上犯緣中所述，《五分律》、《巴利律》中，在妄語的前、中、後三時中一直作意自己正在妄語，則犯波羅夷罪。《五分律》中，「獨、獨想者，突吉羅；不獨、獨想，獨、不獨想者，偷羅遮」。

此外，《鼻奈耶》、《薩婆多論》、《僧祇律》、《根有律》、《毗尼母經》中沒有關於想心的記載。

3. 方便加行

（1）常規情況

①自說

《四分律》中，若比丘用言語的方式稱說自己已得上人法，結波羅夷，諸律均與之相同。至於諸律關於上人法具體內容的差異，詳見本書「上人法」專題。

②以遣使、手印等方式令人領解

《四分律》中，若比丘通過遣使、書信、手印、作知相的方式使他人領解自己得上人法，亦犯波羅夷。

但《摩得勒伽》中，「手印標相，偷羅遮」，與《四分律》有所不同。

此外，《僧祇律》中，比丘若作書印、手相，現義不現味，得「越毗尼罪」；現味不現義，「越毗尼心悔」；現義現味，得偷蘭遮罪；不現義不現味，無罪。其中「現義現味」即指通過以上幾種方式讓對方知道「我是羅漢」等。可見，此處「書印、手相」的情況與《四分律》的書信、手印等類似，但在《四分律》中，這幾種情況都結波羅夷，而此律只結偷蘭遮，兩者結罪差異較大。

《五分律》中，若比丘為了利養的緣故，以「現得道相」的方式讓他人知道自己得道，犯偷蘭遮。如律文：「有諸比丘為利養故，坐、起、行、立、言語安詳，以此現得道相，欲令人知。後疑，問佛，佛言：『如是等現異，皆犯偷羅遮。』」這種情況與《四分律》中「作知相」的情況類似，但《四分律》中這種情況犯波羅夷，而此律只結偷蘭遮，兩者結罪差異較大。

由上可知，《摩得勒伽》、《僧祇律》、《五分律》中，對於以遣使、

手印，或者作知相等方式向他人表達上人法的判罪標準與《四分律》有所差異。其中《四分律》相對較嚴，判波羅夷；而這三部律相對比較寬鬆，只判方便偷蘭遮。

其他律典中未記載相關情況。

（2）特殊情況

①「書」是「言」非

《十誦律》中，若比丘在書上寫「我是須陀洹、斯陀含、阿那含、阿羅漢果」，之後對其他比丘說「此書說我得果。我非須陀洹、斯陀含、阿那含、阿羅漢果」，犯偷蘭遮。這種情況下，比丘雖然在書上寫自己得上人法，但在對其他比丘說時又說「此書說我得果」，說明比丘並沒有向對方說明此書是「我」所寫；而後又說「我非須陀洹、斯陀含、阿那含、阿羅漢果」，這是否定自己得上人法。可知比丘其實還沒有真正向對方傳達「我得上人法」的信息，未達成究竟，所以只犯方便偷蘭遮，不犯根本。

《根有律攝》記載：「自書己名云：『得道果。』便報他云：『此作書人道，我得聖果。』此等皆得窣吐羅罪。」可見這裏所講的情況與《十誦律》所載情況類似。

②先得果而後失

《十誦律》中，比丘在沒有真正證果的前提下，如果說自己退失聖果，但沒有說自己之前已證得，犯偷蘭遮；如果說自己先前已證得聖果（上人法），而現在又退失，則犯波羅夷。如律文：「比丘言『我退失須陀洹、斯陀含、阿那含果、阿羅漢果』，未得言失，得偷蘭遮；若言『我得果』，得波羅夷。」

《摩得勒伽》有卷1、卷8兩段記載。卷1的記載為：「若比丘言『我於四沙門果退』，波羅夷；『我已得復失』，不說沙門果，偷羅遮；若言『得四沙門果而失』，犯波羅夷。」卷8的記載則為：「問：『我失阿

羅漢果、阿那含果、斯陀含果。得何罪耶？』答：『不犯（退有二種：得退、未得退。今言失者，意在未得退，是故不犯）。實不得退，言「得退」，波羅夷；實者，不犯。』」

《根有律攝》中，説自己「於三果未得而退，或得而退」，均犯偷蘭遮。

在藏傳《苾芻學處》中，「或説得已退失」，犯波羅夷。

③示果

《十誦律》中，若有人問比丘：「汝得果耶？」時比丘手中有庵羅果、閻浮果等，因此説「我得果」，犯偷蘭遮。若説果事，如「我得阿羅漢果」、「我得阿那含果」等，犯波羅夷。

《摩得勒伽》記載有兩個此類案例。第一個案例與《十誦律》相似，如文：『『人問：「得果不？」答言：「得」，而示手中果花葉，犯何罪耶？』答：『若意在花果，偷羅遮；若故説沙門果，波羅夷。』」第二個案例為：「問：『若有比丘言：「我得果。」問言：「得何果？」示庵婆羅果、閻浮果、波那娑果，得何罪耶？』答：『偷羅遮；若故妄語説沙門果，波羅夷。』」

《根有律攝》中也有類似案例記載，如果比丘説「我已得果」，「謂得讀誦果故，或得庵沒羅果」，均犯偷蘭遮。

④現相不語

《四分律》中，如果有檀越跟比丘説「大德若是阿羅漢者起」，比丘即起，現相不語，犯偷蘭遮。其餘類似情況判罪相同。《十誦律》記載有類似情況：「比丘常入出一居士家，是比丘中前著衣持鉢到是居士舍，居士出在門下立言：『若是阿羅漢，入我舍坐處坐，手受水受飲食，受已咒願，咒願已去。』若是比丘默然入坐，飲食咒願，咒願已去時，得偷蘭遮。」

《根有律攝》也有類似記載：「又於彼舍……若是聖人，應就斯座。遂便默然，受其所請。他或告曰：『仁是婆羅門不？』答云：『我是。

能除眾罪故，或於六根善防護故。』『若是羅漢應取食食。』默然而受，皆窣吐羅罪，於去來等准此應說。」另外，此律也記載了另一種說法：「又有釋云：『言所陳事以身相表，問時默然，得他勝罪。』」可見，此處對於「默然」的情況也判波羅夷，與前面的觀點差異很大，但這種觀點並非該書作者的觀點，而可能是當時其他律師的觀點，所以僅作為參考。

《摩得勒伽》中，有許多類似案例，文繁不能全部列舉，僅舉兩例：「有居士語比丘：『若阿羅漢者受四事供養。』默然受，犯偷羅遮」「復有居士語比丘言：『若是婆羅門離惡法者，受我供養。』若默然受，偷羅遮」。

藏傳《苾芻學處》中，「他人問自得上人法否，默然承許。或他人說：『若是阿羅漢者，請入室受供。』自便默然入室領取飲食」，皆犯粗罪（即偷蘭遮）。這與《四分律》《十誦律》記載的情況類似。

⑤語言為上人法，內涵非上人法（說自己是佛等）

《十誦律》中，如果比丘對他人說「我是大師」，而對方問時比丘又說「我為人說法教化，作大師事，故名大師」，犯偷蘭遮。如果說「我是佛」，因為「我覺三不善根、十不善道不應作，故名為佛」，犯偷蘭遮。因「佛」字本身就有「覺悟」的意思，因此比丘雖說自己是「佛」，但意思是指自己覺悟到不善法不應作，所以不屬於上人法，不犯波羅夷。但如果意思是指「大師法」或「佛法」，即說自己已證得佛、大師所證得之法（即妄說自己是真佛），這種即屬於說過人法，犯波羅夷。此外，比丘若說「我是毗婆尸佛弟子」，別人問時又說「若人歸命釋迦文佛，是人亦歸命毗婆尸佛、尸棄佛……如是等一切諸佛」，犯偷蘭遮。若說我得「宿命神通」，則犯波羅夷。《摩得勒伽》卷 8 和《根有律攝》記載的情況與此類同，判罪也相同。《摩得勒伽》卷 1 則有不同的判罪，如果比丘說「我是佛」或「我是天人師」，只犯偷蘭遮罪。

此外，藏傳《苾芻學處》記載：「為令他人了解自是有學聖人，而說我是有學，含意謂是學別解脫戒者，皆得粗罪。」此處比丘言語上所說的「我是有學」屬於上人法，但如果比丘的意思是指「學別解脫戒」，則不屬於上人法，因能犯心不圓滿，只犯偷蘭遮，與以上《十誦律》等律典的情況類似。

⑥說義、說味

《僧祇律》中，若比丘「以中國語向邊地說，若以邊地語向中國說，若中國語向中國說，若邊地語向邊地說」，若說味不說義，犯「越毗尼罪」；說義不說味，犯偷蘭遮；說味說義，犯波羅夷；不說味不說義，犯「越毗尼罪」。其中，「說味說義」指自稱說「我是羅漢」；「說義不說味」，指自稱說「我」，不稱說「羅漢」；「說味不說義」，指稱說「羅漢」，不自稱說「我」；「不說味不說義」，指「作羅漢相或合眼以手自指，語優婆夷言『汝愚癡人不知其尊，譬如優曇鉢花時時一出而不知貴』」等。這裏不犯波羅夷的三種情況，都是因為沒有明確向對方表達出「我得上人法」的意思，對方不會理解比丘已得上人法，所以究竟成犯不圓滿，不犯波羅夷，只犯方便。

⑦不說我「得」上人法

《僧祇律》中，若比丘自言「我漏盡力耶？」，得「越毗尼罪」；若言「我漏盡力」，得偷蘭遮罪；若言「我得漏盡力」，波羅夷。若語人言「某處安居比丘盡非凡夫」，得「越毗尼罪」；若言「我亦在中」，得偷蘭遮罪。問言「長老，得是法耶？」，答言「得」，波羅夷。可見，此處之所以會犯波羅夷，其原因在於比丘已經向人明確表達自己已「得」上人法，所以才會正犯。如果沒有明確表達已「得」上人法，則不會正犯波羅夷。其他與此類似的情況判罪相同。

《十誦律》中，若比丘說「我得須陀洹、斯陀含、阿那含、阿羅漢果」，有人急問便說「我非」，犯偷蘭遮。《摩得勒伽》中，若比丘對

施主説「受用汝房者是阿羅漢，我非阿羅漢」，或者説「受用某甲居士衣、食、臥具、醫藥者，是須陀洹乃至阿羅漢，我亦受用，我非阿羅漢」，均犯偷蘭遮。

《根有律攝》中，如果説「在某家者皆是聖人，我在彼家，然非是聖。但是聖者皆與其衣，我亦受衣，然非彼類」，犯偷蘭遮。

如上幾種情況，雖然前面的話已經表達出了得上人法的內涵，但後一句話又補充説自己沒有得上人法。因此，從其結果上看，對方還不會認為比丘已得上人法，究竟成犯不具足，所以不正犯。

⑧不説是「我」得上人法

《根有律》中，若比丘向人説「有苾芻親見諸天」或「有苾芻聞諸天聲」，乃至説「有苾芻得無常想」等，只要不説「是我」，犯偷蘭遮；若説「是我」，如「我親見諸天」等，即犯波羅夷。若説「有苾芻親見糞掃鬼」，若不説「是我」，得惡作罪；若説「是我」，則犯偷蘭遮。

《巴利律》中，若比丘故意妄語説自己和尚的弟子都是阿羅漢，或有大神通等，犯偷蘭遮。或者故意妄語説「住汝精舍之比丘得初禪」，或「使用汝精舍之比丘得初禪」等，若對方承認則犯偷蘭遮；不承認，犯突吉羅。或者故意跟居士説：「賢者，住汝精舍之比丘是阿羅漢。」之後自己往住，犯偷蘭遮。其餘類似的情況判罪相同。此外，若比丘生病，其他比丘説：「友，堪忍否？得過否？」病比丘説：「友，非凡人所能忍。」犯偷蘭遮。

《五分律》中，若比丘跟白衣説：「若有住汝房者，皆成就如是如是道法。」之後自己往住，犯偷蘭遮，與《巴利律》的第三種情況相同。

《摩得勒伽》和《根有律攝》也有類似記載，如《摩得勒伽》：「若比丘到居士家言：『誰語汝我是阿羅漢？』不實語故，偷羅遮。」《根有律攝》：「又復苾芻如前所説，成波羅市迦。所有事業方便顯己，具殊勝德，云有苾芻有如是事得果、見天、獲勝定等，然不自言我即是

彼。如斯語時亦皆粗罪，成窣吐羅事，説皆惡作。若前人不解語時，亦准此重輕。」

藏傳《苾芻學處》也有類似記載，「又如云有人與我相同即阿羅漢，但我非阿羅漢。或意欲令他人知自得上人法，而説此處有得上人法者」，犯偷蘭遮。

以上六部律典所提到的幾種情況，因比丘在言語上沒有明確地表達自己得上人法，所以加行不圓滿，只結方便偷蘭遮，不結根本。

⑨說他人得上人法

《摩得勒伽》中，若比丘自己作書，説某甲比丘得須陀洹果，乃至得阿羅漢果，犯偷蘭遮。

《巴利律》中，若比丘故意妄語説自己和尚的弟子都是阿羅漢，或有大神通等，犯偷蘭遮。

以上兩種情況之所以不犯重，是因為比丘説得上人法的對象不是自己，而是其他比丘。可見，比丘説他人得上人法，只犯偷蘭遮，不犯根本。

⑩默然

《四分律》中，若比丘向檀越説「常為汝説法者是阿羅漢」或者「數至汝家者是阿羅漢」等，如果檀越沒有聽懂而再問比丘「大德何所説？」比丘便默然，犯偷蘭遮。因為對方沒聽懂比丘的話，屬於究竟成犯不圓滿，所以只犯偷蘭遮。

⑪ 反問而不說

《十誦律》中，若比丘對他人説上人法，對方不解，反問比丘「大德何所道？」比丘説「置不須問」，犯偷蘭遮。這種情況與《四分律》中「默然」的情況類似，也屬於究竟成犯不圓滿，此處是以言語回答，而《四分律》則是默然不説。

⑫ 獨說而被有神通之人聞

《巴利律》中，比丘一個人獨居而說上人法，被有他心通的比丘，以及天人聽到，因而非難比丘：「友，勿如是說，汝無此法。」比丘生疑，佛說：「比丘，非波羅夷，是突吉羅。」

⑬ 所說非上人法而說不實

《十誦律》中，除了上人法外，比丘若說「我善持戒人，淫欲不起」，或者說「旋風土鬼來至我所」，若不實者，得偷蘭遮。

《根有律攝》中，若比丘說「謗蘇畢舍遮鬼」來共我言說，得偷蘭遮。《根有律》和藏傳《苾芻學處》中，若比丘說見到「糞掃鬼」，犯偷蘭遮。這三部律典提到情況與《十誦律》中所載「旋風土鬼」的情況類似。

此外，在藏傳《苾芻學處》中，若比丘說「欲界所攝之不淨觀等心一境性」等非上人法，犯偷蘭遮。

《薩婆多論》中，比丘自說持戒清淨、淫欲不起，如果不實，犯偷蘭遮。與以上《十誦律》的情況相同。此外，如果比丘「無所習誦，而言我有所誦習」，如「不誦四阿含，自言誦四阿含；非阿毗曇師，自言阿毗曇師；非律師，自言律師；實非坐禪作阿練若，自言我是阿練若」等，犯偷蘭遮。

《摩得勒伽》也有相關記載：「若比丘言：『我入世俗禪，不得世俗智。』」犯偷蘭遮。

《五分律》記載：「有比丘為利養故，自長己年，大於他人。後疑，問佛，佛言：『不犯，故妄語得波逸提罪。』」此處的「自長己年」不是指增高世俗的實際年齡，而是指增高戒臘。因為受比丘戒後，比丘的歲次不是以世俗的年齡而定，而是以受戒的戒臘而定。此處比丘為了得到利養而故意把自己的戒臘增高，以超過他人的戒臘，這種情況雖然也叫「過人」，但並非本戒所指的過人法，所以不犯波羅夷，但因

小妄語的緣故而結波逸提。

⑭ 欲說此而誤說彼（非意而說）

《十誦律》記載：「問：『頗有比丘虛妄說聖法不得波羅夷耶？』答曰：『有，比丘欲說須陀洹果，誤說斯陀含果；欲說斯陀含果，誤說阿那含果；欲說阿那含果，誤說阿羅漢果是。』」《摩得勒伽》記載：「問：『若比丘欲說須陀洹果，而說斯陀含、阿那含、阿羅漢果，犯何罪？』答：『偷羅遮。』」

可見，在這兩部律典中，雖然比丘是以虛妄心說上人法，但是因誤說的原因導致比丘所說內容與原先想說的上人法有誤差，即不符合比丘的本意，因此能犯心不圓滿，不犯根本罪。但《十誦律》中只是說「不得波羅夷」，並沒有具體說明是不犯，還是犯偷蘭遮或突吉羅等，而《摩得勒伽》中則明確記載犯偷蘭遮。藏傳《苾芻學處》也記載有類似的情況：「若加行支不具者，如欲說得預流果，而說得一來果。」而此律對這種誤說的情況也只判犯粗罪，即偷蘭遮（根據此律上文可知犯粗罪）。

此外，《巴利律》有相關記載，但判罪不同，如文：「依三事，欲言『得初禪』，而故意妄語『得二禪』，對方承認則波羅夷，不承認則偷蘭遮。」也就是說，只要比丘故意妄說上人法，即便錯說成了其他的上人法，也犯波羅夷罪。

另外，《五分律》記載：「有諸比丘本欲說餘事，後非意說過人法，生疑，問佛，佛言：『非是本意不犯，得偷羅遮罪。』」《摩得勒伽》記載：「欲作經語而說聖法，偷羅遮。」這兩種情況與以上《十誦律》、藏傳《苾芻學處》等律典中記載的情況有相同之處，即比丘所說的內容與想說的內容相違，不符合本意；其不同之處在於比丘本意欲說的內容有異，《十誦律》、藏傳《苾芻學處》等律典中比丘本意欲說的是另一種上人法，而這裏的兩種情況則非上人法。

⑮ 欲讓他人敬重而行乞食等（名利心）

《巴利律》中，如果比丘欲讓世人敬重自己而住阿蘭若、乞食、遊行等，佛說不犯波羅夷，而犯突吉羅。如律文：「爾時，一比丘〔思：〕『如斯者，世人當敬重我。』如此，持欲心行乞食，世人敬重彼。彼心生悔恨……乃至……『諸比丘，不犯也。然而，諸比丘，勿持欲心行乞食，行者突吉羅。』」

⑯ 其他

《摩得勒伽》中，若比丘說「我不墮地獄、餓鬼、畜生」，犯偷蘭遮。

《五分律》中，如果比丘說自己因「業報因緣」而得上人法，犯偷蘭遮。如律文：「有諸比丘虛說得過人法，作如是言：『我有業報因緣，天眼、天耳、他心智。』後疑問佛，佛言：『不犯，得偷羅遮罪。』」

藏傳《苾芻學處》中，若比丘「未細思維為人授過去未來之記」，犯惡作罪。

4. 究竟成犯

《四分律》中，若對方知解比丘所說上人法的涵義（即「說而了了」），波羅夷；不知解，偷蘭遮。可見，該律中此戒的究竟成犯不需要達到令對方「信」的程度，只要對方理解比丘話語的意思，即犯根本。《十誦律》、《五分律》、《根有律攝》與之相同。

《巴利律》中，對於錯說的情況，如想說得初禪，而說得二禪等（如「方便加行」中所述），需「對方承認」，才犯波羅夷；對方「不承認」，則犯偷蘭遮。但對於隨心想說的情況，如想說得初禪，便說「我得初禪」，則沒有說明需要對方承認才犯波羅夷。

《毗尼母經》中，「若欲故作妄語，語不成、令人不解者，得偷蘭遮」。由此可以推出：對方解了時，犯波羅夷。

藏傳《苾芻學處》記載：「從初動念欲說妄語之心，乃至未發語言，是應防護惡作。從發身語，漸次生起加行，是加行惡作罪。繼之粗罪乃至究竟。」犯波羅夷罪的成犯標準為：「對境了解自所說之事時，便得根本罪。」對方理解比丘所說上人法的意思，比丘即犯波羅夷，這與《四分律》正犯的情況意思相同。

以上是對人說上人法的究竟成犯情況。此外，在《四分律》中，如果所對境是非人及能變化的畜生，若對方知解，只犯偷蘭遮；不知解，犯突吉羅。

除此之外，其他律典中未記載相關內容。

5. 犯戒主體

《四分律》中，比丘、比丘尼犯此戒，結波羅夷；式叉摩那、沙彌、沙彌尼結突吉羅。《五分律》與之相同。藏傳《苾芻學處》中，比丘和比丘尼犯此戒，均結波羅夷。除此之外，其他律典中只提到比丘犯波羅夷，未提到比丘尼及下三眾的判罪。

《十誦律》中，若「與學沙彌」（即學悔沙彌）犯此戒，也結波羅夷罪。《摩得勒伽》卷1中提到：「學戒人」（即學悔沙彌）說過人法，犯突吉羅，與《十誦律》有所差異。但《摩得勒伽》卷8中又記載：「問：『頗有非受具戒人說過人法犯波羅夷耶？』答：『有，謂學戒人。』」即「學戒人」說過人法，也犯波羅夷，與《十誦律》相同。

此外，《十誦律》中，若先破戒，若賊住，若先來白衣犯此戒，不正犯波羅夷，但並未具體說明犯何罪。而《摩得勒伽》卷8中則提到：「本犯戒、本不和合、賊住、污染比丘尼人，突吉羅。」

其他律典中未記載相關內容。

（三）不犯

1. 所犯境不具足

《四分律》中，若說業報因緣所得神通，不犯；若比丘在屏處獨說，不犯；若比丘如實說，不犯，如律中目犍連尊者如實說自己定中所見之事，佛說「目連所說如實，無犯」。

《十誦律》、《僧祇律》、《五分律》、《根有律》、《根有律攝》、《巴利律》中，比丘如實說也不犯，與《四分律》相同。

此外，《四分律》中還提到，若比丘確實證得上人法而向「同意大比丘」，即與自己見解相同的比丘說，不犯；如果向與己見解不同的比丘說，則犯突吉羅。《僧祇律》中，若同意比丘問比丘是否得上人法，比丘如果真實得到，而向同意比丘說，無罪。此處的情況與《四分律》中向「同意大比丘」說的情況類似，只是此處是同意比丘問而比丘答，《四分律》中是比丘主動向對方說。

2. 能犯心不具足

《四分律》中，若戲笑說，或疾疾說，夢中說，欲說此錯說彼，不犯。

《十誦律》中，若比丘「隨心想說」，不犯。如律中目犍連尊者預言居士婦將生男孩，後來生的卻是女孩，與預言不符，因此被人譏嫌為妄說上人法。而佛則說：「莫說目連是事犯罪，何以故？目連見前不見後，如來見前亦見後。是時此女是男，後轉為女。目連隨心想說，無犯。」可見，目犍連尊者的預言雖然與最後的結果不同，但他預言的時候確實是男孩，只不過是因為業力的緣故，男孩在未出生前又轉為女孩，尊者見前不見後而已。因此他當時並不是故意妄語，而是依事實隨心想而說，所以不犯此戒。《五分律》、《根有律》、《根有律攝》

記載的情況與此意思相同。

《巴利律》中，若「無意妄語」，即比丘沒有故意妄語欺誑他人的心，不犯。如律文：「一比丘之親戚作是言：『大德，來享受欲樂。』『賢者，我離愛欲』彼心生悔恨……『比丘，言之無意者，不犯也。』」

3. 方便加行不具足

《四分律》中，若比丘向人說根、力、覺、意、解脫三昧、正受法，而不自稱言我得，不犯。

《五分律》記載：「有一婆羅門請僧食，言：『大德，諸羅漢來坐食。』食竟言：『諸羅漢還去。』諸比丘生疑，問佛，佛言：『人自作此讚歎，皆無犯。』」可見，如果不是比丘自讚得上人法，而是別人自作讚歎，不犯此戒。《巴利律》也記載「於尊敬之語不犯」，與此處的情況類同。

《十誦律》中，若比丘乞食時，居士說：「大德，若是阿羅漢便入。」比丘說：「我非阿羅漢，若聽入當入。」如果居士許可，比丘進入，無罪。其他如「坐處坐、受水飲食、咒願出門」等與此相同。

4. 犯戒主體不具足

《四分律》中，最初未制戒，癡狂、心亂、痛惱所纏，不犯。《五分律》、《根有律》、《巴利律》與此相同。另外，《五分律》的緣起中還提到「愚癡」不犯。

《十誦律》、《毗尼母經》中，最初未制戒，不犯。相比《四分律》，少了「癡狂、心亂、痛惱所纏」這三種情況。

5. 開緣

《四分律》中，增上慢比丘說得過人法，不犯。《十誦律》、《摩得勒伽》、《巴利律》、《毗尼母經》與《四分律》相同，都有「增上慢」

的開緣。

《僧祇律》、《五分律》、《根有律》、《根有律攝》的辨相中沒有「增上慢」的開緣，但是戒條中有此開緣。

《鼻奈耶》、《薩婆多論》、藏傳《苾芻學處》中沒有提到「增上慢」不犯的情況。

此外，《五分律》還記載了一種特殊開緣，如文：「有諸比丘臨欲命終，應墮地獄，悉見地獄諸相，阿傍在前。又有比丘應生天，悉見諸天宮殿，聞音樂聲，天子、天女在前語言。皆以語人，生疑，問佛，佛言：『是應生瑞相，非妄語，無犯。』」

五、原理

（一）性遮分析與約束煩惱

本戒是一條性戒。比丘妄說上人法，虛受信施，違背業果和當時的國法，乃至可能斷他善根，不利於正法久住，故佛陀制戒禁斷。

緣起故事中，比丘為了解決饑荒時節乞食困難的問題，便在居士面前自讚或讚他比丘得上人法，實際上不具足真實的功德卻以欺誑的方式獲取信施，《四分律》中佛陀將如此惡行的人稱之為「最上大賊」，如律文：「是中為口腹故，不真實、非己有，於大眾中故妄語，自稱言『我得上人法』者，最上大賊。何以故？以盜受人飲食故。」類似地，《巴利律》中，因緣起比丘「以盜心食國家施與之食」的緣故，佛陀稱其為「最大之賊」。《善見論》認為比丘以虛說上人法的手段騙取信施，雖然沒有物離本處，卻無異於偷盜，這種人同樣被稱作「賊」，「為因空誑妄語，而得大利養故，以方便取之」[1]。《根有律攝》記載：「更相讚歎得上人法，欲令眾知，為求利養事及求利煩惱，制斯學處。」總之，比丘以大妄語獲取名聞利養，是由貪煩惱所驅動，其本質上是一種騙取的行為。

1　《善見論》卷 12：「問曰：『此無離本處，云何名為賊？』答曰：『不能得名為賊。何以故？為因空誑妄語，而得大利養故，以方便取之。是故律本說，佛告諸比丘：「盜取人飲食者，此亦名大賊。」』」《大正藏》24 冊，755 頁中欄。

（二）虛說上人法的過患

1. 業果和國法的懲罰

佛法的殊勝之處在於，它是經由佛陀親證而來。《善見論》記載：「如來積四阿僧祇劫百千劫，具足諸波羅蜜，勤苦如是得此妙法。」一個人沒有達到勝妙的境界，無論怎樣宣說都空無實義，即所謂「外取聖表式，內空無所有」。比丘虛說上人法，或可欺世盜名以獲得供養、恭敬、讚歎，但從出家修行的角度看，終究是自欺欺人，空無實利。

從業果的角度來看，說大妄語將會感得極大的惡果，「身壞命終後，當生惡處、惡趣、惡生、地獄」。是故諸律中都示以警誡，如《五分律》：「寧啖燒石，吞飲洋銅，不以虛妄，食人信施。」《巴利律》：「寧以銳利牛刀割腹，亦勿為口腹而對諸居士互相讚歎上人法。」《鼻奈耶》中，佛說「信施甚重」，比丘不得證而言得證，虛受信施，「味著以為己有」，猶如以筋索纏縛，「傷皮乃徹骨髓」。

比丘說上人法，一旦被信眾發現是虛妄的，面臨的將不僅僅是譏嫌，甚至可能是受害者的控告和法律的制裁。據《大方等大集經》記載，四根本是佛陀參照當時的國法而制定，其中四重罪之一的「為五錢故大眾、王邊故作妄語」，是佛陀制定「大妄語戒」的依據。在當時的法律看來，通過妄語騙取的錢額超過一定限度（五錢）將被判處死刑。[1] 在現代人看來，這也會被視作一種詐騙行為，涉及到的財產數額較大時，還有可能引來刑事追究。

---

1 《大方等大集經》卷24：「頻婆娑羅言：『世尊，我之國法，有四重罪：一者，斷他命根；二者，偷至五錢；三者，淫他婦女；四者，為五錢故大眾、王邊故作妄語。如是四罪，犯者不活。』佛言：『我今亦為未來弟子制四重。』」《大正藏》13冊，172頁下欄。

2. 誤導信眾、斷他善根

一般的民眾對於佛法的了解並不深入，對於上人法功德乃至神通等，容易產生仰慕、追逐、趨附的心理。比丘宣揚自己證得上人法，判斷力弱的民眾很容易就會聚集過來，追隨於其後乃至對其言聽計從。而說大妄語的比丘顯然很難把真正的法教導給他們。信眾真正的修行被延誤，乃至被導向錯誤的方向，法身慧命將受到很大的傷害。另一方面，被蒙蔽的信眾一旦發現比丘所言其中有虛假，就會懷疑是否有真實的殊勝妙法和得道的聖人存在，甚至懷疑僧團和所有比丘的純潔性。這無疑切斷了其繼續追隨三寶走解脫之道的善根。更有甚者，這些信眾可能會走到三寶的對立面去，犯下誹謗三寶的重大惡業。

本質上，真實的上人法是一種超越日常經驗的奇迹，對常人來說並不容易理解。一般情況下，比丘實有上人法向大眾宣說，對該比丘都無有實益，因為這樣做或會引起不信而興誹謗，或會引發貪欲而偏離修行正軌。故無論真假，佛陀都不鼓勵比丘宣說上人法，如文：「有實尚不應向人說，況復無實而向人說。」乃至對同行比丘也不應隨便宣說，如《四分律》中佛陀告誡目犍連：「汝止！止！不須復說，諸比丘不信汝言，何以故？令諸比丘不信故得多罪。」從佛法修證的角度看，上人法之功德是真實修行後的自然結果。然而修行貴在平實，其著力點應該在於福慧資糧的積聚、內心煩惱的調伏和慈悲智慧的開發。如果在修行過程中為修證功德乃至神通所誘惑，急功近利、倒果為因，反而離真正的修道目標會愈來愈遠。而且人一旦對佛法修行的知見產生偏差，欲要重新糾正頗為困難。可以說，無論所證是真是假，佛陀制斷比丘說上人法，都是對大眾善根的一種保護。

3. 混淆正法、影響正法久住

緣起故事中，比丘說大妄語只是為了解決暫時的飲食匱乏問題，

但是在現實中不能完全避免有的比丘為其他目的而說大妄語。比丘虛說上人法，攀升到榮耀的頂峰，獲得大量的追隨者之後，可能會被這種現實情況扭曲心態，開始不滿足於眼前的利益，進而追求新的目標和更強的影響力。嚴重者可能發展成教內的分裂勢力。提婆達多自立為新佛，犯下破僧、害佛等惡行，這是佛教歷史上的典型案例。若教內沒有自清的能力，外部社會環境又有其生存的土壤，外人無法分別而易被誘惑加入其中，久而久之此類組織將混淆正法，影響正法的純潔性和生命力。

比丘說大妄語對外則可能發展成宗教和社會異端。無知的人不能辨別真偽，易被所謂「悟道者」所影響，乃至被其利用做一些不如法的事情，嚴重的甚至違越國法。政府一旦發現「偽悟道者」的存在給社會秩序帶來威脅，一般都會採取嚴厲措施加以懲處。通常情況下，雖然政府也能意識到宣揚怪力亂神者大多不是正信的宗教徒，但是在特定歷史時期，懲治邪教亂象的過程中也可能形成玉石俱焚的局面，正法團體不免遭到牽連，其傳播和發展可能受到限制和影響。

從上述這些嚴重過患中，可以理解佛陀為何將大妄語和淫、盜、殺等重業並列而成為四波羅夷之一。

（三）印度文化中的布施和功德思想

律中居士對虛說上人法比丘們的供養，甚至達到了連父母、妻子都不顧的程度。如《四分律》記載：「時諸信樂居士信受其言，即以所有飲食、妻子之分不食，盡持供養諸比丘言：『此是世間可尊敬者。』」《巴利律》記載：「彼等不自食其噉食，不供父母、不與子女、不與家婢、不與友人、不與同族親戚，而將其〔食物〕施與諸比丘。」這種現代人難以理解的現象，和印度文化中作布施求功德的思想密切相關。

一方面，布施和供養（dāna）得福是古印度宗教文化中一種普遍的思想，同時人們又深信供養聖者能獲得更大的福報。這兩種供養得福的普遍性和差別性思想，在佛教內外都被信受。《中阿含經》中的《福田經》記載，布施聖者得大福報，世中之學人、無學人能正其身、口、意，是居士良田，施彼則得大福。[1]《阿毘達磨法蘊足論》中亦如此說明「應供者」所具功德：「世應供者，謂聖弟子，能淨世間，應供器故；已行應供，清淨道故；成就應供，三淨業故，名世應供。」[2]在婆羅門教的思想中，布施既能培福又可贖罪，因此民眾很希望遇到一個值得供養的人。如《摩奴法論》記載：「發現受器以後，他必須總是懷著滿意的情感盡力地奉行與祭祀和與功德有關的布施法。」[3]而不同的受施對象會給施者帶來不同的果報，如文：「對非婆羅門的布施產生相等的果報，對徒有其名的婆羅門的布施產生兩倍的果報，對軌範師的布施產生十萬倍的果報，對精通吠陀的人的布施產生無限的果報。」「因為他在死後所獲得的布施的果報隨受施者的身分和自己的虔誠而或多或少。」[4]

　　另一方面，印度人普遍相信生命可以輪迴再生，此生布施所得功德並不僅僅與這一世有關，它更關係到下一世的業報。如《摩奴法論》記載：「因為到下世依然為夥伴的，既非父親，也非母親，也非妻兒，也非族親，而唯有功德。凡生靈皆獨自生，獨自亡，獨自享善業，獨自受惡業。把同木頭土地一樣的屍體遺棄在地上以後，眾親戚就轉身走；唯有功德隨它去。」[5]可見，在印度的文化傳統中，人們認為現世

1　《中阿含經》卷 30，《大正藏》1 冊，616 頁上欄。
2　《阿毘達磨法蘊足論》卷 3，《大正藏》26 冊，464 頁下欄。
3　《摩奴法論》，89 頁。
4　《摩奴法論》，126 頁。
5　《摩奴法論》，90 頁。

無常易逝，只有功德最堅實。

　　這種布施聖者得福的思想和心理，無疑符合業果原理。佛法中對布施、供養的倡導，除了有使信眾培福的目的，也強調施主應在布施的過程中培養慷慨的美德，減輕對物質的貪欲，以此提升心性、增進道業。不過普遍而言，信眾的供養難免浸透着深深的功利訴求，他們期望能夠通過供養聖者使自己免除輪迴中的苦難。[1]然而聖者隱沒在大眾中，信眾為了增加「說不定正好遇到」聖者的可能，平時會作平等廣大的布施。不過在緣起故事中那樣的饑荒時節，普通民眾只能勉強維持自身的生存，並沒有多餘的食物作廣大布施。此時若遇到自稱有聖者功德的出家人，自然會趨之若鶩前去供養了。

　　虛說上人法的比丘，恰恰是迎合了信眾這種供養聖者得福的宗教心理。從這個意義上說，比丘說大妄語也是一種很容易達到其私利目的的欺騙手段。

（四）說大妄語者的心理

　　緣起故事中說大妄語的比丘，無疑有一種投機取巧的心理。遇到現實層面的困難，他就不惜犧牲自己的道德品行，以大妄語來獲得自己的所需。令人難堪的是，說大妄語的緣起比丘自始至終似乎並未生起過應有的慚愧心。

　　謊言一出口便難以收回，說了大妄語的人會一直帶着假面具，維持一場騙人的把戲。他們往往會故意突顯自我的與眾不同，或常常偽飾成得道者出現於眾人面前。如《根有律》中緣起比丘「妄心欲自顯己」，《根有律攝》提到「所有事業，方便顯己，具殊勝德」，《五分律》

1　柯嘉豪：《佛教對中國物質文化的影響》，中西書局，2015 年 7 月，6 頁。

記載：「有諸比丘為利養故，坐、起、行、立、言語安詳，以此現得道相，欲令人知。」有時候妄語比丘則有意聳動他人，如《根有律攝》描寫到「內有詐情，矯陳密說」。總之，說大妄語者若不及時剎車，其最初相對單一的貪求利養之心，則可能發展出更為諂曲陰暗的心理。

至於因增上慢而說上人法的比丘，其未證謂證則是因為無知。因為他們無故心說妄語，所以佛陀制戒時已將這種情況排除。這些比丘在修行上往往頗為用功，《四分律》中形容他們「精進不懈，勤求方便證最上勝法」。他們或偏於修定，有時候確實也會生起一些修證上的功德，如《十誦律》中「諸比丘因別相觀得定故，貪欲瞋恚不起」，又如《善見論》提到「起慢人者，先持戒具足而入禪定，得禪定已，未分別名色，始入毗婆舍那，三想具足心絕勇猛，或得舍摩陀，或二十年或三十年中不起」。然而，雖然他們精進用功或有所得，但由於對法相或者佛法境界的認識不足，可能會高估自己的證德。只有與外在染緣接觸的時候，比丘通過反觀自省發現煩惱還在，才能認識到自己所得境界並不真實。好在有些增上慢比丘，還保有質直的心態，一旦發現問題就能夠坦誠自己的錯誤，檢查自己是否犯了「大妄語戒」。在獲得正確認知的基礎上，他們繼續精進用功，修行也許還會有所進步，真正修有所證。如果不能認識到自己的不足，那麼後果就堪憂了。如律中有些增上慢比丘存在得少為足的心態，自認為有所修證以後就開始放逸懈怠。如《根有律》中，比丘認為自己證到阿羅漢果，於是放棄了苦行，「捨蘭若處住聚落中」。《僧祇律》中，比丘因暫時成就根力覺道，便以為自證阿羅漢果，於是「放縱諸根，廢習止觀」。

《五分律》中增上慢比丘的共同特徵為「少聞」、「不學」、「不問」，這種描述相當準確。因此，比丘要避免因「增上慢」而自我誤判，乃至陷入止步不前的陷阱，必然要從多聞、多學、多問入手，改變自己過於自信的性格，謙虛謹慎地向善知識學習。

（五）社會關係分析

1. 佛陀與比丘的關係

《四分律》中，夏安居期間恰逢饑饉，乞食難得，佛陀召集眾比丘，告知大家可以分散開來，到能獲得飲食處隨宜安居。這反映出佛陀對弟子福祉的關心。另外，在非常時期分散僧眾，由集中式安居轉變為各地隨宜安居，也反映出佛陀在僧事安排上隨現實因緣而變的靈活性。

《僧祇律》中，增上慢比丘惶恐於自己是否犯「大妄語戒」，佛陀為其開解之餘，藉機針對其增上慢的問題給予適當加持：「云何於正法中信家非家、捨家出家起增上慢？汝當方便除增上慢可得羅漢。」此情此景下，增上慢比丘生起大慚愧心，同時又受到鼓勵，精進修行後即於佛前證得阿羅漢果。這個公案體現了佛陀觀機逗教的善巧方便，以及師徒之間的啟發式教育對弟子突破修行障礙的重要性。本生故事中佛告訴諸比丘，增上慢比丘「過去世時已曾蒙我精勤方便得大果報，今復蒙我精勤方便，修習正觀除增上慢得阿羅漢」，這揭示出佛陀對弟子的關懷與加持是久遠以來一直存在的。

2. 比丘與俗眾的關係

《僧祇律》中，比丘向佛陀匯報安居期間的生活境況，「乞食難得，衣物不足，諸優婆塞不數來往」。佛陀藉此因緣教導比丘，世間八法生滅無常。在饑荒的時候，居士自身維持生活尚有困難，不來供養親近是很正常的現象。比丘正確的心態當是「若世利起不生貪著，世利不起心不憂戚，乃至樂苦亦復如是」，如此則能「愛憎不生，諸覺隨順離諸憂戚，乃至樂苦苦陰滅盡，則得涅槃」。這個公案也提醒比丘，和俗眾之間的互動當時時秉以平常心。

《鼻奈耶》中提到，那些「淫怒癡離，久修淨行」的長老比丘，不經常去打擾居士，其攝眾的效果反而更好，乃至「不信法而來求信，信者重令信」。那些說上人法的年少比丘，最終卻致「不信法者增其不信，若常信者損其本心」。從中可以看出，「人能弘道，非道弘人」，自身切實的戒定慧修證功夫，才能真正攝持信眾。

3. 比丘與外道的關係

《根有律》的一個緣起故事中提到，「迦攝波如來」時的婆羅門子劫比羅，因為粗語毀謗比丘而在此世轉生為長著十八個頭的摩竭魚。劫比羅受此惡業，實是被其母親所害。劫比羅具有外道論師的家庭背景，其父曾教五百婆羅門子誦婆羅門經典，其母對比丘沒有好感，她害怕佛教的勢力擴大，以致「所有封邑猶未能安，終被苾芻共相侵奪」，於是她唆使劫比羅出家，偷學佛法，使其造下深重惡業。劫比羅很後悔，認為其母是「惡知識」，如文：「若我流轉於生死中，願莫重遭如是之母。」緣起故事中這樣的公案，或許反映了古印度一定時期內佛教和外道之間競爭對立的形態。

六、專題

上人法

　　有不少比丘在持守「大妄語戒」時，都會面臨一些疑惑——什麼叫「上人法」？有沒有具體的標準？神通、禪定、感應、夢境乃至一時修法覺受等是否算上人法？針對這種疑問，不同律典乃至同部律典，都有不同的解釋。此外，諸律所用法相名詞眾多，公案辨析亦眾說紛紜，對此需要澄清。因此，本文從上人法的詞源，以及上人法所涉及的諸律戒條、公案以及辨相等方面進行分析，以回歸「上人法」的本意。

（一）詞源中的「上人法」

　　「上人法」一詞，梵文《根有戒經》作 "anuttaramanuṣyadharmam"，該詞由 "anuttara"（"an" 無，"uttara" 向上、超越）、"manuṣya"（世間人）、"dharma"（法）三個詞組成，合起來意思是：勝於世人的法。

　　梵文《說出世部戒經》、梵文《說一切有部戒經》作 "uttarimanuṣyadharmam"，該詞由 "uttari"（向上、超越）、"manuṣya"（世間人）、"dharma"（法）三部分構成。三部梵文戒經中「上人法」的意思基本相同，可以解釋為：已經超越世間人的法。

　　《巴利律》作 "uttarimanussadhammaṃ"，該詞由三個詞根 "uttari"、"manussa"、"dhammaṃ" 組成，據《巴漢詞典》解釋，意思分別為："uttari"（越過，副詞，表示程度）、"manussa"（人類）、"dhammaṃ"（狀態）。值得注意的是 "uttari" 不是形容詞，因為它是從動詞 "uttarati"（ud+ʃtar+a）派生的。因此，"uttarimanussadhammaṃ" 一詞的意思是：

已超越人類的狀態。

藏文《根有律》作“ཨྠིའི་ཚོས་བླ”，該詞由“ལ་མེའི”（人）、“ཚོས”（狀態）、“བླ”（上，勝）組成。在藏語中“བླ”經常用來表示「勝」與「優越」等義，比如在《心經》等經典中常見的“བླ་ན་མེད་པ”（無上）的應用。另外，為了解釋這種狀態，藏文版本在陳述中頻繁使用了諸如“མཐའ”（寂靜）、“འཕགས་པ”（聖者）、“ཐོབ་པ”（證悟）、“ཤེས་པ”（勝智）、“མཐོང་བ”（正見）這樣的詞語進行補充或修飾的同位解釋，可以看出，藏文版本中「上人法」有「聖者」、「無上」、「非俗」層面的含義。

通過梵巴藏詞源分析得知「上人法」的詞義是：已經超越世間人類狀態的法，即「出世間法」。

(二) 戒條中的「上人法」

《四分律》戒本中關於上人法的記載是：「我得上人法，我已入聖智勝法，我知是、我見是。」從文義理解，「我已入聖智勝法，我知是、我見是」是對上人法的具體說明。從「聖智勝法」的詞源分析以及律典的記載中，可以得出其內涵指聖者的證悟與知見（詳見本書大妄語關鍵詞解釋）。

《解脫戒經》、《十誦比丘戒本》、《僧祇律》、《僧祇比丘戒本》、《五分律》、《彌沙塞五分戒本》、《根有律》、《根有戒經》、《根有律攝》的記載和《四分律》戒本相似，都有提到聖智勝法，或者聖利滿足，或者聖者等相同內涵（詳見本書戒本對比部分）。

但是，《十誦律》和《鼻奈耶》中沒有明確提到聖智勝法、聖利滿足等內涵，與以上諸律略有差別。如《十誦律》：「不知不見空無過人法，自言我得如是知、如是見。」《鼻奈耶》：「不知不見上人法，『我得諸德，我知我見。』」

通過上述戒本分析可知，除《十誦律》和《鼻奈耶》戒條中沒有

明確的聖智勝法內涵外，其他所有戒本中上人法的語境內涵都是聖者的證悟與知見。

（三）公案中的「上人法」

諸律中都有大量公案辨析「大妄語戒」的輕重，通過其中「說什麼內容」而判罰的公案，也可看出上人法的內涵所指。

《四分律》的這一類公案中皆是聖者的內涵。比如增上慢隨制中，先言我得道，後精進不懈，證最上勝法。還有辨相中眾多公案記載，言辭皆為「阿羅漢」。如「大德阿羅漢來」、「常為汝說法者是阿羅漢」、「數至汝家者是阿羅漢」、「數坐汝座者是阿羅漢」、「若大德是阿羅漢者，脫僧伽梨、著僧伽梨」等。還有一類是目犍連尊者示現種種神通的公案，其他比丘說其犯上人法，佛陀一一解釋不犯。其中提到，實際上諸比丘知道目犍連是阿羅漢，如「汝是阿羅漢，有神足力」。另外，諸比丘並不認為凡夫的業報能夠得到「神足」，如文：「諸比丘言：『目連，汝言：「業報因緣得神足。」無有是處，虛稱得上人法。』」這至少說明諸比丘心目中的神足力並非一般人能夠擁有。再者，儘管比丘知道目犍連尊者是阿羅漢，但依然不相信他有種種的其他神通變化，如「或能化作非真實，虛稱得上人法」，也就是說，在比丘的心目中，這些神通都屬上人法的內涵，至少應當是高於阿羅漢才有的能力。在之後的公案中，佛對此又有澄清，如文：「時世尊告諸比丘：『汝等當信如是阿羅漢比丘有大神力，勿疑不信長夜受苦。』」從中可以看出，佛令比丘相信阿羅漢比丘的大神力，實際上也就是一種聖者所具有的神通。

《鼻奈耶》、《僧祇律》、《五分律》、《根有律》、《巴利律》中記載的公案和《四分律》類似。

《鼻奈耶》中只有一個公案，其文記載「非阿羅漢言阿羅漢」。《僧

祇律》的公案中亦皆為聖者，主要圍繞「皆非凡夫」、「皆是阿羅漢」、「得勝妙法」三種稱謂展開辨析。《五分律》中，比丘妄說「我有業報因緣，天眼、天耳、他心智」，得偷蘭遮，而說「我得天眼、天耳、他心智，諸漏已盡」則正犯，可見只有比丘說到「諸漏已盡」這樣的聖者神通才會正犯。《根有律》中只記載了關於目犍連示現神通的公案。《巴利律》中相關的描述主要是「悉是阿羅漢」、「我亦捨縛」、「住汝精舍之比丘是阿羅漢」等。

《十誦律》與《四分律》有所不同，其中既有關於聖者的公案，還有關於聖凡兩解之公案。聖者的公案中有關於增上慢比丘以及眾多直接提及阿羅漢的內容，如「汝是阿羅漢不」、「若是阿羅漢，入我舍坐處坐」等。聖凡兩解的公案，如：「問：『比丘若言：「我今日不入世間禪定。」若人問言：「昨日云何？」若言：「昨日亦不入。」作如是語應得何罪？』答：『得偷蘭遮。若說禪法，得波羅夷。』」此公案的一種理解是說，「不入世間禪定」暗指入了「出世間禪定」，屬於聖者法，因為比丘的表達模糊而判偷蘭遮。第二種理解是說，今日、昨日不入世間禪定，暗指曾經入世間禪定。由此，世間禪定也算上人法，這與諸律差異較大。還有公案提到「若言：『我得五根、五力、七覺意。』得波羅夷」，「若說宿命神通，得波羅夷」，此處「五根、五力、七覺意」和「宿命通」沒有明確是聖者之功德，還是非聖者之功德，因此也存在兩解的可能性。

總之，《四分律》、《鼻奈耶》、《僧祇律》、《五分律》、《根有律》、《巴利律》中關於上人法的內涵所指都是聖者。但是《十誦律》中除了有聖者所指的公案，也有聖者和非聖者兩解的公案。

（四）辨相中的「上人法」

諸律辨相中主要有三個方面涉及到上人法，分別是：關鍵詞解釋、

關鍵詞舉例說明和辨相判罰。

1. 律典中「上人法」的關鍵詞解釋

《四分律》、《五分律》、《根有律》、《根有律攝》、《善見論》、藏傳《苾芻學處》中有「上人法」的直接解釋，其他律典中沒有直接解釋。

《四分律》中，解釋上人法為「諸法能出要成就」，其中「要」在《漢語大詞典》中有「險要之處」的意思，「出要」在此處意為出離生死，「成就」指的是「已得決定」，即證得的意思。則此句的意思是：成就出離生死的法。

《五分律》記載：「一切出要法……是名過人法。」

《根有律》中，對「上人法」是從「上、人、法」三字分別解釋，「上謂色界在欲界上，無色界在色界上」，意為在什麼之上，「人謂凡人，法者謂五蓋等」，又解釋「能除此蓋名之為上」。由此可知，該律對上人法的解釋亦有兩層內涵：一是在凡人之上；二是除卻五蓋煩惱。

《根有律攝》記載：「上人法者，即勝流法，謂望一切凡愚五蓋等法鄙劣惡事，是勝上故。」該律強調超越「凡愚五蓋等法鄙劣惡事」。

《善見論》中對於上人法的解釋與上述諸律有所不同。論中記載：「過人法，亦言梵法，亦言入涅槃法，此法佛、辟支佛、羅漢法。此比丘得第一禪，如是為初。」從文義理解，存在「上人法」最低是初禪的可能。又有「入禪定者」是指「聖人禪、凡夫禪悉入」，因此說「入禪定為初，若如是說，得波羅夷」。[1] 也就是說，《善見論》認為禪定具有上人法內涵，是因為其包含了「聖人禪」的概念。

藏傳《苾芻學處》記載：「須超欲界功德，如說得無常等二十種想，

1　《善見論》卷 11，《大正藏》24 冊，754 頁下欄；卷 12，《大正藏》24 冊，756 頁下欄。

或靜慮、無色、無量、入流等四果、六神通等。」[1]上人法在這裏指「超欲界功德」，其涵蓋範圍就更加廣泛。

總之，《四分律》、《五分律》、《根有律》、《根有律攝》中對上人法的解釋，都是指斷除煩惱的聖者之法。《善見論》中雖然認為妄説入禪定得重罪，但實際上其「過人法」的內涵中包含有「聖人禪」。而藏傳《苾芻學處》中則是指「超欲界功德」，與其他律典有所不同。

2. 諸律中對「上人法」的關鍵詞舉例

《四分律》記載上人法有：「自言念在身、自言正憶念、自言持戒、自言有欲、自言不放逸、自言精進、自言得定、自言得正受、自言有道、自言修習、自言有慧、自言見、自言得、自言果。」其中，「念在身」至「精進」都是同樣的內涵。

《僧祇律》中，上人法包括「十智、法智、未知智、等智、他心智、苦集滅道智、盡智、無生智、滅盡、解脫、增上善心、淳熟善根、淨不淨解脫……四念處」等。

《五分律》記載：「諸禪、解脫、三昧、正受，諸聖道果。」

《根有律》記載：「寂靜者謂是涅槃，言聖者謂佛及聲聞。殊勝證悟者，謂四沙門果：預流、一來、不還、阿羅漢……言我知者謂知四諦法。而言我見者，謂見天、見龍、見藥叉、見揭路荼……。」《根有律攝》和《根有律》類似。

《巴利律》中，上人法為「禪那、解脫、三昧、正受、智見、修道、證果、斷煩惱、心離蓋、樂靜處」。其他律典沒有舉例説明。

在上述律典中，一類為較明確的聖者法，如「自言果」、「解脫」、「諸聖道果」、「四沙門果」等；另一類是較為模糊的法相，如此表達的

1　《苾芻學處》，《宗喀巴大師集》卷5，59頁。

修習者未必就是聖者，如「自言持戒、自言不放逸」、「自言得定」、「諸禪」、「禪那、修道」、「見天、見龍」等。

3. 諸律戒相辨析中「上人法」的內涵

《四分律》、《十誦律》、《薩婆多論》、《摩得勒伽》、《僧祇律》、《根有律》、《根有律攝》、《巴利律》中，與上人法相關的辨相內容有兩種內涵：一種是聖者內涵，一種是聖者和非聖者皆有的模糊情況。其中《根有律》在前兩種情況基礎上額外記載了一種非聖者內涵的情況，其他律典沒有相關記載。

聖者內涵的辨相，諸律大都類似，不作一一說明。以下主要說明模糊辨相和非聖者辨相內容。

《四分律》記載：「若為人説根、力、覺、意、解脱、三昧、正受，我等得是，波羅夷。」此處文意模糊，可以有三種解讀：一者，或可認為單獨説其中的某一項就犯；二者，也可能具有次第關係，是表達一種修道的次第過程；三者，就其整體而言，表達的是聖者所具有的種種功德。

《十誦律》中，如果比丘不實而説「我得初禪、二禪、三禪、四禪……不淨觀，得阿那般那念」，或不實而説見鬼神，得波羅夷。此亦不能確定是聖者功德，還是非聖者修證的功德。

《薩婆多論》和《十誦律》有類似記載，但該論中解釋見鬼神得罪的原因是「自現內有勝法，能感諸天、龍神」，此處的神通或許指聖者之神通。《十誦律》中對此並未提及。

《摩得勒伽》、《僧祇律》、《根有律》、《巴利律》都有類似記載，文繁不述。

另外，《根有律》還記載有非聖者內涵：「苾芻妄心作如是語，『……以世俗道伏除煩惱，欲貪瞋恚亦不現行』者，得波羅市迦。」此文明確指出説「世俗道」亦正犯，這意味着上人法包含一部分世俗道的功德。

這與前文公案辨析中《十誦律》的「入世間禪定」正犯相似。但是《摩得勒伽》中，說「入世俗禪」不正犯，如文：「若比丘言：『我入世俗禪，不得世俗智。』得何罪耶？答：『偷羅遮。』」這又與《根有律》和《十誦律》的記載有所不同。

總之，諸律在辨相層面，除了都有聖者內涵的辨析外，同時還有聖凡兩種解讀的模糊記載。其中《根有律》中還將「世俗道」的功德也納入上人法的內涵。

（五）分析與總結

1. 諸律觀點小結

綜上分析，從對「上人法」的詞源分析、戒本對比、公案以及辨相四個部分來看，諸律對上人法解釋也有所不同。

（1）從梵巴藏詞源分析，可以得出「上人法」的詞義是：已經超越世間人類狀態的法，即「出世間法」。

（2）對比十五部戒本得出，除了《十誦律》和《鼻奈耶》戒條中沒有明確表達聖智勝法的內涵外，其他所有戒本中上人法的語境內涵都是聖者的證悟與知見。

（3）通過律典公案辨析得出，有相關公案記載的律典，如《四分律》《鼻奈耶》、《僧祇律》、《五分律》、《根有律》、《巴利律》的公案中，上人法的內涵所指為聖者。但是《十誦律》中除了有聖者所指的公案，也有聖者和非聖者兩解的公案。

（4）諸律辨相中的上人法分為三個方面：在關鍵詞解釋方面，《四分律》、《五分律》、《根有律》、《根有律攝》中對上人法的解釋都是指斷除煩惱的聖者之法，唯有藏傳《苾芻學處》的標準是超越欲界的功德；在對關鍵詞的舉例說明中，則大都有兩種情況的記載，一類是比較明確的聖者之法，另一類是聖者和凡夫皆有可能之法；在戒相辨析部

分，諸律都有聖者和凡聖兩解的辨析，其中《根有律》中還將「世俗道」的功德也納入上人法的內涵。

2. 諸律觀點分析

①「聖者聖法」與「凡夫聖法」

通過上述小結可以看出，在詞源、戒條、公案的分析中，諸律內部和諸律之間，一致性相對較高，絕大部分律典中上人法的內涵為聖者之法。所謂聖者勝法，是超越世間一切凡夫之法。然而在辨相的記載中，對於一些非聖者也可具備的「正念」、「精進」、「禪定」、「神通」等，同樣正犯。雖然此類修法成就超越於一般凡夫，但仍處於通往「聖者」的路上，是階段性的修法，即使得到也未必表明比丘就是聖者，或可稱作「凡夫聖法」。這和聖者勝法超越「所有凡夫」相比較，內涵明顯縮小。因此，說凡夫聖法犯重的標準也更嚴格。

詞源相對穩定，戒條和公案是佛陀親口所說，也最能體現佛陀制戒的初衷，而律典辨相部分則是後來律師根據各自部派思想或者個人見解，乃至結合不同時空因緣下的實踐情況對戒條的再詮釋，存在一定的靈活性。所以，一部律典當中，乃至諸律間的對比，在詞源、戒條和公案這三者之間差異性相對比較小。而辨相和戒條、公案之間差異性有時會相對較大。上述上人法分析的結果，也很好地證明了這一點。

因此，從詞源、戒條和公案這三個方面看，絕大部分律典所記載的「聖者之法」比較一致。由此可以得出，上人法的最初內涵為聖者之法，這也應該是佛陀制戒的初衷。但是後來隨着時空因緣的發展變化，在諸律辨相中出現了聖者之法和凡夫聖法模糊的情形。

②原因分析

為何後來律師會如此詮釋？《薩婆多論》中有解釋原因：「問曰：『不淨觀、阿那波那，是近小法。何以名過人法？』答曰：『此是入甘露初

門，一切賢聖莫不由之，是故名過人法。』」[1] 這個理由實際也表明，聖者之法的內涵已經擴大到一些階段性的法，或者也可稱為是進入聖者之法的基礎。然而，這樣的規定也會導致「上人法」難以確定一個清晰的界限或最低標準。或許，正因為這種解讀，後來的部派及律師都詮釋出了眾多的上人法內涵。《行事鈔》記載：「從得不淨觀已上，至四果來，若云『我得』，皆犯重。」[2] 其依據核心也是來自《薩婆多論》的上述觀點。現今南傳佛教則認為上人法有三種內涵，即神通、禪定和證果。

再者，從無常變化的角度來看，佛陀最初制戒時，上人法很可能特指聖者之法。到了後期，證得阿羅漢果的人數變少，甚至罕見。而比丘在持戒的過程中，若講說自己「見龍」、「見天」，或得某種「神通」，乃至得某種「禪定」等，也容易獲得他人的恭敬供養，而不必講說自己是聖者。可能基於此，後期辨相中，才將更多的凡夫聖法納入到上人法中。

③回歸律典本意

擴大上人法的外延，雖然是出於從嚴治罰的考慮，但也可能為比丘帶來持戒的困擾。同時上人法標準降低之後，亦難以有一個明確的標準和界限，比如妄說神通、禪定乃至修法覺受等，都有可能被詮釋為上人法。

另外，很多凡夫聖法本身的定義也存在模糊性。從古至今，不同部派，乃至不同人對其理解都可能有所不同。因此，模糊的法相名詞，也是上人法內涵撲朔迷離的原因之一。

沒有了明確的標準和界限，也就沒有了明確的判罰原則，反而更

1　《薩婆多論》卷 6，《大正藏》23 冊，542 頁上欄。
2　《四分律刪繁補闕行事鈔校釋》，734 頁。

不利於比丘持戒。並且可能引發兩種極端：一種是比丘持戒緊張、焦慮，總擔心犯戒，反而影響修道；另一種則可能截然相反，比丘直接不管不顧。這兩種情況顯然都與戒律精神相違背。

時至今日，從回歸律典本源和佛陀本意的角度出發，有必要明確上人法的標準，讓後來的比丘更好地持戒。通過詞源、戒條、公案和辨相幾個方面的分析可以看出，大部分律典所指上人法的內涵都比較一致，即為聖者之法。所謂聖者，部派佛教中是指初果以上，大乘佛教中是指初地以上，乃至佛菩薩化現或聖者再來等。而至於妄說世間的神通、禪定等，並不正犯大妄語，應判作偷蘭遮。當然，雖然是方便罪，也需要嚴防。

七、總結

（一）諸律差異分析

1. 緣起差異
（1）結構差異

《四分律》、《十誦律》、《僧祇律》、《五分律》、《根有律》、《巴利律》有一個本制和一個隨制。《鼻奈耶》有一個本制和兩個隨制。各律典在緣起結構上基本一致。

（2）情節差異

《四分律》的本制是緣起比丘因荒年難以乞食，向居士妄稱已證得上人法以獲取飲食供養，佛因此制戒。有比丘自以為得道，並向別人稱說，後證得上人法後懷疑自己犯戒，佛又隨制此戒，開緣增上慢的情況不犯。

大部分律典與《四分律》的情節基本相同，個別律典存在差異。《鼻奈耶》中沒有增上慢的開緣，隨制主要講述了年少比丘在長者家自稱得上人法和提婆達多得失神足通的故事。

（3）結論

綜上所述，本戒緣起無需調整，仍取《四分律》的結構與情節。

2. 戒本差異

除了《鼻奈耶》外，《四分律》及其他律典的戒條中都有「增上慢」這一情況的開緣。此外，對應《四分律》中「我已入聖智勝法」的表述，《根有律》、《根有戒經》、《根有律攝》以及梵文《根有戒經》、藏文《根有戒經》作「寂靜聖者殊勝證悟、智見安樂住」或類似的意思，

相比其他律典增加了「智見安樂住」這一內涵。

戒本的調整上，為了避免歧義，對《四分律》中「彼於異時」一句中的「彼」字，依據《十誦比丘戒本》、《五分律》等修訂為「是比丘」。「於異時」中的「異」字，為了便於理解，參考《十誦律》、《僧祇律》等改為「後」字。《四分律》中「作是說」一句，為了讀誦通暢，以及與後續僧殘的「無根謗戒」和「假根謗戒」的表述保持一致，依據《十誦律》、《僧祇律》等，將其修訂為「作是言」。

3. 辨相差異

（1）所犯境

《四分律》中所犯境是「人」。《摩得勒伽》中，若對聾人、啞人、聾啞人、入定人說過人法，犯偷蘭遮。《根有律攝》中，若對方入定或睡眠，或對無知人說過人法，皆犯偷蘭遮。這幾種情況在《四分律》及其他廣律中均未提及。以上兩部律典均屬於「論」，而這兩部論乃是後世律師對各自部派廣律的一種注釋，論中提到的這幾種不犯根本的情況，在其對應的廣律中並未提及。因此，這有可能是後來的律師根據當時的一些現實情況，以及考慮到其所帶來的後果跟一般情況不一樣而進行的增補。因為從犯緣上講，以上所提到的這幾種人，比丘縱然對其說上人法，他也不能知解，因此究竟成犯不圓滿；而從結果上講，因為不能知解比丘所講的上人法，所以對其造成的影響相對於一般人來講比較小。因此從這兩個角度來看，判方便偷蘭遮也比較合理。

（2）能犯心

對於想心的判罰，《四分律》中，若人作人想，波羅夷；人作人疑、人作非人想，偷蘭遮。《十誦律》中「人作人疑」和「人作非人想」的情況也犯波羅夷，即只要比丘說上人法的對境是人就正犯波羅夷，與《四分律》的觀點差異較大。

《根有律攝》中，人作人想犯波羅夷，人作人疑的情況也犯波羅夷，這與《四分律》的觀點不同，而與《十誦律》相同。對於「人作非人想」的情況此律未提及。

此外，藏傳《苾芻學處》中，需想不錯亂才犯波羅夷，與《四分律》含義相同。《巴利律》中提到，犯此戒需具備的三個關於「想」的基本要素，即妄語前想「我將妄語」，妄語時想「我說妄語」，妄語後想「我已妄語」，就是說比丘在整個過程中都清楚知道自己在說大妄語；但是這裏沒有強調對境判斷的問題，更多地是強調比丘對自己身語的正確認知。其他律中未記載相關內容。

由上可知，在對於「人」的想心判罪方面，以上幾部律的觀點有部分差異，《四分律》和藏傳《苾芻學處》只有人作人想的情況才結波羅夷；《根有律攝》中人作人想和人作人疑想的情況結波羅夷；《十誦律》中，只要對境是人，不管想心如何都結波羅夷。從本戒看，《四分律》和藏傳《苾芻學處》比較偏向於依心想而結罪，《十誦律》則偏重於結果結罪，而《根有律攝》在判罪上相對折中。這裏仍採用《四分律》的判罰。

（3）方便加行

在《四分律》中，除了用言語表達自己得上人法犯波羅夷外，若通過遣使、書信、手印、作知相的方式使他人領解，也正犯波羅夷。而在《摩得勒伽》、《僧祇律》、《五分律》中，若以遣使、手印或者作知相等方式向他人表達自己得上人法，只犯偷蘭遮。導致這些差異的原因，可能是因為部派之間的判罪觀不一樣。在此戒中，《四分律》比較偏重於從事情的結果上結罪，因為比丘以遣使、書信、作知相等方式讓對方領解上人法，雖然方式上沒有當面言語上人法那麼直接，但是對方真正領解了比丘所說的上人法後，產生的後果和影響與言語說上人法一樣。而《摩得勒伽》、《僧祇律》、《五分律》三部律典中，

更多的是從加行的角度去考慮最後的判罪，可能側重考慮以言語表達和以遣使、作知相等方式表達確實有些差異。從「大妄語戒」自身的內涵來看，採用《四分律》以結果為導向的判罰比較合理，以不同方法說出大妄語的內容，只要受眾領解，造成的後果基本上相同。

《十誦律》、《摩得勒伽》卷 8 和《根有律攝》中，若比丘故意妄語說自己是「佛」，已獲得佛所得之法，犯波羅夷。《摩得勒伽》卷 1 中如果比丘說「我是佛」或「我是天人師」，犯偷蘭遮。《四分律》及其他律典中，比丘所說的最高上人法是證得阿羅漢果，並沒有提到自己是「佛」或者證得佛果的情況。無論是在北傳佛教還是在南傳佛教中，佛都是覺悟的聖者，比丘若妄說自己是「佛」，肯定屬於大妄語。特別在大乘佛法弘揚的地區，比丘若說自己是「佛」，具足佛的功德等，造成的影響將會非常大。因此，將自稱是佛或證得佛陀功德等內涵納入上人法的範疇很有必要。

《摩得勒伽》中，若比丘自己作書，說某甲比丘得須陀洹果，乃至得阿羅漢果，犯偷蘭遮；《巴利律》中，若比丘說自己和尚的弟子都是阿羅漢、有神通等，犯偷蘭遮。這兩種情況在《四分律》中並未提及。現實中出現這種情況的可能性比較大，如妄說自己的師長、同行道友已證得什麼果位等，妄說別人得上人法，可能給當事人帶來違緣和比較嚴重的後果，同時對佛教整體也不利。因此這種情況判偷蘭遮比較合理。

《五分律》中，若比丘自說得過人法，欲令人聞，而非人聞；欲令非人聞，而人聞；欲令人、非人聞，而無聞者，皆犯偷蘭遮。這幾種情況在《四分律》及其他律典中並未提及。從實踐角度來講，這幾種情況都是因為聞境有差而導致現實的結果與比丘內心預計的結果有差異，因此導致此戒的犯緣不圓滿，如「欲令人聞，而非人聞；欲令非人聞，而人聞」為所對境不圓滿，「欲令人、非人聞，而無聞者」為究竟成犯

不圓滿。因此，以上幾種情況不正犯根本比較合理。而實際生活中，比丘有可能會遇到這些情況，應予以採納。

《巴利律》中，比丘一個人獨自一處說上人法，被有他心通的比丘或天人聽到而來非難比丘，這種情況只犯突吉羅。而《四分律》中只提到「獨說不犯」，並未提到被有他心通的比丘或天人聽到。這種情況下，比丘自身並無讓別人聽到的心，且佛陀也說過不能以神通取罪，故不判重較為合理。然而比丘獨說上人法行為本身就不恰當，又確實被他人聽到，至少「方便加行」、「究竟成犯」所需的條件已經具足，如此律判犯突吉羅比較合理，也符合現實的持守需要。

此外，《薩婆多論》中，比丘「若不誦四阿含，自言誦四阿含；非阿毗曇師，自言阿毗曇師；非律師，自言律師……悉偷蘭遮。大而言之，無所習誦，而言我有所誦習，悉偷蘭遮」，這種情況在《四分律》中並未提及。這些情況在現實生活中也有可能發生，比如有些比丘為了名聞利養而冒名標榜自己通達佛教經、律、論等，以此來謀取信眾的恭敬、供養。因此，該論的觀點有必要予以採用。

（4）究竟成犯

《四分律》中，若對方理解了比丘所說上人法的意思，比丘即正犯波羅夷。《十誦律》、《五分律》、《根有律攝》、藏傳《苾芻學處》與《四分律》的判罰標準相同。

《巴利律》中，只記載了不隨心想錯說上人法的判罪情況，如想說得初禪而說得二禪，這種情況需「對方承認」才犯波羅夷，若「不承認」則犯偷蘭遮。《四分律》中只要對方理解便犯，而《巴利律》則需要對方認可才犯，把成犯的標準提升到了「信」的高度。無論比丘以何動機，當其講說的大妄語被對方聽懂的時候，比丘所造語業的影響已經產生，對方承認與否，比丘都已經無法收回。因此，從防護口業的角度來說，採用《四分律》、《十誦律》、《五分律》等律典的判罰較

為合理。

（5）犯戒主體

《十誦律》中，若學悔沙彌說過人法，犯波羅夷，《摩得勒伽》卷8同《十誦律》。但《摩得勒伽》卷1中卻提到學悔沙彌說過人法，犯突吉羅，如文：「先犯戒人說過人法，突吉羅；學戒人、賊住、本不和合人等說過人法亦如是。」可見，其觀點與《十誦律》以及此論後卷的觀點有較大差異。

《摩得勒伽》、《五分律》提到學悔沙彌說過人法得波羅夷，其他律典無相關內容。學悔沙彌已犯根本，現又故犯，行為比較惡劣，從清淨僧團的角度，判波羅夷滅擯較為合理。

（6）不犯

《十誦律》、《五分律》、《根有律》、《根有律攝》中，若比丘「隨心想說」，不犯。這裏的上下文是指比丘向他人如實說自己所見、所知，比如預言某事，但後來因為某種原因而導致最終結果與比丘最初所說內容有差異。這種情況下，雖然比丘所說之事沒有實現，但是比丘最初說的時候確實是隨心想如實而說，不屬於妄語，故不犯此戒。

《五分律》和《巴利律》中，若是他人說上人法讚歎比丘，如居士稱讚比丘言「大德諸羅漢來坐食」，食用後又說「諸羅漢還去」等。因為是他人對比丘的恭敬之語，不是比丘自己所說，所以這種情況下比丘不犯此戒。從現實角度講，比丘在日常生活中有可能會遇到類似情況，居士對出家人可能會使用這些敬語，但居士一般不會真地認為比丘就是阿羅漢，此時比丘不作辯解，也不會對對方產生實質的影響，所以判不犯較為合理。

4. 諸律內部差異

各律典中，此戒的緣起、戒本以及辨相三部分相符。

（二）調整文本

通過以上諸律間觀點同異的對比與分析，文本在《四分律》的基礎上作如下調整：

1. 緣起

（1）本制

佛在毗舍離，因值荒年，比丘乞食難得，於是佛令諸比丘在毗舍離城周邊隨宜安居。在婆裘河邊僧伽藍中安居的比丘，為了得到食物，便向居士說自己證得阿羅漢、得禪、得神通、得他心通等。諸居士聽後對其生起很大的信心，寧可自己不吃也要竭力供養比丘。佛因此制戒：「若比丘，實無所知，自稱言：『我得上人法，我已入聖智勝法，我知是，我見是。』是比丘後時，若問，若不問，欲自清淨故，作是言：『我實不知不見，言知言見，虛誑妄語。』是比丘波羅夷，不共住。」

（2）隨制

有一比丘實未得道，卻以為自己得道，便向人說。而後此比丘精進不懈，證得了上人法，才知道自己先前所言不實，因此懷疑自己是否犯波羅夷。佛因此而增制此戒，將「增上慢」的情況排除在外。

2. 戒本

若比丘，實無所知，自稱言：「我得上人法，我已入聖智勝法，我知是，我見是。」是比丘[1]後[2]時，若問，若不問，欲自清淨故，作是

---

[1] 「是比丘」，底本作「彼」，據《十誦比丘戒本》、《五分律》、《彌沙塞五分戒本》改。

[2] 「後」，底本作「於異」，據《十誦律》、《十誦比丘戒本》、《僧祇律》、《僧祇比丘戒本》、《五分律》、《彌沙塞五分戒本》改。

言[1]:「我實不知不見，言知言見，虛誑妄語。」除增上慢，是比丘波羅夷，不共住。

3. 關鍵詞

（1）上人法：已經超越世間人狀態的法，即「出世間法」；

（2）聖智勝法：聖者證悟的智慧；

（3）增上慢：比丘並未證得上人法，但是以為自己已經證到。

4. 辨相

（1）犯緣

本戒具足六緣成犯：一、對方是人；二、人作人想；三、以虛誑心；四、說自己得上人法；五、除增上慢；六、對方聽懂，成犯。

（2）辨相結罪輕重

①是人

若對方是人，波羅夷。

若對聾人、聾啞人、入定人、睡眠人、無知人說過人法，犯偷蘭遮。

若對諸天、阿修羅、乾闥婆、夜叉、餓鬼等非人，或者能變化的畜生說過人法，犯偷蘭遮；若畜生不能變形，犯突吉羅。

②作人想

人作人想，波羅夷；人作人疑、人作非人想、非人作人想、非人作非人疑，偷蘭遮。

1　「言」，底本作「說」，據《十誦律》、《十誦比丘戒本》、《僧祇律》、《僧祇比丘戒本》、《五分律》、《彌沙塞五分戒本》改。

③虛誑心

以虛誑心説，波羅夷；若比丘如實而説，或者隨心想而説，不犯。

④説自己得上人法

若比丘以言語稱説自己已得上人法，波羅夷。

若通過遣使、書信、手印、作知相的方式使他人領解自己已得上人法，犯波羅夷。

若比丘妄語説自己是「佛」，已獲得佛所得之法，波羅夷。

若比丘説「我覺三不善根、十不善道不應作，故名為佛」，犯偷蘭遮。

若比丘妄語説自己是已經證得初果或者初地以上的聖者，波羅夷。如果比丘妄説自己得世間神通、世間禪定等，犯偷蘭遮。

如果比丘妄語稱自己通達經律論三藏，無所誦習而言誦習，犯偷蘭遮。

若比丘説他人得上人法，犯偷蘭遮。

⑤除增上慢

若非增上慢比丘説過人法，正犯；若比丘增上慢而説，不犯。

⑥對方聽懂

若對方聽懂，波羅夷；若對方沒聽清或沒聽懂，犯偷蘭遮。

若對方沒聽懂而再次問比丘所説的內容，比丘默然不説，或者説「不須問」，犯偷蘭遮。

若比丘欲令人聞，而非人聞；欲令非人聞，而人聞；欲令人、非人聞，而無聞者，皆犯偷蘭遮。

若所對境是非人及能變化的畜生，對方聽懂，犯偷蘭遮；若未聽懂，突吉羅。

若比丘一個人獨居而説上人法，被有他心通的比丘或天人聽到，犯突吉羅。

⑦犯戒主體

比丘、比丘尼犯此戒，結波羅夷罪；學悔沙彌犯此戒，結波羅夷，滅擯，不可再次與學；式叉摩那、沙彌、沙彌尼若犯，結突吉羅罪，滅擯。

⑧不犯

若比丘向人說根、力、覺、意、解脫三昧、正受法等上人法，而不自稱言我得，不犯。

若說業報因緣所得神通，不犯。

若比丘在屏處獨說而未被人聽見，不犯。

若比丘確實證得上人法，而向與自己見解相同的比丘說，不犯。

若戲笑說，或疾疾說、夢中說、欲說此錯說彼，不犯。若是他人說上人法恭敬、讚歎比丘，不犯。

最初未制戒，癡狂、心亂、痛惱所纏，不犯。

八、現代行持參考

現代社會中，很少會出現像緣起比丘那樣由於食物等基本生存需求而說大妄語的情況，但人的名利心和虛誑煩惱卻不因時代和社會環境的變遷而發生本質的變化，比丘遇緣仍然可能觸犯此戒，甚至引發嚴重不良的社會影響。

當今世界已進入全球化時代，佛教的發展早已不再局限於某個國家或區域，佛教的整體面貌也逐漸趨向於多元化。相比佛世時的上人法概念，隨着佛法傳播到印度以外的國家，又因義理的發展出現了很多新的修證體系，再加上大乘佛法的普及，這些因緣的變化促使類似上人法的新名詞不斷地產生，這些新名詞往往在諸律中從未涉及。比如，比丘妄稱自己已經登地，或是某位佛菩薩、祖師再來等。這些情況與上人法有相同或相近的內涵，同樣會觸犯大妄語的方便或根本罪。

另外，如果比丘妄言自己的師長或某位大德是佛菩薩的化身等，這種情況雖然不犯根本罪，但容易引起他人的誤解，有時候也會給自己的師長或大德帶來不必要的麻煩和不便。因此，這種情況比丘也應盡力避免。

殺盜淫妄的禁令：
四根本戒

比丘戒研究　　　　　　　第二冊

作　者
淨業編委會

責任編輯
林沛暘　潘沛雯

裝幀設計
Sands Design Workshop

排　版
Sands Design Workshop

出　版
明報出版社有限公司

發　行
明報出版社有限公司
香港柴灣嘉業街 18 號
明報工業中心 A 座 15 樓
電話：2595 3215
傳真：2898 2646
網址：http://books.mingpao.com/
電子郵箱：mpp@mingpao.com

版　次
二○二三年九月初版

印　刷
美雅印刷製本有限公司

ISBN
978-988-8828-92-0